Textkomplexität und Textverstehen

Linguistik – Impulse & Tendenzen

Herausgegeben von
Susanne Günthner, Wolf-Andreas Liebert
und Thorsten Roelcke

Mitbegründet von Klaus-Peter Konerding

Band 106

Textkomplexität und Textverstehen

Studien zur Verständlichkeit von Texten

Herausgegeben von
Angela Schrott, Johanna Wolf und Christine Pflüger

DE GRUYTER

Diese Publikation wurde durch den Open-Access-Publikationsfonds der Universität Kassel und den Open-Access-Publikationsfonds der Ludwig-Maximilians-Universität München gefördert.

ISBN 978-3-11-162836-3
e-ISBN (PDF) 978-3-11-104155-1
e-ISBN (EPUB) 978-3-11-104203-9
ISSN 1612-8702
DOI https://doi.org/10.1515/9783111041551

Dieses Werk ist lizenziert unter der Creative Commons Namensnennung - Nicht-kommerziell - Keine Bearbeitungen 4.0 International Lizenz. Weitere Informationen finden Sie unter https://creativecommons.org/licenses/by-nc-nd/4.0/.

Die Creative Commons-Lizenzbedingungen für die Weiterverwendung gelten nicht für Inhalte (wie Grafiken, Abbildungen, Fotos, Auszüge usw.), die nicht im Original der Open-Access-Publikation enthalten sind. Es kann eine weitere Genehmigung des Rechteinhabers erforderlich sein. Die Verpflichtung zur Recherche und Genehmigung liegt allein bei der Partei, die das Material weiterverwendet.

Library of Congress Control Number: 2022948925

Bibliografische Information der Deutschen Nationalbibliothek
Die Deutsche Nationalbibliothek verzeichnet diese Publikation in der Deutschen Nationalbibliografie; detaillierte bibliografische Daten sind im Internet über http://dnb.dnb.de abrufbar.

© 2024 bei den Autorinnen und Autoren, Zusammenstellung © 2024 Angela Schrott, Johanna Wolf und Christine Pflüger, publiziert von Walter de Gruyter GmbH, Berlin/Boston
Dieser Band ist text- und seitenidentisch mit der 2023 erschienenen gebundenen Ausgabe.
Dieses Buch ist als Open-Access-Publikation verfügbar über www.degruyter.com.

Einbandabbildung: Marcus Lindstrom/istockphoto
Satz: Integra Software Services Pvt. Ltd.

www.degruyter.com

Inhaltsverzeichnis

I Einleitung

Angela Schrott, Johanna Wolf & Christine Pflüger
Textkomplexität und Textverstehen. Einführende Überlegungen zu einer interdisziplinären Modellierung —— 3

II Theoretische Modellierung

Angela Schrott
Sprachkompetenz und Textkomplexität. Methodologische Überlegungen aus romanistischer Sicht —— 31

Katharina Dziuk Lameira
Zur Komplexität von Texten. Von der Lesbarkeitsformel zur textlinguistischen Komplexität —— 69

III Rekontextualisierung und Komplexität

Christine Pflüger
Das „denoncirte" Theaterstück – Textkomplexität am Beispiel einer historischen Aktennotiz —— 101

Agustín Corti
Zur Rekontextualisierung der (vermeintlichen) Einfachheit von Comics —— 115

Valentina Roether & Ángela Falero Morente
Digitale Texte verstehen – Die Text- und Aufgabendatenbank *KastELE* —— 145

IV Vermeintliche Einfachheit

Claudia Borzi
Vereinfachung und Klarheit: von der Sprecherintention zur syntaktischen Struktur. Das Resumptivpronomen im Spanischen —— 171

Nina-Maria Klug
Verstehen auf den ersten Blick – oder doch nicht? Zur (vermeintlichen) Einfachheit kleiner Texte am Beispiel von Internet-*Memes* —— 195

Johanna Wolf
In der Kürze liegt die Würze? Zur Messbarkeit von Komplexität in diskursiven Kurzformen auf Online-Plattformen —— 231

V Techniken, Praktiken und Strategien der Vereinfachung

Claudia Schlaak
Textkomplexität und Textverstehen: Perspektiven von Lernenden mit vielfältigen Sprachbiographien —— 261

Kerstin Meier
Literatur im Unterricht. Zur Vereinfachung von französischen Originaltexten in der Reihe *Easy Readers* —— 281

Lidia Becker & Marta Estévez Grossi
Laienlinguistische Repräsentationen und Praktiken der Textvereinfachung in Lateinamerika und Spanien —— 323

Sachverzeichnis —— 361

Einleitung

Angela Schrott, Johanna Wolf & Christine Pflüger

Textkomplexität und Textverstehen. Einführende Überlegungen zu einer interdisziplinären Modellierung

Abstract: In everyday language, complexity as a term is characterised by semantic fuzziness and usually describes phenomena that are difficult to assess. For disciplines that study the understanding of texts, it has proven useful to define text complexity as the set of dynamic interactions that arise when the linguistic and cultural levels of a text are activated in the process of understanding. These activations, which lead to semantic constructions and a mental model of the text, are complex and difficult to grasp, as they involve acts of contextualisation embracing linguistic, cultural and epistemic environments. This multidimensional nature of text comprehension requires an interdisciplinary research design, with text linguistics and didactics at its core. This volume aims to provide an opening answer to this desideratum by taking a decidedly interdisciplinary approach. Thus, the contributions assembled therein outline an interdisciplinary program for a line of research that interweaves complexity and comprehension and provides an introduction to the central topics of the volume.

1 Komplexität als Begriff

„Nutzerfreundlichkeit trotz hoher Komplexität", „Die Komplexität unserer Welt passt nicht in eine Schublade", „Die zunehmende Komplexität der Digitalisierung muss bekämpft werden" – dies sind nur einige Beispiele von Headlines aus den 182.000 Ergebnissen, die eine Google-News-Suche[1] listet, gibt man als Suchwort *Komplexität* ein. Blättert man durch Zeitungen oder durchforstet das Internet, so gewinnt man tatsächlich den Eindruck, als sei der Begriff Komplexität aktuell in aller Munde und erfahre im Sprachgebrauch eine deutliche Zunahme. Dieser Eindruck bestätigt sich in der empirischen Überprüfung, wenn man im *Digitalen Wörterbuch der deutschen Sprache* (DWDS) die Frequenzkurve ab 1946 nachschlägt: Es zeigt sich in der Frequenzanalyse, dass das Lexem *Komplexität* tatsächlich erst ab den späten 1960er Jahren, konkret ab 1966, im deutschen Sprachgebrauch eine deutliche Präsenz hat. Die Verlaufskurve zeigt ab diesem Zeitpunkt drei deutliche Peaks: 1970, 1988 und 1999. Danach fällt sie jeweils wieder ab, um dann schließ-

---

[1] Google Suche über News am 06.03.2022 mit Suchwort *Komplexität*.

Open Access. © 2023 bei den Autorinnen und Autoren, publiziert von De Gruyter. Dieses Werk ist lizenziert unter der Creative Commons Namensnennung - Nicht-kommerziell - Keine Bearbeitungen 4.0 International Lizenz.
https://doi.org/10.1515/9783111041551-001

lich ab 2008 stetig linear anzusteigen – ein Trend, der aktuell anhält.[2] Komplexität scheint in der Tat zu einem leitenden Phänomen und zu einem sogenannten Schlagwort unserer Zeit geworden zu sein. Dies belegt zusätzlich die diachrone Kollokationssuche im DWDS: So zeigt sich, dass frequent auftauchende Verbindungen mit dem Adjektiv *komplex* 1970 nur wenige Nomina sowie ein weiteres Adjektiv, *politisch*, betrafen, während 40 Jahre später etliche nominale Konstruktionen in Verbindung mit *komplex* auftreten (vgl. Abb. 1 und 2).

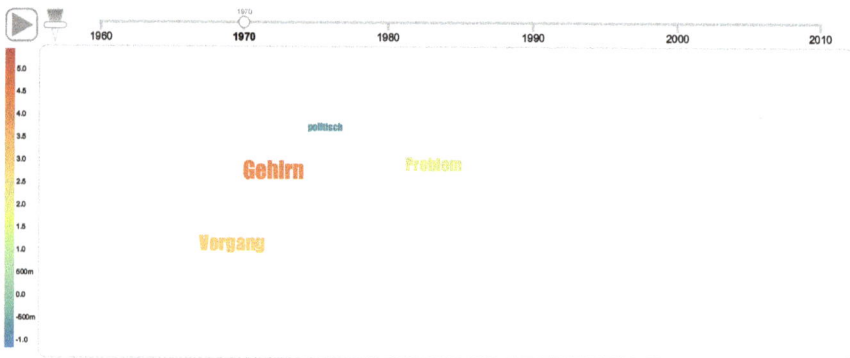

Abb. 1: Frequente Konstruktionen mit dem Adjektiv *komplex* 1970.

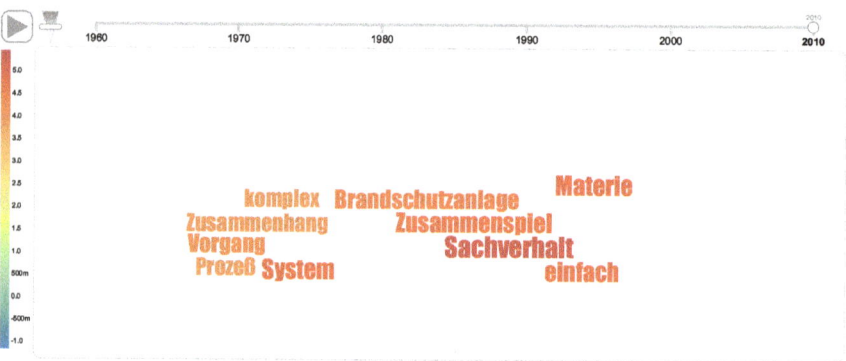

Abb. 2: Frequente Konstruktionen mit dem Adjektiv *komplex* 2010.

---

2 DWDS: *Komplexität*; Verlaufskurve. https://www.dwds.de/r/plot/?view=1&corpus=zeitungenxl&norm=date%2Bclass&smooth=spline&genres=0&grand=1&slice=1&prune=0&window=3&wbase=0&logavg=0&logscale=0&xrange=1946%3A2021&q1=Komplexit%C3%A4t (letzter Zugriff: 21.02.2022).

Besonders gekennzeichnet sind in der Frequenzanalyse der Verbindungen mit dem Adjektiv *komplex* im Jahr 2010 bereits die Nomina *System* und *Sachverhalt*, die offenbar sehr gern mit dem Zusatz *komplex* versehen werden. Es scheint, als spiegle die Frequenzzunahme das Bedürfnis der Gesellschaft wider, die immer dichter werdenden Beziehungsgefüge, die uns im Zeitalter der Globalität umgeben, sprachlich immer stärker zu thematisieren. Gleichzeitig wirkt der Begriff unspezifisch – was genau die Komplexität einer Situation, eines Sachverhaltes ausmacht, wird in der alltagssprachlichen Verwendung eher verschleiert als präzisiert. So wirft die Zunahme der Verwendung der Lexeme *komplex* bzw. *Komplexität* auch die Frage auf, welche kommunikative Funktion ihrer Verwendung im Sprachgebrauch innewohnt. Welchen pragmatisch-semantischen Mehrwert fügen Lexeme wie *Komplexität* und *komplex* im Alltag den sprachlichen Konstruktionen hinzu, mit denen sie gern verwendet werden? Fast scheint es, als tauchten sie besonders gern in Nominalverbindungen auf, die an sich bereits semantisch in der Nähe von *fuzzy concepts*[3] zu verorten sind. Dies betrifft vor allem die auf Inhaltsebene letztlich eher blassen Nomina wie *Prozess, Vorgang, Sachverhalt, Zusammenhang* etc., die sich sämtlich durch semantische Vagheit und unscharfe semantische Grenzen auszeichnen. In diesen Verbindungen sorgt der Komplexitätsbegriff weder für eine Präzisierung noch für einen besseren Analysezugang. Vielmehr drückt er die Unmöglichkeit aus, die so bezeichneten Phänomene in ihrer Ganzheit zu durchdringen.

Koschorke verweist vor allem im Zusammenhang mit kulturwissenschaftlichen Diskursen darauf, dass sich die Lexeme *Komplexität* und *komplex* durchaus auch als „Platzhalterkategorien" (Koschorke 2017: 4) entpuppen können und so einerseits als Chiffren für fehlende Strategien der Komplexitätsanalyse, andererseits aber auch als Indikatoren für den Mangel an definitorisch präzisen Zugriffen auf Manifestationen von Komplexität gelesen werden können.

Daran anschließend gilt es demnach zu diskutieren, wie Komplexität für unterschiedliche Bereiche modelliert und möglicherweise auch messbar gemacht werden kann. Koschorke betont, dass es sich immer noch um ein Desiderat der Forschung handle, adäquate Modellierungen von Komplexität bereit zu stellen, und beschreibt die Beschaffenheit von Modellen, die der Binnendifferenzierung von Komplexität gerecht werden können, folgendermaßen:

---

[3] Zu *fuzzy concepts* vgl. etwa Blank (2001).

> Nötig sind vielmehr Modelle, die mit der Nachbarschaft und dem Zusammenspiel komplexitätssteigernder wie komplexitätsreduzierender Dynamiken umgehen können. Vereinfachungen, seien sie struktureller, semantischer oder ästhetischer Art, können sich aus enorm komplexen Problemlagen ergeben und entsprechend verwickelte Folgeoperationen auslösen oder erzwingen; [...]. (Koschorke 2017: 4)

Deutlich wird, dass der Begriff der Komplexität in der Tat als Benennungschiffre dient, wenn Sachverhalte eben nicht mit den uns bekannten Zugriffsmöglichkeiten analysiert und in einzelne Kategorien separiert werden können. Komplexität wird in dieser Perspektivierung zu einer Metapher der wissenschaftlichen Beschreibung, um zu verdeutlichen, dass eine Präzisierung aufgrund der Beschaffenheit des Gegenstands nicht möglich erscheint. Diese pragmatische Funktion der Begriffsverwendung trifft nicht nur für die Sprachwissenschaft zu, sondern für eine ganze Reihe von wissenschaftlichen Disziplinen, wie Proctor & Larson bereits 2005 mit Blick auf die Begriffsverwendung in den Naturwissenschaften herausgearbeitet haben. Komplexität erlaubt, Unbekanntes zu bezeichnen und gleichzeitig eine Idee von der Beschaffenheit der so bezeichneten Sachverhalte, Gegenstände oder Situationen zu vermitteln:

> As an intuition about the world that we can't quite put our finger on, complexity is essentially a *placeholder* (in a variety of disciplines) for the unknown. While it may seem imprecise, it may for this very reason have a critical heuristic role to play in scientific attempts to understand the world. [...]
>
> Complexity is an *overarching metaphor* in that it acts as a placeholder that moves among disciplines whenever they attempt to relate complicated, multifaceted, and unknown or partly unknown phenomena. (Proctor & Larson 2005: 1066; Hervorhebungen von den Verfasserinnen)

Der vorliegende Band nimmt die Herausforderung an, aus der Perspektive verschiedener Disziplinen am Beispiel von Texten exemplarisch einige der Facetten von Komplexität zu analysieren, um so die „overarching metaphor" zu erhellen. Die von Proctor & Larson 2005 beschriebene „Platzhalterfunktion" des Komplexitätsbegriffs kann auf diese Weise zumindest partiell mit Inhalt gefüllt werden. So betrachtet der vorliegende Band Komplexität auf der Textebene als dynamische Interaktion zwischen unterschiedlichen Aktivierungsebenen, deren Verknüpfung als solche bereits einen komplexen Prozess im Sinne der metatheoretischen Begriffsbestimmung nach Proctor & Larson darstellt. Die Beiträge des Bandes heben in den Analysen jedoch nicht nur auf diese Interaktion ab, sondern fokussieren auch einzelne Aktivierungsebenen, um bereits die Komplexität der Prozesse auf den einzelnen interagierenden Ebenen (Sprachebene, Kognition, Kontextualisierung) zu verdeutlichen.

Dabei wird Komplexität in etlichen Beiträgen (Claudia Borzi, Lidia Becker & Marta Estévez Grossi, Kerstin Meier) vor allem auf der sprachlichen Ebene fokussiert, weshalb der Komplexitätsbegriff auf dieser Ebene genauer konturiert werden soll, um seine Bedeutung im Gefüge der verschiedenen Ebenen zu beleuchten. Gleichzeitig soll dadurch auch verdeutlicht werden, dass es nicht ausreichend ist, sich dem Phänomen der Textkomplexität nur über die sprachliche Ebene zu nähern, sondern dass es gilt, unterschiedliche Dimensionen von Wissen und Verstehensleistungen wie etwa Kontextualisierungen in den Blick zu nehmen.

Sprachliche Komplexität ist seit geraumer Zeit ein ‚Dauerbrenner' in linguistischen Untersuchungen und Diskussionen. Bereits 1973 konstatierte Bartsch in ihrem Aufsatz „Gibt es einen sinnvollen Begriff von linguistischer Komplexität?", dass es für sprachwissenschaftliche Analysen zwar durchaus sinnvoll sei, den Komplexitätsbegriff zu verwenden, dieser jedoch nie in einer einheitlichen Form gebraucht werden könne (Bartsch 1973: 6). Diese Beobachtung spiegelt sich in zahlreichen Abhandlungen über linguistische Komplexität wider, die sich auf unterschiedliche Weise dem Komplexitätsbegriff nähern – aus typologischer, struktureller oder auch psycholinguistischer Sicht. Kontroverse Ansichten existieren meist im Hinblick auf die Quantifizierbarkeit sprachlicher Komplexität und wie sich Unterschiede in sprachstruktureller Hinsicht modellieren lassen.[4] Gemeinsam ist diesen Ansätzen zumeist, dass sie eine Messbarkeit von Komplexität für die einzelnen Elemente innerhalb eines Systems in ihrem Verhalten zueinander voraussetzen.

So geht auch Hennig von einer analytischen Beschreibbarkeit komplexer Sachverhalte in ihrer Gesamtheit sowie von einer Messbarkeit der Komplexität auf sprachlicher Ebene aus (Hennig 2017: 8), auch wenn sie in diesem Zusammenhang zugleich eine „produktive Unschärfe" (Hennig 2017: 7) hervorhebt. Offen bleibt in einer solchen Perspektivierung des Komplexitätsbegriffes jedoch die Frage, mit welchen Messgrößen für welche Form von Komplexität jeweils operiert werden kann. Insbesondere der Beitrag von Katharina Dziuk Lameira in diesem Band macht deutlich, dass es gilt, Hennigs Aussage zu präzisieren: Nicht die Komplexität an sich ist messbar, sondern die einzelnen Dynamiken und Prozesse, die innerhalb eines Systems interagieren und somit als einzelne Elemente zwar mess- und beschreibbar sind, in ihrer Gesamtschau aber diese Eigenschaf-

---

[4] Ein besonderes Problem stellt hierbei die Frage nach der Messung des Einflusses der pragmatischen Parameter dar. Bisang (2009: 49) formuliert dies besonders prägnant und stellt die Quantifizierbarkeit von sprachlicher Komplexität insgesamt in Frage: „The fact that hidden complexity always involves pragmatic considerations does not merely make quantification of complexity difficult; it may even make it systematically impossible." Vgl. zu dieser Diskussion in der Linguistik auch z. B. Gil (2008), Dahl (2009) und Miestamo (2009). Zur Einbeziehung der pragmalinguistischen Dimension vgl. den Beitrag von Angela Schrott in diesem Band.

ten zu verlieren scheinen. Dziuk Lameira betritt damit in ihren Analysen den Bereich der Textverständlichkeit: Ihre Fragestellungen zielen darauf ab, inwieweit sich quantizifierbare und instrumentell messbare Verständlichkeitsparameter von der Perzeption durch Leser:innen unterscheiden und wie auf diese Weise die Komplexität im Zusammenspiel von textueller Struktur und Perzeption erhöht, aber auch vereinfacht werden kann (vgl. hierzu auch Dziuk-Lameira i. Dr.). So werfen Arbeiten im Bereich der Textverständlichkeit die zentrale Frage auf, ob Komplexität und (kognitive) Schwierigkeit synonym zu behandeln seien und wie Textverstehen, Textverständlichkeit und letztlich auch Komplexität in der Kommunikationssituation interagieren (vgl. Bajerová 2012). Neben der Rolle, die der Aktivierung des Textsinns durch die Kommunikation zugewiesen wird (Schwarz-Friesel 2001; Wolf 2022) zeigen sich in diesem Spannungsfeld auch die Grenzen eines rein quantitativen Zugriffs auf Texte: Statistische Messmethoden erlauben es zwar, die Auftretenswahrscheinlichkeiten bestimmter Muster und Strukturen sichtbar und damit Komplexität in verschiedenen Dimensionen der Sprache als regelhaft beschreibbar zu machen, aber die Deskriptionen dieser Regelhaftigkeiten verbleiben auf Ebene des Systems. Ziel des vorliegenden Bandes ist es aber, einen Zugriff auf Texte zu entwickeln, der nicht nur auf der Textebene arbeitet und den Text als ein gleichsam geschlossenes System betrachtet, sondern der den Text als Kommunikat ernst nimmt und versucht, die Wechselwirkungen zwischen Komplexität innerhalb der Zeichenstrukturen und der Perzeption durch die Rezipient:innen zu analysieren.[5] Intendiert ist auf diese Weise ein Brückenschlag zwischen quantitativer und qualitativer Analyse, der sich nicht nur über den Text als Untersuchungsgegenstand begründet, sondern auch in der interdisziplinären Annäherung an eben diesen. Betrachtet man den Text als höchste Stufe der Komplexität innerhalb des sprachlichen Stufenbaus, so wird deutlich, dass sich die Einheit Text der strukturellen Vorhersagbarkeit, die die anderen Stufen (z. B. Morphologie, Syntax) dominiert, entzieht: Die Strukturierung verlagert sich in Texten auf die Ebene der Semantik und Inferenz (Jakob 2014: 11). Damit verbunden ist eine Öffnung dieser Ebene für eine Vielzahl von Kontextualisierungsmöglichkeiten und Wissenshorizonte, die in die Aktivierung des Bedeutungspotenzials einfließen, das in der Entität Text gebunden ist (vgl. Jakob 2014; Schwarz-Friesel 2001; Schrott in diesem Band; Wolf 2022). Diese Aktivierung wird erst im Verstehensprozess greifbar. Diese Prozesse in die Analysen und Modellierungen von Textkomplexität zu integrieren, ist ebenfalls ein dezidiertes Anliegen des vorliegenden Bandes.

---

[5] Auf das Desiderat, in Analysen und Konzeptionen von Texten auch die Rezipient:innen einzubeziehen, verweist bereits Roelcke (2008).

Damit verbunden ist allerdings auch die Wahl eines Sprachbegriffs, der über den Systembegriff hinausgeht. Sprache wird in einem solchen Zugriff als ein Konstrukt verstanden, in dem neben der sprachlichen Dimension auch kulturelle und soziohistorische Wissensebenen mitkodiert und aktiviert sind. Eine Definition, die Sprache als eine Kompetenz definiert, in der auch soziale, kulturelle und historische Faktoren wirken, findet sich z. B. in Larsen-Freemans Definition des Begriffs Sprache als einem „complex adaptive system" (Larsen-Freeman 2012: 209). In dieser Modellierung von Sprache als einem komplexen und auf Anpassungen hin angelegten System fokussiert sie unter anderem die hohe Dynamizität, die Sprachen als sozialen Konstrukten inhärent ist. Komplexität wird so zu einer Wesenseigenschaft von Sprache, wodurch die konstitutiven Grundeigenschaften von Sprache als Mittel menschlicher Kommunikation in ihrer Interaktion in den Fokus gerückt werden.[6] Auch in pragmalinguistischer Sichtweise kann Sprache nicht losgelöst von ihrem Gebrauch betrachtet werden, sie richtet sich stets an ein Gegenüber, dessen Aufgabe es ist, die Komplexität unterschiedlichster kommunikativer Akte zu durchdringen – eine Aufgabe, die im Alltag meist unbewusst und automatisiert realisiert wird. In dieser Modellierung von Sprache als einem komplexen, kommunikativen System findet sich auch die diesem Band zugrundeliegende Überzeugung, dass Sprache eben nicht losgelöst von ihren sozialen, historischen und kulturellen Implikationen betrachtet werden kann, sondern immer auch als Ergebnis zu denken sei, das sich aus den kommunikativen Bedürfnissen und Anforderungen dieser Dimensionen ergibt (vgl. Beckner et al. 2009: 22 und den Beitrag von Angela Schrott in diesem Band). Der in diesem Band gewählte Begriff der Komplexität sowie der in ihm vertretene Sprachbegriff verweisen daher auf die Notwendigkeit, sich komplexen Sachverhalten nicht über den Zugriff auf einzelne Systemelemente zu nähern, sondern stets über die (Mit-)Analyse der beteiligten Netzwerke bzw. Wissensebenen:

> Cognition, consciousness, experience, embodiment, brain, self, human interaction, society, culture, and history are all inextricably intertwined in rich, complex, and dynamic ways in language. Everything is connected. [...] We cannot understand these phenomena unless we understand their interplay. (Beckner et al.: 2009: 26)

Für eine sprachwissenschaftliche Annäherung an den Begriff der Komplexität mit Blick auf Texte als Analysegegenstand bedeutet dies eine noch relativ neue Form der Modellierung, da sowohl der Disziplinen übergreifende Zugriff auf das Zusammenwirken von Text, Kontext und Rezeption als auch die Fokussierung auf das

---

[6] Koch & Oesterreicher benennen, unter Bezugnahme auf Coseriu, als konstitutive Eigenschaften der menschlichen Sprache Semantizität, Alterität, Kreativität, Historizität, Exteriorität und Diskursivität (Koch & Oesterreicher 1985: 15–16).

Zusammenspiel der sprachlichen Ebenen im Text noch relativ neue Fokussetzungen in der Forschung zur Komplexität darstellen. Bisher wurde die Komplexitätsdebatte in der Linguistik meist mit Blick auf sprachtypologische Phänomene diskutiert oder für einzelne Ebenen im Systemgefüge einzelner Sprachen mit Schwerpunkten auf Phonologie, Morphologie oder Syntax.[7] Mit Blick auf den Gegenstand Text greift diese Annäherung jedoch zu kurz, wie bereits bei der Erörterung der Begriffe Sprache und Komplexität verdeutlicht wurde. Auch die bewusst gewählte Interdisziplinarität hebt die gewählte Annäherung an den Analysegegenstand hervor. Der Band begreift einen interdisziplinären Komplexitäts- sowie einen gebrauchsbasierten und kommunikationsorientierten Sprachbegriff als notwendiges Beschreibungsinstrument – gerade mit Blick auf unscharfe Gemengelagen wie sie Texten in ihrer Eigenschaft als Wissensträger und ‚Bereitsteller' von Bedeutungspotenzial immanent sind.

Dabei gilt es sich immer bewusst zu machen, dass die Komplexität von Sprache(n) und die Komplexität von Texten analytisch deutlich zu trennen sind. Während in den Beiträgen bei Mathilde Hennig die sprachliche Komplexität, mithin Strukturen und Funktionen von Sprachen als System im Fokus stehen (Beiträge in Hennig 2017), bezieht sich das Konzept der Textkomplexität auf (schriftliche oder mündliche) Produkte von Äußerungen, die zwar den Regeln und Traditionen einer bestimmten Sprache folgen, aber nicht mit der Komplexität der Sprache selbst gleichgesetzt werden dürfen.

Der vorliegende Band verfolgt einen aus den Begriffsdefinitionen von Komplexität herausgearbeiteten, prozessorientierten Ansatz. Grundlegend ist die Idee des Textes als eine Entität, in der einzelne Subsysteme miteinander in Beziehung stehen und die Prämisse, dass sich aus der Interaktion dieser Subsysteme die Komplexität eines Textes ergibt. Um die Komplexität von Texten zu erfassen, gilt es daher sowohl die einzelnen Subsysteme als auch deren Interaktion zu erforschen. Zu diesen Subsystemen zählen traditionell die (text)grammatischen Strukturen (vgl. Borzi 2021 zur Rolle von Konnektoren) und die Textsemantik (vgl. Wolf 2021; Dziuk Lameira 2020), doch auch die im Text präsenten illokutiven Muster sowie die Prägung durch Textsorte und Diskurstraditionen (vgl. Schrott 2020; 2021) beeinflussen die Komplexität eines Textes. Grundsätzlich kann ein Text im Hinblick auf eine dieser Dimensionen hochgradig komplex, im Hinblick auf andere Faktoren zugleich weniger komplex sein. Da Texte emergente Systeme sind, ist es plausibel, dass die Komplexität des Textes – und damit verbunden der Aufwand bzw. die Schwierigkeit des Textverstehens – auch davon beeinflusst ist, wie diese verschiedenen Dimensionen

---

7 Vgl. Sampson et al (2009), Hennig (2017) und Hiver & Al Hoorie (2019).

und Komplexitätsprofile miteinander interagieren (vgl. hierzu die Beiträge von Angela Schrott, Katharina Dziuk Lameira und Christine Pflüger). Als fruchtbar hat sich dabei vor allem die Zusammenschau von Textsemantik, Diskurstraditionen und Gattung erwiesen (Meier 2020). Zusätzlich beinhaltet ein weitgefasster und semiotischer Textbegriff, wie er dem Band zugrunde liegt, dass neben sprachlichen Zeichen auch weitere Codes in den Analysen berücksichtigt werden. Multikodalität und -modalität können die Komplexität zusätzlich steigern, aber auch wieder reduzieren. Meist handelt es sich dabei um visuelle Codierungen, wie sie z. B. in *Graphic Novels* oder auch *memes, gifs* etc. zu finden sind, die ganz bewusst die sprachliche Zeichenebene verknappen und Wissen und Kontexte stattdessen verstärkt über Bilder transportieren (vgl. hierzu die Beiträge von Agustín Corti und Nina-Maria Klug in diesem Band).

In Texten treffen nun all diese Systemebenen aufeinander und bilden in ihrer Linearisierung ein komplexes, dichtes Zeichen, das es zu interpretieren gilt. Der vorliegende Band hat es sich daher zum Ziel gesetzt, unterschiedliche Modellierungs- und Zugriffsmöglichkeiten (systemlinguistische, pragmalinguistische, wissenssoziologische, historische und kognitiv-psycholinguistische) auf Texte zusammenzuführen und anhand von Beispielanalysen verschiedene Theoretisierungen auf ihre Anwendbarkeit hin zu hinterfragen. Dabei zeigt sich, dass das „Zusammenspiel komplexitätssteigernder wie komplexitätsreduzierender Dynamiken" (Koschorke 2017: 4) dann illustriert und modelliert werden kann, wenn man bereits Form und Funktion von Texten als unterschiedliche Ebenen der Komplexitätsmanifestation und die Interaktion zwischen dem Text als bedeutungstragendes Zeichen und seiner Rezeption durch die Adressat:innen ernst nimmt. Denn das Bedeutungspotenzial des Textes, der im vorliegenden Band als Bereitsteller und Träger von Wissen konzipiert wird, wird erst im Verstehensprozess durch die Rezipient:innen aktiviert. Sprache und Kognition interagieren und es entstehen mentale Modelle, die unterschiedlich komplex ausfallen, je nachdem, wie es im Dialog mit dem Text gelingt, die geforderten Wissensebenen zu aktivieren und in sinnvoller Weise kohärent miteinander zu verknüpfen. Dieser Dialog mit dem Text beinhaltet auch die Aufgabe, passende (Re-)Kontextualisierungen vorzunehmen und in die eigentliche Lesesituation zu integrieren.

Die so realisierte prozessorientierte Zusammenschau von Textkomplexität und Textkompetenz öffnet die textlinguistische Forschung auf Disziplinen, die mit der Förderung und Entwicklung von Sprach-, Lese- und Textkompetenzen befasst sind. Zugleich enthält sie auf gesellschaftliche Problematiken verweisende Implikationen für gesellschaftswissenschaftliche Analysen. Die Erforschung von Textkomplexität und Textverstehen ist damit nichts weniger als ein interdisziplinäres wissenschaftliches Programm. Das Zusammenspiel aus Versprachlichungsformen, Wissensebenen, kognitiver Konzeptualisierung und (Re-)Kontextualisierung wird im vorgelegten Band in Engführungen von Textlinguistik und Didaktiken mit einer Öffnung auf kognitive Modelle analysiert.

2 Textkomplexität, Textkompetenz und Textverstehen

Textkomplexität und Textverstehen sind zwei Begriffe, die eng zusammengehören und oft in einem Atemzug genannt werden, obwohl sie unterschiedlichen Ebenen der sprachlichen Kompetenz angehören und auch von unterschiedlichen Disziplinen erforscht werden (vgl. Schrott 2020; Schrott & Tesch 2020; Tesch 2020). Während der Text als Entität vor allem von der Textlinguistik betrachtet wird, widmen sich dem Textverstehen stärker Disziplinen wie beispielsweise die kognitive Psychologie oder auch die Psycholinguistik, die oftmals nicht oder nur in unzureichender Form nach der besonderen Beschaffenheit des Untersuchungsgegenstandes Text fragen (Wolf 2022).

Ausgangspunkt des vorgelegten Bandes ist, dass Textkomplexität und Textverstehen analytisch zu trennen sind, zugleich aber in einer Zusammenschau erforscht werden müssen. Die Wechselwirkungen zwischen Textkomplexität(en) und Textverstehen zu ergründen ist nicht allein eine theoretische und methodologische Herausforderung, die man annehmen sollte, sondern auch eine Notwendigkeit. Mit Hilfe der analytischen Trennung und zugleich forschenden Synopse können Linguistik und Didaktik als komplementäre Disziplinen betrieben werden, die Textverstehen und die Bildung von Textkompetenz als Kulturtechniken professionalisiert fördern.

Diese Dialektik erfordert eine vertiefte inter- und transdisziplinäre Vorgehensweise. Gelingt es nämlich, sich vor dem Hintergrund der Interaktion von Bedeutungs-, Wissens- und Kontextualisierungspotenzial der Texte den kognitiven Prozessen während der Textverstehensprozesse zu nähern, so können Angaben dazu gewonnen werden, was Texte für Rezipient:innen mehr oder weniger verständlich macht. Die in diesem Band versammelten thematischen Schwerpunkte behandeln daher Kernthemen, die Linguistik und Didaktik verbinden und dieser Dialektik gerecht werden.

Nähert man sich dem Phänomen der Textkomplexität unter der Prämisse, den Text als potenziellen Bedeutungsträger einerseits und den Textverstehensprozess bei den jeweiligen Rezipient:innen andererseits in einer getrennten Modellierung zu betrachten, dann gilt es den Text als Zeichenträger zu definieren und mit einem, wie bereits erwähnt, semiotischen Textbegriff zu unterlegen. Der Text beinhaltet demnach ein Bedeutungspotenzial, das im Akt des Verstehens und Interpretierens als Basis dient, um ein mentales Modell des Textinhalts zu konstruieren und somit zu einem Textverstehen und zur Etablierung eines Textsinns zu gelangen (Schwarz-Friesel 2001). Zum anderen ist ein Text auch stets als eine Entität für sich zu betrachten, in der Multikodalität und Multimodalität zwar interagieren, diese Dialogizität aber durchaus auch ausgeblendet werden kann, um die einzelnen Systeme analysieren zu können.[8] In dieser Perspektive auf den Text löst man sich (zunächst) von der Interaktion mit möglichen Rezipient:innen und analysiert über einen rein textimmanenten Zugriff. In einer solchen Annäherung an den Text als sprachliches Produkt scheint es naheliegend, dass sich die Komplexität eines Textes zuverlässig über die formale Analyse der einzelnen Sprachebenen erheben lässt: Morphologie, Syntax, Lexik und Semantik können daraufhin analysiert werden, wie komplex ihre Linearisierung im Text erfolgt und wie dicht dementsprechend das Textgewebe ist. Naheliegend und zuverlässig ist eine solche Analyse allerdings nur auf den ersten Blick: Wer bestimmt was für wen in einem Text leicht verstehbar ist? Oftmals werden Satzlänge oder Fachwortschatz als Parameter für den Schwierigkeitsgrad eines Textes herangezogen. Dabei wird aber bisweilen übersehen, dass gerade ein hohes Maß an Referenzialität sowie ein eindeutiger Wortschatz, wie er in der Fachsprache gegeben ist, zu einem besseren Verstehen führen können (Kaiser & Peyer 2011: 97). Reduktion kann also nicht mit Einfachheit gleichgesetzt werden – dies belegen beispielsweise die Beiträge von Lidia Becker & Marta Estévez Grossi, Nina-Maria Klug und Johanna Wolf in diesem Band.

Zusammengefasst wird Textkomplexität als linguistisch beschreibbare Eigenschaft von Texten verstanden, die Komplexitätsprofile bilden. Die Modellierung dieser Komplexitätsprofile ist wie alle linguistischen Modellierungen sprachlicher Phänomene selbstverständlich abhängig von den Modellen, innerhalb derer die Dimensionen von Komplexität als Parameter der Beschreibung erarbeitet werden. Diese Abhängigkeit ist unvermeidlich, sie ist aber keine Einschränkung der Erkenntnis, wenn man ein dem Objekt der Untersuchung möglichst angemessenes Modell wählt. In unserem Fall folgen die Beiträge Modellen der Textlinguistik, die Texte als Komponenten kommunikativer Konstellationen sehen. Aus dieser Perspektive werden Kohärenzetablierung und Konstruktion eines mentalen Modells in erster Linie über die textsemantische Ebene modelliert, von der aus in der Interpretation der Textsinn entsteht. Für diese Prozesse sind kognitive und situative Kontextualisierungen unabdingbar, da die über den Text aktivierten Wissensebe-

---

[8] Vgl. zur Schwierigkeit, Texte losgelöst von ihrer Dialogizität zu betrachten, z. B. Busse (2015) und Fix (2009; 2019).

nen sonst bei der kognitiven Verarbeitung ins Leere laufen und keine Kohärenzkontinuität aufgebaut werden kann (Kintsch 2004; Schwarz-Friesel 2001).

Konzepte der Textkomplexität und ihre Implikationen für das Textverstehen sind daher ein Forschungsbereich an der Schnittstelle von Sprachwissenschaft und den Didaktiken zahlreicher Disziplinen, da die Komplexität eines Textes das Textverstehen stark beeinflusst (möglicherweise damit sogar korreliert ist), und das Erkennen von Textkomplexität folglich ein wichtiger Faktor für den Erwerb von Textkompetenz ist (vgl. Wolf 2021; Tesch 2020). Eine notwendige Prämisse für diese vielversprechenden interdisziplinären Verknüpfungen ist eine präzise linguistische Erfassung des mehrdimensionalen Konzepts der Textkomplexität. Das Coseriu'sche Modell der Sprachkompetenz (Coseriu 2007a) in Verbindung mit Coserius kritischer Schärfung textlinguistischer Begrifflichkeiten (Coseriu 1994; Loureda 2007) kann dazu einen entscheidenden Beitrag leisten. Eine Leitlinie für die Beschreibung von Kontextualisierung ist ferner das Grice'sche Kooperationsprinzip (1989) und die damit verbundenen Maximen. Denn das Grice'sche Modell ist zwar als universelles Modell konzipiert, enthält jedoch in den Maximen auch historisch-kulturelle und damit kontextbezogene Konzepte: eine angemessene Quantität an Informationen, ein angemessen auf Wahrheit und Wahrscheinlichkeit bezogenes Sprechen, ferner Relevanz und Klarheit als kulturell wandelbare und kontextbezogene Werte. Denn ob ein Text etwa die Maxime der Klarheit gut oder nur zufriedenstellend erfüllt, möglicherweise diese Maxime sogar beugt oder unterläuft, kann nur mit Bezug auf die Kontexte und Umfelder des Sprechens zuverlässig bestimmt werden. Dabei führt der Begriff der Umfelder erneut zu einem Coserius'schen Konzept, nämlich zu den „entornos" des Sprechens (Coseriu 1955–1956, zu diesem Modell vgl. auch Kabatek 2018). Gut vereinbar mit dieser Modellierung ist aus Perspektive der Sprachverarbeitung und des Textverstehens der Ansatz, Sprache als ein komplexes System zu betrachten, das sich dynamisch an die jeweiligen Anforderungen der sozialen Umgebung, in der kommuniziert wird, anpasst. Auch hier spielen außersprachliche Faktoren wie sozio-historisches, kulturelles und epistemisches Wissen eine bedeutsame Rolle. Das Zusammenspiel dieser unterschiedlichen Wissensbestände wird in Coserius Modell der Sprachkompetenz deutlich, das neben universellen Prinzipien des Sprechens und dem sprachlichen Wissen im Sinne der Sprachbeherrschung auch die Diskurstraditionen als kulturelles Wissen beinhaltet (vgl. Coseriu 2007; Schrott 2020; 2021). Fehlt der Zugang zum epistemischen Wissen einer Kommunikationsgemeinschaft, dann können sich Blockaden im Verstehen ergeben, die sich bisweilen in einer unzureichenden oder sogar unzutreffenden (Re-)Kontextualisierung spiegeln. Bei der kognitiven Verarbeitung von Texten wird unweigerlich auf das zurückgegriffen, was in der Diskurslinguistik als „Sagbarkeitsfelder" (Hirschauer 2016; Luckmann 1986) definiert wurde. Verfügt nun aber ein Rezipient oder eine Rezipientin nicht über das Wissen darüber, was in einer Gesellschaft konsensuell als sagbar ausgehandelt wurde, können auch die Wissensebenen, die Texte aus dieser Gesellschaft beinhalten, nicht aktiviert werden und der Blick auf das ‚Andere' wird verstellt. Alteritätserfahrungen dieser Art bilden seit der Herausbildung der Philologien ein zentrales Ziel der Textexegese. Sie sind auch eine Grundvoraussetzung für epistemische Evaluationen von Texten, die es den Rezipient:innen ermöglichen, den Wahrheitsgehalt, den Grad an Objektivität und Emotionalität von Texten zu beurteilen sowie beispielsweise Ironie zu erkennen und einzuordnen. Auch dies sind wichtige Parameter für die Durchdringung komplexer Sachverhalte.

Der Aufbau sozio-historischen, kulturellen und epistemischen Wissens vollzieht sich sowohl in außerschulischen als auch in schulischen oder anderen institutionalisierten Kontexten. Valentina Roether und Ángela Falero Morente zeigen in ihrem Beitrag auf, wie mit Hilfe einer Datenbank ein Textfundus für Unterrichtsituationen aufgebaut und im Unterricht eingesetzt werden kann, um Schüler:innen den Zugang zu diesen Wissensbeständen in unterschiedlichen Sprach- und Kommunikationsgemeinschaften zu eröffnen und die genannten Alteritätserfahrungen sowohl in der Lektüre als auch in kreativen Verarbeitungssituationen zu ermöglichen.

3 Textverstehen, Kontextualisierung, Rekontextualisierung

Der kognitive Aufwand, den Rezeption und Verstehen erfordern, ist zu einem großen Teil von der Rezeptionssituation abhängig und von der Art und Weise, welche Kontextualisierung bzw. Rekontextualisierung ein Text erfährt. Zunächst zum Begriff der Kontextualisierung: Kontextualisierung bedeutet, dass bei der Rezeption eines Textes über die sprachliche Dimension hinaus kulturelle Wissensbestände einbezogen werden. Das Zusammenwirken von sprachlichen und kulturellen Faktoren beeinflusst die Wahrnehmung eines Textes als kulturelles Konstrukt und schlägt sich sowohl in der Komplexität des Textes als auch im kognitiven Aufwand der Verstehensleistung nieder. Insofern als Bedeutungszuweisungen in kulturelle symbolische Systeme eingebunden sind (Albrecht & Böing 2010: 63), beeinflusst das kognitive und sprachliche Verfügen über kulturelle Skripte und *Frames* die Chancen, Texte kontextualisieren und inhaltlich erschließen zu können. Eine Studie von Albrecht & Böing (2010) verdeutlichte dies anhand von Begrifflichkeiten aus der Geographie und machte auf die Potenziale aufmerksam, die sich zum Beispiel für den bilingualen bzw. mehrsprachigen Unterricht aus der Kenntnis und

Einbeziehung unterschiedlicher kultureller Skripte in verschiedenen Sprachen ergeben (Albrecht & Böing 2010). Der Text als sprachlich-kulturelles Objekt und das Textverstehen überschneiden sich in der Kontextualisierung, die sowohl kognitiv als auch situativ ist: Ein Text wird in einer bestimmten Situation gelesen oder diskutiert und dabei in die individuellen Wissenskontexte der Leser:innen eingefügt und zu einem über den Text hinausgehenden Sinnkonstrukt komplettiert. Der Begriff des Textverstehens schließt an die Kontextualisierung des Textes an, fokussiert dabei aber den Verstehensakt als kognitiven Prozess. Aus didaktischer Sicht ist die Grundlage für den Verstehensakt die Textkompetenz. Sie ist eine in mehr oder weniger hohem Maße vorhandene Fähigkeit oder aber als ausgebaute Kompetenz das didaktische Ziel von (Aus-)Bildungssituationen. Studien von Beilner und Langer-Plän, die das Textverstehen und Quellenverständnis von Schüler:innen untersuchten, konnten zum Beispiel nachweisen, dass das Verständnis historischer Begriffe von zentraler Bedeutung für das Textverstehen ist (Langer-Plän & Beilner 2006: 231–235; sowie Beilner 2002 und Langer-Plän 2003, hier referiert nach Köster 2013: 17).

Grundsätzlich erfahren alle Texte, schriftliche und mündliche, beim Verstehensakt eine Rekontextualisierung. Sie werden vom Kontext der Produktion in einen neuen Kontext gebracht, in dem die Rezeption stattfindet. Rekontextualisierung ist in diesem ersten Sinne der Rezeption inhärent: Die Rezipient:innen haben ihren eigenen Wissens- und Erfahrungshorizont, in dem sie den Text verarbeiten, verstehen und interpretieren. Dazu ein Beispiel. Bei einem Neujahrsempfang hält der Intendant des örtlichen Theaters einen Vortrag über seine Tätigkeit, er stellt den Spielplan vor und die Situation der Theaterlandschaft. Das Publikum ist heterogen hinsichtlich Vorerfahrungen, Wissen über Theater und Interesse, auch die Rezeptionssituation ist nicht für alle die gleiche: Während einige sehr konzentriert zuhören, nutzen andere den Empfang auch für Begrüßungen und kurze Gespräche. Die anwesenden Zuhörerinnen und Zuhörer rezipieren den gesprochenen Text in verschiedener Weise und rekontextualisieren ihn in ihrem individuellen Wissens- und Erfahrungshorizont. Bereits bei zeitlicher und räumlicher Kopräsenz gibt es also individuell sehr unterschiedliche Rekontextualisierungen ein und desselben Vortrags. Ein analoges Beispiel für einen schriftlichen Text wäre ein Rundschreiben der Präsidentin einer Universität an alle Angehörigen der Universität, in dem die künftige Entwicklung der Universität erläutert wird. Diese Botschaft lesen Studierende, Professorinnen und Professoren oder Verwaltungsangestellte individuell je nach Vorwissen, Interesse und Erfahrungen in unterschiedlicher Weise. Die Rekontextualisierung ist damit eine integrale Komponente des Verstehensaktes.

Diese Abhängigkeit des Textverstehens von der Rekontextualisierung wird noch deutlicher, wenn man sich schriftlichen Texten zuwendet, die in Umfeldern rezipiert werden, die sich von denen der Textproduktion unterscheiden.

Die mit der Rezeption verbundene Integration in den eigenen Wissenskontext entspricht zunächst der im Beispiel illustrierten Form der Rekontextualisierung im eigenen Horizont. Durch die historische Distanz kann der Verstehensakt allerdings gefährdet sein: Die historische Textsorte gehört oft nicht mehr zum kommunikativen Haushalt des Lesers, die historische Situation ist nur fragmentarisch bekannt, die Sprache des Textes ist nicht die Gegenwartssprache. In einem solchen Fall bedeutet Rekontextualisierung zugleich Rekonstruktion: Um das Verstehen zu sichern, müssen die sprachlichen und kulturellen Umfelder des Textes rekonstruiert werden. Ein Beispiel dafür liefern Texte aus früheren Jahrhunderten, die nicht mehr gebräuchlichen Diskurstraditionen folgen und auf eine Wirklichkeit referieren, die den Leser:innen unbekannt ist.

Eine weitere Form der Rekontextualisierung bieten Situationen, in denen ein Text bewusst aus seinem ursprünglichen Diskursuniversum herausgelöst wird, um in einem anderen Diskursuniversum rezipiert zu werden. Der Begriff des Diskursuniversums meint lebensweltliche Bereiche, in denen bestimmte Gattungen und kommunikative Konstellationen beheimatet sind und in strukturierten Beziehungen zueinander stehen. Solche Diskursuniversen sind etwa Literatur, Recht, Wissenschaft, Religion und Alltag (Coseriu 1955–1956; Schlieben-Lange 1983; Kabatek 2018). Die Rekontextualisierung geht hier mit einem Transfer von einem Diskursuniversum in ein anderes einher. Eine solche Kombination von Rekontextualisierung und Transfer liegt vor, wenn Texte aus den Bereichen Recht oder Literatur in Lehr- und Lernsituationen behandelt werden. Eine Schulklasse, die einen literarischen Text liest, bewegt sich nicht im Diskursuniversum Literatur, sondern in einer schulischen Umgebung, die dem Diskursuniversum Alltag zugeordnet werden könnte. Und eine Schülerin, die eine Aktennotiz aus dem 18. Jahrhundert als historisches Dokument liest, tut dies nicht im Diskursuniversum Recht, sondern ebenfalls in der Institution Schule. In eine ähnliche Richtung, vor allem im Hinblick auf die Differenzierung von Lektüresituation und -kontext sowie deren Einbeziehung in das Komplexitätsprofil von Texten und die damit verbundene Verstehensleistung, gehen Hausendorf et al. 2017 mit ihrem Ansatz der Textkommunikation

> Es ist [...] die Qualität des Lesbaren anstelle der Kontingenz des Gelesenen, die für uns Textualität ausmacht. Textualität ist deshalb durch Lesbarkeit zu ersetzen – der Text ist für uns nichts anderes als das Gesamt seiner Lesbarkeitshinweise, die Leser und Leserinnen in einer konkreten Lektüresituation und vor einem konkreten Lektürekontext [...] zur Geltung bringen und aktualisieren. (Hausendorf et al. 2017: 22)

Die Rekontextualisierung an sich ist Teil des Verstehensaktes und nur mittelbar über das Verstehen mit der Komplexität verbunden. Die mit Rekontextualisierung verbundenen Aktivitäten Rekonstruktion und Transfer von einem

Diskursuniversum in ein anderes sind allerdings unmittelbar mit der Komplexität verbunden. Denn die Rekonstruktion und der Transfer erfordern eine Auseinandersetzung mit dem Text als sprachlich-kulturelles Werk und damit auch die Frage nach der Komplexität des Textes und ggf. eine Analyse dieser Komplexitätsprofile.

Besonders deutlich werden Prozesse der Kontextualisierung, wenn Texte aus ihrem ursprünglichen Rezeptionskontext in einen anderen Kontext transferiert werden und auf diese Weise rekontextualisiert werden, etwa wenn Texte früherer Epochen in der Gegenwart gelesen werden. Einen besonders eindrücklichen Fall von Rekontextualisierung stellen historische Quellen dar, die in der Geschichtswissenschaft, aber auch in schulischen Lernumgebungen gelesen werden. Am Beispiel des Leseverhaltens von Historiker:innen und Nicht-Historiker:innen hat Wineburg solche Prozesse untersucht und nachgewiesen, dass geschulte Historiker:innen in ihren Leseprozessen stets nach der Herkunft der Quellen fragen, den Vergleich mit anderen Quellen suchen und Einordnungen in weitere Zusammenhänge, kurz, Kontextualisierungen vornehmen (Wineburg 1994, hier referiert nach Köster 2013: 18). Während „Novizen [...] historische Quellen und Darstellungen offenbar vor allem als Informationsquellen" betrachteten (Köster 2013: 19), sahen Experten diese als „soziale Konstrukte" an, die sie mit anderen Informationen in Beziehung setzten (Köster 2013: 19), um sich ein Gesamtbild zu machen.

Dabei ist hervorzuheben, dass sich die Fähigkeit zur Rekontextualisierung nicht allein auf schulische Lernumgebungen bezieht. Konkret bedeutet Textverstehen nicht nur, dass Leser:innen in der Lage sind, Informationen aus Texten zu entnehmen und in ihren Wissensstrukturen abzuspeichern, sondern auch, dass sie Texte epistemisch evaluieren können, d. h. die Aussagen, die in Texten getätigt werden, auf ihren Wahrheitsgehalt und die ihnen innewohnende argumentative Logik überprüfen können (Richter 2003). Hierzu zählt auch die Fähigkeit, die allen Texten inhärente Perspektivität zu erkennen und kritisch zu bewerten. Dies gilt nicht zuletzt für die Rezeption von Texten unterschiedlicher Gattungen im Alltag – von Verwaltungstexten über Reportagen, Fachliteratur, Belletristik und Comics bis hin zu medialen Kurz-Nachrichten aller Art (vgl. die Beiträge von Lidia Becker und Marta Estévez Grossi, Agustín Corti, Nina-Maria Klug, Kerstin Meier und Johanna Wolf). Diese Kompetenz der epistemischen Evaluation ist ebenfalls für Texte sämtlicher Wissenschaftsdisziplinen essenziell und spielt bei der per se kritischen Rezeption wissenschaftlicher Texte eine primordiale Rolle (Münchow et al. 2019). Das Ausloten, wie solche Prozesse interagieren und wie sie zu fördern sind, besitzt hohe gesellschaftliche Relevanz, was sich auch in aktuellen Diskursen zur Krise der Wissenschaftskommunikation spiegelt. Der vorliegende Band geht auf diese Zusammenhänge ein, z. B. mit den Beiträgen von Claudia Schlaak, Kerstin Meier oder auch Lidia Becker und Marta Estévez Grossi.

4 Die Kernthemen des Bandes

Der vorliegende Band erfasst verschiedene Disziplinen und verschränkt sie ineinander: versammelt sind germanistische und romanistische Linguistik, Literatur- und Kulturwissenschaft, die Didaktik des Französischen und Spanischen und die Fremdsprachenlehr- und -lernforschung sowie die Geschichtsdidaktik. Aus dieser Breite des inter- und transdisziplinären Unterfangens ergibt sich die Notwendigkeit, theoretische Modellierungen als Rahmung zu leisten. Unser Band beginnt daher mit **Theoretischen Modellierungen,** um Konzepte und Methoden klar zu benennen und auch zu trennen. Eine theoretische Rahmung ist mit gutem Grund Tradition in kollektiv verfasster Fachliteratur. Sie ist besonders wichtig, wenn in der Paarformel Textkomplexität und Textverstehen zwei Konzepte verknüpft werden, die eng verbunden sind, zugleich aber in verschiedenen Disziplinen zentrale Begriffe darstellen: So ist die Textkomplexität ein primär textlinguistisches Konzept, während Didaktiken und kognitive Verstehensforschung sich auf die Textkompetenz und deren Förderung konzentrieren. Der erste Teil leistet diese Rahmung und schlägt eine neue Herangehensweise vor, die die unterschiedlichen Konzepte von Textkomplexität und Textverstehen nicht mehr separat betrachtet, sondern gezielt nach deren Schnittstellen und Interaktionsmöglichkeiten fragt.

Da die Komplexität eines Textes immer durch die Brille einer Theorie gesehen wird, kommt es darauf an, für neue theoretische Grundrisse offen zu sein. Am Beginn des Bandes stehen deshalb zwei Beiträge, die die **theoretische Modellierung** von Textkomplexität kontrastiv zur Textkompetenz zum Thema haben.

Angela Schrott („Sprachkompetenz und Textkomplexität. Methodologische Überlegungen aus romanistischer Sicht") verknüpft die Textkomplexität als sprachlich-kulturelles Phänomen mit dem von Eugenio Coseriu begründeten Modell der Sprachkompetenz, das die in Texte eingehenden Regeln und Traditionen des Sprechens sowie deren Interaktionen systemhaft erfasst. Die Öffnung des Modells für den Bereich der Textkomplexität ermöglicht es, sowohl die den Text prägenden sprachlichen und kulturellen Komplexitäten als auch deren Interaktionsweisen zu systematisieren.

Der Beitrag von **Katharina Dziuk Lameira** („Von der Lesbarkeitsformel zur textlinguistischen Komplexität") fokussiert innerhalb der theoretischen Modellierungen von Textkomplexität und Textverstehen die Entwicklung von quantitativen Lesbarkeitsformeln zu textlinguistisch fundierten Methoden. Eine weitere Linie führt von Formeln, die den Verstehensaufwand prognostizieren sollen, zu Modellen, die Zusammenhänge zwischen Komplexitätsprofilen und kognitivem Aufwand erklären wollen.

Diese beiden theoretisch und forschungsgeschichtlich orientierten Beiträge bilden damit einen theoretisch-methodologischen Rahmen für die folgenden

Schwerpunktsetzungen. Da der kognitive Aufwand des Textverstehens zu einem großen Teil aus Prozessen der Kontextualisierung bzw. Rekontextualisierung besteht, thematisiert der zweite Abschnitt des Bandes die Zusammenhänge von **Rekontextualisierung und Textverstehen**. Der Transfer eines Textes von einem Diskursuniversum in ein anderes kann darin bestehen, dass der Text an das neue Diskursuniversum angepasst wird. Die Strategie, die einen solchen Transfer begleitet, besteht oft in einer Kürzung und Vereinfachung. Im Fall von Quellentexten bedeutet das, dass ein Text z. B. im Rahmen von Unterrichtsmaterialien der Gegenwartssprache angepasst und gleichsam zu einem Text der Gegenwart gemacht wird. Es ist evident, dass dies den Sinn einer Quelle, die gerade historische Distanz aufzeigen kann und soll, ad absurdum führt.

Eine Rekontextualisierung über historische Epochen hinweg illustriert der Beitrag von **Christine Pflüger**, der anhand einer Aktennotiz aus dem Jahr 1791 die Komplexität historischer Texte für heutige Leser:innen aufzeigt („Das ‚denoncirte' Theaterstück. Textkomplexität am Beispiel einer historischen Aktennotiz"). Diese Komplexität entsteht sowohl lexikalisch als auch durch veränderte gesellschaftliche und politische Kategorien. Um die historischen Dimensionen zu erschließen, muss der Kontext der Textproduktion rekonstruiert und systematische Quellenkritik in den Unterricht integriert werden.

Ein weiteres Beispiel für den Transfer sind literarische oder journalistische Texte, die aus ihren ursprünglichen Kommunikationssituationen herausgelöst und für den Fremdsprachenunterricht genutzt werden. In dieser didaktischen Rahmung können die Texte zwar weiterhin auch als informativ, ästhetisch oder spannend rezipiert werden, sie sind jedoch zugleich im Hinblick auf fremdsprachliche Kompetenzen hin funktionalisiert.

Ein Beispiel für eine solche funktionale Umwidmung liefert die Text- und Aufgabendatenbank *KastELE*, der sich der Beitrag von **Valentina Roether und Ángela Falero Morente** widmet („Digitale Texte verstehen: Die Text- und Aufgabendatenbank *KastELE*"). Auch hier ist die Rekontextualisierung Teil des Verstehens, der Transfer und seine Organisation erfordern jedoch auch eine Auseinandersetzung mit dem Text, die dessen Komplexitäten einbezieht.

Verwandte Transferüberlegungen verdeutlicht der Beitrag von **Agustín Corti**, der die Rezeption von Comics in Lernumgebungen analysiert („Zur Rekontextualisierung von Comics"). Als multimodale Texte sind Comics semiotisch komplex und haben eine Tendenz zur semantischen Offenheit, die in didaktischen Settings jedoch oft reduziert wird.

Komplexität wird meist als Wert an sich definiert, doch ist es auch eine erhellende Herangehensweise, sich der Komplexität von ihrem Antipoden her zu nähern, nämlich vom Konzept der **Einfachheit**. Die Idee der Einfachheit und leichten Verstehbarkeit ist eng mit Konzepten von Komplexität verbunden, erhält aber weit weniger Aufmerksamkeit in der aktuellen linguistischen Forschung. Eine Kernfrage ist, ob Einfachheit schlicht als geringer Grad an Komplexität definiert werden kann oder ob Einfachheit eine eigene Qualität hat, wie sie etwa in der rhetorischen Tradition der *brevitas* aufscheint. Die Suche nach Konzepten der Einfachheit wird fündig in individuellen Strategien des Verstehens und in Kontexten oder Institutionen, die Texte gezielt vereinfachen wollen, um deren Rezeption zu erleichtern. Kurze Texte weisen in der Regel wenige sprachliche Komplexitäten auf, komplexe transphrastische Verknüpfungen syntaktischer oder semantischer Art sind aufgrund der Kürze selten. Daher wird das Konzept des einfachen Textes oft mit der Vorstellung eines kurzen Textes verbunden. Die Analyse durch Kürze charakterisierter Textsorten widerspricht dieser Verknüpfung und zeigt, dass die Einfachheit kurzer Texte sehr oft nur eine vermeintliche leichte Verstehbarkeit ist. Dahinter steckt bisweilen auch die Annahme, dass Kürze in der Sprachverarbeitung besonders ökonomisch sei, weil diese Komplexität reduziere und zu vereinfachter sprachlicher Verarbeitung führe. Aus sprachwissenschaftlicher wie auch aus kognitiver Sicht ist ein solches „Mini/Max-Prinzip" (minimaler Aufwand, maximaler Effekt) allerdings fraglich (Roelcke 2008: 11). Aus einer linguistischen Perspektive heraus kann gerade sprachlicher Aufwand als ökonomisches Prinzip betrachtet werden (Roelcke 2008: 11–12), da beispielsweise Redundanz in Form einer Mehrfachspeicherung zu erhöhter Effizienz z. B. in Sprachverarbeitungsprozessen führen und damit als ökonomischer im Sinne einer effizienteren Zugriffsmöglichkeit auf die Inhalte im Langzeitgedächtnis betrachtet werden kann (Bücker 2012: 80). Gerade das Prinzip der sprachlichen Redundanz als ökonomisches Prinzip unterstreicht, dass Kürze und Reduktion nicht unbedingt mit Einfachheit gleichzusetzen sind. So behandeln auch zwei Beiträge dieses **Thema der (vermeintlichen) Einfachheit** und ihrer Relation zur Kürze.

Einen extremen Fall von Kürze stellen *Memes* dar, die aufgrund ihrer Kürze und der vermeintlich das Verstehen vereinfachenden Multimodalität als einfach zu verstehen und sehr gut geeignet für Lernumgebungen gelten (**Nina-Maria Klug**: „Verstehen auf den ersten Blick – oder doch nicht? Zur (vermeintlichen) Einfachheit kleiner Texte am Beispiel von Internet-*Memes*"). Doch wie Klug zeigt, ist diese Einfachheit trügerisch, da die *Memes* häufig mit großer semantischer Dichte und Implizitheit einhergehen.

Die *brevitas* steht auch im Zentrum des Beitrags von **Johanna Wolf**, die kurze Texte auf Online-Plattformen analysiert („In der Kürze liegt die Würze? Zur Messbarkeit von Komplexität in diskursiven Kurzformen auf Online-Plattformen"). Untersucht werden die Komplexität der Text-Bild-Interaktionen und die Formen der semantischen Rekontextualisierung durch *Frames* und Codes, die für eine kommunikative Konstellation markant sind, eine große Rolle für die Ausformung von

Identitäten spielen und damit in der Kommunikation letztlich zur Bildung geschlossener *Bubbles* beitragen können.

Damit bestätigen beide Beiträge die alte rhetorische Erkenntnis, dass *brevitas* und *obscuritas* oft Hand in Hand gehen und dazu dienen, gruppenspezifische Identitäten zu konstituieren, sei es eine literarisch gebildete Leserschaft, die hermetische Lyrik konsumiert oder eine multimodal versierte *Ingroup*, die sich ihr eigenes digitales Ökosystem geschaffen hat.

In unterschiedlichen kommunikativen Situationen und gesellschaftlichen Kontexten begegnet das Bedürfnis, die Komplexität von Texten zu reduzieren und das Verstehen zu erleichtern. Diese **Techniken, Praktiken und Strategien der Vereinfachung** sind Thema des vierten und fünften Kapitels. Vereinfachungen von Texten erfolgen auf verschiedenen Ebenen, sie können sich *bottom-up* als Gewohnheiten im Sprachgebrauch entwickeln und sich im nächsten Schritt als feste Strukturen etablieren, sie können aber auch *top-down* in den Sprachgebrauch eingespeist werden. Vereinfachungen können Techniken sein, die Sprecher:innen oder Leser:innen in der Kommunikationssituation entwickeln oder anwenden, es sind dann Techniken der Vereinfachung, die individuell im jeweiligen Verstehensakt angewandt werden. Davon zu trennen sind Vereinfachungen, die von Menschen für andere als ein Programm entwickelt werden, das in späteren Kommunikationssituationen Anwendung findet. Zwei Beispiele für individuelle Strategien, die im Sprechakt bzw. im Verstehensakt angewandt werden, stellt das vierte Kapitel vor.

Die sprachliche Technik des wiederaufnehmenden Relativpronomens, das konzeptuelle Klarheit schafft und den Verstehensaufwand reduziert, analysiert **Claudia Borzi** im Spanischen („Vereinfachung und Klarheit: von der Sprecherintention zur syntaktischen Struktur. Das Resumptivpronomen im Spanischen"). Aufschlussreich ist, dass diese Struktur ein zusätzliches Element enthält, das das Verstehen erleichtert. Damit liefert Borzi zugleich ein Gegenargument zur Annahme, dass primär Reduktion Vereinfachung erzeugt.

Während Borzi eine muttersprachliche Strategie analysiert, untersucht **Claudia Schlaak** Verstehensstrategien von Schüler:innen im Fremdsprachenunterricht („Textkomplexität und Textverstehen: Perspektiven von Lernenden mit vielfältigen Sprachbiographien"). Die Untersuchung von Einstellungen und Wahrnehmungen der Lernenden sowie der genutzten Techniken der Vereinfachung belegt den Einfluss unterschiedlicher Sprachbiographien und die Notwendigkeit, die Diversität von Lerngruppen vermehrt empirisch zu untersuchen.

Strategien der Vereinfachung können auch als Programm entwickelt werden, was oft im Kontext von Institutionen geschieht. Zwei Fallstudien dazu finden sich im abschließenden fünften Abschnitt des Bandes zur **Textvereinfachung in Institutionen**.

Ein bedeutender institutioneller Kontext ist die schulische Lernumgebung, die **Kerstin Meier** für den Französischunterricht analysiert („Literatur im Unterricht. Zur Vereinfachung von französischen Originaltexten in der Reihe *Easy Readers*"). Die Vereinfachungen haben hier das Ziel, die Vermittlung literarischer Texte im Französischunterricht zu erleichtern. Die Analyse der in den Texten angewandten Zur Vereinfachungsstrategien, ihres Gelingens und Misslingens, liefert wertvolle Hinweise auf die unterschiedlichen Parameter von Textkomplexität und auf mögliche Metaparameter, wie Abweichung von Traditionen und Grade von Implizitheit.

Einen weiteren Kontext für Vereinfachungen bilden die Bemühungen staatlicher Institutionen um eine Sprachverwendung, die Verständlichkeit zum Ziel hat und den Anspruch erhebt, Inklusion, Demokratisierung und Gleichberechtigung durch entsprechende Maximen des Sprechens und vor allem des Schreibens zu verwirklichen. Dabei wird deutlich, dass die Konzepte der Einfachheit stark laienlinguistisch geprägt sind und es oft nicht gelingt, die Kommunikation barrierefreier zu machen – ein Kritikpunkt, dem eine linguistisch professionalisierte Gestaltung von Texten in einfacher oder leichter Sprache inzwischen Rechnung trägt

Am Beispiel des Spanischen erforschen **Lidia Becker und Marta Estévez Grossi** („Laienlinguistische Repräsentationen und Praktiken der Textvereinfachung in Lateinamerika und Spanien") Strategien der Textvereinfachung und dokumentieren, dass die zum Einsatz kommenden Sprachabbau-Tendenzen das Risiko beinhalten, dass diese Zielgruppen in einer vereinfachten Kommunikation verbleiben und nach wie vor vom sprachlichen und kulturellen Kapital exkludiert sind. Diese Tendenz institutionell vereinfachter Sprache zeigt sich in Lateinamerika als einer Region mit extremer Ungleichheit besonders markant, sie ist aber auch eine Gefahr, die in anderen Regionen wie Europa zu bedenken ist.

Der Band bietet damit in seiner Gesamtheit für interdisziplinäre Forschungen zu Textkomplexität und Textkompetenz unerlässliche theoretische Standortbestimmungen und Perspektivierungen. In dieser Rahmung werden ausgehend von der Tatsache, dass Textsinn im Kontext entsteht, die Rekontextualisierungen von Texten als entscheidender Faktor für kognitiven Aufwand identifiziert. Daraus folgt, dass neben den textbezogenen Verstehensstrategien auch die Notwendigkeit besteht, Leserinnen und Leser für die Implikationen und Effekte zu sensibilisieren, die der Transfer eines Textes von einer Zeit in die andere und von einem Diskursuniversum in ein anderes bedingt. Das Beispiel der didaktischen und gesellschaftspolitisch motivierten Vereinfachung von Texten, die so an veränderte Umfelder und Rezipient:innengruppen adaptiert werden sollen, zeigt auf, dass der vereinfachte Text nur eine punktuelle gesellschaftliche und kulturelle Inklusion ermöglicht, während eine umfassende, flächige Inklusion nur durch eine umfassende strategieorientierte Förderung des Textverstehens als Kulturtechnik möglich ist. Ziel des Bandes ist es, Modelle und Grundlinien für die Erforschung und Förderung dieser kulturellsprachlichen Kompetenz vorzuschlagen.

Bibliographie

Albrecht, Volker & Maik Böing (2010): Wider die gängige monolinguale Praxis?! – Mehrperspektivität und kulturelle Skripte als Wegbereiter der Zweisprachigkeit im bilingualen Geographieunterricht. In Sabine Doff (Hrsg.), *Bilingualer Sachfachunterricht in der Sekundarstufe. Eine Einführung.* 58–71. Tübingen: Narr.

Bajerová, Eva (2012): Text und Verstehen: zur Systematisierung der Begriffe der Textverständlichkeitsforschung. *Acta Facultatis Philosophicae Universitatis Ostraviensis/ Studia Germanistica* 7, 115–127.

Bartsch, Renate (1973): Gibt es einen sinnvollen Begriff von linguistischer Komplexität? *Zeitschrift für Germanistische Linguistik* 1, 6–31.

Beckner, Clay et al. (2009): Language is a Complex Adaptive System: Position Paper. *Language Learning* 59: Suppl. 1, 1–26.

Beilner, Helmut (2002): Empirische Zugänge zur Arbeit mit Textquellen in der Sekundarstufe I. In Bernd Schönemann & Hartmut Voit (Hrsg.), *Von der Einschulung bis zum Abitur. Prinzipien und Praxis des historischen Lernens in den Schulstufen.* 84–96. Idstein: Schulz – Kirchner.

Bisang, Walter (2009): On the evolution of complexity: Sometimes less is more in East and mainland Southeast Asia. In Geoffrey Sampson, David Gil & Peter Trudgill (Hrsg.), *Language complexity as an evolving variable.* 34–49. Oxford: Oxford University Press.

Blank, Andreas (2001): *Einführung in die lexikalische Semantik für Romanisten.* Tübingen: Niemeyer.

Borzi, Claudia (2021): Enfoque cognitivo prototípico y complejidad textual. In Óscar Loureda & Angela Schrott (Hrsg.), *Manual de lingüística del hablar.* 461–477. Berlin, Boston: De Gruyter.

Bücker, Jörg (2012): *Sprachhandeln und Sprachwissen. Grammatische Konstruktionen im Spannungsfeld von Interaktion und Kognition.* Berlin, Boston: De Gruyter.

Busse, Dietrich (2015): *Sprachverstehen und Textinterpretation: Grundzüge einer verstehenstheoretisch reflektierten interpretativen Semantik.* Wiesbaden: Springer.

Coseriu, Eugenio (1955–56): Determinación y entorno. Dos problemas de una lingüística del hablar. *Romanistisches Jahrbuch* 7, 29–54.

Coseriu, Eugenio (1994): *Textlinguistik. Eine Einführung.* 3. überarb. und erw. Aufl. Herausgegeben und bearbeitet von Jörn Albrecht. Tübingen, Basel: Francke.

Coseriu, Eugenio (2007): *Sprachkompetenz. Grundzüge der Theorie des Sprechens.* Tübingen: Narr.

Dahl, Östen (2009): Two pathways of grammatical evolution. In Talmy Givón & Masayoshi Shibatani (Hrsg.), *Syntactic complexity: Diachrony, acquisition, neuro -cognition, evolution.* 239–248. Amsterdam: John Benjamins.

Dziuk Lameira, Katharina (2020): Complejidad semántica: el ejemplo de la metáfora. In Angela Schrott & Bernd Tesch (Hrsg.), *Competencia textual y complejidad textual. Perspectivas transversales entre didáctica y lingüística.* 147–165. Berlin: Peter Lang.

Dziuk Lameira, Katharina (i.Dr.): *Textkomplexität und Textverständlichkeit: Studien zur Komplexität spanischer Prosatexte.* Berlin, Boston: De Gruyter, erscheint 2023.

Fix, Ulla (2009): Aktuelle linguistische Textbegriffe und der literarische Text: Bezüge und Abgrenzungen. In Simone Winko, Fotis Jannidis & Gerhard Lauer (Hrsg.), *Grenzen der Literatur.* 103–135. Berlin, New York: De Gruyter.

Fix, Ulla (2019): Text und Textlinguistik. In Nina Janich (Hrsg.), *Textlinguistik: 15 Einführungen, erweiterte und aktualisierte Auflage.* 15–34. Tübingen: Narr.

Gardt, Andreas (2007): Linguistisches Interpretieren. Konstruktivistische Theorie und realistische Praxis. In Fritz Hermanns & Werner Holly (Hrsg.), *Linguistische Hermeneutik. Theorie und Praxis des Verstehens und Interpretierens.* 263–280. Tübingen: Niemeyer.

Gil, David (2008): How complex are isolating languages. In Matti Miestamo, Kaius Sinnemäki & Fred Karlsson (Hrsg.), *Language complexity: Typology, contact, change.* 109–131. Amsterdam: John Benjamins.

Grice, Herbert P. (1989): Logic and Conversation. In Herbert P. Grice, *Studies in the Way of Words.* 22–40. Cambridge: Harvard University Press.

Hausendorf, Heiko, Wolfgang Kesselheim, Hiloko Kato & Martina Breitholz (2017): *Textkommunikation. Ein textlinguistischer Neuansatz zur Theorie und Empirie der Kommunikation mit und durch Schrift.* Berlin, Boston: De Gruyter.

Hennig, Mathilde (Hrsg.) (2017): *Linguistische Komplexität – ein Phantom?* Tübingen: Stauffenburg.

Hirschauer, Stefan (2016): *Verhalten, Handeln, Interagieren: Zu den mikrosoziologischen Grundlagen der Praxistheorie.* In Hilmar Schäfer (Hrsg.), *Praxistheorie: Ein soziologisches Forschungsprogramm.* 45–69. Bielefeld: transkript.

Hiver, Phil & Ali H. Al-Hoorie (2019): *Research methods for complexity theory in applied linguistics.* Bristol: Multilingual Matters.

Jacob, Daniel (2014): Sprach- und Literaturwissenschaft*: Zuständigkeiten und Begegnungen.* In Monika Fludernik & Daniel Jacob (Hrsg.), *Linguistics and Literary Studies/Linguistik und Literaturwissenschaft: Interfaces, Encounters, Transfers/ Begegnungen, Interferenzen und Kooperationen* (Vol. 31), 3–33. Berlin, Boston: De Gruyter.

Kabatek, Johannes (2018): *Lingüística coseriana, lingüística histórica, tradiciones discursivas.* Hrsg. v. Cristina Bleorțu & David Paul Gerards. Madrid, Frankfurt am Main: Iberoamericana, Vervuert.

Kaiser, Irmtraud & Elisabeth Peyer (2011): *Grammatikalische Schwierigkeiten beim Lesen in Deutsch als Fremdsprache: Eine empirische Untersuchung.* Baltmannsweiler: Hohengehren.

Kintsch, Walter (2004): *The Construction-Integration Model of Text Comprehension and Its Implications for Instruction.* In Robert Ruddell & Norman Unrau (Hrsg.), *Theoretical Models and Processes of Reading.* 1270–1328. Newark: International Reading Association.

Koch, Peter & Wulf Oesterreicher (1985): Sprache der Nähe – Sprache der Distanz. Mündlichkeit und Schriftlichkeit im Spannungsfeld von Sprachtheorie und Sprachgeschichte. *Romanistisches Jahrbuch* 36, 15–43.

Köster, Manuel (2013): Historisches Textverstehen. Rezeption und Identifikation in der multiethnischen Gesellschaft (Geschichtskultur und historisches Lernen, Bd. 11). Münster: LIT.

Koschorke, Albrecht (2017): Einleitung. In Albrecht Koschorke (Hrsg.), *Komplexität und Einfachheit*. DFG-Symposion 2015. 1–10. Stuttgart: Metzler.
Langer-Plän, Martina (2003): Problem Quellenarbeit. Werkstattbericht aus einem empirischen Projekt. *Geschichte in Wissenschaft und Unterricht* 54, 319–336.
Langer-Plän, Martina & Helmut Beilner (2006): Zum Problem historischer Begriffsbildung. In Hilke Günther-Arndt & Michael Sauer (Hrsg.), *Geschichtsdidaktik empirisch. Untersuchungen zum historischen Denken und Lernen*. 215–250. Berlin: LIT.
Larsen-Freeman, Diana (2012): Complex, dynamic systems: A new transdisciplinary theme for applied linguistics? *Language Teaching* 45, 202–214.
Loureda, Óscar (2007): Presentación del editor. La *Textlinguistik* de Eugenio Coseriu. In Eugenio Coseriu (2007), *Lingüística del texto. Introducción a la hermeneutica del sentido*. Edición, anotación y estudio previo de Óscar Loureda Lamas. 19–81. Madrid: Arco/Libros.
Luckmann, Thomas (1986): *Grundformen der gesellschaftlichen Vermittlung des Wissens: Kommunikative Gattungen*. In Rainer M. Lepsius, Friedhelm Neidhardt & Jürgen Weiß (Hrsg.), *Kultur und Gesellschaft*, Sonderheft 27 der Kölner Zeitschrift für Soziologie und Sozialpsychologie. 191–211. Opladen: Westdeutscher Verlag.
Meier, Kerstin (2020): *Semantische und diskurstraditionelle Komplexität. Linguistische Interpretationen zur französischen Kurzprosa*. Berlin, Boston: De Gruyter.
Miestamo, Matti (2009): Implicational hierarchies and grammatical complexity. In Geoffrey Sampson, David Gil & Peter Trudgill (Hrsg.), *Language complexity as an evolving variable*. 80–97. Oxford: Oxford University Press.
Münchow, Hannes et al. (2019): The ability to evaluate arguments in scientific texts: Measurement, cognitive processes, nomological network, and relevance for academic success at the university. *British Journal of Educational Psychology*, 89: 3, 501–523.
Proctor, James D. & Brendon M. Larson (2005): Ecology, complexity, and metaphor. *BioScience* 55, 1065–1068.
Richter, Tobias (2003): *Epistemologische Einschätzungen beim Textverstehen*. Lengerich: Pabst.
Roelcke, Thorsten (2008): Effizienz sprachlicher Kommunikation. In Jochen A. Bär, Thorsten Roelcke & Anja Steinhauer (Hrsg.), *Sprachliche Kürze. Konzeptionelle, strukturelle und pragmatische Aspekte*. 7–26. Berlin, New York: De Gruyter.
Sampson, Geoffrey, David Gil & Peter Trudgill (Hsrg.) (2009), *Language complexity as an evolving variable*, Bd. 13. Oxford: Oxford University Press.
Schlieben-Lange, Brigitte (1983): *Traditionen des Sprechens. Elemente einer pragmatischen Sprachgeschichtsschreibung*. Stuttgart: Kohlhammer.
Schrott, Angela (2020): Las tradiciones discursivas: competencia y complejidad. In Angela Schrott & Bernd Tesch (Hrsg.), *Competencia textual y complejidad textual. Perspectivas transversales entre didáctica y lingüística*. 105–124. Berlin: Peter Lang.
Schrott, Angela (2021): Las tradiciones discursivas. In Óscar Loureda & Angela Schrott (Hrsg.), *Manual de lingüística del hablar*. 499–517. Berlin, Boston: De Gruyter.
Schwarz-Friesel, Monika (2001): *Establishing Coherence in Text: Conceptual Continuity and Text-World-Models*. Logos and Language 2, 15–23.
Tesch, Bernd (2020): La competencia textual didáctica en la formación docente de lengua extranjera. In Angela Schrott & Bernd Tesch (Hrsg.), *Competencia textual y complejidad textual. Perspectivas transversales entre didáctica y lingüística*. 15–28. Berlin: Peter Lang.

Wineburg, Sam (1994): Contextualized Thinking in History. In Mario Carretero & James F. Voss (Hrsg.), *Cognitive and Instructional Processes in History and the Social Sciences*. 285–308. Hillsdale: Routledge.

Wolf, Johanna (2021): La semántica del hablar. In Óscar Loureda & Angela Schrott (Hrsg.), *Manual de lingüística del hablar*. 443–459. Berlin, Boston: De Gruyter.

Wolf, Johanna (2022): *Fremder Text – fremde Welt. Zu Störungen im Organisationsablauf beim Verstehen fremdsprachlicher Texte*. Berlin, Boston: De Gruyter.

II Theoretische Modellierung

Angela Schrott
Sprachkompetenz und Textkomplexität. Methodologische Überlegungen aus romanistischer Sicht

Abstract: Texts are linguistic and cultural products. From this fundamental insight of text linguistics it follows that linguistic and cultural knowledge are necessary for the understanding of texts and that the complexity of texts is both a linguistic and a cultural phenomenon. This basic characteristic of text complexity is linked in this article to the model of linguistic competence founded by Eugenio Coseriu, which systematically captures both the rules and traditions entering the text and their patterns of interaction. The further development of this model, which is paradigmatic in Romance studies, and its opening up to the field of textual complexity enables two methodologically important clarifications: firstly, the analytically clear differentiation of the linguistic and non-linguistic complexities entering a text and, secondly, their modes of interaction (regulation and specification), which can be derived from Coseriu's model.

1 Textkomplexität: Annäherungen an ein schwieriges Konzept

Das Konzept der Textkomplexität wird in den mit Text und Textverstehen befassten Disziplinen mit unterschiedlichen Theorien verbunden und konzeptuell unterschiedlich gefüllt, doch findet sich ein gemeinsamer Nenner in der Vorstellung des Textes als emergente Größe (Gardt 2018: 57–58). Ausgangspunkt ist die Überzeugung, dass ein Text mehr ist als die Summe seiner Teile und dass der Sinn, den ein Text als Ganzes entfaltet, nur zum Teil aus den Textelementen und deren Relationen untereinander erklärt werden kann (Gardt 2013: 32). Eine wichtige Grundlage für die Idee des emergenten Textes ist die hermeneutische Auffassung, dass der Textsinn sich in einem Akt des Verstehens heranbildet, der über frühere Verstehensakte hinausgehen und neue Sinnkonstrukte erzeugen kann. Ein in dieser Weise erneuertes Verstehen ist jedoch nur möglich, wenn der Textsinn nicht durch die Elemente des Textes und deren Relationen determiniert ist, sondern in der zirkelhaften Bewegung des Verstehens (und Interpretierens) immer neu erzeugt werden kann.[1] Der hermeneutische Zirkel des Verstehens beruht damit auf einem Textsinn, der sich übersummativ aus den Textelementen und deren Relationen ergibt.[2] Eine weitere Grundlage für das Konzept der Textkomplexität sind systemtheoretisch inspirierte Definitionen von Komplexität. Demnach gilt eine zusammenhängende Menge von Elementen als komplex, wenn sich ihr Verhalten als Ganzes nicht vollkommen durch die Verhaltensweisen der Elemente erklären lässt. Diese Definition entspricht der Idee der Emergenz und erfasst ebenfalls die prinzipiell offene Erzeugung von Textsinn.[3]

Die Begriffe Emergenz und Komplexität erfassen damit eine sehr grundlegende Eigenschaft von Texten, sie leisten allerdings noch keine Präzisierung, welche Parameter die Komplexität von Texten ausmachen, wie diese ineinandergreifen und wie sich Textkomplexität konkret ausprägt. Die Textlinguistik, in deren Bereich die Textkomplexität fällt, benötigt daher einen Komplexitätsbegriff, der vom System der Sprache als sprachlich-kulturelle Kompetenz hergeleitet ist. Textkomplexität ist ein Konzept, das vom Text als sprachlich-kulturellem Produkt ausgeht. Daraus folgt, dass ein Komplexitätsbegriff benötigt wird, der schlüssig aus der sprachlichen und kulturellen Verfasstheit von Texten hervorgeht. Eine mögliche Herangehensweise wäre es, Definitionen von Komplexität in unterschiedlichen Bereichen der Sprachwissenschaft zu sichten und diejenigen herauszufiltern, die auf Texte als sprachlich-kulturelle Objekte anwendbar sind.[4] Der vorliegende Beitrag nimmt einen anderen Weg und wählt als Grundlage von Anfang an ein Modell, das Sprechen und Verstehen als sprachliche und kulturelle Tätigkeiten betrachtet und daher auch das Produkt Text als sprachliches und kulturelles Objekt im Kern erfassen kann.

Die grundlegende Idee meines Beitrags ist, dass die herausfordernde Präzisierung des Konzepts Textkomplexität durch das von Eugenio Coseriu (1955–1956; 1985; ³1994; 2007) entwickelte Modell der Sprachkompetenz erreicht werden kann, das Universelles und Historisches, Sprachliches und Kulturelles scharfsinnig zueinander in Beziehung setzt. Die Coseriu'schen Differenzierungen erlauben es, den Text als sprachliches und kulturelles Produkt ganzheitlich zu erfassen und dabei systemhaft Dimensionen der Textkomplexität zu beschreiben. Kon-

---

1 Gardt (2013: 32, 33–34; 2017: 492–493; 2018: 57–58).
2 Zu linguistischen Modellierungen hermeneutischen Verstehens vgl. Hermanns (2003); Christmann & Groeben (2006); Fix (2007); Gardt (2007; 2017; 2018).
3 Gardt (2013: 32, 2018: 58); zum Text als System Gansel (2008: 9–11); Gansel & Jürgens ³(2009); zum systemtheoretischen Begriff der Komplexität Luhmann (1984: 46–47). Vgl. auch Coseriu (2007: 79) zum „Sinn" als „Bedeutung im Kontext".
4 Zur Problematik der Begriffsdefinition Dahl (2004: 25–26, 39–40); Hennig (2017a: 8–10); Fischer (2017: 20–27).

zepte der Textkomplexität werden im Rahmen einer interaktional angelegten Textlinguistik beschrieben, die von einer „Linguistik des Sprechens" ausgeht.[5] Grundlage ist das Sprechen als Tätigkeit, so dass der Text sowohl als Produkt als auch in der Dynamik erfasst werden kann, die das Produkt erzeugt hat. Das Coseriu'sche Modell hat ferner das Verdienst, dass es sowohl sprachliche Phänomene als auch linguistische Forschungsansätze systematisch aufeinander beziehen kann und daher auch eine metatheoretische Verortung innerhalb der linguistischen Teildisziplinen erlaubt (vgl. Schrott 2014; 2015).

2 Sprachkompetenz als Orientierungsrahmen für Komplexität

Die Komplexität der Texte leitet sich maßgeblich aus den Regeln und Traditionen ab, die den Text als Produkt gestalten und die Tätigkeit der Produkterzeugung anleiten. Ausgangspunkt ist das Coseriu'sche Modell der Sprachkompetenz (vgl. Schema 1 auf der folgenden Seite) mit seinen drei Ebenen und Gesichtspunkten des Sprechens (Coseriu 2007: 69–75; ³1994: 54–63).[6] Da dem Modell die Sicht des Sprechens als Tätigkeit zugrunde liegt, liefert es zugleich einen Grundriss für die linguistische Pragmatik und für eine pragmalinguistisch ausgerichtete Textlinguistik (Schrott 2014). Coseriu definiert das Sprechen als „eine universelle allgemeinmenschliche Tätigkeit, die jeweils von individuellen Sprechern als Vertretern von Sprachgemeinschaften mit gemeinschaftlichen Traditionen des Sprechenkönnens individuell in bestimmten Situationen realisiert wird" (Coseriu 2007: 70). Diese Definition wird vom Schema der drei Ebenen und Gesichtspunkte ausgefaltet.

Das Coseriu'sche Modell unterscheidet bekanntlich drei Gesichtspunkte, unter denen Sprache und Sprechen betrachtet werden können, und drei Wissenstypen bzw. Typen von Regeln und Traditionen, die in das Sprechen eingehen und den Text gestalten (Coseriu 2007: 70, 74–75). Die drei Gesichtspunkte sind die Tätigkeit des Sprechens (*energeia*), das der Tätigkeit zugrunde liegende Wissen (*dynamis*) und die durch die Tätigkeit erzeugten Produkte (*ergon*). Die *energeia* ist eine schöpferische Tätigkeit, die Regeln und Traditionen des Sprechens folgt, zugleich aber über bestehendes Wissen hinausgehend kreativ Neues

---

[5] Coseriu (2007: 12); Loureda (2007); Loureda & Schrott (2021).
[6] Zur Wirkung und Anwendung des Modells in der Romanistik, zu Modifizierungen des Modells und zu den daran anschließenden Diskussionen vgl. Schlieben-Lange (1983); Koch (1997; 2005; 2008); Oesterreicher (1997); Kabatek (2011; 2015; 2018); Lebsanft (2005; 2015); Lebsanft & Schrott (2015); Schrott (2014; 2015; 2017; 2021a).

Ebene	Gesichtspunkt		
	Tätigkeit (energeia)	Wissen (dynamis)	Produkt (ergon)
universelle Ebene	Sprechen im allgemeinen	Regeln und Prinzipien des Sprechens	–
historische Ebene der konkreten Sprachen	Einzelsprache	einzelsprachliche Traditionen	–
individuelle Ebene der Diskurse und Texte	Diskurs	Diskurstraditionen	Text

Schema 1: Das Modell der Sprachkompetenz nach Coseriu (2007: 75), Schrott (2021a: 509).

erschafft. Die treibende Kraft ist die schöpferische Natur des Menschen. Sie bewirkt, dass auch das Sprechen eine schöpferische Tätigkeit ist, die über Gelerntes hinausgeht und neues Wissen hervorbringt. Die *energeia* manifestiert sich im Diskurs als individuelle Tätigkeit und erzeugt die Texte als Produkte, die Festigkeit haben und mehrfach rezipiert, tradiert und erinnert werden können (Coseriu 2007: 71–72, 74–75). Der „Diskurs" bezeichnet die Tätigkeit, der „Text" dagegen das aus der Tätigkeit hervorgegangene Produkt. Das Begriffspaar wird genutzt, um auf der individuellen Ebene zwischen den Gesichtspunkten *energeia* und *ergon* zu unterscheiden. Der Coseriu'sche „Diskurs" als Tätigkeit darf daher nicht mit dem wissenssoziologischen Konzept von „Diskurs" nach Foucault gleichgesetzt werden (Lebsanft & Schrott 2015: 19–22).

Für die Forschungen zur Textkomplexität stellen die drei Gesichtspunkte wichtige Orientierungen dar. Die Coseriu'sche Systematik verdeutlicht durch diese Trias nämlich den Produktcharakter des Textes: Der Text ist das Produkt individueller Sprechtätigkeit, in dem sämtliche Wissensbestände zusammenkommen. Umgekehrt sind der Text und die in ihm enthaltenen Wissensbestände dann auch der Ausgangspunkt sämtlicher Verstehensprozesse. Das erste Verdienst des Modells der Sprachkompetenz besteht also darin, dass es die theoretischen Implikationen des Produkts als *ein* Gesichtspunkt in der Trias von *energeia*, *dynamis* und *ergon* deutlich macht.

Das zweite Verdienst des Modells ist, dass es analytisch klar differenziert, welche Typen von Regeln und Traditionen das Textprodukt erzeugen und gestalten: universelle Regeln und Prinzipien, einzelsprachliche Traditionen und Diskurstraditionen.

Die universellen Regeln und Prinzipien des Sprechens gelten für das Sprechen in allen Sprachen und Kulturen; sie prägen den Diskurs in allen Sprachen, sie leiten alles Textverstehen an und konstituieren die universelle Ebene des Sprechens.

Zu den universellen Regeln zählen semiotische und kognitive Grundregeln der Interaktion sowie die Alterität des Sprechens (Coseriu 2003: 16; 2007: 77, 192–193). Der Begriff der Alterität erfasst die grundlegende Dialogizität des Sprechens; man spricht zu anderen Menschen und für andere Menschen mit dem Ziel verstanden zu werden. Der grundsätzliche Wille, verstanden zu werden und den Gesprächspartner zu verstehen, ist die Basis für ein allgemeines kommunikatives Vertrauen, das davon ausgeht, dass Kommunikation sinnhaft und verständlich ist und folglich auch die aus dem Sprechen entstandenen Texte verständlich sind (Coseriu 2007: 95–96). Die Konzepte Verstehen und Verständlichkeit beruhen damit auch auf universellen Prinzipien. Den Ideen der Alterität und des kommunikativen Vertrauens eng verwandt ist das von Grice (1989) formulierte Kooperationsprinzip, das auf einen kontinuierlichen Austausch abzielt, der es den Gesprächspartnern erlaubt, ihre kommunikativen Ziele zu erreichen. Das Prinzip der Kooperation ist grundlegend für das Sprechen als Tätigkeit und damit auch für eine Textlinguistik, die den Text in der Dynamik der Kommunikation betrachtet (Lebsanft & Schrott 2015: 22–23; Schrott 2021a: 506–508). Für die Pragmalinguistik und für eine interaktional ausgerichtete Textlinguistik ist das Grice'sche Prinzip der Kooperation mit seinen Maximen das zentrale universelle Regelgefüge (Schrott 2015: 129–130; 2021b: 213). Als Wissenstyp sind die universellen Regeln – und natürlich auch das Kooperationsprinzip mit seinen Maximen – auf das Sprechen bezogen, sie sind aber selbst kein sprachliches Wissen (Coseriu 2007: 70, 77–80).

Der zweite Wissensbestand ist das sprachliche Wissen, das Sprachbeherrschung ermöglicht und es den Sprecherinnen und Sprechern erlaubt, Texte in konkreten Sprachen zu produzieren und zu verstehen (Coseriu 2007: 80–85). Da Sprachen sich entwickeln und verändern, sind sie historisch veränderliche Wissensbestände und konstituieren die historische Ebene der konkreten Sprachen. Das Charakteristikum, dass dieses Wissen weitergegeben und tradiert wird, kommt in der Benennung „einzelsprachliche Traditionen" zum Ausdruck. Zum sprachlichen Wissen zählen sämtliche Varietäten einer Sprache, der Varietätenraum ist damit auf dieser Ebene präsent.

Auf der individuellen Ebene der Diskurse und Texte steht das Sprechen in konkreten Kommunikationssituationen im Vordergrund (Coseriu 2007: 85–88). Der Begriff „individuell" meint hier, dass Menschen im sprachlichen Austausch immer als Individuen sprechen und dabei als Individuen kreativ sind (Lebsanft & Schrott 2015: 28–29). Der Wissensbestand, der das individuelle Sprechen in Diskursen und die Produktion von Texten anleitet, sind die Diskurstraditionen. Sie sind ein kulturelles und auf das Sprechen bezogenes Wissen und fungieren als Richtlinie für ein angemessenes und erfolgreiches Sprechen (bzw. Schreiben). Das einzelsprachliche Wissen mit seiner lexikalischen und syntaktischen Vielfalt und seinen Varietäten eröffnet Optionen, aus denen der Sprecher diejenigen Strukturen und Formen auswählt, die in den Text eingehen. Diese Auswahl sprachlicher Elemente und deren Arrangement zu einem Text wird von den Diskurstraditionen angeleitet, die grundsätzlich alles Sprechen gestalten und formen. Diese klare Definition als kulturelles Wissen, das die Gestaltung von Diskursen und Texten anleitet, kontrastiert mit den vielfältigen Erscheinungsformen von Diskurstraditionen (Koch 1997: 43, 45). Zum diskurstraditionellen Wissen zählen kommunikative Routinen, etwa die Technik, eine höfliche Bitte in Form einer Frage zu formulieren. In Bitten wie *Können Sie die Tür abschließen, wenn Sie gehen?* werden interrogative Strukturen verwendet, die auch bei Fragen, die auf Informationen abzielen, zum Einsatz kommen (*Können Sie das Schild auf diese Entfernung noch lesen?*). Die kulturelle Diskurstradition besteht in dem Wissen, dass Bitten durch Fragen nach dem Können höflich versprachlicht werden, und in der Fähigkeit, diese Technik angemessen anzuwenden und in einer Interaktion zu erkennen (Escandell Vidal 1999; Schrott 2014: 17–18). Diskurstraditionen können ferner Techniken des Erzählens sein, die die Gestalt narrativer Texte formen, etwa die Technik, beim Erzählen vergangener Erlebnisse nicht allein Tempora der Vergangenheit zu verwenden, sondern auch das erzählende Präsens, um Teile einer Erzählung zu fokussieren. Diskurstraditionen können ferner fester Bestandteil von Textgattungen sein; so kann man das Wissen, das man benötigt um einen journalistischen Leitartikel, eine Buchrezension oder eine Glückwunschkarte zu schreiben, als eine Konfiguration von Diskurstraditionen verstehen (Stempel 1972: 176; Kabatek 2011; Schrott 2015). Die genannten Beispiele verdeutlichen, dass Diskurstraditionen von einer Sprache in die andere übertragbar sind, denn die höfliche Bitte *qua* Frage existiert in mehreren Sprachen (vgl. Schrott 2014: 16) und ein italienisches Sonett als kulturell-diskurstraditionelles Wissen kann in andere Sprachen übersetzt werden (Coseriu 2007: 170–171). Dieser Transfer beweist, dass eine Diskurstradition keiner bestimmten Sprache angehört und damit ein nicht-sprachliches, sprachbezogenes Wissen darstellt. Diese Definition ist ein wichtiges Argument für die prinzipielle Unabhängigkeit der Diskurstraditionen von den einzelsprachlichen Traditionen.

Eine wichtige Systematisierung, die das Modell leistet, ist, dass die drei Wissenstypen nicht beliebig interagieren, sondern vielmehr in bestimmten Relationen zueinanderstehen. Die drei Wissensbestände bilden auf diese Weise ein Gefüge von Beziehungen, in dem das diskurstraditionelle Wissen die Schlüsselposition einnimmt. Die Diskurstraditionen selegieren die einzelsprachlichen Traditionen – lexikalische Elemente, syntaktische Strukturen, Konnektoren, Diskursmarker etc. –, die in den Text eingehen. Sie sind das *regulans*, während die ausgewählten einzelsprachlichen Traditionen das *regulatum* sind (Koch 2005: 231–232). Im Fall der höflichen Bitte (*Könnten Sie mir das noch einmal erklären?*) ist das Wissen, dass Frageakte als höfliche Bitte wirken, das *regulans*, während die ausgewählte interrogative Struktur und das Verb *können* die aus dem Repertoire des Deutschen ausgewählten *regulata* darstellen. Das Funktionieren dieser Auswahlprozesse ist an die Prämisse geknüpft, dass das einzelsprachliche Repertoire für die Realisierung bestimmter Funktionen oder Sprechakte Optionen zur Wahl stellt. Eine solche Option besteht in vielen Sprachen für den sprachlichen Ausdruck von Aufforderungen oder Bitten, die mit den bereits erwähnten interrogativen Strukturen, aber auch mit Imperativformen realisiert werden können. Optionalität im Bereich der Syntax besteht etwa bei der Entscheidung, einen Sachverhalt entweder im Aktiv oder im Passiv zu versprachlichen (*Die Opposition kritisiert die Regierung scharf* vs. *Die Regierung wird scharf von der Opposition kritisiert*).

Eine weitere Relation verbindet die Diskurstraditionen mit den universellen Prinzipien, die durch die historisch wandelbaren Diskurstraditionen eine historisch-kulturelle Einkleidung erhalten. Zentraler Anknüpfungspunkt ist das von Grice (1989: 26–28) formulierte Prinzip der Kooperation, das bekanntlich durch vier Maximen ausgeformt wird: Quantität (Informationsgehalt), Qualität (Wahrhaftigkeit), Relevanz und Klarheit. Prinzip und Maximen sind als Werte allgemein-universell und charakterisieren das Sprechen in allen Sprachen und Kulturgemeinschaften, sie manifestieren sich jedoch zu unterschiedlichen Zeiten und in unterschiedlichen Kulturen in verschiedener Weise. Denn Maximen wie *Be perspicuous* oder *Be relevant* beinhalten einen Platzhalter, der historisch und kulturell zu füllen ist. Diese spezifizierende Füllung ist das Wissen bzw. die kulturelle Norm, die aussagt, was in einer bestimmten Kulturgemeinschaft zu einer bestimmten Zeit als angemessene Klarheit oder Relevanz verstanden wird. Diese historischen und kulturspezifischen Ausgestaltungen der in den Maximen enthaltenen universellen Werte Quantität, Qualität, Relevanz und *perspicuitas* werden von den Diskurstraditionen geleistet, die über diese Werte mit den universellen Maximen verbunden sind (Coseriu 2007: 77; Lebsanft 2005: 29–30). Dazu ein Beispiel. Eine mittelalterliche Grammatik, eine philosophische Abhandlung des 18. Jahrhunderts oder ein Sachbuch des 21. Jahrhunderts folgen der Maxime der Klarheit, aber sie füllen die Maxime mit unterschiedlichen Konzepten von Klarheit, die durch unterschiedliche Diskurstraditionen realisiert werden. Diese an einem historischen, kulturspezifischen Konzept von Klarheit orientierten Diskurstraditionen sind es dann, die sich im Text manifestieren. Die universellen Grice'schen Maximen sind damit durch die Konzepte Quantität, Qualität, Relevanz und Klarheit mit den Diskurstraditionen verbunden, die die kulturelle und historische Ausgestaltung und Spezifizierung der Maximen liefern. Die Diskurstraditionen sind damit das *specificans*, die universellen Regeln und Maximen dagegen sind das *specificatum*.

Coserius Schema beinhaltet sprachbezogenes Wissen – die universellen Prinzipien und die kulturellen Diskurstraditionen – und sprachliches Wissen. Für das Verstehen von Texten sind jedoch auch Wissensbestände relevant, die weder sprachlich noch sprachbezogen sind. Dies sind die kulturellen Konzepte, das Erfahrungswissen und das enzyklopädische Wissen, die das Verstehen anleiten und die in den für das Textverstehen entscheidenden kognitiven *Frames* enthalten sind (Busse 2012; zum Zusammenhang von *Frames* und Komplexität vgl. Meier 2020).

Zu den drei im Modell unterschiedenen Wissenstypen kommen damit zwei Modi der Interaktion, die die drei Typen miteinander verbinden. Wenn aus der Tätigkeit des Sprechens ein Text als Produkt entsteht, dann selegieren die Diskurstraditionen diejenigen einzelsprachlichen Traditionen, die in den Text eingehen, und leisten zugleich eine kulturelle Spezifizierung der Grice'schen Maximen. Bei der Gestaltung eines Textes sind damit die Diskurstraditionen der regulierende und spezifizierende Faktor: Sie sind *regulans* für die einzelsprachlichen Traditionen und *specificans* für die universellen Regeln. Das folgende Schema verdeutlicht die Relationen zwischen den Regeln und Traditionen des Sprechens (Schema 2).

Wissensbestand	Art des Wissens	Relation
universelle Prinzipien und Regeln	nicht-sprachlich sprachbezogen	*specificatum*
Einzelsprachliche Traditionen	sprachlich	*regulatum*
Diskurstraditionen	kulturell, nicht-sprachlich sprachbezogen	*specificans* *regulans*

Schema 2: Wissensbestände und Relationen: Spezifizierung und Regulierung.

Coserius Modell wurde in diesem Abschnitt als Orientierung gebende Systematik genutzt, um vor der eigentlichen Beschäftigung mit der Textkomplexität zu klären, ob und wie sich aus den drei Wissenstypen Konzepte von Komplexität generieren lassen. Das Modell beschreibt die Sprachkompetenz als sprachlich-kulturelle Kompetenz und ist aus diesem Grunde ein Orientierungsrahmen für alle Disziplinen, die sich mit dem sprechenden und kulturschaffenden Menschen beschäftigen. Für interdisziplinäre Forschungsfelder wie die Textkomplexität ist das Modell ein *tertium*, in dem Fragestellungen und Methoden kritisch evaluiert, angenähert oder abgegrenzt werden können.

3 Klärungen und Abgrenzungen

Der folgende Abschnitt beinhaltet eine Klärung zum Text als Produkt und eine Abgrenzung der Textkomplexität gegenüber der Textkompetenz. Forschungen zur Textkomplexität beziehen sich auf bereits produzierte Texte und damit in der Diktion Coserius auf das Sprechen unter dem Gesichtspunkt des *ergon*. Die Implikationen des Produktcharakters werden in der Coseriu'schen Differenzierung besonders deutlich.

Textkomplexität und Textkompetenz werden mit gutem Grund als Begriffe oft assoziiert, denn Leserinnen und Leser können als textkompetent gelten, wenn es ihnen gelingt, die in Texten enthaltenen Komplexitäten zu erkennen und aufzulösen. Dabei dürfen jedoch Konzepte von Komplexität, die aus linguistischen Modellen und Kriterien zur Beschreibung eines Textes entwickelt werden, nicht mit Wertungen wie Kompliziertheit oder Schwierigkeit vermischt werden, die Beurteilungen und Einschätzungen darstellen, die sich beim Leser oder bei der Zuhörerin im Prozess des Verstehens ergeben. Solchen Unschärfen kann man vorbeugen, indem man die linguistische Textkomplexität von der am verstehenden Subjekt orientierten Textkompetenz abgrenzt.

3.1 Der Text als Produkt auf der individuellen Ebene

Die Beschäftigung mit Textkomplexität bedeutet, dass im Zentrum der Text steht, als sprachliches und kulturelles Produkt einer Tätigkeit, die ebenfalls Sprache und Kultur verbindet. Dieser Produktcharakter wird in der Forschung vorausgesetzt, jedoch wird nur selten erfasst, welche methodologisch bedeutsamen Implikationen der Begriff des Produkts beinhaltet. Eine Systematik, die den Produktcharakter verdeutlicht, liefert das Coseriu'sche Modell der Sprachkompetenz, dem zufolge Texte Produkte sind, die in bestimmten Kommunikationssituationen entstehen und ihre eigene Materialität und Geschichte haben (Coseriu 2007: 71). Mit der Produktseite von Texten beschäftigen sich die Philologien und alle Disziplinen, die sich auf Texte mit langer Überlieferungsgeschichte konzentrieren, wie etwa die Theologien. Dieser Produktcharakter ist auch dominant, wenn sich die Korpuslinguistik mit dem Aufbau von Korpora beschäftigt, die ebenfalls den Status von Produkten haben.

Für das Verständnis des Textes als Produkt ist auch dessen Situierung auf der individuellen Ebene wichtig. Die individuelle Ebene erfasst das Sprechen in konkreten Situationen, es ist damit in eine Vielzahl von Kontexten und Umfeldern eingebettet. Den Leitfaden für die Kategorisierung dieser Umfelder liefert abermals Coseriu mit seinem Modell der den Textsinn determinierenden *entornos* oder Umfelder (1955–1956). Das Modell kategorisiert die den Text umgebenden Umfelder (*entornos*) und beschreibt sie in ihrer determinierenden Relation zum Text (Coseriu 1955–1956: 32–34). Die grundlegende Idee ist, dass Umfelder die Aktualisierung sprachlicher Zeichen in konkreten Redesituationen leisten und damit den Sinn eines Textes als Bedeutung im Kontext konstruieren (Coseriu 2007: 79–80; Gardt

2018: 59–60)⁷. Dabei können vier verschiedene Typen von Umfeldern unterschieden werden.⁸ Das erste Umfeld bilden die räumlichen, zeitlichen und personalen Orientierungen, die durch die Tätigkeit des Sprechens im Quellpunkt des *ego-hic-nunc* entstehen, es sind von der Rede geschaffene Bezüge in Raum und Zeit, die aufgrund der Dialogizität des Sprechens auch eine personale Dimension einschließen. Das zweite Umfeld sind die Bereiche, in denen der Text produziert und rezipiert wird und semiotisch funktioniert. Dazu gehört der sprachliche Bereich, in dem ein Zeichen bzw. ein Text verstanden wird, ferner der kulturelle Bereich, in dem die im Text bezeichneten Objekte vertraute Gegenstände der Lebenswelt sind. Schließlich zählt zum zweiten Umfeld auch der den Text umgebende kulturelle Raum, in dem Menschen gemeinsame kulturelle Traditionen ausüben und durch diese Traditionen Zusammengehörigkeit haben. Das dritte Umfeld ist die Wirklichkeit, die ein Zeichen umgibt. Drei Typen sind in diesem dritten Umfeld zu unterscheiden. Erstens der einzelsprachliche Kontext als Relation zwischen einem sprachlichen Zeichen und der Einzelsprache, der es angehört; zweitens der Text, der das sprachliche Zeichen umgibt, und drittens alle nicht-sprachlichen Umgebungen, also das außersprachlich-empirische Wissen der Sprecherinnen und Sprecher. Das vierte Umfeld schließlich ist das Diskursuniversum, in dem ein Text situiert ist und seinen Wert gewinnt; solche Bezugssysteme sind etwa die Literatur, die Mythologie oder auch die Religion als sprachlich und textuell gestaltete Welten.⁹ Die genannten vier Umfelder umgeben den Text als Produkt und wirken an der Bildung des Textsinns mit. Die Umfelder sind daher (wenn auch in unterschiedlicher Weise) mit der individuellen Ebene der Diskurse und Texte verbunden. Wissensbestände, die an der Erzeugung von Textsinn beteiligt sind, aber weder zu den Diskurstraditionen noch zu den einzelsprachlichen Traditionen zählen, können über die Umfelder mit dem Text und dem Verstehensakt verbunden werden. Ein solcher Wissensbestand wäre etwa ein kulturelles Wissen, das im Unterschied zum diskurstraditionellen Wissen nicht sprachbezogen ist.

---

7 Zum Konzept des Sinns als Kern der Textlinguistik vgl. auch die Ausführungen zur „Linguistik des Sinns" in Coseriu (³1994: bes. 150–176).
8 Vgl. Coseriu (1955–1956: 46–51); Aschenberg (1999: 71–75). Die folgende Einteilung baut auf den Systematisierungen Coserius und Aschenbergs auf, modifiziert diese jedoch.
9 Vergleicht man diese Umfelder mit den Wissenstypen, die in der Germanistik in der Systematik *TexSem* (Gardt 2012) unterschieden werden, dann erkennt man, dass beide Modelle im Kern die gleichen Umfelder enthalten, jedoch unterschiedliche Grenzziehungen vornehmen.

3.2 Textkomplexität vs. Textkompetenz

Annäherungen an Konzepte der Textkomplexität sind von verschiedenen Prämissen geprägt. Eine Prämisse ist, dass die Komplexität von Texten, wie sie durch linguistische Modelle beschrieben wird, Aussagen über den nötigen Aufwand beim Verstehen eines Textes und damit über dessen Schwierigkeit zulässt und so Antworten auf die Frage ermöglicht, welche Kompetenzen und welches Vorwissen notwendig sind, um die Komplexitäten eines Textes gut auflösen und den Text in allen seinen Lesarten verstehen zu können (vgl. Dziuk Lameira in diesem Band).

Forschungen über die Textkomplexität haben daher eine natürliche Nachbarschaft zur angewandten Sprachwissenschaft und zu Strömungen der Didaktik, die Sprache und Textkompetenz ins Zentrum stellen.[10] Eine wichtige Motivation für die Beschäftigung mit Textkomplexität ist deren Beziehung zur Textkompetenz als Fähigkeit, Texte angemessen verstehen zu können. Textkompetenz impliziert, dass Sprecherinnen und Sprecher die Wissensbestände, Traditionen und Regeln beherrschen, die in das Verfassen von Texten eingehen, und beim Textverstehen auf diese Wissensbestände zurückgreifen können. Die Abgrenzung von Textkomplexität und Textkompetenz ist daher eine notwenige Vorklärung, für die erneut auf das Coseriu'sche Modell der Sprachkompetenz rekurriert wird.

Die Textkompetenz ist eine kulturell-sprachliche Kompetenz, die es ermöglicht, Texte zu produzieren und Texte, die von anderen Menschen produziert wurden, zu verstehen. Sie ist damit ein elementarer Bestandteil der kommunikativen Kompetenz (vgl. Strohner 1990; Rickheit, Strohner & Vorwerg 2008). Diese Prozesse des Produzierens und Verstehens entsprechen dem Gesichtspunkt der Tätigkeit (*energeia*). Die Erforschung beider Prozesse ist keine alleinige Angelegenheit der Linguistik, sondern schließt mit Textverstehen und Wissensvermittlung befasste Bereiche der Psychologie, der Kognitionswissenschaften und der Pädagogik ein. Die Textkompetenz an sich baut auf den Wissensbeständen auf, die in einen Diskurs eingehen und das Textprodukt gestalten. Diese Wissensbestände werden dann beim Prozess des Verstehens erneut aufgerufen, wenn das Produkt gedeutet und auf seinen Textsinn hin befragt wird (Wolf 2021: 446–450). Dabei wird das Erschließen der Textsemantik als der zentrale Faktor für das Textverstehen gesehen, während die Syntax nachgeordnet ist (Wolf 2021: 447). Das Beispiel der Metapher illustriert diese Hierarchisierung (Dziuk Lameira 2020). So können eine semantisch hochgradig komplexe Metapher und eine semantisch wenig komplexe Meta-

---

10 Tesch (2010; 2020a; 2020b). Vgl. ferner die Beiträge in Schmölzer-Eibinger & Weidacher (Hrsg.) (2007).

pher in genau derselben grammatikalischen Struktur vorkommen; entscheidend für den Aufwand beim Verstehen ist die Semantik.

Eine präzisierende Definition der Textkompetenz ist aus den drei Urteilen ableitbar, mit denen nach Coseriu Diskurse und Texte bewertet werden und die sich aus den drei Wissensbeständen ergeben. Bekanntlich verknüpft Coseriu die drei Wissensbestände mit drei verschiedenen Urteilen über das Sprechen (Coseriu 2007: 88–89, 179–181; Schrott 2020b). Urteile über universelle Regeln und Prinzipien werden bei Coseriu über das Kriterium der „Kongruenz" erfasst. So können Texte, die den universellen Regeln wie dem Kooperationsprinzip oder der Alterität folgen, als kongruent beurteilt werden, wogegen Texte, die diesen Prinzipien nicht folgen, als inkongruent eingeschätzt werden. Das zweite Urteil über einen Diskurs oder Text bezieht sich auf das einzelsprachliche Wissen und orientiert sich am Kriterium der Korrektheit. Bewertet wird, ob ein Text die einzelsprachlichen Traditionen einer bestimmten Sprache einhält oder nicht und entsprechend korrekt oder inkorrekt ist. Das dritte Urteil bezieht sich auf die Angemessenheit eines Textes und bewertet, ob die diskurstraditionelle Gestaltung des Textes der Situation und der kommunikativen Aufgabe gerecht wird, die ein Text in einer konkreten Interaktion erfüllen soll. Die für den Text und die diskurstraditionelle Formung relevante Angemessenheit ist dabei das ranghöchste Urteil (Coseriu 2007: 179; Schrott 2020b: 30–32). Die drei Urteile über Kongruenz, Korrektheit und Angemessenheit bilden gemeinsam zentrale Kompetenzen der Textproduktion und des Textverstehens. Textkompetenz definiere ich daher als die Fähigkeit, Texte nach den Kriterien der Kongruenz, Korrektheit und Angemessenheit zu beurteilen. Diese Festlegung nutzt das Coseriu'sche Modell, weicht aber von der Coseriu'schen Definition der Textkompetenz ab. Denn Coseriu versteht unter Textkompetenz allein das expressive, diskurstraditionelle Wissen (Coseriu 2007: 158–185, bes. 174–175). Ich nehme hier eine Erweiterung vor und verstehe alle drei Wissensbestände und die mit ihnen verbundenen Urteile als konstitutive Elemente der Textkompetenz. Diese Erweiterung hat den Vorteil, dass sie die kognitive Ebene einschließen kann und sich damit auch zur Kognitionswissenschaft hin öffnet. Denn die universellen Regeln und Prinzipien umfassen ja grundlegende kognitive und semiotische Fähigkeiten. Zur Textkompetenz zählt damit die Beherrschung aller drei Wissensbestände und die Fähigkeit, auf der Basis dieser Regeln und Traditionen die entsprechenden drei Beurteilungen vorzunehmen.

4 Komplexitäten im System der Sprachkompetenz

4.1 Gesichtspunkte, Wissenstypen, Komplexitäten: ein Grundriss

Nach der Vorstellung des Modells und den notwendigen Klärungen und Abgrenzungen wird in diesem Kapitel präzisiert, wie die drei Gesichtspunkte und Wissensbestände mit Konzepten von Komplexität verbunden werden können, sodass ein Grundriss verschiedener Typen von Komplexität entsteht, die kohärent aus dem Coseriu'schen Modell der Sprachkompetenz ableitbar sind.

Zunächst zum Gesichtspunkt der Tätigkeit oder *energeia*. Die *energeia* ist eine kreative Kraft, die sich nur in den Veränderungen und Innovationen, die sie erzeugt, manifestiert. Die *energeia* als schöpferische Kraft hat keine Komponenten, die in strukturgebenden Relationen zueinanderstehen. Die Idee der Komplexität, die Strukturen, Komponenten und deren Relationen zueinander erfasst, ist daher nicht oder nur sehr bedingt auf die *energeia* anwendbar. Relevant sind für Konzepte der Komplexität damit die Gesichtspunkte *dynamis* und *ergon*.

Für den Gesichtspunkt der *dynamis* wird die Idee der Komplexität auf die drei Wissenstypen bezogen. Zu überlegen ist, welche Kriterien der Komplexität für universelle Regeln, einzelsprachliche Traditionen und Diskurstraditionen aussagekräftig sind und aus dem jeweiligen Wissenstyp abgeleitet werden können. Dabei ist auch die Möglichkeit zu bedenken, dass Komplexität nicht für alle drei Wissenstypen gleich relevant ist bzw. sich nicht auf alle drei Wissenstypen in gleicher Weise anwenden lässt.

Auf der historischen Ebene der Einzelsprachen sind Konzepte der Komplexität auf konkrete Sprachen als System (*langue*) bezogen. Bei der Beschreibung von Komplexität werden entweder innerhalb einer bestimmten Sprache Strukturen und Formen verglichen (etwa in Morphologie, Lexikon, Semantik und Syntax), oder es werden in einer typologisch-vergleichenden Herangehensweise verschiedene Sprachsysteme auf ihre Komplexität hin verglichen (Hennig 2017: 8–9). Die Komplexität, die einzelsprachlichen Traditionen zugeschrieben wird, wird dabei zu einem hohen Grad von den zugrunde gelegten Sprachkonzepten und linguistischen Modellen determiniert, die in der Regel Prämissen zu Einfachheit und Komplexität enthalten, die dann die Parameter der Analyse bilden (vgl. Fischer 2017; Zeman 2017). Die Komplexität, die sich etwa für eine syntaktische Struktur ergibt, ist abhängig vom gewählten Modell und kann je nach der zugrunde gelegten Theorie unterschiedlich ausfallen.[11] Eine wichtige Rolle für die Definition einzelsprachlicher Komplexitäten spielt auch die Entscheidung für quantitative oder qualitative Ansätze. So wird die Komplexität von Lexemen in quantifizierenden Ansätzen über ihre Verwendungshäufigkeit bestimmt, wobei Lexeme mit hoher Verwendungshäufigkeit als weniger komplex gelten als Lexeme mit einer niedrigen Frequenz im Sprachgebrauch (Klare 1963; 1974; Dziuk Lameira in diesem Band).

Universelles Wissen und Diskurstraditionen sind sprachbezogene Wissenstypen, die gemeinsam in das Sprechen eingehen. Wie bereits dargelegt werden universelle Regeln immer diskurstraditionell ausgeformt, sodass die Komplexität dieser beiden Wissenstypen ineinander verschränkt ist. Diese Verschränkung wird im Folgenden verdeutlicht.

Die Frage nach der Komplexität der Diskurstraditionen wird von ihrer Definition als kulturelles und sprachbezogenes Wissen abgeleitet, das Diskurse und Texte als sprachlich-kulturelle Objekte modelliert. Für die Komplexität der Diskurstraditionen ist ferner deren Verknüpfung mit den universellen Regeln des Sprechens – als zweiter sprachbezogener Wissensbestand – und dem auf der universellen Ebene zentralen Grice'schen Kooperationsprinzip wichtig. Da Diskurstraditionen ein nicht-sprachliches, sprachbezogenes Wissen sind, muss die Orientierungsgröße, anhand derer man die Komplexität dieses Wissenstyps bestimmt, ebenfalls aus dem Bereich des nicht-sprachlichen, sprachbezogenen Wissens kommen. Ein vielversprechender Kandidat ist hier das Grice'sche Kooperationsprinzip, dessen Maximen den Rahmen für die Diskurstraditionen liefern, die ihrerseits die universellen Maximen historisch ausgestalten. Die Art und Weise, wie Diskurstraditionen auf die universellen Maximen Bezug nehmen, ist dann wichtiger Ansatzpunkt zur Beschreibung diskurstraditioneller Komplexität. Die Frage nach der Komplexität der universellen Prinzipien findet damit ihre Antwort auf der Ebene der Diskurstraditionen.

Die bisherigen Überlegungen bewegen sich im Gesichtspunkt der *dynamis* und skizzieren grundlegende Überlegungen zur Komplexität von einzelsprachlichen Traditionen und Diskurstraditionen, sie betreffen damit nur indirekt die Textkomplexität, die durch den Produktstatus des Textes im Gesichtspunkt des *ergon* verortet ist. Einzelsprachliche Traditionen und Diskurstraditionen können als Wissenstyp hinsichtlich ihrer Komplexität beschrieben werden, sodass aus dem Wissenstyp heraus Parameter entwickelt werden, die definieren, was einzelsprachliche oder diskurstraditionelle Komplexität ist. Beschreibt man hingegen die Komplexität, die eine einzelsprachliche Tradition oder eine Diskurstradition

---

11 Zu verschiedenen Modellen syntaktischer Komplexität vgl. Ágel (2017: 120–130); Hennig, Emmrich & Lotzow (2017); Borzi (2021: 462–463).

im Text erzeugt, dann wechselt man den Gesichtspunkt und dieser Wechsel bedeutet, dass die beim Wissenstyp festgestellte Komplexität nicht ungeprüft auf das Textprodukt übertragen werden darf. Im folgenden Abschnitt stehen diese grundsätzlichen Bezüge zwischen einzelsprachlichen Traditionen und Diskurstraditionen als *dynamis* und ihren Wirkungen im Text als *ergon* im Zentrum.

4.2 Einzelsprachliches und Diskurstraditionelles: vom Wissen zum Produkt

Betrachtet man einzelsprachliche Traditionen und Diskurstraditionen nicht mehr als Wissen unter dem Gesichtspunkt der *dynamis*, sondern als Wissen im Text unter dem Gesichtspunkt des *ergon*, dann ist zu prüfen, wie sich dieser Wechsel auf die Komplexität einer einzelsprachlichen Tradition oder einer Diskurstradition auswirkt. Da beide Wissensbestände unterschiedliche Substanz (sprachlich vs. kulturell) und unterschiedlichen Status haben (*regulans* vs. *regulatum*), ist erwartbar, dass der Wechsel des Gesichtspunkts bei beiden Wissenstypen unterschiedliche Auswirkungen hat.

Für die einzelsprachlichen Traditionen bedeutet die Differenzierung von *dynamis* und *ergon*, dass zwischen der Komplexität einer Struktur oder Form im sprachlichen System der *langue* und der Komplexität, die diese Struktur oder Form in einem Text erzeugt, unterschieden werden muss. Ein Beispiel bieten die Aspektmarkierungen im romanischen Verbalsystem, vor allem die Markierung des perfektiven und imperfektiven Aspekts bei den Vergangenheitstempora (vgl. Haßler 2016). Ausgangspunkt ist, dass ein System, das mehr Markierungen hat als ein vergleichbares anderes System, eine höhere Komplexität besitzt. Damit ist ein Verbalsystem, das bei der Versprachlichung vergangener Sachverhalte neben der deiktischen Situierung in der Vergangenheit auch eine aspektuelle Markierung leistet, komplexer als das Verbalsystem einer Sprache, die keine vergleichbaren Aspektmarkierungen hat. In diesem Sinne ist das romanische Verbalsystem der Vergangenheitsformen auf der Ebene der historischen Einzelsprachen komplexer als das deutsche, das nicht zwischen perfektivem und imperfektivem Aspekt unterscheidet. Diesen Unterschied in der Komplexität der Verbalsysteme kann man jedoch nicht auf die individuelle Ebene und die auf dieser Ebene situierten Texte übertragen. Vergleicht man einen erzählenden spanischen Text mit seinem deutschen Äquivalent, so hat der spanische Text durch die perfektiven und imperfektiven Markierungen ein aspektuelles Profil, das der deutsche Text mit Verbalformen nicht erreichen kann. Aus dieser vergleichenden Sicht scheint auf den ersten Blick die Schlussfolgerung plausibel, dass der spanische Text durch die perfektiv und imperfektiv markierten Verbformen ein komplexeres zeitliches Relief und damit eine höhere Textkomplexität hat. Diese Schlussfolgerung ist jedoch nicht zwingend. Denn es ist möglich, dass der deutsche Text dieses aspektuelle Profil mit anderen sprachlichen Mitteln erzeugt, etwa durch Temporalsatzgefüge oder Temporaladverbien, und letztlich ein ähnlich elaboriertes zeitliches Profil besitzt. Die Komplexität des romanischen Verbalsystems schlägt sich daher nicht unmittelbar im Text nieder, übrigens auch nicht in dessen Produktion und Rezeption. Denn muttersprachliche Sprecherinnen und Sprecher des Spanischen (und anderer romanischer Sprachen) bewegen sich in einem Sprachsystem, das ihnen in vertrauter Weise vorgibt, vergangene Sachverhalte entweder perfektiv oder imperfektiv zu markieren. Die Sprecher haben nicht die Möglichkeit beim Ausdruck vergangener Ereignisse auf eine perfektive oder imperfektive Aspektmarkierung zu verzichten und damit auch keine Wahlmöglichkeit zwischen komplexeren Formen mit Aspektmarkierung und weniger komplexen Formen ohne Aspektmarkierung.

Als Zwischenfazit kann festgehalten werden, dass die Komplexität des romanischen Verbalsystems, das als sprachliches Wissen zur *dynamis* gehört, sich im *ergon* Text nicht unmittelbar abbildet. Das Beispiel belegt, dass im Fall der einzelsprachlichen Traditionen die Komplexität einer Tradition im System *langue* nicht mit der Komplexität im Text gleichgesetzt werden darf. Daran schließt sich die Frage an, ob das für die Diskurstraditionen analog gilt.

Bei den einzelsprachlichen Traditionen wird deren Komplexität als Tradition innerhalb der Strukturen und Funktionen des Systems einer Einzelsprache, also innerhalb der *langue*, auf der historischen Ebene festgestellt. Zu den Diskurstraditionen kann man hier keine Parallele ziehen, da sie als Anleitung zur Gestaltung von Diskursen und Texten auf der individuellen Ebene verortet sind. Das Gefüge der in einer kulturellen Gemeinschaft verwendeten Diskurstraditionen an sich bildet kein von Diskursen und Texten losgelöstes System, das der *langue* (und der sie tragenden Sprachgemeinschaft) vergleichbar wäre. Diskurstraditionalität ist immer auf Diskurse und Texte bezogen, sie gehört immer der individuellen Ebene an. Die Relation der Diskurstraditionen zum Text ist daher grundsätzlich eine andere als der Bezug zwischen den einzelsprachlichen Traditionen und dem Text. Die Diskurstraditionen als Anleitungen zur Gestaltung von Texten und Diskursen definieren sich als Wissen immer in Relation zum Text bzw. in Relation zum Diskurs, der den Text erzeugt. Beschreibt man Kategorien der Diskurstraditionen und die daraus resultierenden Komplexitäten, dann sind diese immer auf Diskurs und Text bezogen.

Bei der Textgestaltung erfüllen Diskurstraditionen eine doppelte Funktion: Sie selegieren Elemente aus dem Repertoire einer Sprache und sie arrangieren diese zu einem Text. Beide Funktionen spielen eine wichtige Rolle für die Textkomplexität: Diskurstraditionen können mehr oder weniger komplexe Elemente auswählen und sie können diese in einer mehr oder weniger komplexen Weise im Text arrangieren.

Sie beinhalten damit auch eine Anleitung, Texte mehr oder weniger komplex zu gestalten. Das Verhältnis der Diskurstraditionen zum Text ist damit ein völlig anderes als im Fall der einzelsprachlichen Traditionen. Besonders deutlich wird dieser Unterschied, wenn man sich die Relation von *regulans* und *regulatum* und die Situierung der Diskurstraditionen auf der individuellen Ebene vor Augen führt. Während die einzelsprachlichen Traditionen auf der Ebene sprachlicher Systeme lokalisiert sind und als sprachliches Material vermittelt über das *regulans* Diskurstradition in den Text eingespeist werden, sind die Diskurstraditionen bereits auf der Ebene des individuellen Sprechens in direkter Relation zum Text und formen diesen aus. Die Komplexität der auf der individuellen Ebene aktiven Diskurstraditionen schlägt sich direkt im ebenfalls auf der individuellen Ebene situierten Text nieder: Hochgradig komplexe Diskurstraditionen erzeugen sehr komplexe Texte, während wenig komplexe Diskurstraditionen wenig komplexe Texte produzieren. Die Coseriu'sche Situierung der Diskurstraditionen auf der individuellen Ebene, die in der Romanistik einige Jahre lang intensiv diskutiert wurde,[12] erweist beim Thema Textkomplexität (erneut) ihre erklärende Kraft.

4.3 Materialität und Komplexität

Sowohl einzelsprachliche Traditionen als auch Diskurstraditionen manifestieren sich im Text, allerdings nicht in der gleichen Weise. Ausschlaggebend dafür ist das unterschiedliche Wirken von *regulans* und *regulatum*. Die einzelsprachlichen Traditionen sind als *regulatum* für den Text selegierte Elemente aus dem Repertoire einer konkreten Sprache, sie gehen als sprachliches Material in den Text ein, sind auf der Textoberfläche ohne weitere Vermittlung lokalisierbar und laden daher zu quantifizierenden Auswertungen ein, die über quantitative Erfassungen die sprachliche Komplexität von Texten ermitteln wollen (vgl. Rabin 1988; Mikk 2005; Szmrecsanyi & Kortmann 2009). Die Diskurstraditionen, die das sprachliche Material anleiten, schlagen sich dagegen nur mittelbar im Text nieder, und zwar über Auswahl und Arrangement eben dieser sprachlichen Mittel. Das Phänomen, dass Diskurstraditionen als *regulans* nur mittels der von ihnen ausgewählten *regulata* im Text präsent sind, illustriert das Beispiel der Formeln, die Märchen einleiten und diese von der ersten Zeile an der Gattung Märchen zuordnen. Die festen Wendungen *Es war einmal ...* oder *Érase una vez ...* sind sprachliche Muster, die aus Formen und Strukturen des Deutschen bzw. des Spanischen gebildet werden.

---

12 Zur Diskussion um den Ort der Diskurstraditionen im Coseriu'schen System vgl. Koch (2008: 53–54); Lebsanft (2015: 100–104). Vgl. auch Koch (1997); Lebsanft (2005); Lebsanft & Schrott (2015) sowie Schrott (2023).

Die Formeln als sprachliches Material machen jedoch nicht allein das diskurstraditionelle Wissen aus, dieses besteht vielmehr aus der Kenntnis der Formel und aus dem Wissen, dass Märchen mit dieser Formel beginnen bzw. dass man mit der Formel die Gattung Märchen und die mit dieser Gattung verbundenen *Frames* aufrufen kann. Die Diskurstradition der Märcheneinleitung wird von der Formel ausgehend inferiert und ist daher mittelbar im Text präsent. Die Formel selbst dagegen hat unmittelbare, materielle Präsenz auf der Textoberfläche, sie ist gleichsam der materielle Abdruck der Diskurstradition auf der Textoberfläche.

Diese unterschiedliche Repräsentanz hat auch Folgen für das Bewusstsein der Beherrschung beider Traditionstypen. Kennt man die einzelsprachlichen Traditionen, in denen ein Text verfasst ist, nicht oder nur wenig, dann ist dieses Defizit evident, sobald man einen in dieser Sprache geschriebenen Text zur Hand nimmt: Man kann den Text nicht oder nur ungenügend verstehen. Anders bei den Diskurstraditionen. Kennt der Leser diese Traditionen nicht, ist das Textverstehen ebenfalls gemindert oder gefährdet. Doch ein Wissensdefizit bei den Diskurstraditionen ist für den Leser nicht so offensichtlich wie im Falle des einzelsprachlichen Wissens. Die vermittelte Repräsentanz des diskurstraditionellen Wissens kann also Verstehensprobleme verhüllen und dadurch den Verstehensvorgang gefährden.

Sowohl das sprachliche Wissen als auch das kulturell-sprachbezogene Wissen der Diskurstraditionen sind im Text auffindbar und über die sprachliche Oberfläche zugänglich, allerdings in unterschiedlicher Weise. Während die einzelsprachlichen Traditionen unmittelbar als sprachliche Struktur oder Form materiell gegeben sind, müssen die Diskurstraditionen ausgehend von sprachlichen Formen oder Strukturen als diskurstraditionelles Wissen abgeleitet werden. Die sich anschließende Frage ist, was dies für die einzelsprachlichen und die diskurstraditionellen Komplexitäten im Text bedeutet. Entscheidend ist hier erneut der Status der beiden Traditionstypen als *regulans* auf der individuellen Ebene bzw. als *regulatum* auf der historischen Ebene und die daraus resultierende Wirkung auf den Text. Die einzelsprachlichen Traditionen haben als Komponenten der *langue* auf der historischen Ebene keine unmittelbare Relation zum Text, sie gehen nur vermittelt über die Diskurstraditionen in den Text ein. Anders die Diskurstraditionen: Sie gehören wie der Text der individuellen Ebene an und gestalten den Text, ohne einer Vermittlung zu bedürfen, so dass die diskurstraditionelle Komplexität sich unvermittelt im Text niederschlägt.

Die materielle Manifestation einer einzelsprachlichen Tradition im Text bedeutet also gerade *nicht*, dass sich auch deren einzelsprachliche Komplexität im Text abbildet. Denn die einzelsprachlichen Traditionen beziehen ihre Komplexität aus dem System der *langue*, aus dem sie durch die Diskurstraditionen gleichsam herausgelöst werden, wenn sie selegiert und in einen Text integriert werden. Die Diskurstraditionen dagegen wirken direkt gestaltend auf den Text ein, sodass sich ihre diskurstraditionelle Komplexität unmittelbar im Text manifestiert. Die Textkomplexität ist damit immer zuerst eine diskurstraditionelle und erst sekundär eine einzelsprachliche Komplexität.

4.4 Zusammenfassung

In den vorangehenden Abschnitten wurden die Relationen von einzelsprachlichen Traditionen und Diskurstraditionen systematisiert. Diskurstraditionen spezifizieren universelle Regeln und selegieren einzelsprachliche Traditionen. Universelle Regeln und einzelsprachliche Traditionen kommen auf diese Weise nur vermittelt über die Diskurstraditionen in den Text, während Diskurstraditionen den Text unmittelbar gestalten. Dies impliziert, dass die Komplexität der Diskurstraditionen sich unmittelbar in den Texten als primäre Textkomplexität niederschlägt. Meine Schlussfolgerung ist daher, dass man die Diskurstraditionen und deren Komplexität als Kern der Textkomplexität auffassen muss.

Aus Sicht der theoretisch-methodologischen Diskussion um einzelsprachliche Traditionen und Diskurstraditionen ist an dieser Stelle ein Exkurs auf die Historizität beider Traditionstypen aufschlussreich. Als Wissensbestände sind die einzelsprachlichen Traditionen primär, da sie die Welt durch Zeichen erfassen und daher eine primäre Historizität als sprachliche Zeichen haben (Kabatek 2015). Die Diskurstraditionen dagegen realisieren sich immer auf der Grundlage dieser sprachlichen Zeichen und stellen daher ein sekundäres System mit einer sekundären Historizität dar. Im Fall der Textkomplexität kehrt sich diese Hierarchie um, da sich durch den Text als Ausgangspunkt die Perspektive umkehrt: Die Diskurstraditionen als *regulans* gestalten den Text unvermittelt und geben ihm diskurstraditionelle primäre Komplexität, während die einzelsprachlichen Traditionen als *regulatum* eine sekundäre sprachliche Komplexität liefern.

Da die Textkomplexität primär eine diskurstraditionelle und erst sekundär eine einzelsprachliche Komplexität ist, widmet sich der folgende Abschnitt den Dimensionen der diskurstraditionellen Komplexität.

5 Textkomplexität als primär diskurstraditionelle Komplexität

Ausgangspunkt für die Dimensionen, mit denen man Diskurstraditionen erfassen kann, ist deren Definition als kulturelles und sprachbezogenes Wissen (5.1). Ferner besteht die Leistung der Diskurstraditionen in der Anleitung zu einem angemessenen und kooperativen Sprechen. Daraus folgt, dass die diskurstraditionelle Komplexität sich aus der Interaktion der Diskurstraditionen mit den universellen Grice'schen Maximen ableitet (5.2).

5.1 Dimensionen diskurstraditioneller Komplexität

Diskurstraditionen sind ein kulturell-sprachbezogenes und texterzeugendes Wissen. Die Dimensionen der Beschreibung, die sich daraus ergeben, sind Kulturalität und Textualität (vgl. Schrott 2015; 2017; 2020a; 2021a).

5.1.1 Kulturalität

In der kulturellen Dimension werden Diskurstraditionen, die auf einer expliziten Definition beruhen, von Traditionen unterschieden, die als Teil der kommunikativen Kompetenz erworben werden, ohne bewusst und explizit über Definitionen vermittelt zu werden. Diskurstraditionen, die durch Definitionen etabliert sind, werden gelehrt und gelernt und finden sich überwiegend in den Diskursdomänen Wissenschaft und Literatur, während implizit erworbene Traditionen meist dem sprachlichen Alltag angehören. Ob eine Diskurstradition auf einer Definition aufruht oder sich als Gewohnheit im Alltag formt, hängt also stark mit ihrer Verortung im „kommunikativen Haushalt" (Luckmann 1986; 1988) einer Gesellschaft zusammen. Diskurstraditionen, die *qua* Definition festgelegt sind, sind tendenziell elaborierter und damit komplexer als Diskurstraditionen, die als kommunikative Gewohnheiten fungieren. Diskurstraditionen können ferner durch ihren unterschiedlichen Grad an kultureller Spezifizierung und Elaboriertheit unterschieden werden. Dieses Kriterium zeigt sich auch in der Frequenz der Verwendung. So haben hochgradig elaborierte Diskurstraditionen, die nur in bestimmten kommunikativen Konstellationen oder Textgattungen vorkommen, einen geringeren Gebrauchsradius und eine geringere Frequenz als Diskurstraditionen, die in zahlreichen kommunikativen Konstellationen gebraucht werden oder nicht auf bestimmte Gattungen beschränkt sind. Ein höherer Grad an Spezifizierung und eine damit verbundene geringere Frequenz gehen mit einer erhöhten Komplexität einher. Im Gegensatz dazu haben Diskurstraditionen, die keiner expliziten Definition bedürfen, wenig spezifisch sind und von vielen Menschen beherrscht werden, einen geringeren Komplexitätsgrad. Angesichts dieser Überlegungen liegt es nahe, dass gattungsübergreifend verwendete Diskurstraditionen tendenziell eine geringere Komplexität haben als Diskurstraditionen, die auf bestimmte Textgattungen oder kommunikative Konstellationen beschränkt sind. Ein weiteres Kriterium ist, ob eine Diskurstradition ‚für sich' steht, wie etwa eine Grußformel, oder ob sie Komponente einer Textgattung ist. Eine solche Integration in eine Konfiguration von Diskurstraditionen als größeres Ganzes ist mit einem höheren Grad an Komplexität verbunden.

Zusammenfassend sind Faktoren der Kulturalität, die den Komplexitätsgrad einer Diskurstradition erhöhen, das Vorhandensein einer Definition, ein hoher Grad an Spezifizierung bzw. Elaboriertheit und die Integration in eine Gattung.

5.1.2 Textualität

Die zweite Dimension, in der Diskurstraditionen wirken und über die sie charakterisiert werden können, ist die Textualität als Gestaltung des Textes. Die Diskurstraditionen modellieren textinterne Strukturen und determinieren die Relationen zu den externen Bezugsfeldern des Textes (Raible 1980: 339, 342–344; 1996: 65–69, 70). Die textinterne Struktur umfasst mediale Aspekte (Formen der phonischen und graphischen Realisierung), konzeptionelle Aspekte wie Textgegenstand, thematische Disposition, Makro- und Mikrostrukturen und die im Text geleisteten Sprechakte. Die externen Bezugsfelder des Textes umfassen die Kommunikationssituation als *ego-hic-nunc*, die Beziehung der Interaktanten, das Medium der Vermittlung, das Diskursuniversum des Textes, die Funktion des Textes in der sozialen Ordnung der realhistorischen Kontexte und das Verhältnis von Text und Wirklichkeit (Raible, ebd.). Eine Diskurstradition gestaltet in der Regel nur einen Teil der internen Strukturen und externen Relationen. Einen möglichen Parameter von Komplexität könnte man daher in der Zahl der Strukturen und Relationen sehen, die eine Diskurstradition herstellt bzw. determiniert. Grundsätzlich ist erwartbar, dass komplexere Diskurstraditionen textinterne Strukturen quantitativ und qualitativ stärker modellieren und auch die externen Relationen stärker bestimmen als weniger komplexe Diskurstraditionen. Daraus ergibt sich folgende Hypothese: Je mehr interne Strukturen eine Diskurstradition erfasst und je mehr Relationen zu externen Bezugsfeldern sie herstellt, desto komplexer ist sie.

Ein weiterer Faktor der Textualität ist die Textsemantik und die Art und Weise, wie Diskurstraditionen auf die Entstehung von Textsemantik einwirken. Bei der Genese von Textsemantik wird nach Gardt zwischen „punktueller" und „flächiger" Bedeutungsbildung unterschieden (Gardt 2012; 2013: 2018). Beide Begriffe sind metaphorisch und gehen vom Text als Oberfläche aus. Punktuelle Bedeutungsbildung meint, dass einzelne, punktuell lokalisierbare Formen oder Strukturen – meist sind es lexikalische Ausdrücke – deutlich auf die Semantik des Textes einwirken. So kann ein einziger Fachbegriff oder eine einzige Metapher als ‚Punkt' auf der Textoberfläche eine längere Textpassage oder den ganzen Text beeinflussen. Bei flächiger Bedeutungsbildung wirken dagegen mehrere Formen und Strukturen zusammen und beeinflussen gemeinsam die Erzeugung der Textsemantik. Während punktuelle Bedeutungsbildung an einzelnen Ausdrücken ansetzt, vollzieht sich flächige Bedeutungsbildung in der Summe des Zusammenwirkens semantischer Textelemente, etwa wenn ein kognitives Konzept durch ein semantisches Feld von netzartig über den Text verteilten Lexemen erzeugt wird (Gardt 2012: 45; 2018: 60, 65–66) oder wenn eine Sequenz von Konnektoren (wie etwa *zunächst*, *sodann*, *schließlich*) in der Fläche des Textes gemeinsam eine argumentative Struktur hervorbringt.

Die auf die Erzeugung des Textsinns bezogene Unterscheidung flächig vs. punktuell kann in einem weiteren Schritt auf die Art und Weise übertragen werden, wie Diskurstraditionen sich im Text manifestieren und Sinn erzeugen. Ein Beispiel für eine punktuelle Manifestation ist die Diskurstradition, ein Märchen zu erzählen, denn die Identifikation eines Textes als Märchen kann ohne weitere Markierungen allein von der einleitenden Formel geleistet werden. Jeder erzählende Text, der mit der Formel *Es war einmal* ... beginnt, wird im Rahmen der Gattung Märchen rezipiert, und zwar auch wenn die Gattung Märchen zum Zweck der Verfremdung oder der Parodie benutzt wird. Als flächige Diskurstradition dagegen können Techniken der Argumentation gelten, die als unterschiedliche Strukturen in Kombination den Text gestalten und sich über eine längere Textpassage erstrecken; zu nennen wären hier Exempla oder argumentative Topoi. Schließlich können auch Gattungen als flächige Konfigurationen von Diskurstraditionen aufgefasst werden, da sie als Konfiguration den Text in seiner gesamten Fläche prägen.

Zusammenfassend ergeben sich aus der Textualität zwei Annahmen. Die Komplexität einer Diskurstradition hängt erstens von den internen Strukturen und externen Bezugsfeldern ab, auf die sie einwirkt: Je mehr interne Strukturen eine Diskurstradition erfasst und je mehr Relationen zu externen Bezugsfeldern sie herstellt, desto komplexer ist sie. Die zweite Hypothese ist, dass Diskurstraditionen, die eine flächige Bedeutungsbildung anleiten, komplexer sind als Diskurstraditionen, die punktuell Textsemantik generieren.

5.2 Kooperation und Angemessenheit: Maximen und Diskurstraditionen

Die Idee der Kooperation ist unmittelbar vom Grice'schen Kooperationsprinzip entliehen und meint, dass Diskurse und die aus ihnen hervorgehenden Texte darauf ausgerichtet sind, verstanden zu werden und den kommunikativen Austausch zu befördern. Angemessenes Sprechen stellt sicher, dass dieser Austausch sinnvoll und ertragreich ist und dass Interesse an einer Fortsetzung des Miteinandersprechens besteht. Die Angemessenheit des Sprechens ist daher eng mit der Idee des Kooperationsprinzips verknüpft. Das Grice'sche Kooperationsprinzip ist bekanntlich eine universelle Regel, die sprachliche Interaktionen wertneutral in ihrem operationalen Verlauf als dialogische Aktivität in der Zeit erfasst.

> Make your conversational contribution such as is required, at the stage at which it occurs, by the accepted purpose or direction of the talk exchange in which you are engaged. (Grice 1989: 26)

Das Prinzip funktioniert als operative Bereitschaft zur Interaktion: Man spricht wie andere, um von anderen verstanden zu werden. Auf diese Weise beinhaltet das Kooperationsprinzip zugleich das Vertrauen, dass eine Äußerung bzw. ein Text kohärent und sinnvoll ist und die Mühen des Verstehens rechtfertigt. Das Kooperationsprinzip ist damit ein Prinzip des Vertrauens, das davon ausgeht, dass die Komplexitäten eines Textes sinnvoll sind und verstanden werden können (vgl. Coseriu 2007: 77; Lebsanft 2005: 29–30). Die Maximen, die das Prinzip ausformen, nennen die Dimensionen, in denen dieses Funktionieren gesichert wird:

Maxim of Quantity
1. Make your contribution as informative as is required (for the current purposes of the exchange).
2. Do not make your contribution more informative than is required.

Maxim of Quality
1. Do not say what you believe to be false.
2. Do not say that for which you lack adequate evidence.

Maxim of Relation
Be relevant

Maxim of Manner (supermaxim: „Be perspicuous")
1. Avoid obscurity of expression.
2. Avoid ambiguity.
3. Be brief (avoid unnecessary prolixity).
4. Be orderly.

Die Maximen sind in ihren Formulierungen stark auf die Produktion und das sprechende Subjekt zentriert, doch ist entscheidend, dass sie Regeln für eine Tätigkeit formulieren, die als Produkt Texte hervorbringt. Daher ist die produktionszentrierte Formulierung in keiner Weise eine Beschränkung, sondern kommt der Konzentration auf das Produkt sogar entgegen. Grice sieht die Maximen als Anweisungen, die den Fortgang der Kommunikation sichern (1989: 26). Die Maximen garantieren die Angemessenheit des Sprechens und schaffen so die

Basis für das kommunikative Vertrauen. Diskurstraditionen kann man folglich danach beschreiben und bewerten, ob und wie sie eine Maxime in einer konkreten Kommunikationssituation angemessen umsetzen. Daraus leitet sich ab, dass Diskurstraditionen, die die Maximen respektieren, weniger komplex sind als Diskurstraditionen, die Maximen unterlaufen oder verletzen. Je enger sich eine Diskurstradition an das Prinzip der Kooperation und seine Maximen anschließt, desto geringer ist ihre Komplexität.

Diskurstraditionen, die Informationen auf das notwendige Maß beschränken, folgen der *Maxim of Quantity* und haben eine geringere Komplexität als Diskurstraditionen, die zu wenige Informationen oder einen Überschuss an Informationen übermitteln. Die *Maxim of Quality*, die Wahrhaftigkeit fordert, beschränkt die Kommunikation auf gesicherte Sachverhalte. Diskurstraditionen, die Fakten und Gewissheiten wiedergeben, sind daher weniger komplex als Diskurstraditionen, die die Wahrhaftigkeit oder Wahrscheinlichkeit eines Sachverhalts problematisieren und dabei über unsichere Sachverhalte sprechen, die laut Maxime gar nicht erst artikuliert werden sollten. Die *Maxim of Relation* („Be relevant"), die Grice nicht näher erläutert, manifestiert sich in Diskurstraditionen, die Diskurse und Texte stringent auf ihren kommunikativen Zweck beziehen. Diskurstraditionen, die dagegen mit Abschweifungen und Exkursen arbeiten, distanzieren sich von der Maxime der Relevanz oder verletzten diese. Die *Maxim of Manner* schließlich wird von Grice durch die imperativische Supermaxime *Be perspicuous* in die rhetorische Tradition der *perspicuitas* gestellt, die Klarheit und Transparenz in der Rede fordert. Bei Grice umfasst die *perspicuitas* vier Submaximen:

1. Avoid obscurity of expression.
2. Avoid ambiguity.
3. Be brief (avoid unnecessary prolixity).
4. Be orderly.

Diskurstraditionen, die Transparenz, Eindeutigkeit, Prägnanz und Ordnung favorisieren, stehen den Maximen nahe und erfüllen sie. Die Submaxime *Be brief* zielt auf das Ideal der *brevitas* ab und ist mit den Maximen der Quantität und der Relevanz verwandt.

In den meisten Fällen bietet das Repertoire der *langue* eine Wahlmöglichkeit zwischen Elementen, die es erlauben, einer Maxime treu zu folgen, und Elementen, die bewirken, dass eine Maxime weniger eng befolgt wird. Ein Beispiel ist die Versprachlichung von Sukzessionen, die eine Abfolge von Handlungen ikonisch nachbilden oder aber in der sprachlichen Linearität verändert wiedergeben können (*Sie duschte sich kalt und sprang dann in den Pool* vs. *Bevor sie in den Pool sprang, duschte sie kalt*). Besonders deutlich wird die Optionalität bei der Auswahl aus dem Lexikon, das je nach sprachlicher Varietät in aller Regel unterschiedliche Lexeme zur Bezeichnung eines außersprachlichen Sachverhalts anbietet. Diese von den konkreten Sprachen gebotene Optionalität ist eine Voraussetzung für das Funktionieren der Diskurstraditionen als *regulans* und für die Wahlmöglichkeit, einer Maxime durch das Selegieren verschiedener sprachlicher Strukturen unterschiedlich eng zu folgen.

6 Primäre und sekundäre Textkomplexität im Modell

6.1 Vorüberlegungen

Eine zentrale Schlussfolgerung aus Kapitel 4 ist, dass die Komplexität der Diskurstraditionen sich unmittelbar in den Texten abbildet und daher die primäre Textkomplexität ist. Die einzelsprachlichen Traditionen dagegen gelangen vermittelt über die Diskurstraditionen in den Text. Die sprachliche Komplexität, die sie in den Text einbringen, ist daher eine vermittelte und sekundäre Komplexität. Das Ziel dieses Kapitels ist es, die primäre diskurstraditionelle Textkomplexität und die sekundäre einzelsprachliche Textkomplexität in ein Modell zu integrieren. Dabei muss die diskurstraditionelle Komplexität die primäre Orientierung und die hierarchisch höhere Rahmung sein. Die sekundäre sprachliche Komplexität wird dann in diese Systematik der primären diskurstraditionellen Komplexität eingefügt.

Die folgenden Abschnitte unternehmen den Versuch, die sekundäre sprachliche Komplexität ausgehend von den Diskurstraditionen zu erfassen. Mein Ausgangspunkt sind dabei nicht einzelne Diskurstraditionen, die einer bestimmten Zeit oder Kultur verhaftet sind, sondern die Grice'schen Maximen, die den universellen Rahmen bilden, in dem die Diskurstraditionen als kulturelles Wissen gestaltend wirken. Die Grice'schen Maximen bieten sich auch deshalb als Rahmen an, weil das Kooperationsprinzip ein ganzheitliches Modell darstellt, das universell sprachliches Handeln beschreibt und auf kooperatives Sprechen und Verstehen ausgerichtet ist. Die Beschreibung der Textkomplexität versucht bei diesem Ansatz nicht mehr, ausgehend von sprachwissenschaftlichen Domänen wie Syntax oder Semantik zu beschreiben, was Textkomplexität ist. Der Ausgangspunkt sind vielmehr die Diskurstraditionen, ihre Komplexitätsdimensionen und ihr Bezug auf die Grice'schen Maximen als systematisierender Rahmen: Die Maximen liefern diskurstraditionelle Komplexitätsdimensionen, die dann mit einzelsprachlichen Traditionen ‚gefüllt' werden.

6.2 Grice'sche Maximen und Textkomplexität

6.2.1 Quantität und Qualität

Die *Maxim of Quantity* fordert eine der kommunikativen Aufgabe angemessene Menge an Informationen. Eine geringe Komplexität haben demnach Strukturen und Formen, die auf eine ökonomische Informationsvermittlung ausgelegt sind. Das können syntaktische Strukturen sein, die wichtige Informationen fokussieren, oder Lexeme, die im Kontext einen eindeutigen Sinn haben und damit Inhalte und Informationen ohne inferenziellen Aufwand zur Verfügung stellen. Aus dieser Sicht könnten fachsprachliche Varietäten eine geringe Komplexität haben, da sie durch die definitorisch fixierte Bedeutung von Fachtermini die Tendenz haben, genau die benötigte Information zu geben. Ein Beispiel für eine an der Maxime der Quantität ausgerichtete Tempusverwendung ist das narrative Präsens, das vergangenes Geschehen aktualisierend in die Gegenwart holt und so den Informationsgehalt hervorhebt. Die geringe Komplexität und die daraus resultierende einfache Verständlichkeit des narrativen Präsens können durch die unmittelbare Herleitung dieser Technik von der universellen Maxime erklärt werden. Die angeführten Beispiele deuten an, dass die Maxime der Quantität sich über Werte wie Ökonomie und Aufwand an die Maxime der Relevanz annähern kann.

Die *Maxim of Quality*, die Wahrhaftigkeit und Plausibilität fordert, impliziert eine geringe Komplexität für Texte, die Sachverhalte versprachlichen, deren Faktizität gesichert ist. Werden dagegen Sachverhalte ausgedrückt, die unsicher sind, dann haben diese Versprachlichungen eine höhere Komplexität. Demzufolge haben sprachliche Mittel, die Wahrscheinlichkeiten oder Ungewissheiten ausdrücken, eine höhere Komplexität. Eine erhöhte Komplexität haben damit Strukturen, die eine verminderte Faktizität ausdrücken, wie der *subjuntivo* im Spanischen bzw. der *subjonctif* im Französischen. Einen erhöhten Grad an Komplexität haben ferner Strukturen, die markieren, dass der Sprecher die Rede einer anderen Person wiedergibt und daher nur eine begrenzte kommunikative Garantie übernehmen kann; dazu zählen Strukturen der Redewiedergabe oder Verwendungen wie das *conditionnel de rumeur* als Markierung, dass der Sprecher oder die Schreiberin eine Tatsache wiedergibt, die von einer fremden Quelle übernommen wurde und mit Unsicherheit behaftet ist (*Nicolas et Cécilia Sarkozy auraient matérialisé leur séparation*). Auch diese Maxime hat Nähe zur Relevanz, da gesicherte Fakten in der Regel handlungsleitender sind und eine größere Wirkung in der Lebenswelt haben als ungesicherte Fakten. Die Maximen der Quantität und Qualität nähern sich also der Relevanz an. Diese Nähe ist in der Forschung mehrfach konstatiert worden, unter anderem von Sperber & Wilson (^{2}1995), die die Relevanzmaxime als die zentrale Idee des Grice'schen Systems deuten und ihr Modell der Kommunikation und Kognition an der Relevanz ausrichten.

6.2.2 Relevanz und *perspicuitas*

Die für die sekundäre sprachliche Komplexität ergiebigsten Maximen sind die *Maxim of Relation*, deren Norm die Relevanz ist, und die *Maxim of Manner*.

Die *Maxim of Relation* (*Be relevant*), die Grice nicht näher erläutert, kann mit dem Phänomen der Inferenz verknüpft werden. Ein mögliches Kriterium für die Relevanz eines Textes ist die Anzahl und Dichte der Inferenzen, die notwendig sind, um die zentralen kognitiven Konzepte des Textes und damit die Themenentfaltung zu identifizieren. In Texten werden Konzepte eingeführt, in Subkonzepte aufgefaltet, miteinander verknüpft oder in Opposition zueinander gestellt.[13] Es ist plausibel, die Erschließung dieser Konzepte per Inferenz als einen Parameter für die Textkomplexität zu nehmen (Gardt 2013): Je mehr Inferenzen nötig sind, um die Konzepte zu erschließen, desto komplexer ist ein Text. Zugleich gilt, dass die Erschließung eines Konzepts weniger komplex ist, wenn der Text zahlreiche Möglichkeiten bietet, um per Inferenz ein Konzept zu erkennen. Wenn ein Konzept dagegen nur über eine spezifische Inferenz erschlossen werden kann, dann erhöht dies die semantische Komplexität.[14] Die Dichte der Inferenzen, die nötig ist, um kognitive Konzepte zu erschließen, kann daher ein aussagekräftiger Indikator für die Befolgung der Maxime *Be relevant* sein. Inferenzen steuern zudem die Auswahl der relevanten Lesart, wenn sich in einem Text mehrere Lesarten überlagern. Je deutlicher Lesartenüberlagerungen durch Inferenzsignale markiert sind, desto weniger Inferenzen sind nötig, um die relevanteste Lesart zu identifizieren und desto geringer ist die Textkomplexität.

Die *Maxim of Manner* spezifiziert die Supermaxime *Be perspicuous* zum einen *ex negativo* als Vermeidung von „obscurity of expression" und Ambiguität, zum anderen positiv formuliert über Appelle zu *brevitas* (*Be brief*) und Ordnung (*Be orderly*). Bei den Submaximen sind „obscurity of expression" und „ambiguity" nahestehende Konzepte, doch sind sie nicht identisch und werden daher von Grice auch getrennt genannt. Die Dunkelheit des Ausdrucks, die auf die rhetorische Tradition der *oratio obscura* anspielt, kann durch syntaktische und semantische Kombinationen entstehen, die einer Klärung bedürfen, etwa durch

---

[13] Gardt (2012: 67–68, 76; 2013: 46, 49); vgl. auch Konerding (1993); Ziem (2008); Wolf (2021).
[14] Zu den Zusammenhängen zwischen Inferenz und Konzept vgl. Gardt (2013: 32–33, 2018: 60–61, 70–71, 73); Felder & Gardt (2015: 27–28); vgl. auch Klug in diesem Band.

Lexeme und Ausdrücke mit geringer Gebrauchsfrequenz, durch Neologismen oder ungewöhnliche Kombinationen von Abstrakta und Konkreta, wie sie sich im Kunstdiskurs finden (Gardt 2008). In der Rhetorik wird *obscuritas* auch als ein Ergebnis zu großer Knappheit gesehen, so bei Horaz, und damit in Relation zur Forderung nach Prägnanz gesetzt (Kallendorf 1994: 54). Ambiguitäten dagegen sind Strukturen oder Kombinationen, die mehr als einen Textsinn eröffnen und durch diese Offenheit ebenfalls Klärungsbedarf beinhalten.[15] Texte, die Ambiguitäten aufweisen, fordern vom Rezipienten eine Entscheidung und sind damit komplexer als Texte, die keine solchen Entscheidungen fordern. Beispiele sind syntaktische Kombinationen (*Sie kauft den Laden leer*), semantische Ambiguitäten in der Zuordnung des Wortschatzes zu verschiedenen Bereichen (Fachsprache vs. Gemeinsprache) oder Unschärfen in der Zuordnung von Textsequenzen zu ihren Urhebern, wie das bei ambigen Strukturen der Redewiedergabe oder im *discours indirect libre* der Fall sein kann.

Die Submaxime *Be brief* zielt auf das Ideal der *brevitas* als rhetorische Tradition ab. Sie meint die Kunst, nicht mehr zu sagen als nötig, und zwar sowohl bei der Darstellung von Sachverhalten als auch in der Komposition der Rede, den *partes orationis* (Kallendorf 1994: 53). Damit ist die *brevitas* eng mit der Maxime der Quantität und vor allem der Relevanz verwandt. Bereits in der Rhetorik findet sich jedoch die Erkenntnis, dass *brevitas* zu *obscuritas* führen kann und daher nur maßvoll realisiert werden darf (Kallendorf 1994: 53). So gilt die Ellipse als syntaktische Realisierung der *brevitas* (Kallendorf 1994: 56), jedoch unter der Maßgabe, dass Ellipsen transparent bleiben müssen und dass auch die Reduktion auf wenige Lexeme in Sachverhaltsbeschreibungen den Sachverhalt immer noch deutlich und verständlich versprachlichen muss. Die Gefahr, dass zu starke *brevitas* Dunkelheit im Ausdruck erzeugen kann, wird bei Grice durch die Submaxime *Avoid obscurity* aufgefangen, die der *brevitas* Grenzen setzt und für eine ausgewogene kommunikative Prägnanz sorgt.

Die Idee der *brevitas* ist auch aufschlussreich für das Konzept der Komplexität an sich und dessen Deutung als Quantität oder Qualität. So kann man auf einem Kontinuum der Komplexität die geringe Komplexität lediglich als Gegenpol zu einem hohen Grad an Komplexität sehen. Hohe und niedrige Komplexität, sehr komplexe und wenig komplexe Texte sind dann rein quantitativ durch ein Mehr oder Weniger an Komplexität unterschieden. Erhellend könnte es aber auch sein, eine sehr hohe oder sehr niedrige Komplexität als eigene Qualitäten zu deuten und auf diese Weise die Quantität in Qualität umschlagen zu lassen. Ein guter Kandidat hierfür wäre das rhetorische Konzept der *brevitas*.

---

15 Zu den Dimensionen von Ambiguität vgl. Bauer, Koch, Knape & Winkler (2010).

Die Submaxime *Be orderly* ist eng mit der Linearität bzw. Ikonizität des Sprechens verbunden. Die Grundidee ist, dass die Abfolge der Redeteile einem Muster oder Ordnungsprinzip folgt und auf diese Weise Ordnung und Kontinuität besitzt. In der Syntax kann Ordnung als konzeptionelle Ikonizität syntaktischer Strukturen definiert werden (Givón 1985). In Narrationen ist diese Ordnung durch zeitliche Ikonizität gegeben, bei der die Sukzession der Ereignisse in der Wirklichkeit in der Linearität des Textes nachgebildet wird. Bei Beschreibungen kann das Ordnungsprinzip bedeuten, dass die Beschreibung kontinuierlich einer Blickrichtung folgt, etwa wenn die Beschreibung einer Frau in einem Schönheitskatalog beim Kopf beginnt und bei den Füßen endet. Ein weiteres Ordnungsmuster sind Summe und Detail; so kann ein Bauwerk oder eine Landschaft zunächst als Gesamteindruck und dann in den Details beschrieben werden (oder umgekehrt). Über Ordnung verfügen ferner argumentierende Texte, wenn sie Beobachtungen, Feststellungen und Schlussfolgerungen in ihrer zeitlichen Abfolge und der daraus resultierenden Logik wiedergeben.

Auch die Orientierung an Mustern stiftet Ordnung. So haben Texte, die feste und formelhafte Wendungen und in *chunks* verfestigte Strukturen (Aguado 2017) nutzen, in den allermeisten Fällen eine geringere Komplexität als Texte, die sich von musterhaften Strukturen entfernen. Auch Gattungen können als Muster aufgefasst werden, so dass Texte, die dem Gattungsmuster eng folgen, weniger komplex sind als Texte, die sich von typischen Realisierungen der Gattung entfernen. Je deutlicher sich in einem Text ein Muster oder ein Prototyp niederschlägt, umso geringer ist die Textkomplexität. Ordnende Muster können syntaktischer, semantischer oder diskurstraditioneller Natur sein. Je näher ein Text einem sprachlichen oder kulturellen Muster folgt, umso geringer hinsichtlich dieses Musters ist seine Komplexität. Musterbildung kann auch über Rekurrenz erfasst werden, etwa wenn durchgängig metaphorisches Sprechen als Muster wirkt: Wird beim Lesen die Metapher als durchgängige Technik in einem Text erkannt, dann senkt diese Kontinuität die Textkomplexität. Mit der Nähe zum Muster kann erneut die Dichte der Inferenzsignale in Verbindung gebracht werden, die in einem Text gegeben ist: Je mehr sich ein Text von einem Muster absetzt, desto mehr Inferenzen sind gefordert und desto komplexer ist der Text.

Bemerkenswert an den Submaximen der *perspicuitas* ist, dass Brüche einer Submaxime durch das Befolgen einer anderen Submaxime geheilt werden können, so dass die übergeordnete Maxime *Be perspicuous* trotz partieller Verletzungen auf einer Metaebene weiter funktionieren kann. Ein Beispiel dafür sind Rätsel, die als absichtliche *oratio obscura* konsequent gegen den Grundsatz der *perspicuitas* verstoßen (Schrott 2016). Dennoch haben Rätsel eine Dunkelheit, die auflösbar ist, da die Erzeugung der *obscuritas* in sich kohärent ist und einem bestimmten Muster bzw. einer bestimmten Technik der Verdunkelung folgt. Rätsel funktionieren daher als Code, der entschlüsselt werden kann. Der Verstoß gegen den Appell, *obscuritas* und Ambiguität zu vermeiden, kann gewissermaßen geheilt werden, wenn die Dunkelheit des Ausdrucks konsequent praktiziert wird und damit auf einer Metaebene erneut Kontinuität und Ordnung (*Be orderly*) gegeben sind. Für Rätsel könnte man als Gegenmaxime zu *Be perspicious* dann die Maxime *Be obscure* formulieren: Wenn diese Maxime verlässlich angewendet wird, dann ist das Kooperationsprinzip als Prinzip des Vertrauens gewahrt.

6.3 Abschließende Überlegungen

Das zuletzt erläuterte Beispiel des Rätsels zeigt, dass Ordnung und Kontinuität als eine Dimension von Komplexität zugleich auf einer Metaebene fungieren. Prägt eine Diskurstradition mittels der von ihr selegierten einzelsprachlichen Traditionen einen Text kontinuierlich, dann bewirkt diese Kontinuität (und Erwartbarkeit) eine Reduktion der Textkomplexität. Die Textkomplexität ist also tendenziell gering, wenn ein Text in einer kontinuierlichen Weise von einer bestimmten Diskurstradition geprägt wird. Die Textkomplexität erhöht sich dagegen, wenn ein Text von unterschiedlichen Diskurstraditionen geprägt wird. Besonders stark erhöht sich die Textkomplexität, wenn diese Diskurstraditionen den Maximen unterschiedlich eng folgen bzw. die Maximen in unterschiedlichem Maße respektieren. Eine *oratio obscura*, die konsequent durchgehalten wird, hat geringere Komplexität als ein Text, in dem *perspicuitas* und *obscuritas* abwechselnd zum Tragen kommen. Die Feststellung, dass einige Maximen oder Submaximen auch auf einer Metaebene funktionieren, könnte das Grice'sche Modell weiter bereichern durch die Differenzierung in Maximen, die zusätzlich eine Metaebene bespielen, und solchen, die nicht als Meta-Maximen fungieren können.

Die Beispiele deuten an, dass die Maximen ein Modell sind, das primäre diskurstraditionelle und sekundäre einzelsprachliche Textkomplexität zusammenbringen kann. Je enger eine Diskurstradition in ihren sprachlichen Realisierungen einer oder mehreren Maximen folgt, desto geringer ist die Textkomplexität. Daraus folgt, dass die Komplexität eines Textes mit zunehmender Distanz zu den Maximen ansteigt und dass Texte, die Maximen verletzen, einen sehr hohen Grad an Komplexität haben. Im Umkehrschluss kann ein hoher Grad an Textkomplexität das Epiphänomen dafür sein, dass ein Text den Maximen nicht folgt bzw. sie beugt oder bricht, und ein niedriger Grad an Textkomplexität kann anzeigen, dass der Text den Maximen eng folgt.

Die Ausführungen haben gezeigt, dass Textkomplexität mehrdimensional ist und einen Cluster von Komplexitätsdimensionen bildet, der primär diskurstraditioneller Natur ist und erst sekundär einzelsprachlich ausgekleidet wird. Die diskurstraditionelle Komplexität wird erstens durch die Dimensionen Kulturalität und Textualität erfasst (Kapitel 5) und zweitens durch die Zusammenhänge von Kooperationsprinzip und Angemessenheit sowie durch die Interaktionen der Grice'schen Maximen mit den Diskurstraditionen modelliert.

Eine sich anschließende Frage, die hier nur angedeutet werden kann, ist, wie die verschiedenen diskurstraditionellen Komplexitätsdimensionen sich zueinander verhalten. Denkbar wäre, dass verschiedene Typen von Komplexität in einem Text die Tendenz haben, auf einen Ausgleich hin angelegt zu sein, um eine effektive Kommunikation sicherzustellen. Eine sich anschließende Überlegung wäre dann, weshalb Textkomplexität dazu tendieren könnte, kompensatorisch angelegt zu sein. Eine rein quantitative Erklärung wäre, dass die Komplexität in ihrer Gesamtheit ein bestimmtes Maß nicht überschreiten darf. Plausibler erscheint mir jedoch eine qualitative Erklärung, nämlich dass ein Text durch einen bestimmten Typ von Komplexität geprägt ist und diese Komplexität dann besonders markant und prägend sein kann, wenn andere Dimensionen wenig komplex und damit unauffällig sind.

7 Ein (anderer) Blick auf die Wissensgesellschaft

Die Beschäftigung mit Textkomplexität verfolgt zum einen das Erkenntnisinteresse, mehr über das Zusammenwirken von universellen Regeln, sprachlichen Traditionen und Diskurstraditionen bei der Konstituierung von Texten zu erfahren und die Erzeugung von Textkomplexität systematisch mit diesen drei Wissenstypen zu verknüpfen. Die Textkomplexität hat jedoch auch eine anwendungsbezogene Seite, die linguistische Textkomplexität und Prozesse des Verstehens verbindet.[16] Ein Ziel dieser anwendungsbezogenen Forschung ist es, Textkomplexität in Relation zu dem Aufwand zu setzen, den eine Person oder eine Gruppe für das Textverstehen betreiben muss und von dem dann der Grad an Schwierigkeit abhängt, den Leserinnen und Leser einem Text zumessen. Die Schwierigkeit ist also eine subjektive Wertung, die in Relation zu einer Person oder einer Gruppe Gültigkeit hat, wogegen die Komplexität ein Wert ist, der für einen Text nach einem linguistischen Modell ermittelt wird; im vorliegenden Beitrag ist dieses Modell die Coseriu'sche Systematik der Regeln und Traditionen des Sprechens.

Eine Kernfrage ist, welche Verbindungen oder Korrelationen zwischen Textkomplexität einerseits und Verstehensaufwand und Schwierigkeit andererseits

---

16 Wolf (2021); Schrott (2020a); vgl. die Beiträge in Schrott & Tesch (Hrsg.) (2020).

bestehen und welche Aspekte von Textkomplexität besonders relevant für die Bestimmung von kognitivem Aufwand und Schwierigkeit sind. Plausibel erscheint, dass eine erhöhte Textkomplexität mit mehr Verstehensaufwand einhergeht und bei Leserinnen und Lesern tendenziell den Eindruck höherer Schwierigkeit erzeugt. Allerdings muss dieser Zusammenhang empirisch überprüft werden und darf nicht als Prämisse gesetzt werden. Die mit Hilfe linguistischer Modelle ermittelte Textkomplexität wird im Prozess der Rezeption nämlich sehr unterschiedlich wahrgenommen und ist hochgradig abhängig von der Situation und von der den Text rezipierenden Person mit ihren individuellen Wissenshorizonten und Texterfahrungen (vgl. Wolf 2021). Ein Fernziel interdisziplinärer Forschung ist es, die Verbindung von Textkomplexität und subjektiven Urteilen über Aufwand und Schwierigkeit in ihren Regelhaftigkeiten und Tendenzen zu beschreiben und idealerweise verschiedene Typen von Textkomplexität mit verschiedenen Typen von Aufwand und Schwierigkeit zu verbinden.

Die Prozesse der Textrezeption – und in einem nächsten Schritt die damit verbundenen Konzepte von Aufwand und Schwierigkeit – können ebenfalls ausgehend vom Coseriu'schen Modell der Sprachkompetenz erfasst werden. Denn zur Systematik der Regeln und Traditionen gehören auch die Gruppierungen, die diese Regeln und Traditionen nutzen, wenn sie Texte produzieren oder sich um das Verstehen von Textprodukten bemühen.

Der Blick über die Wissensbestände hinaus auf die Gruppierungen, die diese Regeln und Traditionen tragen und anwenden, zeigt, wie diese Kollektive sich verändern, erweitern oder verengen. Um das Funktionieren dieser Gruppierungen und ihre Entwicklungen zu verstehen, muss einbezogen werden, wie sie sich als Kollektive konstituieren. Coserius Systematik bietet hier erneut wichtige Ansatzpunkte, da hier die Gruppierungen und Gemeinschaften, die Wissen tragen und tradieren, bereits angelegt sind (Coseriu 2007: 86; Lebsanft 2005; Schrott 2014; 2015).

Die universellen Regeln und Prinzipien werden von allen Menschen angewandt und bilden daher keine Kollektive, die von anderen abgegrenzt wären. Sie erzeugen durch ihre Universalität eine Gemeinschaft aller Menschen, die sich im Sinne des kommunikativen Vertrauens um Textverstehen bemühen und ihrerseits von anderen verstanden werden wollen. Für abgrenzende Gruppenbildungen sind dagegen die einzelsprachlichen Traditionen und die Diskurstraditionen relevant. Das einzelsprachliche Wissen konstituiert Sprachgemeinschaften, zu denen alle Menschen gehören, die in einer bestimmten Sprache sprechen. Ein Mensch gehört der französischen oder deutschen Sprachgemeinschaft an, weil er diese Sprache und ihre Traditionen beherrscht. Dabei kann es unterschiedliche Grade der Zugehörigkeit geben, die abhängig vom Erwerb einer Sprache als Muttersprache oder Fremdsprache sind, da Muttersprachen in der Regel die Identität eines Menschen und seine Zugehörigkeit zur Sprachgemeinschaft stärker prägen. Die

Diskurstraditionen werden ebenfalls von Kollektiven ausgeübt, doch während Sprachgemeinschaften verhältnismäßig stabile, in der Geschichte gut sichtbare Gemeinschaften sind, sind die Gruppen, die Diskurstraditionen tragen, in ihrer Größe und Stabilität sehr unterschiedlich; sie sind in der Regel kleinräumiger, durchlässiger und dynamischer als Sprachgemeinschaften (Schrott 2014: 29–32). Ein weiterer Unterschied besteht in der Art und Weise, wie sich Gruppen, die bestimmte Diskurstraditionen ausüben, konstituieren. Während die Beherrschung des Deutschen, Spanischen oder Französischen einen Menschen zu einem Mitglied dieser Sprachgemeinschaften macht, verläuft die Gruppenbildung auf der diskurstraditionellen Ebene gewissermaßen umgekehrt. Menschen beherrschen eine Diskurstradition, weil sie einer kulturellen Gemeinschaft angehören; sie bilden zuallererst eine kulturelle Gemeinschaft, und deren kulturelle Identität bewirkt, dass die so verbundenen Personen bestimmte Textmodelle verwenden und damit Träger bestimmter Diskurstraditionen sind. Coseriu nennt zur Illustration das Beispiel der Priester (Coseriu 2007: 86; Schrott 2014: 29–32), die nicht allein durch das Beherrschen liturgischer Diskurstraditionen zum Priesterstand gehören, sondern dazu besondere Weihen erhalten haben müssen, was sich *ex negativo* darin zeigt, dass Frauen diesem Stand etwa in der katholischen Kirche nicht angehören können, selbst wenn sie die entsprechenden Diskurstraditionen perfekt beherrschen. Für die Zugehörigkeit zu einer Gruppe *qua* Diskurstradition scheint es jedoch ausgewählte Fälle zu geben, in denen die Beherrschung einer Diskurstradition mit der Zugehörigkeit zu einer kulturellen Gruppe einhergehen kann. So können Diskurstraditionen, die nur von sehr wenigen Menschen ausgeübt werden, in einigen Fällen die Zugehörigkeit zu einer kulturellen Gruppe erzeugen. Ein Beispiel ist das Verfassen eines Romans, der als Konfiguration von Diskurstraditionen gedeutet werden kann. Menschen, die die komplexen Diskurstraditionen literarischer Werke beherrschen und Romane verfassen, gehören durch dieses Wissen und Können zur Gemeinschaft der Dichter und benötigen dazu keine weiteren Legitimationen.

Die Ausführungen zeigen, dass das Konzept der Tradition auch die Menschen einbezieht, die diese Traditionen tragen, seien es einzelsprachliche Traditionen oder Diskurstraditionen. Für interdisziplinäre Forschungsfragen nach Wissensvermittlung und Teilhabe an verschiedenen Wissensbeständen ist die Konstituierung von Sprachgemeinschaften und diskurstraditionell verbundenen Gruppierungen relevant, da sie Aufschluss darüber gibt, wie sich im Bereich der Textkompetenz und der Wissensgesellschaft Gruppen bilden und wie Menschen in diese Kollektive aufgenommen oder von ihnen ausgeschlossen werden (Schrott 2014, 2015). Coserius Modell der drei Wissenstypen und Gesichtspunkte bietet damit auch für die Erforschung dieser Dynamiken in Wissensgesellschaften einen Erkenntnis stiftenden Orientierungsrahmen.

Bibliographie

Ágel, Vilmos (2017): *Grammatische Textanalyse. Textglieder, Satzglieder, Wortgruppenglieder.* Berlin, Boston: De Gruyter.
Aguado, Karin (2017): Chunks als Schnittstelle zwischen Lexikon und Grammatik. Skizze eines handlungsorientierten Ansatzes zum Erwerb sprachlichen Wissens. In Monika Clalüna & Barbara Tscharner (Hrsg.), *Bausteine des Spracherwerbs DaF/DaZ. Wortschatz – Chunks – Grammatik*, 53–64. Universität Bern, Sondernummer Rundbrief AkDaF.
Aschenberg, Heidi (1999): *Kontexte in Texten. Umfeldtheorie und literarischer Situationsaufbau.* Tübingen: Niemeyer.
Bauer, Matthias, Joachim Knape, Peter Koch & Susanne Winkler (2010): Dimensionen der Ambiguität. *Zeitschrift für Literaturwissenschaft und Linguistik* 158, 7–75.
Borzi, Claudia (2021): Enfoque cognitivo prototípico y complejidad textual. In Óscar Loureda & Angela Schrott (Hrsg.), *Manual de lingüística del hablar*. 461–477. Berlin, Boston: De Gruyter.
Busse, Dietrich (2012): *Frame-Semantik. Ein Kompendium.* Berlin, Boston: De Gruyter.
Christmann, Ursula & Norbert Groeben (2006): Psychologie des Lesens. In Bodo Franzmann, Klaus Hasemann, Dietrich Löffler & Erich Schön. (Hrsg.), *Handbuch Lesen*. 145–223. München: Saur.
Coseriu, Eugenio (1955–56): Determinación y entorno. Dos problemas de una lingüística del hablar. *Romanistisches Jahrbuch* 7, 29–54.
Coseriu, Eugenio (1985): Linguistic competence: what is it really?. *The Modern Language Review* 80, 25–35.
Coseriu, Eugenio (^{3}1994): *Textlinguistik. Eine Einführung.* Herausgegeben und bearbeitet von Jörn Albrecht. Tübingen, Basel: Francke.
Coseriu, Eugenio (2003): *Geschichte der Sprachphilosophie. Von den Anfängen bis Rousseau.* Neu bearbeitet und erweitert von Jörn Albrecht. Tübingen, Basel: Francke.
Coseriu, Eugenio (2007): *Sprachkompetenz. Grundzüge der Theorie des Sprechens.* Tübingen: Narr.
Dahl, Östen (2004): *The growth and maintenance of linguistic complexity.* Amsterdam, Philadelphia: Benjamins.
Dziuk Lameira, Katharina (2020): Complejidad semántica: el ejemplo de la metáfora. In Angela Schrott & Bernd Tesch (Hrsg.), *Competencia textual y complejidad textual. Perspectivas transversales entre didáctica y lingüística*. 147–165. Berlin: Peter Lang.
Escandell Vidal, María Victoria (1999): Los enunciados interrogativos. Aspectos semánticos y pragmáticos. In Ignacio Bosque & Violeta Demonte (Hrsg.), *Gramática descriptiva de la lengua española*, vol. 2. 3929–3991. Madrid: Real Academia española, Espasa.
Fischer, Klaus (2017): Komplexität – dennoch ein nützlicher Begriff. In Mathilde Hennig (Hrsg.), *Linguistische Komplexität – ein Phantom?*. 19–52. Tübingen: Stauffenburg.
Fix, Ulla (2007): Zugänge zu Textwelten. Linguistisch-literaturwissenschaftliche Möglichkeiten, in die Geschlossenheit eines Erzähltextes einzudringen. In Fritz Hermanns & Werner Holly (Hrsg.), *Linguistische Hermeneutik. Theorie und Praxis des Verstehens und Interpretierens*. 323–356. Tübingen: Niemeyer.

Gansel, Christina (2008): Systemtheoretische Perspektiven auf Textsorten. Vorbemerkungen. In Christina Gansel (Hrsg.), *Textsorten und Systemtheorie*. 7–18. Göttingen: Vandenhoeck & unipress.
Gansel, Christina & Frank Jürgens (³2009): *Textlinguistik und Textgrammatik*. Göttingen: Vandenhoeck & Ruprecht.
Gardt, Andreas (2007): Linguistisches Interpretieren. Konstruktivistische Theorie und realistische Praxis. In Fritz Hermanns & Werner Holly (Hrsg.), *Linguistische Hermeneutik. Theorie und Praxis des Verstehens und Interpretierens*. 263–280. Tübingen: Niemeyer.
Gardt, Andreas (2008): Kunst und Sprache. Beobachtungen anlässlich der documenta 12. In Achim Barsch, Helmut Scheuer & Georg-Michael Schulz (Hrsg.), *Literatur – Kunst – Medien*. 201–224. München: Meidenbauer.
Gardt, Andreas (2012): Textsemantik. Methoden der Bedeutungserschließung. In Jochen A. Bär & Marcus Müller (Hrsg.), *Geschichte der Sprache und Sprache der Geschichte. Probleme und Perspektiven der historischen Sprachwissenschaft des Deutschen. Oskar Reichmann zum 75. Geburtstag*. 60–83. Berlin: Akademie-Verlag.
Gardt, Andreas (2013), Textanalyse als Basis der Diskursanalyse. Theorie und Methoden. In Ekkehard Felder (Hrsg.), *Faktizitätsherstellung in Diskursen. Die Macht des Deklarativen*. 29–55. Berlin, Boston: De Gruyter.
Gardt, Andreas (2017): Interpretation. In Anne Betten, Ulla Fix & Berbeli Wanning (Hrsg.), *Handbuch Sprache in der Literatur*. 487–508. Berlin, Boston: De Gruyter.
Gardt, Andreas (2018), *Wissenskonstitution im Text*. In Karin Birkner & Nina Janich (Hrsg.), *Handbuch Text und Gespräch*. 52–79. Berlin, Boston: De Gruyter.
Felder, Ekkehard & Andreas Gardt (2015): Sprache – Erkenntnis – Handeln. In Ekkehard Felder & Andreas Gardt (Hrsg.), *Handbuch Sprache und Wissen*. 3–33. Berlin, Boston: De Gruyter.
Givón, Talmy (1985): Iconicity, isomorphism, and non-arbitrary syntax. In John Haiman (Hrsg.), *Iconicity in syntax*. 187–220. Amsterdam, Philadelphia: Benjamins.
Grice, Herbert Paul (1989): Logic and Conversation. In Herbert Paul Grice, *Studies in the Way of Words*. 22–40. Cambridge, Mass.: Harvard University Press.
Haßler, Gerda (2016): *Temporalität, Aspektualität und Modalität in den romanischen Sprachen*. Berlin, Boston: De Gruyter.
Hennig, Mathilde (2017a): Einleitung. In Mathilde Hennig (Hrsg.), *Linguistische Komplexität – ein Phantom?*. 7–18. Tübingen: Stauffenburg.
Hennig, Mathilde (Hrsg.) (2017b): *Komplexität – ein Phantom?* Tübingen: Stauffenburg.
Hennig, Mathilde, Volker Emmrich & Stephanie Lotzow (2017): Komplexität und Koordination. In Mathilde Hennig (Hrsg.), *Linguistische Komplexität – ein Phantom?*. 175–195. Tübingen: Stauffenburg.
Hermanns, Fritz (2003): Linguistische Hermeneutik. Überlegungen zur überfälligen Einrichtung eines in der Linguistik bisher fehlenden Teilfachs. In Angelika Linke, Hanspeter Ortner & Paul R. Portmann-Tselikas (Hrsg.), *Sprache und mehr. Ansichten einer Linguistik der sprachlichen Praxis*. 125–163. Tübingen: Niemeyer.
Kabatek, Johannes (2011): Diskurstraditionen und Genres. In Sarah Dessì Schmid, Ulrich Detges, Paul Gévaudan, Wiltrud Mihatsch & Richard Waltereit (Hrsg.), *Rahmen des Sprechens. Beiträge zu Valenztheorie, Varietätenlinguistik, Kreolistik, Kognitiver und Historischer Semantik. Peter Koch zum 60. Geburtstag*. 89–100. Tübingen: Narr.
Kabatek, Johannes (2015): Warum die „zweite Historizität" eben doch die zweite ist – von der Bedeutung von Diskurstraditionen für die Sprachbetrachtung. In Franz Lebsanft & Angela

Schrott (Hrsg.), *Diskurse, Texte, Traditionen. Modelle und Fachkulturen in der Diskussion*, Göttingen. 49–62. Bonn, Göttingen: Vandenhoeck & Ruprecht, Bonn University Press.

Kabatek, Johannes (2018): *Lingüística coseriana, lingüística histórica, tradiciones discursivas.* Hrsg. von Cristina Bleorțu & David Paul Gerards. Madrid, Frankfurt am Main: Iberoamericana, Vervuert.

Kallendorf, Craig (1994): Brevitas. In Gert Ueding (Hrsg.), *Historisches Wörterbuch der Rhetorik.* 53–60. Tübingen: Niemeyer.

Klare, George R. (1963): *The measurement of readability.* Ames: University of Iowa Press.

Klare, George R. (1974): Assessing readability. *Reading Research Quarterly* 10, 62–102.

Koch, Peter (1997): Diskurstraditionen: zu ihrem sprachtheoretischen Status und ihrer Dynamik. In Barbara Frank, Thomas Haye & Doris Tophinke (Hrsg.), *Gattungen mittelalterlicher Schriftlichkeit.* 43–79. Tübingen: Narr.

Koch, Peter (2005): Sprachwandel und Sprachvariation. In Angela Schrott & Harald Völker (Hrsg.), *Historische Pragmatik und historische Varietätenlinguistik in den romanischen Sprachen.* 229–254. Göttingen: Universitätsverlag Göttingen.

Koch, Peter (2008): Tradiciones discursivas y cambio lingüístico: el ejemplo del tratamiento *vuestra merced* en español. In Johannes Kabatek (Hrsg.), *Sintaxis histórica del español y cambio lingüístico: Nuevas perspectivas desde las tradiciones discursivas.* 53–87. Frankfurt am Main, Madrid: Vervuert, Iberoamericana.

Konerding, Klaus Peter (1993): *Frames und lexikalisches Bedeutungswissen.* Tübingen: Niemeyer.

Lebsanft, Franz (2005): Kommunikationsprinzipien, Texttraditionen, Geschichte. In Angela Schrott & Harald Völker (Hrsg.), *Historische Pragmatik und historische Varietätenlinguistik in den romanischen Sprachen.* 25–43. Göttingen: Universitätsverlag Göttingen.

Lebsanft, Franz (2015): Aktualität, Individualität und Geschichtlichkeit. Zur Diskussion um den theoretischen Status von Diskurstraditionen und Diskursgemeinschaften. In Franz Lebsanft & Angela Schrott (Hrsg.), *Diskurse, Texte, Traditionen. Modelle und Fachkulturen in der Diskussion.* 97–113. Bonn, Göttingen: Vandenhoeck & Ruprecht, Bonn University Press.

Lebsanft, Franz & Angela Schrott (2015): Diskurse, Texte, Traditionen. In Franz Lebsanft & Angela Schrott (Hrsg.), *Diskurse, Texte, Traditionen. Modelle und Fachkulturen in der Diskussion.* 11–46. Bonn, Göttingen: Vandenhoeck & Ruprecht, Bonn University Press.

Loureda, Óscar (2007): Presentación del editor. La *Textlinguistik* de Eugenio Coseriu. In Eugenio Coseriu (2007), *Lingüística del texto. Introducción a la hermeneutica del sentido.* Edición, anotación y estudio previo de Óscar Loureda Lamas. 19–81. Madrid: Arco/Libros.

Loureda, Óscar & Angela Schrott (2021): Introducción. In Óscar Loureda & Angela Schrott (Hrsg.), *Manual de lingüística del hablar.* 1–14. Berlin, Boston: De Gruyter.

Luckmann, Thomas (1986): Grundformen der gesellschaftlichen Vermittlung des Wissens: kommunikative Gattungen. *Kölner Zeitschrift für Soziologie und Sozialpsychologie* 27, 191–211.

Luckmann, Thomas (1988): Kommunikative Gattungen im kommunikativen ‚Haushalt' einer Sprache. In Gisela Smolka-Koerdt, Peter M. Spangenberg & Dagmar Tillmann-Bartylla (Hrsg.), *Der Ursprung von Literatur. Medien, Rollen, Kommunikationssituationen zwischen 1450 und 1650.* 279–288. München: Fink.

Luhmann, Niklas (1984): *Soziale Systeme. Grundriß einer allgemeinen Theorie.* Frankfurt am Main: Suhrkamp.

Meier, Kerstin (2020): *Semantische und diskurstraditionelle Komplexität. Linguistische Interpretationen zur französischen Kurzprosa*. Berlin, Boston: De Gruyter.
Mikk, Jaan (2005): Text comprehensibility. In Reinhard Köhler, Gabriel Altmann & Rajmund Pietrowski (Hrsg.), *Quantitative Linguistics. An International Handbook*. 909–921. Berlin, New York: De Gruyter Mouton.
Oesterreicher, Wulf (1997): Zur Fundierung von Diskurstraditionen. In Barbara Frank, Thomas Haye & Doris Tophinke (Hrsg.), *Gattungen mittelalterlicher Schriftlichkeit*. 19–41. Tübingen: Narr.
Rabin, Annette T. (1988): Determining the Difficulty of Reading Materials in Languages Other than English. In Beverly L. Zakaluk & Jay S. Samuels (Hrsg.), *Readability: Its Past, Present, and Future*. 46–76. Newark: International Reading Association.
Raible, Wolfgang (1980): Was sind Gattungen? Eine Antwort aus semiotischer und textlinguistischer Sicht. *Poetica* 12, 320–349.
Raible, Wolfgang (1996): Wie soll man Texte typisieren?. In Susanne Michaelis & Doris Tophinke (Hrsg.), *Texte – Konstitution, Verarbeitung, Typik*. 59–72. München: Lincom.
Rickheit, Gert, Hans Strohner & Constanze Vorwerg (2008): The concept of communicative competence. In Gert Rickheit & Hans Strohner (Hrsg.), *Handbook of Communication Competence*. 15–62. Berlin, New York: De Gruyter Mouton.
Schlieben-Lange, Brigitte (1983): *Traditionen des Sprechens. Elemente einer pragmatischen Sprachgeschichtsschreibung*. Stuttgart: Kohlhammer.
Schmölzer-Eibinger, Sabine & Georg Weidacher (Hrsg.) (2007): *Textkompetenz. Eine Schlüsselkompetenz und ihre Vermittlung*. Tübingen: Narr.
Schrott, Angela (2014), Sprachwissenschaft als Kulturwissenschaft aus romanistischer Sicht: Das Beispiel der kontrastiven Pragmatik. *Romanische Forschungen* 126, 3–44.
Schrott, Angela (2015): Kategorien diskurstraditionellen Wissens als Grundlage einer kulturbezogenen Sprachwissenschaft. In Franz Lebsanft & Angela Schrott (Hrsg.), *Diskurse, Texte, Traditionen. Modelle und Fachkulturen in der Diskussion*. 115–146. Bonn, Göttingen: Vandenhoeck & Ruprecht, Bonn University Press.
Schrott, Angela (2016): Dunkle Rede, helle Köpfe: Historische Dialogforschung in der Romanistik. In Elmar Eggert & Jörg Kilian (Hrsg.), *Historische Mündlichkeit. Beiträge zur Geschichte der gesprochenen Sprache*. 77–100. Frankfurt am Main: Peter Lang.
Schrott, Angela (2017): Las tradiciones discursivas, la pragmalingüística y la lingüística del discurso. *Revista de la Academia Nacional de Letras Montevideo* 10, 25–57.
Schrott, Angela (2020a): Las tradiciones discursivas: competencia y complejidad. In Angela Schrott & Bernd Tesch (Hrsg.), *Competencia textual y complejidad textual. Perspectivas transversales entre didáctica y lingüística*. 105–124. Berlin: Peter Lang.
Schrott, Angela (2020b): Regeln, Traditionen, Urteile: Verbale Höflichkeit und wie sie gelingt. In Angela Schrott & Christoph Strosetzki (Hrsg.), *Gelungene Gespräche als Praxis der Gemeinschaftsbildung. Literatur. Sprache, Gesellschaft*. 23–54. Berlin, Boston: De Gruyter.
Schrott, Angela (2021a), Las tradiciones discursivas. In Óscar Loureda & Angela Schrott (Hrsg.), *Manual de lingüística del hablar*. 499–517. Berlin, Boston: De Gruyter.
Schrott, Angela (2021b): Eugenio Coseriu and pragmatics. In Klaas Willems & Cristinel Munteanu (Hrsg.), *Eugenio Coseriu. Past, Present and Future*. 211–226. Berlin, Boston: De Gruyter.

Schrott, Angela (2023): Conceptual developments in discourse tradition theory. In Esme Winter-Froemel & Álvaro S. de Toledo y Huerta (Hrsg.), *Manual of Discourse Traditions in Romance*. 81–101. Berlin, Boston: De Gruyter.

Schrott, Angela & Bernd Tesch (2020): Introducción: Encuentros con textos. In Angela Schrott & Bernd Tesch (Hrsg.), *Competencia textual y complejidad textual. Perspectivas transversales entre didáctica y lingüística*. 7–12. Berlin: Peter Lang.

Sperber, Dan & Deirdre Wilson (^{2}1995): *Relevance. Communication and Cognition*. Oxford, Cambridge (Mass.): Blackwell.

Stempel, Wolf Dieter (1972), Gibt es Textsorten?. In Elisabeth Gülich & Wolfgang Raible (Hrsg.), *Textsorten. Differenzierungskriterien aus linguistischer Sicht*. 175–179. Frankfurt am Main: Athenäum.

Strohner, Hans (1990): *Textverstehen. Kognitive und kommunikative Grundlagen der Sprachverarbeitung*. Opladen: Westdt. Verlag.

Szmrecsanyi, Benedikt & Bernd Kortmann (2009): Between simplification and complexification: non-standard varieties of English around the world. In Geoffrey Sampson, David Gil & Peter Trudgill (Hrsg.), *Language Complexity as an Evolving Variable*. 64–79. Oxford: Oxford University Press.

Tesch, Bernd (2010): Leseverstehen. In Franz-Joseph Meißner & Bernd Tesch (Hrsg.), *Spanisch kompetenzorientiert unterrichten. Didaktische Grundlagen für die Aufgabenkonstruktion*. 87–95. Stuttgart: Klett.

Tesch, Bernd (2020a): Schwere Texte leicht gemacht. Zum Umgang mit literarischen Texten in der Praxis des Spanischunterrichts und in der Lehrerbildung. In Corinna Koch, Sylvia Thiele & Claudia Schlaak (Hrsg.), Zwischen *Kreativität und literarischer Tradition. Zum Potential von literarischen Texten in einem kompetenzorientierten Spanischunterricht*. 257–272. Hannover: ibidem.

Tesch, Bernd (2020b): La competencia textual didáctica en la formación docente de lengua extranjera. In Angela Schrott & Bernd Tesch (Hrsg.), *Competencia textual y complejidad textual. Perspectivas transversales entre didáctica y lingüística*. 15–28. Berlin: Peter Lang.

Wolf, Johanna (2021): La semántica del hablar. In Óscar Loureda & Angela Schrott (Hrsg.), *Manual de lingüística del hablar*. 443–459. Berlin, Boston: De Gruyter.

Zeman, Sonja (2017): Wie fasst man ein Phantom? Zur Komplexität semantischer Komplexität. In Mathilde Hennig (Hrsg.), *Linguistische Komplexität – ein Phantom?*. 53–72. Tübingen: Stauffenburg.

Ziem, Alexander (2008): *Frames und sprachliches Wissen. Kognitive Aspekte der semantischen Kohärenz*. Berlin, New York: De Gruyter.

Katharina Dziuk Lameira
Zur Komplexität von Texten. Von der Lesbarkeitsformel zur textlinguistischen Komplexität

Abstract: This article depicts the evolution of text complexity research from the first readability formulas and their modern computational versions, which include surficial text characteristics such as word and sentence length, to models of text complexity which also consider discourse features and psycholinguistic aspects. In this article, text complexity is defined as a property of a text that emerges from the interaction of different text features and levels that can be measured and observed objectively. From a procedural point of view, complexity can also be defined as the behaviour of a text which is seen as a dynamic system. Here text complexity and text difficulty are regarded as different concepts. Text difficulty is considered a consequence of the interaction of text complexity and extralinguistic parameters, such as the reader or task characteristics (e.g. motivation, cognitive capabilities or type of task). First, readability studies and some readability formulas for English and Spanish will be presented. Then different approaches from text linguistics and psycholinguistics will be discussed. Finally, the *Common Core State Standards* model of text complexity will be depicted as an example of a model which includes quantitative and qualitative text features as well as reader and task characteristics.

1 Einleitung

Texte sind Systeme, die aus vielen und vielfältigen Elementen bestehen und über eine Struktur verfügen. Die textuelle Struktur ist durch eine Vielzahl von Relationen zwischen den einzelnen Textelementen und -ebenen gekennzeichnet[1]. Einige Texte – wie Rezepte – erschließen sich uns auf den ersten Blick. Andere Texte sind durch ihre Komplexität nur für wenige Personen verständlich. Seit den 1920er Jahren wird versucht, mittels unterschiedlicher Formeln und Verfahren, die Verständlichkeit von Texten vorherzusagen oder zu messen.

---

1 Bei diesem Beitrag handelt es sich um eine gekürzte Fassung der ersten Kapitel meiner Dissertation mit dem Titel *Textkomplexität und Textverständlichkeit. Studien zur Komplexität spanischer Prosatexte* (Dziuk Lameira, im Druck).

∂ Open Access. © 2023 bei den Autorinnen und Autoren, publiziert von De Gruyter. [(cc) BY-NC-ND] Dieses Werk ist lizenziert unter der Creative Commons Namensnennung - Nicht-kommerziell - Keine Bearbeitungen 4.0 International Lizenz.
https://doi.org/10.1515/9783111041551-003

Zu Beginn beschäftigte sich überwiegend die psychologische Verständlichkeitsforschung mit der Entwicklung von Lesbarkeitsformeln, deren Ziel es ist, die Verständlichkeit eines Textes anhand seiner sprachlichen Merkmale vorherzusagen. Bei den verwendeten sprachlichen Merkmalen handelte es sich um quantitative bzw. quantifizierbare Merkmale wie Wort- und Satzlänge, Wortfrequenz oder die Häufigkeit bestimmter Formen oder Wortarten im Text. Mit Auftreten der Textlinguistik als eigenständiger linguistischer Disziplin kamen auch Bestrebungen auf, textlinguistische Aspekte in Lesbarkeitsformeln zu integrieren. Der begriffliche Wandel vom Konzept der Lesbarkeit (engl. *readability*) hin zur Textkomplexität (engl. *text complexity*), verdeutlicht den Versuch, Texte in ihrer Gesamtheit und strukturellen Beschaffenheit zu erfassen und auch qualitative Textmerkmale sowie leser- und aufgabenbezogene Kriterien bei der Vorhersage der Textverständlichkeit zu berücksichtigen.

2 Der *Readability*-Ansatz

Als Vorläufer der Textkomplexitätsforschung kann die Entwicklung von Lesbarkeitsformeln insbesondere in den USA, zunächst für das Englische (z. B. Flesch 1948, Dale & Chall 1948, Fry 1968) und dann auch für weitere Sprachen wie Spanisch[2] betrachtet werden. Mikk (2005) beschreibt den Weg zur Entwicklung einer Lesbarkeitsformel folgendermaßen:

> To elaborate a readability formula, a sample of texts, representative of the texts in the area of intended formula application, should be taken. The comprehension level of the texts is measured by some experiments and the texts are analysed to establish the values of the hypothesised measures for the text comprehensibility. The comprehension level and the comprehensibility measures are tied in a formula by multiple regression analysis. The most valid comprehensibility measures intercorrelations of which are low [sic] are included in the readability formula as the result of the analysis. (Mikk 2005: 913)

Lesbarkeitsformeln werden mittels einer multiplen Regressionsanalyse erstellt. Die Regressionsanalyse „dient der Analyse von Beziehungen zwischen einer abhängigen Variable und einer oder mehreren unabhängigen Variablen" (Backhaus et al. 2016: 64). Werden mehrere unabhängige Variablen betrachtet, spricht man von einer multiplen Regression (Backhaus et al. 2016: 79). Sie wird zum einen verwendet, um „Zusammenhänge quantitativ zu beschreiben und sie zu erklären", zum anderen, wie im Fall der Lesbarkeitsformeln, um „Werte der abhängigen Va-

---

[2] Für einen Überblick über die Entwicklung von Lesbarkeitsformeln in anderen Sprachen als Englisch vgl. Rabin (1988).

riablen zu schätzen bzw. zu prognostizieren" (Backhaus et al. 2016: 64). Im Fall von Lesbarkeitsformeln soll also der Wert der Textverständlichkeit mithilfe der verwendeten Textparameter vorhergesagt werden. Die abhängige Variable wird daher auch erklärte Variable oder Prognosevariable genannt, die unabhängigen Variablen werden auch erklärende Variablen oder Prädiktorvariablen genannt (Backhaus et al. 2016: 67). Für die Erstellung von Lesbarkeitsformeln werden die Werte für die Textparameter als unabhängige Variablen und ein Maß für die Textverständlichkeit (z. B. die Ergebnisse von Verstehenstests, Clozetests, Experten- oder Ratings von Lesenden etc.) als abhängige Variable eingesetzt. Die Formeln gelten immer nur für die Textsorten und Zielgruppen mit deren Hilfe sie erstellt wurden. Als Textcharakteristika wurden vor allem die Parameter Wortschwierigkeit (häufig gemessen über die Länge oder Frequenz von Wörtern) und Satzschwierigkeit (meist gemessen über die Satzlänge) genutzt. Flesch (1948) nutzte als Prädiktorvariablen die durchschnittliche Satzlänge, die durchschnittliche Wortlänge, die durchschnittliche Anzahl an Personalwörtern sowie die durchschnittliche Anzahl persönlicher Aussagen im Text. Als Prognosevariable zog er die Leistung von Schülerinnen und Schülern in einem Leseverstehenstest heran. Von den vier Prädiktorvariablen erwiesen sich in der multiplen Regressionsanalyse nur die durchschnittliche Wortlänge und die durchschnittliche Satzlänge als geeignet, um die Leistung der Schülerinnen und Schüler im Leseverstehenstest vorauszusagen. Das Ergebnis der multiplen Regressionsanalyse ist die folgende Regressionsgleichung, welche auch *Reading-Ease*-Formel genannt wird (Flesch 1948: 225)[3]:

$$Reading\ Ease = 206{,}835 - 0{,}846\ wl - 1{,}015\ sl$$

Dabei steht *wl* für die Anzahl der Silben pro 100 Wörter und *sl* für die durchschnittliche Satzlänge in Wörtern. Das Ergebnis ist ein Indexwert (*Reading Ease*) zwischen 0 und 100, wobei ein Indexwert von 0 als sehr schwer zu verstehen und ein Indexwert von 100 als sehr verständlich gewertet wird.

Die Formel wurde für die spanische Sprache durch Fernández Huerta (1959) wie folgt angepasst[4]:

$$Ease = 206{,}84 - 0{,}60\ P - 1{,}02\ F$$

Dabei steht *P* für die Anzahl der Silben pro 100 Wörter und *F* für die Anzahl an Sätzen pro 100 Wörter (Rabin 1988: 73).

---

3 Die ersten Lesbarkeitsformeln mussten noch per Hand berechnet werden. Mittlerweile gibt es Tools wie *Lexile*® oder zahlreiche klassische Lesbarkeitsformeln, die online ermittelt werden können.
4 Die Korrektheit wird von Law (2011) angezweifelt.

Es ist zu beachten, dass der *Flesch-Reading-Ease* und die angepasste Formel von Fernández Huerta für Personen entwickelt wurden, die Englisch bzw. Spanisch als Muttersprache beherrschen. Die erste Formel für das Spanische als Zweitsprache war die Lesbarkeitsformel von Spaulding (1951, 1956), welche die Faktoren Wortgebrauch/Dichte (relative Anzahl an Wörtern, die nicht in der Frequenzliste von Buchanan 1941 auftauchen) und Satzkomplexität (durchschnittliche Satzlänge) berücksichtigt (Spaulding 1956: 433). Der Wert für die Textschwierigkeit nach Spaulding wird folgendermaßen ermittelt (nach Klare 1988: 22):

$$Difficulty = 0{,}1609(asl) + 33{,}18(d) + 2{,}20$$

Dabei steht „asl" für die durchschnittliche Satzlänge (*average sentence length*) und „d" für die Dichte, basierend auf einer Wortliste („density, based on a Density Word List") (Klare 1988: 22).

In den USA wurde laut Rabin (1988: 60) eine Vielzahl weiterer Lesbarkeitsformeln für das Spanische entwickelt. So entstanden z. B. in Anlehnung an die Formel von Fry (1968) die Formeln von Crawford (1984), García (1977) und Gilliam, Peña & Mountain (1980) sowie weitere Formeln (z. B. Patterson (1972), Spaulding (1951) s. o., Thonis (1976) und Vari-Cartier (1981)). Sie alle nutzen oberflächliche Textmerkmale zur Vorhersage der Lesbarkeit bei bestimmten Gruppen von Lesenden.

Ein wichtiger Impuls der spanischsprachigen Lesbarkeitsforschung ging laut Rabin (1988: 61) von Venezuela aus und brachte Formeln von Gutiérrez (1972), Morles (1975; 1981) und Rodríguez Trujillo (1978; 1980 und 1983) hervor. Die Formel von Gutiérrez (1972) gilt als erste außerhalb der USA entwickelte Lesbarkeitsformel für das Spanische. Sie beruht ebenfalls auf einer multiplen Regressionsanalyse, welche mit den Ergebnissen eines Clozetests, der mit Schülerinnen und Schülern der sechsten Klasse durchgeführt wurde, als abhängige Variable berechnet wurde (s. o. Vorgehensweise bei der Erstellung einer Lesbarkeitsformel nach Mikk 2005). Die Formel hatte Rabin zufolge in Venezuela jedoch keinen Erfolg (Rabin 1988: 66). Die Lesbarkeitsforschung in Spanien begann nach Rabin (1988: 61) erst in den 1980er Jahren mit López Rodríguez (1981; 1982) und Rodríguez Diéguez (1983; 1989).

Die Lückentest-Methode (*Cloze Procedure* nach Taylor 1953; 1956), die häufig zur Erstellung von Lesbarkeitsformeln genutzt wird, ermöglicht selbst keine Lesbarkeitsvorhersage, sondern eine Lesbarkeitsmessung (Klare 1984: 64). Sie wird durchgeführt, indem eine Textpassage von 275 bis 300 Wörtern ausgewählt und mit doppeltem Zeilenabstand abgetippt wird. Anschließend wird jedes fünfte Wort (außer im ersten und letzten Satz) entfernt, bis die Passage insgesamt 50 Lücken enthält (Ulusoy 2006: 326). Laut Rankin & Culhane (1969) bedeutet ein Wert von 60% korrekt gefüllter Lücken, dass Schülerinnen und

Schüler den Text eigenständig lesen können, ein Wert zwischen 40% und 60%, dass der Text unter Anweisung einer Lehrperson gelesen werden kann und ein Wert unter 40%, dass der Text zu schwer für die Schülerinnen und Schüler ist (Ulusoy 2006: 326). Laut Christmann sind Lückentests „kein reines Maß für die Textverständlichkeit, da sie Merkmale und Fähigkeiten der Leser/ -innen abbilden" (Christmann 2004: 45).

An Lesbarkeitsindizes wird kritisiert, dass die Einbeziehung von nur zwei Parametern (häufig Wort- und Satzlänge) nicht ausreiche, um Textkomplexität als Ganzes zu erfassen, wobei Graesser et al. (2004) diesen Parametern einen gewissen Grad an Validität einräumen:

> Readability formulas have widespread use even though they rely exclusively on word length and sentence length, two very simple and shallow metrics. Readability formulas ignore dozens of language and discourse components that are theoretically expected to influence comprehension difficulty. Texts are no doubt more difficult to read when they contain longer words and lengthier sentences. Longer words tend to be less frequent in the language, as we know from Zipf's (1949) law, and infrequent words take more time to access and interpret during reading (Just & Carpenter, 1980). Longer sentences tend to place more demands on working memory and are therefore more difficult (Graesser, Karnavat, et al., 2001). We do not deny that the word- and sentence-length parameters in these readability formulas have some approximate degree of validity. However, these two-parameter multiple regression equations will not go the distance in explaining text difficulty. (Greasser et al. 2004: 194)

Des Weiteren wird bemängelt, dass die klassischen Lesbarkeitsformeln keine Charakteristika der Lesenden berücksichtigen. Mittlerweile gibt es jedoch auch Lesbarkeitsformeln, die Merkmale von Leserinnen und Lesern miteinbeziehen (z. B. Mikk & Elts 1999). Trotz der häufigen Kritik an Lesbarkeitsformeln konnte in vielen Metastudien nachgewiesen werden, dass die beiden Parameter Wort- und Satzlänge bereits den größten Teil der Varianz erklären (Entin & Klare 1978 nach Klare 1988: 17; Klare 1974 und 1984; Rabin 1988; Swartz et al. 2013) und die Hinzunahme weiterer Variablen die Vorhersage der Lesbarkeit kaum verbessert. Da das Ziel der modernen Textkomplexitätsforschung jedoch nicht nur in der Ermittlung von Durchschnittswerten und Prognosen für die Lesbarkeit besteht, werden in der neueren Textkomplexitätsforschung eher Methoden verwendet, die quantitative und qualitative Aspekte vereinen.

3 Textlinguistische Modelle der Komplexität

Die Forderung, Ergebnisse textlinguistischer Forschung zur Verbesserung der Lesbarkeitsbestimmung zu nutzen, ist nicht neu. So plädiert Binkley (1988) dafür, Kohäsion bei der Bestimmung von Textschwierigkeit zu berücksichtigen und stellt ein Verfahren und eine entsprechende Pilotstudie vor, in denen Lesbarkeitsmessung und Kohäsionsanalyse nach Halliday und Hasan (1976) miteinander kombiniert werden. In dieser werden Anzahl und Art kohäsiver Verbindungen und die Abstände zwischen diesen in Ausschnitten aus Schulbuchtexten analysiert und gezählt. Dadurch werde das Kohäsionsprofil eines Schulbuchs sichtbar („This pattern might be called the signature or register of that book." (Binkley 1988: 119)). Anschließend wird das Textverstehen anhand eines modifizierten Lückentests, dessen Lücken auf dem Kohäsionsprofil des Textes basieren, überprüft (vgl. Binkley 1988: 120). Qualitative Fehleranalysen des Tests sollen es Lehrerinnen und Lehrern ermöglichen, genauere Informationen über die Art der Verständnisschwierigkeiten der Schülerinnen und Schüler mit einem Text zu erhalten (vgl. Binkley 1988: 122–123.). Dieser frühe Versuch einer Integration textlinguistischer Kriterien liefert jedoch nur Aussagen über den Leseprozess und seinen Zusammenhang mit bestimmten Textmerkmalen und keine Verbesserung einer Lesbarkeitsvorhersage.

Laut einer Studie von Swartz et al. (2013) kann weder die Berücksichtigung des Faktors Kohäsion noch die Unterscheidung narrativer und informativer Texte die Vorhersagekraft von Lesbarkeitsformeln verbessern. Swartz et al. zeigen außerdem, dass die auf Grundlage einer Lesbarkeitsformel geschätzte theoretische Textkomplexität 90% der Varianz der empirischen Textkomplexität erklärt (Swartz et al. 2013: 368).

Ein Ansatz für die textlinguistische Untersuchung der Interaktion zwischen den Textelementen bzw. der Textstruktur auf verschiedenen Ebenen des Textes kommt von Stede (2018). Sein Ansatz der „ebenen-orientierten Textlinguistik" oder „Mehrebenenanalyse" zielt zwar nicht direkt auf die Untersuchung von Textkomplexität ab, jedoch handelt es sich um einen Vorschlag zur Analyse der Wechselwirkungen der Textelemente auf verschiedenen Ebenen im Text. Dazu schlägt Stede vor, die Textstruktur in einer Mehrebenen-Annotation darzustellen, um Korrelationen zwischen den verschiedenen Textebenen zu identifizieren. Für jede Analyseebene werden Annotationstools vorgeschlagen sowie eine Datenbankstruktur, in der alle Analyseebenen dargestellt werden können. Die von Stede berücksichtigten Beschreibungsebenen umfassen dabei die referenzielle Struktur, die thematische Struktur, die temporale Struktur, die Illokutionsstruktur, die Argumentationsstruktur und die rhetorische Struktur von Texten.

Die von McNamara et al. (2014) entwickelte Software *Coh-Metrix*, welche für das Englische zur Verfügung steht, stellt einen Versuch dar, textlinguistische Kriterien in Online-Lesbarkeitstools zu integrieren. Sie enthält neben weiteren die textlinguistischen Dimensionen Narrativität („narrativity"), referenzielle Kohäsion („referential cohesion") und Tiefenkohäsion („deep cohesion"). In der Dimension *Narrativität* werden Größen wie die Anzahl an gebräuchlichen und wenig gebräuchlichen Wörtern (*common* und *uncommon words*) sowie der Anteil an Verben und Nomen gezählt. Im Bereich der referenziellen Kohäsion wird die (partielle) Rekurrenz in benachbarten Sätzen analysiert. Für die Dimension der *Tiefenkohäsion* wird die Anzahl der Konnektoren im Text ermittelt. Es wird jedoch auch darauf hingewiesen, dass diese Dimension nichts über die Komplexität eines Textes aussagt, da auch in komplexen Texten viele Konnektoren verwendet werden können und nicht alle Konnektoren das Verstehen erleichtern (T.E.R.-A. 2012). Dabei werden nicht nur quantitative Maße als Ergebnis ausgegeben, sondern die entsprechenden Textstellen (z. B. die Konnektoren) markiert, sodass Lehrende wissen, welche Textstellen schwierigkeitsgenerierende Aspekte enthalten und diese mit ihren Schülerinnen und Schülern besprechen können.

Todirascu et al. (2016) haben für das Französische als Zweitsprache 65 Merkmale untersucht, die die Kohäsion eines Textes messen, und stellten fest, dass die gewählten Textmerkmale im Vergleich zu klassischen Merkmalen wie Worthäufigkeit oder Satzlänge nicht zu einer Verbesserung der Lesbarkeitsvorhersage[5] führen (Todirascu et al. 2016: 995). Des Weiteren weisen sie darauf hin, dass die Operationalisierung dieser Parameter aus Sicht der maschinellen Sprachverarbeitung (NLP) sehr aufwändig und fehleranfällig ist (Todirascu et al. 2016: 995).

Die aktuelle Komplexitätsdiskussion in der Linguistik bezieht sich häufig auf Sprache als komplexes (adaptives) System (s. z. B. Dahl 2004; Miestamo, Sinnemäki & Karlsson 2008; Ellis & Larsen-Freeman 2009) oder den Zweitspracherwerb (z. B. Larsen-Freeman 1997). Merlini Barbaresi (2003; 2011) zeigt auf, inwiefern Texte sich im Rahmen der Theorie der Natürlichkeit/Markiertheit aus textlinguistischer Sicht ebenfalls als komplexe Systeme ansehen lassen.

Komplexität wird je nach wissenschaftlicher Disziplin und Untersuchungsgegenstand unterschiedlich definiert.[6] Das *Santa Fe Institute*[7] definiert Komplexität folgendermaßen:

> This term means different things in different disciplines, and is not rigorously defined outside of a specific context. In general, the complexity of a system emerges from the interactions of its interrelated elements as opposed to the characteristics of those elements in and of themselves. Complexity science is the study of such emergent system behavior,

---

5 Für die Analysen wurden informative und narrative Texte aus Lehrbüchern des Französischen als Fremdsprache genutzt. Da diese Lehrwerke verschiedenen GER-Niveaus (von A2 bis C1) zugeordnet sind, wurde die Lesbarkeit eines Textes nicht an Versuchspersonen überprüft, sondern anhand des GER-Niveaus des Lehrbuchs ermittelt. Somit galten Texte aus Lehrbüchern des Niveaus A2 als leicht und Texte aus Lehrbüchern des Niveaus C1 als schwierig.
6 Zur Textkomplexität siehe auch Dziuk Lameira (2019).
7 Das *Santa Fe Institute* ist ein 1984 gegründetes, privates, gemeinnütziges Forschungsinstitut, das sich der Erforschung komplexer Systeme widmet.

and seeks to understand how the complex behavior of a whole system arises from its interacting parts. Complex behavior generally cannot be reduced to, or derived from, the sum of the behavior of the system's component. (*Santa Fe Institute* 2018a)

In ihrem Beitrag zur linguistischen Komplexität zitieren Karlsson, Miestamo & Sinnemäki Reschers Komplexitätsdefinition:

> Complexity is first and foremost a matter of the number and variety of an item's constituent elements and of the elaborateness of their interrelational structure, be it organizational or operational. (Rescher 1998: 1, zitiert nach Karlsson, Miestamo & Sinnemäki 2008: VIII)

Dittes (2012) stellt zwei Aspekte der Komplexität heraus: die komplexe Struktur und das komplexe Verhalten bzw. die komplexe Dynamik eines Systems (Dittes 2012: 3), wobei eine komplexe Struktur laut Dittes bedeutet:

> Das System hat viele oder vielfältige Elemente, die intensive Wechselbeziehungen aufweisen. Jedes Element ist mit anderen verknüpft [...]. Infolge der Verflechtungen der Elemente bilden sich vielschichtige innere Strukturen aus. (Dittes 2012: 3)

Stüttgen (1999), der den Begriff der Komplexität aus betriebswirtschaftlicher Perspektive behandelt, ergänzt in seiner Zusammenfassung den Aspekt der Dynamik, welcher komplexe Systeme von komplizierten Systemen unterscheide (Stüttgen 1999: 22). Die genannten Definitionen betonen die Rolle der Relationen zwischen den Elementen, die die Komplexität ausmachen.

Das *Santa Fe Institute* definiert komplexe Systeme als:

> A system composed of a large number of interacting components, without central control, whose emergent „global" behavior – described in terms of dynamics, information processing, and/or adaptation – is more complex than can be explained or predicted from understanding the sum of the behavior of the individual components. Complex systems are generally capable of adapting to changing inputs/environment and in such cases sometimes referred to as complex adaptive systems. (Santa Fe Institute 2018b)

Sie zeichnen sich also aus durch (1) das Vorhandensein vieler Elemente, (2) die Interaktion zwischen den einzelnen Elementen, (3) das Fehlen einer übergeordneten zentralen Kontrollinstanz und (4) durch Emergenz[8].

Komplexe adaptive Systeme werden definiert als:

> A complex, nonlinear, interactive system which has the ability to adapt to a changing environment. Such systems are characterized by the potential for the emergence of new structure with new properties. Complex adaptive systems (CASs) can evolve by random mutation, self-organization, the transformation of their internal models of the environment, and natural selection. Examples include living organisms, the nervous system, the

---

[8] „A process by which a system of interacting subunits acquires qualitatively new properties that cannot be understood as the simple addition of their individual contributions" (*Santa Fe Institute* 2018c).

> immune system, the economy, corporations, and societies. In a CAS, semi-autonomous agents interact according to certain rules, evolving to maximize some measure like fitness to their environment. (*Santa Fe Institute* 2018d)

Im Fall von komplexen adaptiven Systemen kommen also folgende Charakteristika hinzu: (5) Nichtlinearität (durch die Interaktion der Elemente im System lässt sich der Output nicht proportional zum Input berechnen), (6) die Fähigkeit zur Anpassung an externe Einflüsse und (7) zur Selbstregulierung und Selbstorganisation. Aufgrund dieser Eigenschaften gilt das Verhalten komplexer (adaptiver) Systeme als schwer vorhersagbar und berechenbar. Häufig werden Computersimulationen (z. B. das *agent based modeling*[9]) verwendet, um das Verhalten eines Systems vorherzusagen.

Merlini Barbaresi (2003; 2011) sieht Textkomplexität als einen Fall von Systemkomplexität an, wobei der Text als komplexes dynamisches System verstanden wird, welches aus verschiedenen Elementen besteht, die im Verlauf der Textprogression auf verschiedene Weise und mit unterschiedlichen Effekten interagieren:

> [...] text complexity is viewed as an instance of system complexity and text as a complex system. The analysis of text complexity under this light presupposes conceiving of the text as a dynamic configuration of components that, in the course of the text progression (text time), variously interplay and with varied effects. (Merlini Barbaresi 2011: 232)

Nach ihrem Ansatz zeichnen sich Texte auf verschiedenen Ebenen durch Markiertheit oder Natürlichkeit aus, wobei ein hoher Grad an Markiertheit zu einer erhöhten Komplexität führe (Merlini Barbaresi 2011: 205). Das Merkmal Dynamik, welches Stüttgen (1999) für die Unterscheidung von komplizierten und komplexen Systemen heranzieht (Stüttgen 1999: 22), ist beim Text als Untersuchungsgegenstand im Gegensatz zu Komplexitätsmerkmalen wie dem Vorhandensein vieler Elemente oder der Interaktion zwischen den einzelnen Elementen nicht direkt ersichtlich, wenn der Text als statisches Produkt eines Verfassers betrachtet wird. Merlini Barbaresi sieht Texte als dynamische Systeme an, indem sie das Verhalten des Systems Text im Textverlauf betrachtet.

Gardt (2012) sieht Emergenz als Eigenschaft von Texten an, wobei er die diese im Bereich der Bedeutungskonstitution sieht:

---

[9] „A computational simulation in which the individual components („agents") of a system are represented and interact explicitly. An agent-based model is typically iterated over time steps, with aspects of the agents updated at each time step. Agent-based models can be contrasted with models in which the behavior of the system is based on equations and individuals are not represented explicitly" (*Santa Fe Institute* 2018e).

> Dass Texte semantisch emergente Einheiten sind, also Einheiten, deren Bedeutung komplexer ist als die ‚Summe' der Bedeutungen ihrer Konstituenten, ist eine Selbstverständlichkeit, die sich in unterschiedlicher Begrifflichkeit ausdrücken lässt. (Gardt 2012: 61)

Neben den Eigenschaften Dynamik und Emergenz sieht Merlini Barbaresi noch folgende Eigenschaften komplexer Systeme als in Texten gegeben: die Fähigkeit zur Reorganisation miteinander in Konflikt stehender Interaktanten („reorganization of conflicting interactants" (Merlini Barbaresi 2011: 206)) zur Wiederherstellung der Stabilität eines Systems, die Gefahr einer Annäherung des Systems an den Rand des Chaos („risk of nearing the edge of chaos" (Merlini Barbaresi 2011: 207)) sowie die Möglichkeit des Ausgleichs komplizierter Funktionen durch eine Vereinfachung der Form („complication of functions counterbalanced by simplification of forms" (Merlini Barbaresi 2011: 207)).

Merlini Barbaresi weist mit Miestamo (2006; 2008) auf die Wichtigkeit der Unterscheidung zwischen Komplexität und Schwierigkeit hin. In der linguistischen Komplexitätsforschung wird nach Miestamo (2006; 2008) häufig zwischen relativer Komplexität und absoluter Komplexität unterschieden.[10] Letztere ist laut Miestamo theorieorientiert und objektiv, während die relative Komplexität benutzerorientiert und subjektiv ist und sich auf die Kosten und die Schwierigkeit bezieht, die durch sprachliche Einheiten beim Benutzer ausgelöst werden können (Miestamo 2008: 24). Dabei erlaube die relative Komplexität keine vom Benutzer unabhängige Komplexitätsdefinition. Miestamo plädiert daher für den Gebrauch der Termini „Schwierigkeit" für die relative Komplexität und „Komplexität" im Sinne der absoluten Komplexität (Miestamo 2008: 26).

Laut Merlini Barbaresi sind Markiertheit, Komplexität und Schwierigkeit unterschiedliche, voneinander unabhängige Größen, welche miteinander korrelieren, sodass das Vorhandensein markierter Phänomene im Text eine Vorhersage der Verstehensschwierigkeit erlaube (Merlini Barbaresi 2011: 205). Dabei stelle Komplexität eine logische „Brücke" zwischen den anderen beiden Begriffen dar (Merlini Barbaresi 2011: 205):

> In my conception, then, complexity is the consequence of markedness and is the cause of processing (i. e. receiver-oriented) difficulty. (Merlini Barbaresi 2011: 205)

---

10 Auch bei McWhorter (2001), der die strukturelle Komplexität von Sprachen vergleicht, findet sich bereits die Trennung von Komplexität und relativer Schwierigkeit der Produktion oder Verarbeitung von Sprache: „[...] this metric does not stipulate that complexity is indexed with relative difficulty of production or processing. To wit, the model is not intended to imply that languages more complex according to its dictates are more difficult for the speaker to produce, nor that such languages are more difficult for the hearer to process; [...]." (McWhorter 2001: 134).

Dahl (2004) verwendet den Begriff der relativen Komplexität in einem anderen Sinn als Miestamo:

> The question of how long a description we need to characterize something obviously depends on whether we can rely on information that we already have. For instance, if I want to describe a person, I do not need to say that she has two legs, two arms and one head. This is because we have a general idea of what human beings are like. It is thus possible to speak of **relative complexity**. An entity E would have a certain complexity relative to a description or theory T measured by the length of the additional description necessary to characterize E provided that T is already given. [...] A theory of a class of entities may specify (or predict) the properties that are common to all the members of the class. However, it may go beyond that and also specify properties that are typical of or „normal" for the members of the class – what holds in a default or prototypical case. The description of each member may then be considerably simplified, given that only deviations from the normal case have to be specified. An interesting consequence that now appears is that an entity which deviates from the default case in more respects will tend to be more complex, in this sense. (Dahl 2004: 25–26 [Hervorhebung im Original])

Nach dieser Definition wird relative Komplexität als relativ zur Theorie oder zum Normalfall verstanden. Auf Texte übertragen könnte also die Abweichung eines Textes auf verschiedenen Ebenen vom prototypischen Vertreter seiner Textsorte seine Komplexität erhöhen. Verfügen die Lesenden über entsprechende Kenntnisse von Textsorten, Textmustern und Diskurstraditionen[11] (als Teil der Textkompetenz), kann ein hoher Grad an Konventionalität oder Musterhaftigkeit eines Textes die Textverständlichkeit[12] erhöhen.

Auch in der Rhetorik und Stilistik werden Musterhaftigkeit und Abweichungen diskutiert:

> Heute ist die Vorstellung von einem mental repräsentierten Textmuster, das Prototypisches vorgibt und Freiräume lässt, allgemein anerkannt, wenn es auch in der Ausdifferenzierung dessen, was an einem Text bzw. an seiner Herstellung musterhaft sein kann –

---

11 „Die Diskurstraditionen als kulturelles und sprachbezogenes Wissen liefern den Interaktanten den Leitfaden für ein angemessenes Sprechen in einer konkreten Kommunikationssituation. Sie sind richtungsweisend für die Auswahl geeigneter sprachlicher Mittel aus dem Repertoire der Einzelsprache und für deren (alltags-)rhetorisch wirksames Arrangement in einem (phonischen oder graphischen) Text, der die Intention des Sprechers erfolgreich vermittelt" (Schrott 2015: 116–117). Zu Diskurstraditionen vgl. auch Koch (1997; 2008), Schrott (2014; 2017) und Lebsanft & Schrott (2015).

12 Textverständlichkeit wird hier aus textseitiger Perspektive verstanden, „bei der die Merkmale des Textes und ihr Einfluss auf das Verstehen" im Vordergrund stehen, während mit Textverstehen die leserseitige Perspektive der „kognitiven Aktivitäten und Fähigkeiten des Rezipienten" (Christmann 2004: 34) gemeint ist, wobei Christmann (2004) für Letzteres den Begriff „Textverständnis" verwendet.

musterhafte Textherstellungsverfahren, prototyptische Vorstellungen vom Text als Resultat –, verschiedene Auffassungen gibt [...]. (Fix 2009: 1303)

Dahls Definition von relativer Komplexität im Sinne einer Abweichung vom „Normalfall" erinnert an die von Merlini Barbaresi (2003; 2011) verwendete Definition von Textkomplexität im Zusammenhang mit Markiertheit.

Haspelmath (2006) kritisiert die Verwendung des Markiertheitsbegriffs und schlägt vor, ihn durch andere Begriffe oder Umschreibungen wie „Verstoß gegen die Erwartungen der Lesenden" oder „Abnormalität" zu ersetzen. In diesem Fall könnte auch von „Abweichung vom Prototyp" oder „Abweichung von einem Frame"[13], der unmarkiert ‚gefüllt' ist, gesprochen werden. Merlini Barbaresi weist darauf hin, dass die Vorhersagen zu prototypischen Eigenschaften bestimmter Texttypen oder Genres nur auf Wahrscheinlichkeiten beruhen können (Merlini Barbaresi 2011: 215). Die Analyse der Markiertheit im Text geht von der Bestimmung von Standardfällen aus, welche für den jeweiligen Texttyp oder das Genre als ‚typisch' bzw. ‚natürlich' angesehen werden (Merlini Barbaresi 2011: 215). So sei z. B. für narrative Texte zu erwarten, dass Handlungen in einer leicht zu rekonstruierenden chronologischen Reihenfolge präsentiert werden (Merlini Barbaresi 2011: 218). Eine Abweichung davon (*ordo naturalis* vs. *artificialis*) gilt als markiert und führt zu erhöhter Komplexität (Merlini Barbaresi 2011: 218).

Ein weiterer Aspekt, den Dahl unter dem Stichwort „relative Komplexität" erwähnt, ist die Theorieabhängigkeit von Komplexitätsbewertungen:

> Obviously, one and the same entity can vary in complexity depending on which theory is chosen. However, if we consider the total length of the theory and the descriptions of the individual entities, it will presumably still have a minimal value. (Dahl 2004: 25–26)

Auch die Tatsache, dass Untersuchungsgegenstände durch die ‚Brille' einer bestimmten Theorie betrachtet werden, macht Komplexitätsbeschreibungen also relativ. Dies ist eine wichtige Ergänzung zu Miestamos Unterscheidung von objektiver, theorieorientierter absoluter Komplexität und subjektiver, benutzerorientierter relativer Komplexität.

Hiebert & Mesmer (2013) merken an, dass die Begriffe *Text Complexity* (Textkomplexität) und *Text Difficulty* (Textschwierigkeit) in den *Common Core Standards* (CCSSO 2010) (s. Abschnitt 5) sowie in der Forschungsliteratur zu diesem Konzept häufig synonym verwendet werden und warnen nach Mesmer, Cunningham & Hiebert (2012) davor, Ursache (Textkomplexität) und Wirkung (Textschwierigkeit) gleichzusetzen (Hiebert & Mesmer 2013: 49). Für Rescher (1998: 17) handelt es sich bei Komplexität und Schwierigkeit ebenfalls um unterschied-

---

[13] Zur Framesemantik s. Busse (2012).

liche Konzepte, die jedoch miteinander einhergehen. Kognitive Schwierigkeit kreiere Komplexität nicht, sondern spiegele sie eher wider.[14] Diese Relation wird von Rescher folgendermaßen erklärt:

> As an item's complexity increases, so do the cognitive requisites for its adequate comprehension, although, of course, cognitive ineptitude and mismanagement can manage to complicate even simple issues. All the same, our best practical index of an item's complexity is the effort that has to be expended in coming to cognitive terms with it in matters of description and explanation. (Rescher 1998: 1)

Merlini Barbaresi (2011: 205) hält die Quantifizierung von Komplexität im Zusammenhang mit Texten für ein (noch) „unüberwindbares Problem" („unsurmountable problem") und macht lediglich erste Vorschläge für eine solche Quantifizierung (Merlini Barbaresi 2011: 205, 211–212).

Eine Möglichkeit der Messbarmachung von Markiertheit in Texten sieht Merlini Barbaresi in Form eines Kriterien-Rasters („grid of criteria"), wobei Komplexität das Ergebnis der Anzahl und Ausprägung markierter Phänomene in einem bestimmten Text sei (Merlini Barbaresi 2011: 211). Dieses Raster müsse jeweils drei getrennte Skalen (für Markiertheit, Komplexität und Rezipientenschwierigkeit) enthalten, welche unabhängig voneinander bewertet und gemessen werden müssten (Merlini Barbaresi 2011: 211–212.). Für einen Vergleich der Komplexität verschiedener Texte sollten laut Merlini Barbaresi Texte eines gleichen Texttyps, also instruktive, narrative, deskriptive, argumentative Texte etc., miteinander verglichen werden (Merlini Barbaresi 2011: 214). Ein ähnlicher Ansatz der Komplexitätsmessung findet sich im *Text Complexity*-Modell der *Common Core State Standards* (*Council of Chief State School Officers* (CCSSO 2010)). Nach diesen Standards bewerten Lehrkräfte die qualitativen Aspekte der Textkomplexität für ihre Schülerinnen und Schüler mithilfe von Bewertungsrastern (vgl. Abschnitt 5).

Dahl (2004) nennt mit Ordnung, Muster und Abweichung weitere Apekte, die Komplexität beeinflussen und überträgt sie auf verschiedene Fälle sprachlicher Komplexität, wobei Sprachen als abstrakte informationstheoretische Objekte („abstract information-theoretic objects" (Dahl 2004: 3)) betrachtet werden:

Zum einen ist laut Dahl Ordnung eine Form von Information, welche die Unsicherheit vermindert und es somit erleichtert, den Zustand eines Systems zu einem bestimmten Zeitpunkt vorherzusagen (Dahl 2004: 19). In diesem Sinne

---

[14] Eigene Übersetzung; „cognitive difficulty reflects rather than creates complexity" (Rescher 1998: 17).

entspreche Ordnung Information, und Unordnung Entropie[15] („In this sense, order equals information, and disorder equals entropy" (Dahl 2004: 19)).

Auf Texte bezogen sind dies alle Gesetze, welche die Gestaltung eines Textes in irgendeiner Weise beeinflussen:

> In a language discourse, for example, while the choice of topic, style, and even words to be used can be subject to the choice of the speaker or writer, the syntax and other general rules governing a discourse are the same for all discourses in that language. Even in the use of words in discourses, regularities have been discovered by several investigators. (Balasubrahmanyan & Naranan 2005: 891)

Ein Beispiel für ein solches Gesetz ist das Zipfsche Gesetz, welches auch auf andere Systeme wie z. B. die Einwohnerzahlen von Städten angewendet werden kann:

> **Zipfsches Gesetz** Als Z. G. wurde vor allem die Gleichung F X R = C (vereinfacht) bekannt, in die der amerikan. Philologe G. K. Zipf (1902–50) den schon früher erkannten Zusammenhang brachte, dass zwischen der Häufigkeit des Vorkommens von Wörtern in Texten und der Ordnung dieser Wörter nach der Häufigkeit eine relativ konstante Beziehung festgestellt werden kann. Schon eine einfache statist. Auswertung von Texten (↗ Sprachstatistik) ergibt, dass Wörter unterschiedl. häufig vorkommen. Werden die Wörter nun nach ihrem ausgezählten Vorkommen in absteigender Reihenfolge aufgelistet, so zeigt sich, dass das Produkt aus dem Rang (R) in dieser Liste und der ausgezählten Häufigkeit (F; ↗ Frequenz) annähernd konstant (C) ist. Obwohl das Z. G. modifiziert wurde (so z. B. von B. Mandelbrot, der u. a. die Länge der ausgewerteten Texte einrechnete) und für viele Spr. unterschiedl. Textsorten und Verfasser nachgewiesen werden konnte, greift es zuverlässig nur bei Wörtern mittlerer Häufigkeit. (Glück & Rödel 2016: 787)

Laut Dahl verhalten sich geordnete Zustände bestimmten Mustern („patterns") entsprechend (Dahl 2004: 20), wobei *patterns* als Möglichkeit, unser Bild von der Welt zu vereinfachen oder zu organisieren („[...] a pattern is a way to simplify, or if we like, organize our picture of the world.") definiert werden.[16] Durch das Konzept des Musters definiert Dahl Komplexität im Sinne von Gell-Manns effektiver

---

15 „Entropy, in the thermodynamic sense, is the tendency of a system to move from a more ordered state to a less ordered state. In Boltzmann's statistical mechanics, the notion of ‚order' and ‚disorder', and thus the definition of entropy, corresponded to the number of possible microstates corresponding to a given macrostate. In information theory, Shannon entropy and Hartley entropy measure the distribution of discrete states in a system. A uniform distribution would have maximum entropy. Shannon entropy measures frequencies of states, while Hartley entropy ignores frequency and only examines the presence of states (out of all possible states)" (*Santa Fe Institute* 2018f).

16 Oder auch: „[...] we defined a pattern as something that allows us to obtain a simpler description of a system, and the efficiency/strength of a pattern as the gain in simplicity it yields" (Dahl 2004: 29).

Komplexität[17] (1994) folgendermaßen: „[T]he set of patterns that an object contains can be said to equal its **structure**, so the complexity of an object is really a measure of the complexity of its structure" (Dahl 2004: 24 [Hervorhebung im Original]).

Nach dieser Definition kann Textkomplexität also als Länge der Beschreibung der Muster, aus denen sich ein Text zusammensetzt, verstanden werden. Je länger die Beschreibung der Struktur eines Textes, desto komplexer der Text.

Der Musterbegriff findet sich in der Textlinguistik in verschiedenen Varianten wieder. Dabei lassen sich zwei Typen unterscheiden: zum einen können Textsorten als Muster angesehen werden, zum anderen findet sich der Musterbegriff im Sinne der „wiederholten Rede" (Coseriu 1978) oder „sprachlicher Schematismen" (Sabban 1998). Coseriu (1978) unterscheidet zwischen „Technik der Rede" und „wiederholter Rede":

> Innerhalb der Synchronie muß wieder unterschieden werden zwischen „Technik der Rede" und „wiederholter Rede". Die „Sprachen" sind in erster Linie historische Techniken der Rede (oder der *„parole"*), aber die Sprachtraditionen sind weit davon entfernt, nur „Technik der Rede" zu enthalten: sie enthalten auch „schon Gesagtes", „vorgefertigte" Redeabschnitte, die auf verschiedenen Ebenen der konkreten Strukturierung der „parole" wiederverwendet werden können. Die „Technik der Rede" umfaßt die lexikalischen und grammatischen Einheiten (Lexeme, Kategoreme, Morpheme) und deren Modifizierungs- und Kombinationsregeln innerhalb des Satzes, d. h. die „Wörter" und die lexikalischen und grammatischen Instrumente und Verfahren. Die „wiederholte Rede" dagegen umfaßt all das, was in der Tradition zu „Ausdrücken", „Phrasen" oder „Redewendungen" erstarrt ist und dessen konstitutive Elemente gemäß den geltenden Regeln der Sprache weder ersetzbar noch frei kombinierbar sind. (Coseriu 1978: 218–219)

Sabban (1998) bezeichnet mit dem Begriff „sprachliche Schematismen" „sprachlich vorgeformte, komplexe Ausdrücke", deren „Wortlaut [...] entweder vollständig festgelegt" ist oder „nur innerhalb eng gezogener Grenzen [...] variiert" (Sabban 1998: 13). Außerdem verfügten sprachliche Schematismen über einen „mehr oder weniger hohen Bekanntheitsgrad" (Sabban 1998: 13). Sabban zählt dazu Phänomene wie

> [...] phraseologische Einheiten in ihrer ganzen Vielfalt, Sprichwörter und Gemeinplätze, aber auch zum Allgemeingut gewordene literarische Zitate, Aussprüche von bekannten

---

[17] Durch Gell-Manns Definition wird das Problem gelöst, dass nach der Kolmogorov-Komplexität eine zufällige Abfolge von Zeichen als komplexer eingestuft werden würde als eine komplexe, regelhafte Abfolge, da sich diese zu einer kürzeren Beschreibung komprimieren lässt als eine zufällige Zeichenabfolge. Gell-Mann definiert effektive Komplexität als „die Länge einer knappen Beschreibung der Gesetzmäßigkeiten eines Systems." (Gell-Mann 1996: 227).

Persönlichkeiten, Film- und Buchtitel, Namen von Fernsehserien, Liedzeilen, aktuelle Werbeslogans und anderes mehr. (Sabban 1998: 13)

Laut Sabban handelt es sich bei Phrasemen und Sprichwörtern sowohl aus quantitativer als auch aus qualitativer Sicht um „komplexe Zeichen", da sie zum einen aus mehreren Wörtern bestehen und zum anderen, weil sie sowohl über eine wörtliche als auch über eine nicht-wörtliche Zeichenebene verfügen (Sabban 1998: 15).

Im Kontext des Zweit- und Fremdsprachenerwerbs werden „standardisierte sprachliche Formulierungen" (Aguado 2015: 5) auch als *Chunks* bezeichnet. Dabei handelt es sich laut Aguado um

> [...] rekurrente Sequenzen, die den Status von Wahrnehmungs- und Gedächtniseinheiten haben. D. h. sie werden nicht bei jedem Gebrauch von Neuem gebildet, sondern – nachdem sie als Ganzes memorisiert worden sind – wie ein einzelnes Element aus dem Langzeitgedächtnis abgerufen, wobei jeder Abruf und jeder Gebrauch der weiteren Festigung und Automatisierung (Stichwort: *entrenchment*) dient. [...] *Chunks* spielen auf allen Ebenen und in allen Modi der Sprachverarbeitung eine Rolle: sie tragen sowohl bei der Rezeption (d. h. beim Hören und Lesen) als auch bei der Produktion (d. h. beim Sprechen und Schreiben) zu einer flüssigen und schnellen Verarbeitung bei. Nach Wray bieten sie „processing benefits to speakers and hearers, by providing a shortcut to production and comprehension" (Wray 1999: 213), d. h. durch die Verwendung von langzeitgespeicherten Formulierungen kommt es zu einer Entlastung des Arbeitsgedächtnisses und zur Freisetzung von kognitiven Ressourcen für parallel stattfindende Verarbeitungsprozesse. (Aguado 2015: 6 [Hervorhebungen im Original])

Die Konzepte der wiederholten Rede, Phraseologismen, Muster oder *Chunks* bezeichnen also Textstrukturen, welche mit weniger Aufwand verarbeitet werden können. Dies kann zu einer geringeren relativen Komplexität (im Sinne von Miestamo) führen.

Es lassen sich also zwei Typen von Musterhaftigkeit in Texten ausmachen. Zum einen die Musterhaftigkeit eines Textes im Sinne seiner Zugehörigkeit zu einer Textsorte, zum anderen die Musterhaftigkeit eines Textes in Bezug auf den Anteil „vorgefertigter Redeabschnitte" (Coseriu 1978: 218). Aus Sicht der Rezipienten bewirken beide Formen von Musterhaftigkeit in Texten eine relative Komplexitätsreduktion, da sich musterhafte Textsorten durch eine höhere Erwartbarkeit auszeichnen und somit einfacher rezipiert werden können und feste Wendungen in Texten durch ihre Konventionalität mit weniger Aufwand verarbeitet werden.

4 Textverstehen und Textverständlichkeit aus psychologischer und psycholinguistischer Sicht

Aus Sicht der Psychologie wird die Vernachlässigung der Merkmale von Leserinnen und Lesern in der klassischen *Readability*-Forschung ebenfalls kritisiert:

> Entgegen der Alltagsintuition lässt sich die Verständlichkeit eines Textes nicht allein durch bestimmte objektiv feststellbare Textmerkmale wie etwa Wortschwierigkeit, Wortlänge, Satzlänge oder Satzkomplexität bestimmen, sondern sie erfordert neben der Berücksichtigung der semantischen Struktur und der Organisation von Textinhalten immer auch den Rückgriff auf das konkrete Verstehen eines Textes durch einen Leser bzw. eine Leserin. (Christmann 2004: 33)

Laut Christmann sind „Texte [...] demnach nicht an sich verständlich oder unverständlich, sondern sie sind dies immer nur für konkrete Leser/-innen mit ihren individuell unterschiedlichen kognitiven und motivationalen Voraussetzungen" (Christmann 2004: 33). Die Forschung zu Textverstehen und -Verständlichkeit unterteilt Christmann dabei in zwei Stränge: die leserseitig orientierte Forschung, die vor allem die „kognitiven Aktivitäten und Fähigkeiten des Rezipienten" (Christmann 2004: 34) fokussiere sowie die textseitige Forschung, bei der die Merkmale des Textes und ihr Einfluss auf das Verstehen untersucht werden (Christmann 2004: 34).

In psychologischen Theorieansätzen wird davon ausgegangen, dass beim Textverstehen „eine ganzheitliche mentale Repräsentation des dargestellten Sachverhalts konstruiert wird" (Schnotz 2010: 844). Je nach Theorie werden diese ganzheitlichen mentalen Repräsentationen unterschiedlich bezeichnet: Sanford & Garrod (1981) nennen sie „Szenarien", van Dijk & Kintsch (1983) „Situationsmodelle" und Johnson-Laird (1983) „mentale Modelle" (Schnotz 2010: 844). Dabei wird davon ausgegangen, dass es sich nicht um eine detaillierte oder spezielle Repräsentation des Beschriebenen handelt:

> Der Leser konstruiert jedoch normalerweise nur ein Modell von hoher *Typikalität*. Man stellt sich, wenn eine Situation beschrieben wird, meist den gewöhnlichen, unter den gegebenen Bedingungen zu erwartenden „Normalfall", und nicht eine ausgefallene Variante dieser Situation vor. (Schnotz 2010: 844)

Laut Schnotz (2010: 844–845.) werden beim Textverstehen folgende Repräsentationsebenen unterschieden:

1. die Ebene der Textoberfläche (bezieht sich auf sprachliche Details des Textes wie Formulierungen oder syntaktische Konstruktionen),
2. die Ebene der Textbasis (bezieht sich auf den semantischen Gehalt des Textes in Form von Propositionen),
3. die Ebene des referentiellen mentalen Modells (stellt „eine ganzheitliche mentale Repräsentation des im Text dargestellten Sachverhalts" dar),
4. die Kommunikationsebene („bezieht sich auf den pragmatischen kommunikativen Kontext, in den der Text eingebettet ist")
5. die Genreebene („bezieht sich auf die Textsorte und die entsprechende Textfunktion") (Schnotz 2010: 844–845).

Bei der kognitiven Verarbeitung sprachlicher Äußerungen wird zwischen subsemantischen und semantischen Verarbeitungsprozessen unterschieden (Schnotz 2010: 849). Beim subsemantischen Verarbeiten führen Prozesse wie die Worterkennung und die syntaktische Analyse zu einer mentalen Repräsentation der Sprachoberfläche (Schnotz 2010: 849), während bei der semantischen Verarbeitung eine „bestimmten Konfiguration hierarchisch organisierter kognitiver Schemata" aktiviert wird, die zum „Aufbau einer propositionalen Repräsentation des dargestellten Inhalts" führt (Schnotz 2010: 849–850). Auf Grundlage der propositionalen Repräsentation wird schemageleitet das mentale Modell konstruiert (Schnotz 2010: 850).

Ferner wird zwischen einer textgeleiteten und lesergeleiteten Verarbeitungssteuerung unterschieden (Schnotz 2010: 847–849). Zur textgeleiteten Verarbeitungssteuerung gehören z. B. Informationen über *topic* (Worüber wird etwas ausgesagt?) und *comment* (Was wird darüber ausgesagt?) (Halliday 1970 nach Schnotz 2010: 847).

Bei der lesergeleiteten Verarbeitungssteuerung werden verschiedene Verarbeitungsstrategien unterschieden: Mikrostrategien dienen dem Verstehen aufeinanderfolgender Textaussagen und ihre semantische Verknüpfung, Makrostrategien dienen dem Verstehen der Hauptideen des Textes, Behaltensstrategien beinhalten die Bildung einer propositionalen Repräsentation und Verstehensstrategien beziehen sich auf die Bildung eines mentalen Modells (Schnotz 2010: 848). Die Wahl und Koordination der verschiedenen Verarbeitungsstrategien, also die metakognitive Verarbeitungsregulation, läuft normalerweise automatisiert ab (Schnotz 2010: 849). Treten Verstehensprobleme auf, werden die Verarbeitungsstrategien bewusst reflektiert und kontrolliert (Forrest-Pressley, MacKinnon & Waller 1985 nach Schnotz 2010: 849).

Ein psychologisches Verständlichkeitskonzept, das diese Merkmale der Textverarbeitung und Textverständlichkeit sowie Merkmale der Situation, der Lesenden und des Textes sowie deren Wirkung berücksichtigt, ist das Verständlichkeitskonzept nach Friedrich (2017) (s. Abb. 1). Es basiert auf dem integrierten Modell des Text- und Bildverstehens von Schnotz & Dutke (2004) und dem Konstruktions-Integrations-Modell von Kintsch (1988; 1998) (Friedrich 2017: 296). Anhand seines Verständlichkeitskonzepts entwickelt Friedrich auch einen Fragebogen, mit dessen Hilfe die Verständlichkeit eines Textes anhand von Leserurteilen gemessen werden kann (Friedrich 2017).

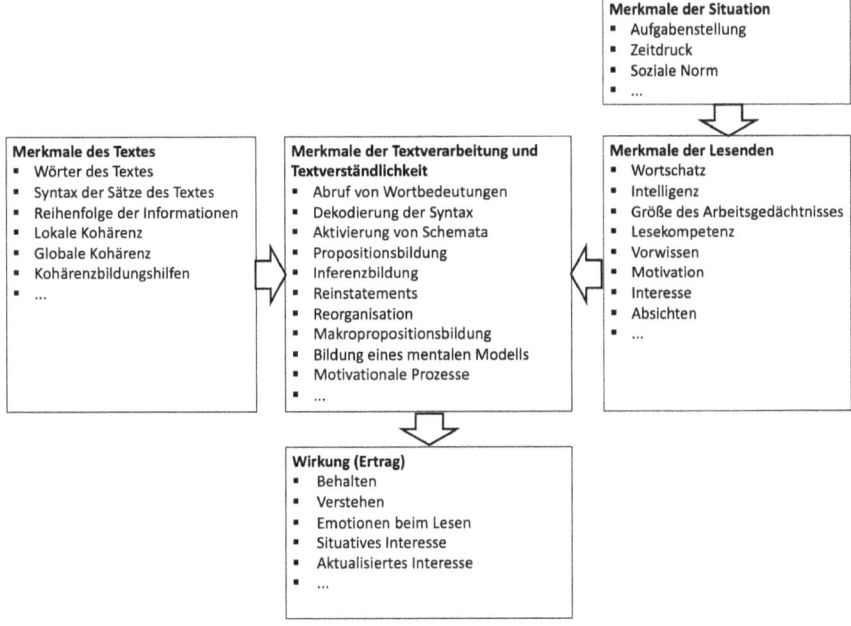

Abb. 1: Verständlichkeitskonzept von Friedrich 2017 (nach Friedrich 2017: 129).

Aus seinen Überlegungen zum Verständlichkeitskonzept (s. Abb. 1) sowie aus den Ergebnissen einer Hauptkomponentenanalyse und anschließender Reliabilitätsanalyse ergeben sich nach Friedrich (2017) folgende Merkmale der Textverständlichkeit, welche im von ihm entwickelten Fragebogen zur Verständlichkeitsmessung enthalten sind: Wortschwierigkeit, Satzschwierigkeit, Argumentdichte, Aufwand für Reorganisationen, Klarheit der Vorstellung und Variation der Sprache (Friedrich 2017: 129 und 165).

5 Textkomplexität und Bildungsstandards: Der *Text Complexity*-Ansatz der *Common Core State Standards*

Im Rahmen der *Common Core State Standards Initiative* wurden im Jahr 2010 in den USA Bildungsstandards für die Primar- und Sekundarstufe formuliert. Die US-Bundesstaaten können sie freiwillig übernehmen. Im *Appendix A* der *Common Core State Standards* (CCSSO 2010) wird verlangt, dass Schülerinnen und Schüler während ihrer Schullaufbahn mit immer komplexeren Texten konfrontiert werden, um sie auf die hohe Komplexität von Texten im universitären und beruflichen Bereich vorzubereiten (CCSSO 2010: 2). Dadurch ist die Notwendigkeit einer Definition des Begriffs Textkomplexität und das Ausfindigmachen von Wegen zur Bestimmung von Textkomplexität stärker in den Fokus der Forschung gerückt, was zu einer Vielzahl von Publikationen zu diesem Thema geführt hat. Im Gegensatz dazu werden in den *Bildungsstandards im Fach Deutsch für die Allgemeine Hochschulreife* (KMK 2012a) sowie in den *Bildungsstandards für die fortgeführte Fremdsprache (Englisch/Französisch) für die Allgemeine Hochschulreife* (KMK 2012b) zwar die Begriffe „Komplexität" oder „komplex" im Zusammenhang mit Texten genannt („sprachliche[r] Komplexität und Informationsdichte der Texte" (KMK 2012a: 15), „Komplexität und Voraussetzungsreichtum der Textvorlagen", „komplexere Textvorlagen" (KMK 2012a: 28)) und verlangt, dass Schülerinnen und Schüler als Teil der Text- und Medienkompetenz „sprachlich und inhaltlich komplexe, literarische und nicht-literarische Texte verstehen und strukturiert zusammenfassen" können (KMK 2012b: 20), jedoch wird der Begriff nicht definiert. Es finden sich lediglich die Hinweise, dass sich die „Komplexität der Textstruktur" auf „Länge, Grad der Verschlüsselung, Abstraktionsgrad" und „Informationsdichte" bezieht, (KMK 2012b: 26) und dass sich die „Komplexität der Sprache" auf Aspekte wie „Tempo und Art der Präsentation" sowie den „Grad der Abweichung von der Standardsprache" bezieht (KMK 2012b: 26), wobei von einem erweiterten Textbegriff ausgegangen wird, der auch Hörtexte und Bilder einschließt (KMK 2012b: 25). Ein weiterer Hinweis findet sich in Bezug auf die Produktion. So werden „Hypotaxe, Partizipialkonstruktionen" und „Passivkonstruktionen" als Beispiele für die Verwendung eines komplexen Satzbaus genannt (KMK 2012b: 71). Im Vergleich zu den *Common Core State Standards* fehlt jedoch ein Modell der Textkomplexität.

Im *Appendix A* der *Common Core State Standards for English Language Arts & Literacy in History/Social Studies, Science, and Technical Subjects* (CCSSO 2010) wird Textkomplexität als dreiteiliges Konzept beschrieben. Es enthält qualitative und quantitative Maße sowie aufgaben- und leserbezogene Aspekte (s. Abb. 2):

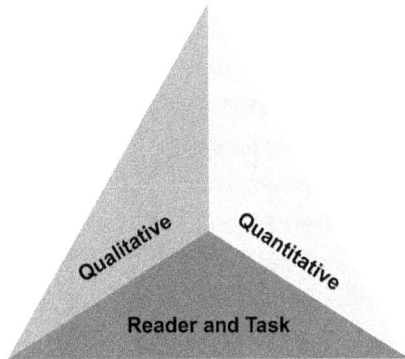

Abb. 2: Textkomplexitätsmodell der *Common Core State Standards* (CCSSO 2010: 4).

Zu den qualitativen Maßen zählen: verschiedene Bedeutungsebenen, Intentionsebenen, die Struktur des Textes, die Konventionalität und Klarheit der Sprache, Wissensanforderungen sowie Lebenserfahrung, kulturelles und literarisches Vorwissen und Fachwissen. Diese sollen am besten durch die Lehrenden eingeschätzt werden und unterscheiden sich leicht für Sachtexte und literarische Texte (CCSSO 2010: 4). Für die Ermittlung der quantitativen Maße sollen Lehrende auf die dafür entwickelte Software (z. B. *Lexile*® oder *Coh-Metrix*) zurückgreifen, welche meistens auf der Grundlage von Lesbarkeitsformeln funktioniert (CCSSO 2010: 4). Die leser- und aufgabenbezogenen Überlegungen beinhalten das Hintergrundwissen, die Motivation und das Interesse der Leserinnen und Leser sowie die Komplexität, die durch die Aufgabe hervorgerufen wird. Diese sollen ebenfalls durch die Lehrpersonen eingeschätzt werden (CCSSO 2010: 4). Um diese Einschätzungen vorzunehmen, können die Lehrenden auf vorgefertigte Rubriken (s. Abb. 3) zurückgreifen, welche die einzelnen Kriterien enthalten, deren Komplexität jeweils als hoch („high"), mittelhoch („middle high"), mittelniedrig („middle low") oder niedrig („low") (s. Abb. 3, CCSSO 2013) eingestuft werden kann. Zusammengenommen ergeben die Einstufungen für alle Kriterien und Maße die Gesamtkomplexität des Textes.

Text Complexity: Qualitative Measures Rubric

LITERATURE

Text Title _____ Text Author _____

	Exceedingly Complex	Very Complex	Moderately Complex	Slightly Complex
TEXT STRUCTURE	○ **Organization:** Is intricate with regard to such elements as point of view, time shifts, multiple characters, storylines and detail ○ **Use of Graphics:** If used, illustrations or graphics are essential for understanding the meaning of the text	○ **Organization:** May include subplots, time shifts and more complex characters ○ **Use of Graphics:** If used, illustrations or graphics support or extend the meaning of the text	○ **Organization:** May have two or more storylines and occasionally be difficult to predict ○ **Use of Graphics:** If used, a range of illustrations or graphics support selected parts of the text	○ **Organization:** Is clear, chronological or easy to predict ○ **Use of Graphics:** If used, either illustrations directly support and assist in interpreting the text or are not necessary to understanding the meaning of the text
LANGUAGE FEATURES	○ **Conventionality:** Dense and complex; contains abstract, ironic, and/or figurative language ○ **Vocabulary:** Complex, generally unfamiliar, archaic, subject-specific, or overly academic language; may be ambiguous or purposefully misleading ○ **Sentence Structure:** Mainly complex sentences with several subordinate clauses or phrases; sentences often contain multiple concepts	○ **Conventionality:** Fairly complex; contains some abstract, ironic, and/or figurative language ○ **Vocabulary:** Fairly complex language that is sometimes unfamiliar, archaic, subject-specific, or overly academic ○ **Sentence Structure:** Many complex sentences with several subordinate phrases or clauses and transition words	○ **Conventionality:** Largely explicit and easy to understand with some occasions for more complex meaning ○ **Vocabulary:** Mostly contemporary, familiar, conversational; rarely unfamiliar or overly academic ○ **Sentence Structure:** Primarily simple and compound sentences, with some complex constructions	○ **Conventionality:** Explicit, literal, straightforward, easy to understand ○ **Vocabulary:** Contemporary, familiar, conversational language ○ **Sentence Structure:** Mainly simple sentences
MEANING	○ **Meaning:** Multiple competing levels of meaning that are difficult to identify, separate, and interpret; theme is implicit or subtle, often ambiguous and revealed over the entirety of the text	○ **Meaning:** Multiple levels of meaning that may be difficult to identify or separate; theme is implicit or subtle and may be revealed over the entirety of the text	○ **Meaning:** Multiple levels of meaning clearly distinguished from each other; theme is clear but may be conveyed with some subtlety	○ **Meaning:** One level of meaning; theme is obvious and revealed early in the text.
KNOWLEDGE DEMANDS	○ **Life Experiences:** Explores complex, sophisticated or abstract themes; experiences portrayed are distinctly different from the common reader ○ **Intertextuality and Cultural Knowledge:** Many references or allusions to other texts or cultural elements	○ **Life Experiences:** Explores themes of varying levels of complexity or abstraction; experiences portrayed are uncommon to most readers ○ **Intertextuality and Cultural Knowledge:** Some references or allusions to other texts or cultural elements	○ **Life Experiences:** Explores several themes; experiences portrayed are common to many readers ○ **Intertextuality and Cultural Knowledge:** Few references or allusions to other texts or cultural elements	○ **Life Experiences:** Explores a single theme; experiences portrayed are everyday and common to most readers ○ **Intertextuality and Cultural Knowledge:** No references or allusions to other texts or cultural elements

Abb. 3: Rubrik zur Bewertung der qualitativen Textkomplexität für literarische Texte (CCSSO 2013).

6 Fazit

Die vorangehenden Überlegungen haben gezeigt, dass Texte als komplexe Systeme gesehen werden können. Dabei zeichnen sie sich sowohl durch eine komplexe Struktur als auch durch komplexes Verhalten aus. Wichtige Aspekte der Textkomplexität sind die Anzahl und Vielfältigkeit der Elemente, die Wechselbeziehungen zwischen verschiedenen Elementen und Ebenen des Textes sowie die Konzepte der Emergenz und Dynamik. Die Aspekte der Beziehungen und gegenseitigen Beeinflussung der Elemente werden als zentrale Komplexitätskriterien gesehen (Dziuk Lameira, im Druck). Komplexität und kognitive Schwierigkeit werden als unterschiedliche Konzepte betrachtet, die miteinander einhergehen.

Als Beginn der Textkomplexitätsforschung kann die Entwicklung von Lesbarkeitsformeln gesehen werden, die für die Vernachlässigung semantischer und textlinguistischer Parameter sowie leser- und aufgabenbezogener Aspekte kritisiert wurde. Trotz der Kritik an oberflächlichen Lesbarkeitsmerkmalen wie Wort- oder Satzlänge wurde ihre Validität in vielen Metastudien nachgewiesen (Klare 1974; 1984). Der begriffliche Wandel vom Konzept der Lesbarkeit (engl. *readability*) hin zur Textkomplexität (engl. *text complexity*) verdeutlicht den Versuch, Texte in ihrer Gesamtheit und strukturellen Beschaffenheit zu erfassen und auch qualitative Textmerkmale sowie leser- und aufgabenbezogene Kriterien bei der Vorhersage der Textverständlichkeit zu berücksichtigen. Heutzutage stellen Lesbarkeitsformeln aufgrund der Möglichkeit der computergestützten Anwendung eine zeitsparende Möglichkeit zur Bestimmung der Lesbarkeit dar. Neuere Ansätze der Textkomplexitätsforschung verbinden daher den Einsatz von Lesbarkeitsformeln oder anderen oberflächlichen Textparametern mit qualitativen Analysen, die auch textlinguistische Aspekte und psycholinguistische Modelle zum Textverstehen berücksichtigen. Bei den verschiedenen Ansätzen kann zwischen der Prognose und der Beschreibung von Textkomplexität unterschieden werden. Dabei setzen Modelle, die auch textlinguistische oder semantische Kriterien messen, eher auf die Beschreibung von Texten. Vorhersagen der tatsächlichen Textschwierigkeit anhand von Textparametern beruhen immer auf probabilistischen Annahmen. Diese können die Komplexität eines Einzeltextes jedoch nicht immer vorhersagen. An dieser Stelle ist die Beschreibung des Textes weiterhin das Mittel der Wahl. Der in Abschnitt 2 vorgestellte *Readability*-Ansatz stellt die Vorhersage der Lesbarkeit in den Vordergrund, während modernere textlinguistisch ausgerichtete Ansätze wie das *Text Complexity*-Modell der *Common Core State Standards* (CCSSO 2010) (Abschnitt 5), der Natürlichkeits/Markiertheits-Ansatz nach Merlini Barbaresi (2003; 2011) oder die qualitativen Analysen der Software *Coh-Metrix* (McNamara et al. 2014) (Abschnitt 3) den Schwerpunkt auf das Beschreiben der Texte legen.

Bibliographie

Aguado, Karin (2015): „Kannst Du mal eben ...?" Chunks als zentrale Merkmale eines kompetenten Sprachgebrauchs und Empfehlungen für ihre Behandlung im Fremdsprachenunterricht. *MAGAZIN – Zeitschrift des andalusischen Germanistenverbandes. Sondernummer zu neuen Tendenzen im DaF-Unterricht*, 5–9.

Backhaus, Klaus, Bernd Erichson, Wulff Plinke, Rolf Weiber (2016): *Multivariate Analysemethoden*. Berlin, Heidelberg: Springer.

Balasubrahmanyan, Vriddhachalam K. & Sundaresan Naranan (2005): Entropy, information and complexity. In Reinhard Köhler, Gabriel Altmann & Rajmund G. Piotrowski (Hrsg.), *Quantitative Linguistics: An International Handbook*, 878–891. Berlin, New York: De Gruyter.

Binkley, Marilyn R. (1988): New ways of assessing text difficulty. In Beverly L. Zakaluk & S. Jay Samuels (Hrsg.), *Readability: Its Past, Present, and Future*, 98–120. Newark: International Reading Association.

Buchanan, Milton A. (1941): *A graded Spanish word book*. Toronto: University of Toronto Press.

Busse, Dietrich (2012): *Frame-Semantik: Ein Kompendium*. Berlin, Boston: De Gruyter.

Christmann, Ursula (2004): Verstehens- und Verständlichkeitsmessung. Methodische Ansätze in der Anwendungsforschung. In Kent D. Lerch (Hrsg.), *Recht verstehen. Verständlichkeit, Missverständlichkeit und Unverständlichkeit von Recht*, 33–62. Berlin: De Gruyter.

Coseriu, Eugenio (1978): *Einführung in die strukturelle Betrachtung des Wortschatzes*. Darmstadt: Wissenschaftliche Buchgesellschaft.

Council of Chief State School Officers (CCSSO) (2013): *Text complexity: Qualitative measures rubric literary text*. https://achievethecore.org/content/upload/SCASS_Text_Complexity_ Qualitative_Measures_Lit_Rubric_2.8.pdf.pdf (letzter Zugriff 28.11.2022).

Council of Chief State School Officers (CCSSO) (2010): Common Core State Standards for English language arts & literacy in history/social studies, science, and technical subjects, Appendix A. Washington, DC. http://www.corestandards.org/assets/Appendix_ A.pdf (letzter Zugriff 16.08.2021).

Crawford, Alan N. (1984): *A Spanish language Fry-type readability procedure: Elementary level*. Los Angeles: Evaluation, Dissemination and Assessment Center, California State University.

Dahl, Östen (2004): *The Growth and Maintenance of Linguistic Complexity*. Amsterdam: Benjamins.

Dale, Edgard & Jeanne S. Chall (1948): A formula for predicting readability. *Educational research bulletin* 27 (1), 11–28.

Dijk, Teun A. van & Walter Kintsch (1983): *Strategies of discourse comprehension*. New York: Academic Press.

Dittes, Frank-Michael (2012): *Komplexität: Warum die Bahn nie pünktlich ist*. Berlin: Springer.

Dziuk Lameira, Katharina (im Druck): *Textkomplexität und Textverständlichkeit. Studien zur Komplexität spanischer Prosatexte*. Berlin, Boston: De Gruyter, erscheint 2023.

Dziuk Lameira, Katharina (2019): Complejidad semántica: el ejemplo de la metáfora. In Angela Schrott & Bernd Tesch (Hrsg.), *Competencia textual y complejidad textual. Perspectivas transversales entre didáctica y lingüística*, 147–165. Berlin: Peter Lang.

Fernández Huerta, José (1959): Medidas sencillas de lecturabilidad. *Consigna* 214, 29–32.

Fix, Ulla (2009): Muster und Abweichung in Rhetorik und Stilistik. In Ulla Fix, Andreas Gardt & Joachim Knape (Hrsg.), *Rhetorik und Stilistik. Ein internationales Handbuch historischer und systematischer Forschung*, Hbd. 2, 1300–1315. Berlin, New York: De Gruyter Mouton.

Flesch, Rudolph (1948): A new readability yardstick. *Journal of applied psychology* 32 (3), 221–233.

Forrest-Pressley, Donna-Lynn, G.E. MacKinnon & Thomas G. Waller (Hrsg.) (1985): *Metacognition, cognition, and human performance*. New York: Academic Press.

Friedrich, Marcus (2017): *Textverständlichkeit und ihre Messung: Entwicklung und Erprobung eines Fragebogens zur Textverständlichkeit*. Münster, New York: Waxmann.

Fry, Edward (1968): A readability formula that saves time. *Journal of reading* 11(7),513–578.

Ellis, Nick C. & Diane Larsen-Freeman (2009) (Hrsg.): *Language as a complex adaptive system*. Chichester: John Wiley & Sons.

Entin, Eileen B. & George R. Klare (1978): Factor analyses of three correlation matrices of readability variables. *Journal of Reading Behavior* 10 (3), 279–290.

García, Wilfred F. (1977): *Assessing readability for Spanish as a second language: the Fry Graph and cloze procedure*, Doctoral dissertation. New York: Teachers College, Columbia University.

Gardt, Andreas (2012): Textsemantik. Methoden der Bedeutungserschließung. In Jochen A. Bär & Marcus Müller (Hrsg.), *Geschichte der Sprache und Sprache der Geschichte. Probleme und Perspektiven der historischen Sprachwissenschaft des Deutschen. Oskar Reichmann zum 75. Geburtstag*, 61–82. Berlin: Akademie-Verlag.

Gell-Mann, Murray (1994): *The Quark and the Jaguar, Adventures in the Simple and the Complex*. New York: W. H. Freeman.

Gell-Mann, Murray (1996): *Das Quark und der Jaguar: vom Einfachen zum Komplexen – die Suche nach einer neuen Erklärung der Welt*. München: Piper.

Gilliam, Bettye, Sylvia C. Peña & Lee, Mountain (1980): The Fry graph applied to Spanish readability. *The Reading Teacher* 33 (4), 426–430.

Glück, Helmut & Michael Rödel (Hrsg.) (2016): *Metzler Lexikon Sprache*. Stuttgart: Metzler.

Graesser, Arthur C., A. B. Karnavat, Frances K. Daniel, E. Cooper, S. N. Whitten & Max M. Louwerse (2001): A computer tool to improve questionnaire design. In *Statistical Policy Working Paper 33, Federal Committee on Statistical Methodology*, 36–48. Washington: Bureau of Labor Statistics.

Graesser, Arthur C., Danielle S. McNamara, Max M. Louwerse & Zhiqiang Cai (2004): Coh-Metrix: Analysis of text on cohesion and language. *Behavior research methods, instruments, & computers* 36 (2), 193–202.

Gutiérrez de Polini, Luisa Elena (1972): Investigación sobre lectura en Venezuela, ponencia presentada ante las *Primeras Jornadas de Educación Primaria*. Caracas: Ministerio de Educación.

Halliday, Michael A. K. (1970): Language structure and language function. In John Lyons (Hrsg.), *New horizons in linguistics*, 140–165. Baltimore: Penguin.

Halliday, Michael A. K. & Ruqaiya Hasan (1976): *Cohesion in English*. London, New York: Longman.

Haspelmath, Martin (2006): Against markedness (and what to replace it with). *Journal of linguistics* 42 (1), 25–70.

Hiebert, Elfrieda H. & Heidi A. E. Mesmer (2013): Upping the ante of text complexity in the Common Core State Standards examining its potential impact on young readers. *Educational Researcher* 42 (1), 44–51.

Johnson-Laird, Philip N. (1983): *Mental models*. Cambridge: Cambridge University Press.
Just, Marcel A. & Patricia A. Carpenter (1980): A theory of reading: From eye fixations to comprehension. *Psychological review* 87 (4), 329–354.
Karlsson, Fred, Matti Miestamo & Kaius Sinnemäki (2008): Introduction: The problem of language complexity. In Matti Miestamo, Kaius Sinnemäki & Fred Karlsson (Hrsg.), *Language complexity: Typology, contact, change*, VII–XIV. Amsterdam, Philadelphia: John Benjamins Publishing.
Kintsch, Walter (1988): The Role of Knowledge in Discourse Comprehension: A Construction-Integration Model. *Psychological Review* 95 (2), 163–182.
Kintsch, Walter (1998): *Comprehension: A paradigm for cognition*. Cambridge: University Cambridge Press.
Klare, George R. (1974): Assessing readability. *Reading research quarterly* 10, 62–102.
Klare, George R. (1984): Readability. In: P. David Pearson (Hrsg.), *Handbook of reading research*, Bd. 1, 681–744. New York: Longman.
Klare, George R. (1988): The formative years. In Beverly L. Zakaluk & S. Jay Samuels (Hrsg.), *Readability: Its Past, Present, and Future*, 14–34. Newark: International Reading Association.
KMK (Sekretariat der Ständigen Konferenz der Kultusminister der Länder in der Bundesrepublik Deutschland) (2012a): *Bildungsstandards im Fach Deutsch für die Allgemeine Hochschulreife. Beschluss der Kultusministerkonferenz vom 18.10.2012*. https://www.kmk.org/fileadmin/veroeffentlichungen_beschluesse/2012/2012_10_18-Bildungsstandards-Deutsch-Abi.pdf (letzter Zugriff 23.08.2021).
KMK (2012b): *Bildungsstandards für die fortgeführte Fremdsprache (Englisch/Französisch) für die Allgemeine Hochschulreife. Beschluss der Kultusministerkonferenz vom 18.10.2012*. https://www.kmk.org/fileadmin/veroeffentlichungen_beschluesse/2012/2012_10_18-Bildungsstandards-Fortgef-FS-Abi.pdf (letzter Zugriff 23.08.2021).
Koch, Peter (1997): Diskurstraditionen: Zu ihrem sprachtheoretischen Status und ihrer Dynamik. In Barbara Frank, Thomas Haye & Doris Tophinke (Hrsg.), *Gattungen mittelalterlicher Schriftlichkeit*, 43–79. Tübingen: Narr.
Koch, Peter (2008): Tradiciones discursivas y cambio lingüístico: el ejemplo del tratamiento vuestra merced en español. In Johannes Kabatek (Hrsg.), *Sintaxis histórica del español y cambio lingüístico: Nuevas perspectivas desde las tradiciones discursivas*, 53–87. Frankfurt am Main, Madrid: Vervuert /Iberoamericana.
Larsen-Freeman, Diane (1997): Chaos/complexity science and second language acquisition. *Applied linguistics* 18 (2), 141–165.
Lebsanft, Franz & Angela Schrott (2015): Diskurse, Texte, Traditionen. In Franz Lebsanft & Angela Schrott (Hrsg.), *Diskurse, Texte, Traditionen. Modelle und Fachkulturen in der Diskussion*, 11–46. Göttingen, Bonn: V&R unipress / Bonn University Press.
López Rodríguez, Natividad (1981): *Fórmulas de legibilidad para la lengua castellana, unveröffentlichte Dissertation*. Valencia: Universitat de València.
López Rodríguez, Natividad (1982): *Cómo valorar textos escolares*. Madrid: Cincel.
McNamara, Danielle S., Arthur C. Graesser, Philip M. McCarthy & Zhiqiang Cai (2014): *Automated evaluation of text and discourse with Coh-Metrix*. New York: Cambridge University Press.
McWhorter, John H. (2001): The worlds simplest grammars are creole grammars. *Linguistic typology* 5 (2–3), 125–166.

Merlini Barbaresi, Lavinia (2003): Towards a theory of text complexity. In Lavinia Merlini Barbaresi (Hrsg.), *Complexity in language and text*, 23–66. Pisa: Edizioni Plus.

Merlini Barbaresi, Lavinia (2011): A „natural" approach to text complexity. *Poznań Studies in Contemporary Linguistics* 47 (2), 203–236.

Mesmer, Heidi Anne, James W. Cunningham & Elfrieda H. Hiebert (2012): Toward a theoretical model of primary-grade text complexity: Learning from the past, anticipating the future. *Reading Research Quarterly* 47 (3), 235–258.

Miestamo, Matti, Kaius Sinnemäki & Fred Karlsson (2008): *Language complexity: Typology, contact, change*. Amsterdam, Philadelphia: John Benjamins Publishing.

Miestamo, Matti (2006): On the feasibility of complexity metrics. In Krista Kerge & Maria-Maren Sepper (Hrsg.), *FinEst linguistics, proceedings of the annual Finnish and Estonian conference of linguistics, Tallinn, May 6–7, 2004*, 11–26. Tallinn: Tallin University Press.

Miestamo, Matti (2008): Grammatical complexity in a cross-linguistic perspective. In Matti Miestamo, Kaius Sinnemäki & Fred Karlsson (Hrsg.), *Language complexity: Typology, contact, change*, 23–41. Amsterdam, Philadelphia: John Benjamins Publishing.

Mikk, Jaan (2005): Text comprehensibility. In Reinhard Köhler, Gabriel Altmann & Rajmund G. Piotrowski (Hrsg.), *Quantitative Linguistics: An International Handbook*, 909–921. Berlin, New York: De Gruyter.

Mikk, Jaan & Jaanus Elts (1999): A Reading Comprehension Formula of Reader and Text Characteristics. *Journal of Quantitative Linguistics* 6 (3), 214–221.

Morles, Armando (1975): *The scoring of cloze comprehension tests in the Spanish language*, Doctoral dissertation. Chicago: University of Chicago.

Morles, Armando (1981): Medición de la comprensibilidad de materiales escritos mediante pruebas cloze. *Lectura y Vida. Revista Latinoamericana de Lectura* 2 (4), 16–18.

Patterson, Frank W. (1972): *Como escribir para ser entendido*. El Paso: Casa Bautista.

Rabin, Annette T. (1988): Determining the Difficulty of Reading Materials in Languages Other than English. In Beverly L. Zakaluk & S. Jay Samuels (Hrsg.), *Readability: Its Past, Present, and Future*, 46–76. Newark: International Reading Association.

Rankin, Eearl F. & Joseph W. Culhane (1969): Comparable cloze and multiple-choice comprehension test scores. *Journal of Reading* 13 (3), 193–198.

Rescher, Nicholas (1998): *Complexity: A philosophical overview*. New Brunswick: Transaction Publishers.

Rodríguez Diéguez, José L. (1983): Evaluación de textos escolares. *Revista de Investigación Educativa, RIE* 2, 259–279.

Rodríguez Diéguez, José L. (1989): Predicción de la lecturabilidad de textos en castellano: una propuesta y sugerencias. In Fundación Germán Sánchez Ruipérez (Hrsg.), *Leer en la escuela: nuevas tendencias en la enseñanza de la lectura*, 284–310. Madrid: Ediciones Pirámide.

Rodriguez Trujillo, Nelson (1978): *Adaptation of the cloze procedure to the Spanish language*, Doctoral dissertation. Chicago: University of Chicago.

Rodríguez Trujillo, Nelson (1980): Determinación de la comprensibilidad de materiales de lectura por medio de variables lingüísticas. *Lectura y Vida. Revista Latinoamericana de Lectura* 1 (1), 29–32.

Rodríguez Trujillo, Nelson (1983): El procedimiento „cloze": un procedimiento para evaluar la comprensión de lectura y la complejidad de materiales. *Lectura y Vida. Revista Latinoamericana de Lectura* 4, 4–13.

Sabban, Annette (1998): *Okkasionelle Variationen sprachlicher Schematismen: eine Analyse französischer und deutscher Presse-und Werbetexte*. Tübingen: Narr.
Sanford, Anthony J. & Simon C. Garrod (1981): *Understanding written language*. Chichester: Wiley.
Santa Fe Institute (2018a): complexity. https://www.complexityexplorer.org/explore/glossary/11-complexity (letzter Zugriff 17.08.2021).
Santa Fe Institute (2018b): complex system. https://www.complexityexplorer.org/explore/glossary/391-complex-system (letzter Zugriff 18.08.2021).
Santa Fe Institute (2018c): emergence. https://www.complexityexplorer.org/explore/glossary/414-emergence (letzter Zugriff 01.08.2021).
Santa Fe Institute (2018d): complex adaptive system. https://www.complexityexplorer.org/explore/glossary/418-complex-adaptive-system (letzter Zugriff 17.08.2021).
Santa Fe Institute (2018e): agent-based model. https://www.complexityexplorer.org/explore/glossary/100-agent-based-model (letzter Zugriff 01.08.2021).
Santa Fe Institute (2018 f): entropy. https://www.complexityexplorer.org/explore/glossary/233-entropy (letzter Zugriff 26.08.2021).
Schnotz, Wolfgang & Stephan Dutke (2004): Kognitionspsychologische Grundlagen der Lesekompetenz: Mehrebenenverarbeitung anhand multipler Informationsquellen. In Ulrich Schiefele, Cordula Artelt, Wolfgang Schneider & Petra Stanat (Hrsg.), *Struktur, Entwicklung und Förderung von Lesekompetenz*, 61–99. Wiesbaden: VS Verlag für Sozialwissenschaften.
Schnotz, Wolfgang (2010): Textverstehen. In Detlef H. Rost (Hrsg.), *Handwörterbuch Pädagogische Psychologie*, 843–854. Weinheim: Beltz.
Schrott, Angela (2014): Sprachwissenschaft als Kulturwissenschaft aus romanistischer Sicht: Das Beispiel der kontrastiven Pragmatik. *Romanische Forschungen* 126, 3–44.
Schrott, Angela (2015): Kategorien diskurstraditionellen Wissens als Grundlage einer kulturbezogenen Sprachwissenschaft. In Franz Lebsanft & Angela Schrott (Hrsg.), *Diskurse, Texte, Traditionen. Modelle und Fachkulturen in der Diskussion*, 115–146. Göttingen, Bonn: V&R unipress / Bonn University Press.
Schrott, Angela (2017): Las tradiciones discursivas, la pragmalingüística y la lingüística del discurso. *Revista de la Academia Nacional de Letras* 13, 25–57.
Spaulding, Seth (1951): Two formulas for estimating the reading difficulty of Spanish. *Educational Research Bulletin* 30 (5), 117–124.
Spaulding, Seth (1956): A Spanish readability formula. *The Modern Language Journal* 40 (8), 433–441.
Stede, Manfred (2018): *Korpusgestützte Textanalyse: Grundzüge der Ebenen-orientierten Textlinguistik*. Tübingen: Narr.
Stüttgen, Manfred (1999): *Strategien der Komplexitätsbewältigung in Unternehmen*. Wien: Haupt.
Swartz, Carl W., Donald S. Burdick, Sean T. Hanlon, A. Jackson Stenner, Andrew Kyngdon, Harold Burdick & Malbert Smith (2013): Toward a theory relating text complexity, reader ability, and reading comprehension. *Journal of applied measurement* 15 (4), 359–371.
Taylor, Wilson L. (1953): „Cloze procedure": A new tool for measuring readability. *Journalism quarterly* 30 (4), 415–433.
Taylor, Wilson L. (1956): Recent developments in the use of „Cloze Procedure". *Journalism quarterly* 33 (1), 42–99.

T.E.R.A. (2012): Coh-Metrix Common Core Text Ease and Readability Assessor. http://129.219.222.70:8084/Coh-MetrixResearch.aspx (letzter Zugriff 25.08.2021).

Thonis, Eleanor Wall (1976): *Literacy for America's Spanish Speaking Children*. Newark: International Reading Association.

Todirascu, Amalia, Thomas François, Delphine Bernhard, Núria Gala & Anne-Laure Ligozat (2016): *Are Cohesive Features Relevant for Text Readability Evaluation? 26th International Conference on Computational Linguistics (COLING 2016)*, Osaka, 987–997. https://hal.archives-ouvertes.fr/hal-01430554 (letzter Zugriff 16.08.2021).

Ulusoy, Mustafa (2006): Readability Approaches: Implications for Turkey. *International Education Journal* 7 (3), 323–332.

Vari-Cartier, Patricia (1981): Development and validation of a new instrument to assess the readability of Spanish prose. *The Modern Language Journal* 65 (2), 141–148.

Wray, Alison (1999): Formulaic language in learners and native speakers. *Language teaching* 32 (4), 213–231.

Zipf, George Kingsley (1949): *Human Behavior and the Principle of Least Effort*. Cambridge: Addison-Wesley.

III Rekontextualisierung und Komplexität

Christine Pflüger
Das „denoncirte" Theaterstück – Textkomplexität am Beispiel einer historischen Aktennotiz

Abstract: Using the example of a historical memo as a source, the article illustrates why it can make sense not to simplify a complex text linguistically. The complexity of the text concerns spelling and vocabulary, changes in meaning as well as changes in social and political categories. It is precisely in its complexity that the text documents the ambivalences of the *siècle des lumières*, which criticises structures of power and at the same time adheres to the corporative order. Instead of simplifying texts, the necessary contextual information should be provided or elaborated in mediation situations (e.g. in class, in museums, etc.) together with systematic source criticism in order to open up both the historical and the linguistic dimensions of the text.

1 Einleitung

1.1 Problemaufriss

> Das von dem Geh. Canzl. Saecr. Klockenbring denoncirte Theater-Stück „König Harlekin" p. ist
> 1. eine Satyre oder Pasquill auf den König und die Königin von Frankreich und das französische vorige Ministerium und in Frankreich unter dem Titel „Harlequin père et fils" bekannt.
> 2. Es wird darin überhaupt ein König, eine Königin und ein Ministerium auf eine ebenso grobe als fade Weise ridicülisiert und ist in dem Betracht an sich anstößig. Überdies sind
> 3. in diesen drei ersten Bogen Ausdrücke, die den guten Sitten und einer wohlanständigen Theater-Polizei zuwider laufen, als S. 10. Z.4. „Hähnelen", S. 33. Z.11. „rüstiger Feger" u. d. (Schneider 1989: 51)[1]

Schon auf den ersten Blick fallen in diesen ersten Passagen einer Aktennotiz von 1791 Vokabular und Rechtschreibung ins Auge, die sich stark vom heutigen

---

[1] Bei diesem Zitat handelt es sich um die erste Hälfte der hier zu besprechenden Aktennotiz des Kabinettsrats Rudloff vom 6. März 1791. Die vollständige Quelle findet sich in: Schneider (1989: 51).

Sprachgebrauch unterscheiden. Sowohl die Abkürzung als auch das Amt des „Geh. Canzl. Saecr." – des „Geheime[n] Canzlei Sekretär[s]" – sind heute nicht mehr geläufig, „Satyre" schreibt man heute anders und der Begriff der „Theater-Polizei" wirft Fragen auf. In den Begrifflichkeiten und Überlegungen spiegeln sich gesellschaftliche Strukturen und Konzepte des späten 18. Jahrhunderts, zur sprachlichen Komplexität kommt die Komplexität der historischen Situation.

Aus geschichtswissenschaftlicher Perspektive bedarf es folglich einer umfassenden Einordnung in sprachliche und historische Kontexte, um selbst so kurze Texte wie eine Aktennotiz einigermaßen hinreichend zu verstehen.

In diesem Beitrag soll aufgezeigt werden, worin die Komplexität der zitierten Aktennotiz besteht und inwiefern deren Kontextualisierung anstelle einer Vereinfachung des Texts zum vertieften Verständnis beitragen kann.

1.2 Arbeitsbegriff von Textkomplexität

An der Aktennotiz des Hannoveraner Kabinettsrats Rudloff vom 6. März 1791 lässt sich exemplarisch die Komplexität historischer Texte für heutige Leserinnen und Leser aufzeigen. Da aus kulturgeschichtlicher und kulturwissenschaftlicher Perspektive auch Bilder als Texte gelesen werden können, sei darauf hingewiesen, dass die im Folgenden angestellten Überlegungen sich auf schriftlich fixierte Texte beziehen.[2]

Die Komplexität historischer Texte, die im Kontext historischer Forschung in der Regel als Quellen bezeichnet werden, entsteht durch das Zusammenwirken verschiedener Dimensionen. Eine dieser Dimensionen sind die „spezifische[n] Diskurstraditionen, die für eine hohe oder geringe Komplexität in Bezug auf bestimmte semantische Merkmale verantwortlich sind" (Meier 2020: 9) bzw. verantwortlich sein können. Historische Texte stehen in Diskurstraditionen,[3] die heutigen Rezipientinnen und Rezipienten nicht in allen Einzelheiten geläufig sind. Vergangene Gesellschaften besaßen „ihre je eigene Sprache" (Hasberg 2004: 135) und sind in diachroner Perspektive als fremd zu betrachten. Diese Fremdheit der Vergangenheit als „vergangene Kultur" beruhe auf den anderen, meist vergangenen „Kategorien des menschlichen Handelns" (Hasberg 2004: 133, 136),[4] die ihren

---

2 Vgl. Helbig (2001: 5) und Helbig (2001: Kap. 5.1); Tschopp & Weber (2007).
3 Zum Konzept der Diskurstraditionen siehe Meier (2020: 9–15).
4 Auswirkungen dieser Kategorien menschlichen Handelns auf den Umgang mit Texten und somit auf die Funktion von Texten (unterschiedlicher Gattungen) in Gesellschaften beschreibt beispielsweise Assmann (1992: 87–129).

Ausdruck in den Quellen finden und für heutige Leserinnen und Leser „Verstehenshemmungen" (Hasberg 2004: 135) erzeugen.[5] Kategoriale Unterschiede menschlichen Handelns bewegen sich beispielsweise auf der Ebene gesellschaftlicher Strukturen und Vorstellungen, aber auch der Erfahrungshorizonte der zeitgenössischen Verfasser- und Adressatenkreise, die sich von denen der heutigen Leserschaft unterscheiden. Da sich der Entstehungskontext selbst auf der Ereignisebene nur zum Teil aus den Texten selbst erschließen lässt, werfen sie zudem Fragen zu den Hintergründen ihres Entstehens auf.

Die implizit vorausgesetzten Kenntnisse und Kategorien des Handelns zeitgenössischer Leser und Leserinnen beschäftigen auch den Historiker Jacques le Goff, der die je eigene Sprache vergangener Zeiten am Beispiel der sprachlichen Konstruktion von Zeitverhältnissen in erzählenden historischen Texten erörtert und damit eindrücklich eine Dimension der Komplexität historischer Texte verdeutlicht. Er macht darauf aufmerksam, dass Formulierungen zum Verhältnis zwischen Vergangenheit, Gegenwart und Zukunft, mithin Zeitverständnisse und Zeitauffassungen in historischen Texten je nach Lebensform und Standeszugehörigkeit unterschiedlich sein konnten (le Goff 1988: 36–39). Während die Konstruktion von Zeitverhältnissen im hier behandelten Textbeispiel eine geringere Rolle spielt, werden Standeszugehörigkeiten hingegen thematisiert und die Kenntnis von deren Implikationen beim Adressaten vorausgesetzt.

Aus der Perspektive der Geschichtsdidaktik bewirken oder ermöglichen die beschriebenen Phänomene bei heutigen Rezipientinnen und Rezipienten eine sogenannte Alteritätserfahrung, das heißt die Erfahrung, dass vergangene Zeiten grundlegend anders sind als heutige Erfahrungshorizonte. Historische Texte und Dokumente sind daher „Spuren, die erst entschlüsselt werden müssen. Als Relikte erlauben sie es, etwas über eine unbekannte oder vergessene Vergangenheit herauszufinden" (Pandel 2006a: 15). Damit hängt die Wahrnehmung der Komplexität eines historischen Textes bzw. die Wahrnehmung eines historischen Textes als komplex folglich auch von der Fragestellung ab, mit der sich Leser und Leserinnen ihm nähern (Rüsen 2013: 174–182). Über die sprachliche Erschließung[6]

---

5 Hasbergs Überlegungen beziehen sich zusätzlich auf den bilingualen Geschichtsunterricht, wo die beschriebene kategoriale Fremdheit der Vergangenheit noch gesteigert werde durch die fremdsprachliche Ebene, die zudem zu einer „Komplexität" führe, die Schülerinnen und Schüler überfordern könne (Hasberg 2004: 133).
6 Beate Helbig etwa erörtert Texterschließungsstrategien für den Umgang mit Quellen im (bilingualen) Geschichtsunterricht und weist auf Ähnlichkeiten und Unterschiede literaturwissenschaftlichen und historischen Arbeitens hin (Helbig 2001: 91, 135).

hinaus bildet deshalb die Kontextualisierung bzw. Re-Kontextualisierung ein konstitutives Element historischer Quellenarbeit und -analyse.[7]

Aus den genannten Charakteristika der Komplexität historischer Texte bzw. Quellen wird ersichtlich, warum es sinnvoll und von Interesse sein kann, einen in der geschilderten Weise komplexen Text nicht sprachlich zu vereinfachen. Denn es besteht die Gefahr, durch Kürzungen oder Vereinfachungen wichtige Facetten der „je eigenen Sprache" (Hasberg 2004: 135) vergangener Zeiten und der vergangenen Kategorien menschlichen Handelns zu unterschlagen.

Statt einer Kürzung und sprachlichen Veränderung sollten oder könnten daher in Vermittlungssituationen – sei es im Unterricht, im Museum o. ä. – Hand in Hand mit der systematischen Quellenkritik die notwendigen Kontextinformationen bereitgestellt oder erarbeitet werden, um sowohl die historischen als auch die sprachlichen Dimensionen des Textes zu erschließen. Erst dann kann auch die *historische* Komplexität der Entstehungssituation (und der Diskurstradition) eingeschätzt werden.

2 Forschungsstand

In der Auseinandersetzung mit der Frage nach der Komplexität historischer Texte wird erneut die enge Verzahnung von Kultur-, Sprach- und Geschichtswissenschaft deutlich, die seit dem *linguistic turn* in verschiedenen Zusammenhängen fruchtbar gemacht wird. Die Auseinandersetzung mit der Sprachgebundenheit von Geschichte prägt namentlich die Theorie der Geschichtsschreibung, etwa bei Reinhart Koselleck, Hayden White, Paul Ricoeur, Paul Veyne, Michel de Certeau und zahlreichen anderen. Dass der *linguistic turn* in der Geschichtswissenschaft dabei „kaum etwas" mit Linguistik zu tun habe, sondern vielmehr eine „Hinwendung der Geschichtswissenschaft zur ‚Sprache der Geschichte'", zur „Sprachlichkeit der Historiographie" und zur „Sprachlichkeit ihrer Gegenstände" bedeute, erörterte auch Jürgen Trabant (2005b) in der Einleitung zu seinem Tagungsband *Sprache der Geschichte* (Trabant 2005b: IX).[8]

---

7 Aufgabe des Unterrichts und anderer gesellschaftlicher Vermittlungssituationen (etwa in Museen, Publikationen, Dokumentationen usw.) ist es, die eingangs erwähnten Verstehenshemmungen produktiv zu beheben. Vgl. Hasberg (2004: 135), sowie Pandel (2006a).
8 Im Rahmen des Kolloquiums *Sprache der Geschichte* am *Historischen Kolleg der Bayerischen Akademie der Wissenschaften*, das 2002 von Jürgen Trabant organisiert wurde, stand das Verhältnis zwischen dem *linguistic turn* in der Geschichtswissenschaft und dem *historical turn* in der Linguistik im Zentrum eingehender Diskussionen (Trabant 2005b: IX).

Die Einbeziehung linguistisch-semiotischer Methoden in die Geschichtswissenschaft geht schon auf die späten 1960er Jahre zurück, als eine Neuorientierung in der Geschichtswissenschaft ein (neues) Interesse an der (Geschichte der) Sprache und die in ihr „transportierten Ideen" (Eßer 2002: 283) mit sich brachte. Sprache wurde als wirklichkeitskonstituierend verstanden, sie drücke Machtverhältnisse aus, könne aber auch durch Nuancierungen Machtverhältnisse verändern (Eßer 2002: 284). Mit linguistischen Methoden wurden daher Fragen der Ideengeschichte bearbeitet, die Bedeutung der in Sprache codierten Konzepte erfasst und kulturwissenschaftlich erforscht (Eßer 2002: 283). Da Sprache der Versuch sei, auf Probleme und Sachverhalte verbal zu reagieren, sei sie immer nur im Kontext historischer Gegebenheiten zu verstehen (Eßer 2002: 292).

Dass die enge Verzahnung zwischen Kultur- und Sprachwissenschaften zu Beginn der 2000er Jahre aber nicht nur in den Geschichts- und Kulturwissenschaften, sondern genauso intensiv in den Sprachwissenschaften diskutiert wurde, geht beispielsweise aus den Überlegungen von Andreas Gardt (2003) hervor. So untersucht etwa die linguistische Pragmatik in historischen Bezügen die Mehrdimensionalität sprachlichen Handelns nicht allein im Hinblick auf Sprachstufen, Sprachentwicklung oder sprachliche Spezifika historischer Textgattungen, sondern insbesondere auch in Zusammenhängen von Textproduktion und -rezeption. Sie ist damit (aus der Perspektive der Geschichtswissenschaft) in gewisser Weise komplementär zum *linguistic turn* in den Geschichtswissenschaften und der historischen Kulturwissenschaft (vgl. z. B. Ernst & Werner 2016).

Nicht zuletzt stellt das Verhältnis von Geschichte und Sprache einen zentralen Gegenstand geschichtsdidaktischer Überlegungen und Untersuchungen dar.[9] Wichtige Dimensionen sind dabei das Verhältnis von vergangener Wirklichkeit und Sprache (Handro & Schönemann 2010: 3), das Verhältnis von historischem Verstehen und Sprache (Handro & Schönemann 2010: 5), das Verhältnis von Geschichtsdarstellung und Sprache (Handro & Schönemann 2010: 6) sowie das Verhältnis von Diskurs und Sprache (Handro & Schönemann 2010: 8). Geschichtsdidaktische Untersuchungen zum historischen Textverstehen befassen sich beispielsweise mit der Rolle epistemischer Überzeugungen im Kontext von Lesestrategien (Wineburg 1991) oder mit der Bedeutung des Begriffsverstehens und der Begriffsbildung für das Verständnis historischer Texte (Langer-Plän & Beilner 2006). Das von Manuel Köster entwickelte theoretische Modell zu fachspezifischen Textverstehensprozessen für die Domäne Geschichte zeigt die Komplexität dieser Prozesse auf (Köster 2013: 43–51).

---

9 Vgl. dazu Handro & Schönemann (2010), sowie Hilke Günther-Arndt (2010).

3 Das Beispiel: Die Komplexität einer Aktennotiz von 1791

An der Aktennotiz des Hannoveraner Kabinettsrats Rudloff vom 6. März 1791 lässt sich exemplarisch die Komplexität selbst kurzer Quellen für heutige Leserinnen und Leser, nicht zuletzt für Schülerinnen und Schüler aufzeigen.

Der Kabinettsrat W. A. Rudloff erläutert in seiner Aktennotiz[10] zusammenfassend den Inhalt des Theaterstücks *Papa Harlekin, König* [...][11] (in der Aktennotiz mit *König Harlekin p.* betitelt), das der Geheime Kanzleisekretär Klockenbring tags zuvor der hannoverschen Landesregierung kritisch zur Kenntnis gebracht hatte.[12] Der hannoversche Theater-Direktor Gustav Friedrich Wilhelm Großmann hatte das Stück aus dem Französischen übersetzt[13] und beabsichtigte, es am Schlosstheater aufführen zu lassen. Rudloff rät seinerseits dazu, die Aufführung zu untersagen und das Verbot unverzüglich zu verhängen.[14]

Der Inhalt der kurzen Notiz ist somit schnell resümiert, dennoch handelt es sich um eine in mehrfacher Hinsicht komplexe Quelle. Akten avancierten im

---

10 Aktennotiz des Kabinettsrats Rudloff vom 6. März 1791, in: Schneider (Hrsg.) (1989).
11 Der vollständige Titel lautet *Papa Harlekin, König; und Söhnchen Harlekin, Kronprinz. Ein heroisches Schauspiel in drey Aufzügen; vom Herzog von Choiseul. Übersetzt von G[ustav] F[riedrich] W[ilhelm] Großmann*, Hannover, bey Christian Ritscher 1791.
12 Der Verleger und Buchhändler Ritscher hatte um Werbeanzeige für das neuerschienene Stück gebeten. Aufgrund des Titels war die Zustimmung zur Werbung verschoben worden, weil Klockenbring das Stück vorher einsehen wollte. Nach Einsicht in die ersten drei Druckbögen erschien ihm das Stück dann „höchst bedenklich". Pro Memoria des Geheimen Kanzleisekretärs Klockenbring an die Landesregierung vom 5. März 1791, in: Schneider (1989: 50–51, hier 50).
13 Großmann hatte das Stück des Herzogs von Choiseul nicht nur übersetzt, sondern es offenbar um einige kritische Bemerkungen über das Herrscheramt und die Minister ergänzt. Die Aufführung des Stücks am Schlosstheater Hannover wurde untersagt. Zur Position Großmanns und zu den Zensurmaßnahmen der hannoverschen Landesregierung siehe Schneider (1989: 49–50).
14 Wörtlich schreibt er: „Ich würde allemahl unterthänig anheim geben, die Aufführung auf dem Königl. Schloß-Theater nicht zu gestatten, sondern dem Großmann zu untersagen, sollte es auch nur seyn, um zu zeigen, daß man nicht willens ist, zu leiden, daß politische Dinge aufs Theater gebracht werden und daß die Bühne zwar das Laster tadeln, aber nicht Verhältnisse, die im Staat respectable seyn und erhalten werden müssen, ridicül machen darf. Es soll das Stück aber nicht am Dienstag erst, sondern am Montag, also morgen schon, aufgeführt werden; mithin wird das Verbot so gleich ergehen müssen. den (sic) 6. März 1791. W.A. Rudloff." (Schneider 1989: 51).

Laufe des 16. Jahrhunderts zu einer wichtigen Textgattung im „Geschäftsschriftgut" (Pandel 2006a: 30) und stellen daher eine zentrale Quellengruppe zur Geschichte der Frühen Neuzeit dar (Brandt 1998: 81). In Anlehnung an Ahasver von Brandt und Wilhelm Bauer definiert Pandel (2006a: 31) Akten als „aus dem amtlichen Geschäftsverkehr der Behörden hervorgehende[n] Schriften, die zu Rechtsgeschäften hinführen oder sie ausführen". Da sie nicht mit dem Ziel der Überlieferung, sondern allein im Kontext zeitgenössischer Verwaltungsvorgänge verfasst wurden, geben sie Auskunft über Zwischenschritte alltäglichen Verwaltungshandelns und damit über Gesellschafts-, Rechts- und Verwaltungsauffassungen ihrer Entstehungszeit (vgl. Brandt 1998: 82; Pandel 2006a: 31). Die hier vorgestellte Aktennotiz zählt zu den hoheitlichen Akten, welche namentlich die Sicht der Obrigkeiten – etwa von Geheimen Räten, Amtmännern, Amtsschreibern, Gemeindevorstehern usw. – spiegeln (Schneider 1989: IX (sic)). Auf der sprachlichen Ebene der Begrifflichkeiten werden zum einen französische Lehnwörter verwendet sowie zweitens Begriffe, die zwar in der heutigen Alltagssprache noch vorhanden sind, seit dem 18. Jahrhundert aber einen Bedeutungswandel erfahren haben. Zudem stellt der Kabinettsrat Rudloff Überlegungen an, die den Konzepten und Kategorien der Herrschafts- und Gesellschaftsstrukturen im Alten Reich Ende des 18. Jahrhunderts verhaftet sind und sich weitgehend von den Politik- und Gesellschaftskonzepten heutiger Leserinnen und Leser in Westeuropa unterscheiden.

3.1 Französische Lehnwörter

Französische Lehnwörter waren in der deutschen Hof- und Amtssprache des 18. Jahrhunderts keine Seltenheit. Der König und die Königin würden in dem zur Aufführung anstehenden Theaterstück „ridicülisirt", heißt es in der Notiz, der geheime Kanzleisekretär Klockenbring habe das Stück deshalb „denoncirt". Der Verfasser der Aktennotiz, Kabinettsrat Rudloff, rät deshalb seinerseits zum Verbot des Stücks, um deutlich zu machen, dass man die staatliche Ordnung nicht auf dem Theater „ridicül machen" dürfe. Mit Hilfe weiterer Sprachkenntnisse (etwa des englischen *ridiculous*) lassen sich diese Lehnwörter aus dem Zusammenhang noch gut erschließen, auch wenn mit „denoncirt" zunächst einfach gemeint war, der Kanzleisekretär habe der Landesregierung das Theaterstück zur Kenntnis gebracht.

3.2 Historische Begriffe und Begriffswandel

Anders steht es mit Begriffen, die einen Bedeutungswandel bzw. eine Bedeutungsverschiebung erfahren haben. Der Begriff der „Policey" beispielsweise, im

Text erwähnt als „Theater-Polizei", kann für heutige Leserinnen und Leser durchaus zu Missverständnissen führen. Zugleich lässt sich daran aber gut das Phänomen des Bedeutungswandels verdeutlichen. Unter einer „guten Policey" wurde seit dem 16. Jahrhundert in erster Linie eine „gute [öffentliche] Ordnung" verstanden, die einem christlichen Gemeinwesen zugrunde lag und auf Erhaltung der ständischen Ordnung abzielte (vgl. Burkhardt 2006).[15] Im 18. Jahrhundert erfuhr der Begriff eine Verengung im Hinblick auf die Reformen der aufgeklärten Monarchen und im Sinne eines „Einflusses des Staates auf seine Untertanen" (Vocelka 2013: 172).

Mit „Theater-Polizei" ist im Zusammenhang mit dem zur Debatte stehenden Stück somit die öffentliche Ruhe und Ordnung im Theater, vor, während und nach der Aufführung selbst gemeint, um die gewohnte Praxis beizubehalten und auch über die Aufführung hinaus die öffentliche Ruhe nicht zu stören. Denn das Theater dürfe „zwar das Laster tadeln, aber nicht Verhältnisse, die im Staat respectable seyn und erhalten werden müssen, ridicül machen".[16] Diese Überlegung ist zum einen im Zusammenhang mit der Erhaltung gesellschaftlicher und politischer Strukturen zu sehen, zum anderen im Zusammenhang mit einer veränderten gesellschaftlichen Rolle des Theaterpublikums. Denn vom 17. bis in die Mitte des 18. Jahrhunderts war mit Öffentlichkeit vor allem ein bei Vorstellungen (oder Kunstausstellungen) anwesendes Publikum gemeint, „eine bestimmte Gruppe, hierarchisch organisiert, durch das jeweilige Ereignis definiert und passiv in seiner Haltung" (Blanning 2006: 108). Seit Mitte des 18. Jahrhunderts war „die Öffentlichkeit" jedoch „zu einer Institution geworden" (Blanning 2006: 109), die kulturelle Ereignisse kommentierte und bewertete (Blanning 2006: 109–112) und damit weitere Meinungsbildungen beeinflusste.

3.3 Der historische Kontext und vergangene politische Diskurse

Über die Kategorien der Herrschafts- und Gesellschaftsstrukturen im Alten Reich hinaus spiegelt sich in den Überlegungen des Kabinettsrats Rudloff auch die revolutionäre Situation im Nachbarland Frankreich. Diese wird zwar nicht explizit erwähnt, zählte jedoch zum implizit vorhandenen bzw. vorausgesetzten Wissen sowohl des Schreibers als auch des Adressaten. Die Ablehnung des

---

15 „Policey" und „Policey-Ordnungen" stellen ein eigenes Forschungsfeld der historischen Forschung zur frühen Neuzeit dar, auf das im Rahmen dieses Beitrags jedoch nicht weiter eingegangen werden kann, vgl. Burkhardt (2006).
16 Aktennotiz des Kabinettsrats Rudloff vom 6. März 1791, in: Schneider (1989: 51).

Kabinettsrats gegenüber der Darstellung politischer Themen im Theater und seine Kritik daran, König, Königin und Ministerium bzw. Geheime Räte auf dem Theater lächerlich zu machen,[17] erhalten vor diesem Hintergrund zusätzliches Gewicht.

Hieran wird deutlich, inwiefern vergangene politische Diskurse eine der Komplexitäts-Dimensionen der Quelle darstellen. Denn die facettenreichen Reaktionen in Europa auf das revolutionäre Geschehen[18] in Frankreich sind heutigen Rezipientinnen und Rezipienten nicht mehr in allen Einzelheiten geläufig, die Einbeziehung dieses übergreifenden Kontexts trägt jedoch zu einem genaueren Verständnis der Aktennotiz bei.

Das kritisierte Theaterstück *Harlequin père et fils* entstand bereits vor der Revolution, aber schon während der Herrschaft Ludwigs XVI.[19] Der Autor, Étienne François Duc de Choiseul, war französischer Außenminister (1758–1761 und 1766–1770), Kriegsminister (1761–1770) und Marineminister (1761–1766), und stand den Ideen der aufklärerischen Philosophen aufgeschlossen gegenüber. Choiseul starb 1785 in Paris und erlebte folglich die Revolution nicht mehr. Sein Theaterstück wurde vom hannoverschen Theater-Direktor Gustav Friedrich Wilhelm Großmann ins Deutsche übersetzt und erschien 1791, im dritten Jahr der französischen Revolution, unter dem Titel *Papa Harlekin, König; und Söhnchen Harlekin, Kronprinz. Ein heroisches Schauspiel in drey Aufzügen; vom Herzog von Choiseul* verlegt bei Christian Ritscher in Hannover.[20] Großmann hatte in seine Übersetzung offenbar einige kritische Bemerkungen über das Herrscheramt und die Tätigkeit der Minister einfließen lassen, die Gerhard Schneider (1989: 49) auf die Eindrücke der Revolution zurückführt. Das Stück selbst steht in der Tradition der Verkleidungs- und Verwechslungskomödien, beinhaltet aber aufgrund der Charakterzüge und Verhaltensweisen, die die Protagonisten (König, Kronprinz,

---

17 „[...] um zu zeigen, daß (sic) man nicht willens ist, zu leiden, daß politische Dinge aufs Theater gebracht werden und daß die Bühne [...] nicht Verhältnisse, die im Staat respectable seyn und erhalten werden müssen, ridicüll machen darf." Aktennotiz des Kabinettsrats Rudloff vom 6. März 1791, in: Schneider (1989: 51).
18 Eine Darstellung der Reaktionen und Einstellungen von Territorialfürsten, Bürgertum, Intellektuellen- und Künstlerkreisen usw. in den Territorien des Alten Reichs zu den Ereignissen in Frankreich würde im Rahmen dieses Beitrags zu weit führen. Daher sei auf die umfangreiche Literatur zum Kontext der Französischen Revolution samt den Gegenbewegungen verwiesen. Einen kompakten Überblick bietet z. B. Lachenicht (2012). Eine detaillierte Darstellung zu den Reaktionen im Kurfürstentum Hannover siehe bei Schneider (1989: 1–47).
19 Verheiratet mit Marie Antoinette, der Tochter des Kaisers Franz I. und der Kaiserin Maria Theresia von Österreich.
20 Die digitalisierte Fassung ist abrufbar im Repositorium der Universität Göttingen: https://gdz.sub.uni-goettingen.de/id/PPN669382507?tify={%22pages%22:[5],%22panX%22:0.743,%22panY%22:0.539,%22view%22:%22info%22,%22zoom%22:0.513} (letzter Zugriff 12.07.2021).

Hofräte) und Protagonistinnen (Königin und verschiedene Feen) an den Tag legen, auch eine politische Dimension, wenn beispielsweise die Entscheidungsabläufe am Hof ins Lächerliche gezogen werden. Auch der emanzipatorische Charakter des Handlungsablaufs ist nicht zu übersehen, da der Kronprinz und seine spätere Braut sich aus freien Stücken füreinander entscheiden. Trotz der märchenhaften Mitwirkung einiger Feen im Theaterstück wird damit die Möglichkeit der Änderung der Kategorien politischen Handelns angedeutet und die herrschende Praxis politisch arrangierter Heiraten deutlich kritisiert. Diese Aspekte der Herrschaftskritik stehen im Zentrum der Einschätzung des Theaterstücks durch den Kabinettsrat Rudloff.

Angesichts der Vieldimensionalität und Komplexität der kurzen Aktennotiz sind zu deren Erschließung folglich umfassende Informationen über den Kontext hilfreich.

4 Kontextualisierung statt Reduktion der Komplexität

Eine oft geäußerte Kritik an vorgefertigten Arbeitsmaterialien für den Geschichtsunterricht bezieht sich auf die Kürzung oder gar sprachliche Vereinfachung von Quellentexten, auf die Auswahl einzelner Passagen oder die Reduktion eines längeren Textes auf seine sogenannten Kernaussagen, für die selten die Auswahlkriterien angegeben werden.[21]

Das Beispiel der Aktennotiz des Kabinettsrats Rudloff hat jedoch gezeigt, dass der Reiz der Beschäftigung mit einer ungekürzten Quelle genau in der Komplexität des Textes liegen könnte. Daraus ergibt sich die Notwendigkeit und die Chance, die Quelle im Rahmen einer systematischen Quellenkritik in den umfassenderen historischen Kontext einzuordnen. Erste Informationen zu diesem Kontext können oder sollten einführend zur Verfügung gestellt, weitere durch eigene Recherchen der Lernenden ergänzt werden.

Der kurze Text eignet sich ausgezeichnet, um die Ambivalenzen des *Siècle des Lumières*, des Zeitalters der Aufklärung, und die „Gleichzeitigkeit des Ungleichzeitigen" (Koselleck) zu verdeutlichen. Während das Festhalten an den Ordnungen und Werten der ständischen Gesellschaft und monarchischer Herr-

---

[21] Zur Kritik an veränderten Quellentexten in Schulgeschichtsbüchern vgl. Pandel (2006b: 23–24); zur Kritik an den „erhebliche[n] Mängel[n]" von Schulbüchern für das Fach Geschichte vgl. Bernhard (2013: 11–12).

schaft explizit zum Ausdruck gebracht wird, rückt aufklärerische Herrschaftskritik in Form des kritisierten Theaterstücks in den Blick.

Während der hannoversche Theater-Direktor und Übersetzer des Stücks aus dem Französischen, Gustav Friedrich Wilhelm Großmann, ein Interesse daran hatte und gewillt war, das Stück im königlichen Schlosstheater in Hannover zur Aufführung zu bringen, fürchtete der Kabinettsrat Rudloff dagegen die Wirkung des Stücks auf das Publikum. Somit lassen sich anhand der Aktennotiz unterschiedliche Einstellungen zur aufklärerischen Herrschaftskritik, aber auch zur Funktion des Theaters in der Gesellschaft thematisieren.

Auf der begrifflichen Ebene können anhand des Begriffs der „Policey" Konzepte gesellschaftlicher Ordnung und deren Veränderung erarbeitet werden, und die französischen Lehnwörter in der deutschen Amtssprache des 18. Jahrhunderts lassen sich zum Teil im Gespräch erschließen, zum Teil in Wörterbüchern oder auch im Netz recherchieren.

Einführende Erläuterungen zu einzelnen Quellenaussagen und sinnvolle Aufgaben zu Begleitrecherchen ermutigen – so die Hoffnung – zur sorgfältigen Kontextualisierung und vertiefenden Auseinandersetzung mit der Komplexität der Quelle. Komplexität würde dann nicht mehr zur Verstehenshemmung führen, sondern als Bereicherung verstanden.

Bibliographie

Aschenberg, Heidi (1999): *Kontexte in Texten. Umfeldtheorie und literarischer Situationsaufbau*. Tübingen: Max Niemeyer.

Assmann, Jan (1992): *Das kulturelle Gedächtnis. Schrift, Erinnerung und politische Identität in frühen Hochkulturen*. München: C.H. Beck.

Bernhard, Roland (2013): *Geschichtsmythen über Hispanoamerika. Entdeckung, Eroberung und Kolonisierung in deutschen und österreichischen Schulbüchern des 21. Jahrhunderts* (Eckert. Die Schriftenreihe 134). Göttingen: V & R unipress.

Blanning, Timothy C. W. (2006): *Das Alte Europa 1660–1789. Kultur der Macht und Macht der Kultur*. Darmstadt: WBG.

Brandt, Ahasver von (1998): *Werkzeug des Historikers. Eine Einführung in die Historischen Hilfswissenschaften*. 15. Aufl., Stuttgart u. a.: W. Kohlhammer.

Burkhardt, Johannes (2006): *Vollendung und Neuorientierung des frühmodernen Reiches 1648–1763* (Gebhardt: Handbuch der deutschen Geschichte 11). Stuttgart: Klett-Cotta.

Choiseul, Étienne François Duc de: *Papa Harlekin, König; und Söhnchen Harlekin, Kronprinz. Ein heroisches Schauspiel in drey Aufzügen*; vom Herzog von Choiseul. Übersetzt von G[ustav] F[riedrich] W[ilhelm] Großmann, Hannover, bey Christian Ritscher 1791. Digitalisierte Archivalie im Repositorium der Universität Göttingen: https://gdz.sub.uni-goettingen.de/id/PPN669382507?tify={%22pages%22:[5],%22panX%22:0.743,%22panY%22:0.539,%22view%22:%22info%22,%22zoom%22:0.513} (letzter Zugriff 12.07.2021).

Ernst, Peter & Martina Werner (2016): Einleitung. In Peter Ernst & Martina Werner (Hrsg.), *Linguistische Pragmatik in historischen Bezügen*, 9–16. Berlin, Boston: De Gruyter.

Eßer, Raingard (2002): Historische Semantik. In Joachim Eibach & Günther Lottes (Hrsg.), *Kompass der Geschichtswissenschaft. Ein Handbuch*, 281–292. Göttingen, Vandenhoeck & Ruprecht.

Gardt, Andreas (2003): Sprachwissenschaft als Kulturwissenschaft. In Ulrike Haß-Zumkehr & Christoph König (Hrsg.), *Literaturwissenschaft und Linguistik von 1960 bis heute* (Marbacher Wissenschaftsgeschichte, 4), 271–288. Göttingen: Wallstein.

Günther-Arndt, Hilke (2010): Hinwendung zur Sprache in der Geschichtsdidaktik – Alte Fragen und neue Antworten. In Saskia Handro & Bernd Schönemann (Hrsg.), *Geschichte und Sprache*, 17–46. Münster: LIT.

Handro, Saskia & Bernd Schönemann (2010): Geschichte und Sprache – eine Einführung. In Saskia Handro & Bernd Schönemann (Hrsg.), *Geschichte und Sprache*, 3–15. Münster, LIT.

Hasberg, Wolfgang (2004): Bilingualer Geschichtsunterricht und historisches Lernen. Möglichkeiten und Grenzen. *Internationale Schulbuchforschung* 26 (2004), 119–139.

Helbig, Beate (2001): *Das bilinguale Sachfach Geschichte. Eine empirische Studie zur Arbeit mit französischsprachigen (Quellen-)Texten*. Tübingen: Stauffenburg/ Narr.

Hohendahl, Peter Uwe (2000): *Öffentlichkeit – Geschichte eines kritischen Begriffs*. Stuttgart, Weimar: J.B. Metzler.

Köster, Manuel (2013): *Historisches Textverstehen. Rezeption und Identifikation in der multiethnischen Gesellschaft*. Münster: LIT.

Lachenicht, Susanne (2012): *Die Französische Revolution*. Darmstadt: WBG.

Langer-Plän, Martina & Helmut Beilner (2006): Zum Problem historischer Begriffsbildung. In Hilke Günther-Arndt & Michael Sauer (Hrsg.), *Geschichtsdidaktik empirisch. Untersuchungen zum historischen Denken und Lernen*, 215–249. Münster: LIT.

Le Goff, Jacques (1988): *Histoire et mémoire*. Paris: Gallimard.

Meier, Kerstin (2020): *Semantische und diskurstraditionelle Komplexität. Linguistische Interpretationen zur französischen Kurzprosa*. Berlin, Boston: De Gruyter.

Pandel, Hans-Jürgen (2006a): *Quelleninterpretation. Die schriftliche Quelle im Geschichtsunterricht*. Schwalbach/Ts.: Wochenschau.

Pandel, Hans-Jürgen (2006b): Was macht ein Schulbuch zu einem Geschichtsbuch? Ein Versuch über Kohärenz und Intertextualität. In Saskia Handro & Bernd Schönemann (Hrsg.), *Geschichtsdidaktische Schulbuchforschung*, 15–37. Münster: LIT.

Rüsen, Jörn (2013): *Historik. Theorie der Geschichtswissenschaft*. Köln u. a.: Böhlau.

Schneider, Gerhard (Hrsg.) (1989): *Das Kurfürstentum Hannover und die Französische Revolution. Quellen aus den Jahren 1791–1795* (Beiträge zur Geschichte Niedersachsens und Westfalens). Hildesheim: August Lax.

Trabant, Jürgen (Hrsg., unter Mitarbeit von Elisabeth Müller-Luckner) (2005a): *Sprache der Geschichte*. München: R. Oldenbourg.

Trabant, Jürgen (2005b): Zur Einführung: Vom linguistic turn der Geschichte zum historical turn der Linguistik. In Jürgen Trabant (Hrsg., unter Mitarbeit von Elisabeth Müller-Luckner), *Sprache der Geschichte*, VII–XXII. München: R. Oldenbourg.

Tschopp, Silvia Serena & Wolfgang E. J. Weber (2007): *Grundfragen der Kulturgeschichte*. Darmstadt: WBG.
Vocelka, Karl (2013): *Frühe Neuzeit 1500–1800*. 2., überarb. Aufl., Konstanz, München: Universitätsverlag Konstanz.
Wineburg, Samuel S. (1991): On the Reading of Historical Texts. Notes on the Breach between School and Academy. *American Educational Research Journal* 28 (3/1991), 495–519.

Agustín Corti
Zur Rekontextualisierung der (vermeintlichen) Einfachheit von Comics

Abstract: Even though both the research and the reputation of comics have experienced steady growth in recent years, this text type still spans a wide arc in terms of its prestige as well as (and also based on) simplicity and complexity. In this paper, I analyse six selected comics in terms of simplicity and complexity within the aspect of recontextualisation. In particular, this latter dimension often involves more than the relation between written and visual signs inside the panel or on the page. Recontextualisation can be achieved either text-immanently by different ways of intermediality or by embedding a text externally in another medium, whereby the two processes are not mutually exclusive but complementary. Depending on time and context, as also on the reader's world knowledge, readers can activate various inferences based on implicit and explicit references in order to achieve simplicity or increase complexity within the (recontextualised) comic text.

1 Einleitung

Comics gelten gemeinhin als einfache Texte, ohne dass klar wäre, worin die Einfachheit dieser Texte besteht. Auch was die institutionelle – künstlerische oder literarische – Anerkennung anbelangt, werden Comics als relativ einfaches Textmodell der Populärkultur angesehen und in manchen früheren Publikationen gar nicht als eine eigene, aus Bild und Schrift bestehende Textsorte, sondern lediglich als Untergattung der Literatur eingestuft. Dass derartige Klassifizierungen stark vom ideologischen Kampf der Institutionen um Text- und/oder Kunstformen bestimmt sind, hat bereits Pierre Bourdieu (2007: 224–225) in seinem Modell des Kunstfeldes und der Aushandlung der Grenzen der Kunst herausgehoben. Es ist noch nicht allzu lange her, dass Forschungsbeiträge über Comics mit der Rechtfertigung eingeleitet wurden, dass Comics entweder aufgrund ihrer Komplexität oder ihrer sozialen Rolle des Forschungsinteresses würdig wären. Die Verleihung des Pulitzer-Preises 1992 an Art Spiegelmanns *Maus* (Spiegelman 2009) wurde als Wendepunkt für ein erhöhtes Ansehen eingestuft (García 2010: 21–22). Chute & Dekoven betonten ihrerseits vor 15 Jahren: „It is no longer necessary to prove the worthiness and literary potential of the medium of comics (which has always contended with much denigration)" (Chute & Dekoven 2006: 768). In diesem Zusammenhang wird häufig die langsame Ausbreitung der *Graphic Novel* in Verbindung mit einer Zunahme des Prestiges und der Präsenz von Comics im Verlagswesen und in den Medien genannt. Besagte institutionelle Erzählung hat zu einem rasanten Wachstum der Comicforschung beigetragen, bedarf allerdings einer differenzierten Betrachtungsweise. Um nur einen Aspekt zu nennen, hat sich die Forschung vorwiegend auf den Kanon englischsprachiger Werke bezogen, während anderssprachige Traditionen bis vor kurzem unterbelichtet blieben.

Diese Spannung zwischen Einfachheit und Komplexität, zwischen mangelndem und hohem Prestige des Comics ist als Teil des Prozesses zu verstehen, den Mitchell (1994: 46) als „Paragone" bezeichnet hat, als einen historisch-ideologischen Kampf zwischen der Macht des Bildes und des Wortes als Zeichen. Die Explosion der Comicforschung in den letzten drei Jahrzehnten hat dazu geführt, die intersemantischen Beziehungen von Bild- und Schrift-Zeichen im Comic aus kognitiven (Abbott 2008; Cohn 2013a; Cohn et al. 2014; Cohn & Wittenberg 2015; Herman 2008, 2010; Kukkonen 2013), multimodalen (Bateman 2014; Wildfeuer 2019) und narratologischen Perspektiven (Baetens & Frey 2015; Frahm 2010; Mikkonen 2017; Packard 2006; Pintor Iranzo 2017; Smolderen 2014; Varillas 2009) detaillierter als früher zu definieren. Die meisten Modelle, die auf der Semantikebene beruhen, gehen entweder von der Zeichenkonstitution des Textes oder von einem Inferenzmodell aus, das nicht nur die visuellen und verbalen Zeichen im Text, sondern auch den Rezeptionskontext und die Rezeptionsprozesse einbezieht. So können sowohl narrative Elemente des multimodalen Erzählens als auch einige der grundlegenden kognitiven Prozesse berücksichtigt werden, die die Rezeption von Comics steuern.

Den verschiedenen Forschungsrichtungen der Comicforschung ist die Überzeugung gemeinsam, dass visuelle und verbale Zeichen im Textkonstrukt des Comics kontextabhängig sind. Obwohl diese Erkenntnis nicht neu ist, sprengt die Ausführlichkeit, mit der sie neuerdings beschrieben wurde, die Grenzen der sporadischen Beiträge zu Comics aus dem Forschungsfeld der traditionelleren Semiotik (Dirscherl 1993; Eco 1992; Steimberg 2013) oder Ideologiekritik (Dorfman & Mattelart 1972). Die Zunahme an Interesse und Forschung hat es außerdem ermöglicht, bestimmte Parameter festzulegen, über die ein breiter Konsens besteht.

Obwohl die Modelle je nach Forschungsziel unterschiedliche Aspekte des Comictextes beleuchten, kann man anhand der exponentiell zunehmenden, bereits unüberschaubaren Forschungsliteratur vier Ebenen festlegen, die bei einer semantischen Rekonstruktion und beim Interpretationsprozess integriert werden müssen und die das Zusammenspiel zwischen Komplexität und Einfachheit mitbestimmen.

1. Die Organisation der Panels eines Comics kann von einem (Minimum) bis hin zu hunderten von Panels variieren, wie in der heute prestigeträchtigeren *Graphic Novel* üblich. Die Komposition solcher Panelsequenzen wird als die Basisstruktur der visuellen Erzählung definiert. Zunächst werden Panels auf der Seite durch den Prozess der *arthrology* (Groensteen 2007) organisiert; diese Panels zeigen auch eine ‚ikonische Solidarität' mit anderen Panels auf der Sequenz-, Seiten- oder Werkebene, indem sie in den anderen Panels ebenso vorhandene sowie repetitive Merkmale, Abweichungen, etc. aufzeigen, was Groensteen als *braiding* bezeichnet hat (Baetens & Frey 2015; Groensteen 2011; McCloud 1993). Die Kohärenz, die durch die visuelle Form hergestellt wird, beruht auf dem Zusammenhang zwischen den einzelnen Panels und dem Ganzen bzw. der Seite. Diese Aspekte werden nicht nur durch panelinterne Mittel wie Wiederholung erkennbarer Zeichen wie Figuren oder Farbeinsatz bestimmt, sondern auch durch die Struktur und die visuellen Merkmale der Paneleinheiten selbst in Bezug auf das Ganze.

2. Es sind Bild- und Schrift-Zeichen präsent, die sich in einer oft konstanten, sehr produktiven Art und Weise aufeinander beziehen. Die Ikonizität des visuellen Materials variiert in seiner Zeichenhaftigkeit im Kontext, modifiziert durch visuelle und textuelle Eigenschaften des Panels und der Sequenz (Baetens 2001; Dirscherl 1993; Saraceni 2003; Schüwer 2008; Varillas 2009). Der intersemantische Inhalt beruht auf dem jeweiligen Zusammenspiel der zwei Zeichensysteme, die sich den Raum innerhalb des Panels teilen. So können textuelle Zeichen intradiegetische Funktionen, etwa als Sprechakte der Figuren, oder extradiegetische als unterschiedliche Erzählinstanzen einnehmen; sie können ferner als indexikalische Markierungen von Raum und Zeit fungieren. Der strukturelle Bezug zwischen diesen und dem visuellen Zeichen ist verantwortlich für die intersemantische Sinnkonstitution. Wie sich normativ grundlegende Zusammenhänge zwischen Bild und Schrift gestalten und ob von syntaktischen Merkmalen die Rede sein kann, bleibt umstritten (Chavanne 2015; Cohn 2013b; Frahm 2010).

3. In der letzten Zeit richtete sich die Aufmerksamkeit vermehrt auf den Inferenzprozess im Verständnis von Comics. Die Zeichendynamik hängt vom Rezeptionsprozess ab. Die Ambiguität einer Panelsequenz hinsichtlich der materiellen und strukturell vorhandenen visuellen und textuellen Elemente und der impliziten Information, die im Panel nicht vorhanden ist, aber für den Sinnzusammenhang innerhalb eines Panels sowie für die Rekonstruktion einer Erzählung aus mehreren Panels benötigt wird, wirkt auf mehreren Ebenen. Die Kontextrekonstruktion wird seit der Pionierarbeit von Scott McCloud (McCloud 1993), bis hin zu neueren kognitiven und multimodalen Modellen als Inferenzprozess beschrieben, der panelintern und für die Sequenzkonstitution nötig ist (Aldama 2009, 2018;

Cohn 1983; Cohn & Maher 2015; Cohn & Wittenberg 2015; Corti 2020; Plesch, MacLeaod & Baetens 2011; Wildfeuer 2019; Yus 2008). Inferenzmodelle können für die Beleuchtung der Kontextkonstitution auf der Panel- und Sequenz- bzw. Narrativebene im Comic erklärend sein. Dieser Anstoß aus der kognitiven Narratologie und der Sprachwissenschaft betont die pragmatischen Bedingungen, die zusammen mit dem Bild- und Schrift-Zeichen die Rezeption steuern. Dieser Aspekt ist sowohl hermeneutischen als auch leserzentrierten Modellen durchaus nicht fremd (Iser 1994, 2000). Eine größere Präzision bei der Festlegung der hermeneutischen und pragmatischen Bedingungen erlaubt es jedoch, ein bisher vernachlässigtes Feld im Universum der Comicforschung zu erweitern sowie eine Brücke zu empirischen Studien zu schlagen, wie in dem 2018 herausgegebenen Band von Dunst, Laubrock und Wildfeuer gezeigt wird.

4. Inferenzprozess und Sinnkonstitution hängen vom Wissensrahmen, vom Weltwissen oder vom enzyklopädischen Wissen ab, welche den Leser:innen zur Verfügung stehen und von ihnen bei der Lektüre aktiviert werden können, ferner von deren Leseerfahrungen und Wissen über die Konventionen des Comics als Genre. Auf dieser Ebene sind auch die Intertextualität und Intermedialität zu verorten, die für Rekontextualisierungen zentral sind (Chute 2006; Corti 2019a; Wildfeuer 2019). Das Weltwissen und die Bekanntheit von Genrekonventionen sowie die intermedialen Verweise werden oft in multimodalen und kognitiven Modellen hervorgehoben und bilden seit langer Zeit einen Schwerpunkt der Narratologie. Sie schließen an einen zentralen, wenn auch ziemlich vernachlässigten Aspekt an, nämlich die Reichweite des pragmatischen Kontextes, welcher durch Textrezeption, -analyse oder -interpretation mitbestimmt wird. Das Zusammenspiel zwischen Inferenzprozessen, vorhandenem Weltwissen und institutionell bestimmten Erwartungen an Comics bestimmt die pragmatischen Voraussetzungen des Rezeptionsprozesses und trägt dazu bei, Einfachheit oder Komplexität festzustellen.

Im vorliegenden Beitrag möchte ich auf zwei Gruppen von Beispielen eingehen, die an der Schnittstelle von folgenden drei Punkten liegen.

1. Die Ungleichzeitigkeit und die Kontextdivergenz zwischen Produktion und Rezeption bestimmt das Vorhandensein bzw. Nichtvorhandensein des Weltwissens in einer Diskursgemeinschaft. Die Vorstellung einer von der Autorin bzw. des Autors bewusst vorgenommenen und zielgerichteten Zeichenkodierung, wie sie in kognitiven und multimodalen Modellen häufig anzutreffen ist, verkennt die narratologischen Errungenschaften zugunsten einer vermeintlichen Autorintention, die längst in Frage gestellt wurde. Eine Differenzierung textinterner Merkmale, die im multimodalen Artefakt des Comics komplexer als in

den literarischen Textmodellen der klassischen Narratologie sind, erlaubt es, die textimmanente Struktur gut zu beschreiben. Ein Paradebeispiel für das Zusammenspiel unterschiedlicher Kontexte und Medien zeigt das Phänomen der Intertextualität bzw. -medialität, auf die ich im zweiten Teil des Beitrages eingehen möchte.

2. Die Zeichendynamik, also die Bedeutungszuschreibung anhand der im Text vorhandenen Information, hängt außerdem vom Rezeptionsprozess ab. Textuelle Zeichen werden vielfach ahistorisch und kulturell neutral betrachtet; dies ist umso bemerkenswerter, wenn man bedenkt, dass Comics ein großes Spektrum an diasystematischen Varietäten erschließen. Nicht nur Register und Sprachvarietäten spielen hierbei eine zentrale Rolle, sondern auch „Sprachnormverletzungen", die Figuren in gesellschaftlichen Rollen und Milieus verankern und Macht zu- oder absprechen (Bourdieu 1991: 38). Ob diese im inferenziellen Prozess anerkannt werden (müssen), hängt von der kontextuellen Rolle im Rezeptionsprozess ab, der seinerseits von Paratexten bestimmt werden kann. Das institutionelle Prestige, der geringere Status oder die Funktion einer Textform bestimmen oft die Bedeutungszuschreibung, wie im Falle der Comics in ihren historischen Rezeptionsveränderungen offensichtlich wird.

3. Soziokulturelle Kodierungen, die bei der Lektüre vorausgesetzt und abgerufen werden, sind nicht nur eine Bedingung für die Sinnerschließung, sondern können fundamentale Kontextvariationen in der Rekontextualisierung des Comictextes verursachen. Weltwissen über Praktiken und deren Rolle in Erzählungen sind für den inferenziellen Sinnerschließungsprozess notwendig, der auch Wissen über Symbole, Genre-Erwartungen sowie soziale Verankerungen von Erzählungen hervorruft. Rezeption geschieht daher nicht in einer kulturell neutralen Situation, sondern ist kontextuell und pragmatisch bedingt. Diese Bedingungen sollen als pragmatische Voraussetzungen gedacht werden, da der Kontext *per definitionem* offen bleibt und letztendlich individuell geprägt ist.

In dem vorliegenden Beitrag werde ich zwei Gruppen von Comic-Beispielen analysieren, die eine Rekontextualisierung entweder mittels paratextueller Ergänzungen oder durch textimmanente Mechanismen realisieren. Sowohl die Paratextualität als auch der pragmatische Kontext bestimmen den Raum für die jeweiligen Bedeutungszuschreibungen von Bild und Schrift. Komplexität bzw. Einfachheit des Comic-Textes werden von diesen zwei Faktoren mitbestimmt.

Unter ‚Kontext' des Comics verstehe ich nicht nur den textimmanenten, diskursiven Zusammenhang auf der Zeichenebene, sondern auch die Kontexte, in die ein Text eingefügt werden kann und die auf die eine oder andere Weise als mögliche Quellen für die Determinierung der Textrezeption dienen.[1] Obwohl das textimmanente Zeichen für sich eine ontologische Priorität beanspruchen kann, wäre dieses ohne die konkreten Sinnzuschreibungen irrelevant. Gerade diese pragmatische Variabilität nimmt im Comic eine besondere Stellung ein.

Anhand von zwei Comic-Beispielen, die im Kontext von Lehrwerken erscheinen, werde ich die Vereinfachung bzw. Unterdeterminierung der diskursiven und extra-textuellen Komplexität, die eine solche (Re-)Kontextualisierung impliziert, zeigen. Danach werde ich auf vier unterschiedliche Comic-Beispiele, die sich intermedial auf andere Texte beziehen, eingehen, um zu zeigen, wie eine vermeintliche Zeichenreduktion einen komplexeren Bezug zu anderen Kontexten herstellen kann, die in einem inferenzbasierten Sinnerschließungsprozess allerdings nur angedeutet bleiben können.

2 Funktionale Vereinfachung durch Rekontextualisierung

Zunächst stellt sich die Frage, wie sich die Veränderung des pragmatischen Kontextes auf den Rezeptionsprozess eines Comics auswirkt und inwiefern diese auf unterschiedlichen diskursiven Ebenen relevant ist. Einige Merkmale betreffen den Bereich des Paratextes (Genette 1989), der eine der wichtigsten Quellen für die Kontextualisierung eines Werkes darstellt. Andere Merkmale stehen außerhalb dessen, was traditionell als Paratext gilt. Nehmen wir zum Beispiel an, dass ein Comicstrip in einem Lehrbuch für den Fremdsprachenunterricht erscheint. Er wurde dafür nicht produziert, sondern aus einem anderen Produktions- und Distributionskontext übernommen. In den 1990er und 2000er Jahren enthielten Lehrbücher für Spanisch als Zweit- oder Fremdsprache (*Español como Lengua extranjera*, ELE) visuelle Erzählungen des bekannten argentinischen Autors Quino (1932–2020), oft aus der berühmten *Mafalda*-Serie. Diese Comicstrips wurden in der Regel für Zeitschriften oder Zeitungen produziert, später in populären Heften sowie in größerem Format, als Buch gesammelt, veröffentlicht. Während die Veränderung der Größe und des Formats als ein oft anzutreffendes Merkmal des Comics angesehen wird, da Comics in unterschiedlichen Medienträ-

---

1 Im Kapitel zur Multimodalität des Werkes *Comicanalyse* wird Kontext so definiert (Packard et al. 2019: 58): „Sowohl die unterschiedlichen Wissens- und Informationsquellen als auch die Gestaltungs- und Gebrauchsregeln, die für uns während der Rezeption eine Rolle spielen, lassen sich unter dem Begriff ‚Kontext' zusammenfassen."

gern erscheinen können, stellt sich die Frage, inwiefern der veränderte Kontext eine Wirkung auf mögliche Sinnzusammenhänge und Bedeutungszuschreibungen haben kann.

Eine Rekontextualisierung bedarf der Überlegung, inwiefern neue Paratexte, Erklärungen oder Untertitel die Interpretationskontexte mitbestimmen können, insofern sie eine bestimmte Lesart der betreffenden Texte nahelegen und an die Form bestimmte Erwartungen knüpfen, die die Rezeption der Texte begrenzen bzw. erweitern. Lehrwerke für den Fremdsprachenunterricht sind primär pragmatische Textsorten, die eine Reihe von soziokulturellen Erwartungen, die mit Comics verbunden sind, fördern: Einfachheit, Universalität der Bildsprache, ein gewisses Maß an Humor oder eine musterhafte Darstellung stereotyper soziokultureller Praktiken. Dabei sind Lehrwerke für den Fremdsprachenunterricht selbst kulturelle Artefakte (Corti 2019b; Gray 2010; Risager 2018), die bestimmte Aspekte einer imaginierten Gemeinschaft auswählen und andere weglassen, womit sie zu einem bestimmten Bild von Sprache und Kultur beitragen.

Im Lehrwerk *Puente Nuevo* (Pérez, Süß & Calvo 2002: 63) wurde ein Comicstrip der Serie *Mafalda* abgedruckt (siehe Abb. 1). Er besteht aus sechs Panels, die zwei Figuren bei einem Gespräch inszenieren. Es handelt sich um die Protagonistin Mafalda und ihren kleinen Bruder Guille. Sie sind in der abendländischen Leserichtung – also von links nach rechts – angeordnet. Jedes Panel bildet die beiden Figuren in ähnlichen Positionen ab; die Veränderungen ab dem dritten Panel betreffen vorwiegend die Körpersprache. Die Inferenzen, die notwendig sind, um eine Kontinuität zu rekonstruieren, beschränken sich auf Zeit und Ort des Dialogs. Man kann von einer räumlichen Einheit und einer unmittelbaren zeitlichen Abfolge ausgehen, welche durch die implizite Dauer des Lesens der Sprechblasen leicht variiert. Der Zwischenraum der Panels (*gutter*) bricht lediglich szenenhaft den Dialog und hat so hauptsächlich eine zeitliche Funktion.

Abb. 1: © Joaquín Salvador Lavado (Quino): *Toda Mafalda*, Ediciones de la Flor (Pérez, Süß & Calvo 2002: 63).

In der Szene meldet sich ein kleineres Kind namens Guille mit der Frage nach seinem Vater („¿Papá?") zu Wort. Diese wird als „Wo ist Papa?" von dem größeren, älteren Mädchen Mafalda interpretiert, indem es antwortet, der Vater sei bei der Arbeit. Im zweiten Panel versucht Guille der Sache auf den Grund zu gehen. Die Auslassung des vibrierenden [r] in der Frage „po qué?" signalisiert eine frühere Phase der Sprachentwicklung des Kindes. In den drei folgenden Panels wiederholt er die gleiche Frage noch einmal, da er sich offensichtlich mit den Antworten seiner großen Schwester, die allmählich in Erklärungsnot gerät, nicht zufrieden geben will, was auch auf das typische Fragealter deutet, in dem Kinder durch beständiges Fragen das Leben und die Welt zu verstehen versuchen. Die Schrift wird nach und nach vergrößert, was als Hinweis für die Anhebung der Stimme fungiert. Pleonastisch verstärkt wird dieses Zeichen noch durch die Veränderung der Mundgeste der Figur, indem sich der Mund immer weiter öffnet, was im fünften Panel den Höhepunkt erreicht, ehe das Kind den Mund zuletzt wieder schließt.

Mafaldas Antworten beschreiben ihrerseits soziale Praktiken und Rollen, die mit der Arbeitswelt und der Verteilung der Güter in ihrem Umfeld verbunden sind, d. h. sie erklären Guille, dass sein Vater nicht da sei, weil er arbeitet, um sein Gehalt zu verdienen und sich so den Zugang zu grundlegenden Gütern wie Nahrung und Kleidung zu sichern. Er müsse das tun, denn so funktioniere nun mal die Welt: „¡Porque así está organizado este mundo, Guille!". Diese Erklärung empfindet Guille als so abstrus, dass er fast außer sich erneut „Warum?" schreit. Die Aufregung wird dadurch unterstrichen, dass im vorletzten Panel die einzige vorhandene Sprechblase grafisch so erweitert wird, dass ihre Seitenränder nicht mehr erkennbar/sichtbar sind, so als sei die Frage so groß und laut geworden, dass sie nicht mehr hineinpasst. Der mangelnde Platz lässt eine vollständige Abbildung des Fragezeichens nicht mehr zu. Die grafische Vergrößerung der Sprechblase sowie der Schrift lässt zusammen mit dem Gesichtsausdruck der Figur auf die Wut und das Unverständnis von Guille über die Antwort seiner Schwester oder über die Weltordnung schließen.

Das letzte Panel der Sequenz endet, wie es in der von Quino verwendeten Erzählform des Comicstrips relativ üblich ist, mit einer Auflösung nach dem Höhepunkt. In Erwachsenenmanier tätschelt Mafalda Guilles Kopf. Diese beschwichtigende Geste scheint auf Guille beruhigend zu wirken, da sein vorheriges Entsetzen nachzulassen scheint. In der Sprechblase ist zu lesen: „Erst eineinhalb Jahre alt und schon reif für Tränengas". Diese letzte Aussage fügt dem Comicstrip ein sozialkritisches Element hinzu, das die vorangegangenen Warum-Fragen in einem neuen Kontext zeigt. Das Hinterfragen der sozialen Ordnung kann dazu führen, dass jemand, insofern er alt genug dafür ist (‚reif für'), in der vorausgesetzten soziokulturellen Ordnung eine Strafe (‚Tränengas') erhalten kann. Wer für diese Bestrafung verantwortlich ist, bleibt offen und kann je nach Kontext unterschiedlich interpretiert werden. Bestrafen kann eine abstrakte Entität wie der Staat mit seinem Gewaltmonopol (Weber 2009). Dafür verantwortlich können ebenso lateinamerikanische Diktaturen sein, die im politischen Kontext, in dem die Mafalda-Comicstrips (zwischen 1964 und 1973) verfasst wurden, an der Macht waren. Nicht auszuschließen ist allerdings die abstraktere Annahme, dass das Infragestellen der Machtordnung immer eine Strafe nach sich zieht. Je nachdem, wie das individuelle Recht und die institutionelle Freiheitslage, die Gesellschaftsordnung in Frage zu stellen, aufgefasst wird, können inferenziell unterschiedliche Hypothesen aufgestellt werden.

Es liegt auf der Hand, dass die textinterne Referenzialität des Dialogs zwischen zwei Kinderfiguren damit ideologisch erweitert wird. Deshalb wird die Rezeption zu einem grundlegenden Moment, vor allem im Hinblick auf die Art der Referenzialität, die über den Comicstrip hinausgehend verstanden werden sollte. Eine Autoreferenzialität im Sinne der traditionellen Narratologie ließe ein Großteil der semantischen Konstitution unerklärt. Andererseits wäre es irreführend, eine Lesart etablieren zu wollen, die in diesem bestimmten Kontext implizierte ideologische, aber wohl offene, Anspielungen als normativ voraussetzt.

Nachdem die Textkomplexität dieser Panelfolge sowie hypothesenbildende Inferenzen aus Bild- und Schrift-Zeichen erläutert wurden, stellt sich die Frage, welche Funktion der Comicstrip im Kontext des Lehrwerkes erfüllt. Einerseits hat der Comicstrip keine metatextuelle Erklärungsfunktion, welche die Übungen und Beispiele der Lehrbucheinheit ergänzt. Andererseits schließt er sich an das grammatikalische Thema an, zu dem er eine dekorative Illustration ist. Der Comicstrip ist aber auch ein Beispiel für eine dialogische Umsetzung interrogativer Sprachhandlungen, bei der die Relevanz des Kontextes in sokratischer Manier hervorgehoben wird. Rezipient:innen finden im Comic-Text intersemiotische Relationen, die gewissen Regeln unterworfen sind.

Die politisch-ideologische Infragestellung von Gesellschaftsrollen steht allerdings nicht in einem direkten Zusammenhang mit dem syntaktisch-grammatischen Ziel der Lehrwerkeinheit. Die Einheit bedarf des Comic-Textes weder als zusätzliche Erklärung noch als Übung und könnte durchaus ohne den *Mafalda*-Comicstrip ihr kommunikatives Ziel im Kontext des Lehrbuches aufrechterhalten. Die Unbestimmtheit der Funktion lässt darauf schließen, dass die durch den Comicstrip eingeführte ideologische Komponente eine Nebenrolle spielt. In den Übungsanweisungen wird außerdem nicht dazu aufgefordert, auf das implizite Weltwissen, worauf sich der Comicstrip bezieht, einzugehen.

Die Rekontextualisierung des Comic-Textes, der im Lehrbuch mit der Praxis der Interrogativfragen in Zusammenhang gebracht wird, erweitert dennoch den

Kontext der Übungen. Der Comicstrip signalisiert selbst die Grenzen der pragmatischen Realisation und die Kontextbedingtheit des Fragens. Im Kontext der Zeitung, in der *Mafalda* erschienen ist, konzentriert die Erwartungshaltung der Rezipient:innen sich vermutlich eher auf den politisch-ideologischen Kontext als auf die formale Frage des Verhältnisses zu den Interrogativformen. Die formale Konstitution des Schrift- und Bildzeichens, die für die diskursive Beschaffenheit als Grundlage des inferenzbasierten Prozesses der Sinnzuschreibung verantwortlich ist, spielt in dem besprochenen Beispiel keine Rolle. Weder der Comic-Diskurs noch das beim Lesen abgerufene Weltwissen werden mit dem thematischen Inhalt der Lektion in Verbindung gebracht.

Es gibt außerdem auch Lehrwerke, in denen Comicstrips abgedruckt sind, die speziell für das Buch produziert wurden. Im Beispiel der Abb. 2 (Bürsgens et al. 2011: 132) vom Lehrwerk *Perspectivas A2* handelt es sich um einen Comicstrip, der zur einer deduktiven Schlussfolgerung der Verwendung der Futurform führen soll.

Abb. 2: *Perspectivas A2* (Bürsgens et al. 2011: 132).

Im Gegensatz zur schwarz-weiß gehaltenen Strichzeichnung des *Mafalda*-Comics sind die drei Panels dieses Comics verschiedenfarbig gestaltet und es fällt auf, dass der Dialog wie im vorherigen Beispiel eine humorvolle Pointe enthält. Hier sieht man zwei Figuren, denen wegen der Hitze die Schweißperlen über das Gesicht rinnen sowie im Hintergrund die Sonne. In der Sprechblase des ersten Panels klagt die männliche Figur über die drückende Hitze und schlägt der weiblichen Figur vor, zu einem „chiringuito" (Strandbar) zu gehen, um eine Cola zu trinken. Im nächsten Panel antwortet die weibliche Figur, dass sie keinen Laden sehe. Der Mann erwidert, dass es in der Nähe bestimmt einen Eisstand gäbe. Im letzten Panel wundert sich die männliche Figur über die ungewöhnliche Größe des Strandes. Gleichzeitig erscheint ein Schild, auf dem man lesen kann, dass es sich um die Wüste Sahara handelt.

Allerdings scheinen die beiden Figuren das Schild, dessen Aufschrift sich nur in die Richtung der Leser:innen richtet, übersehen zu haben. Die Pointe entsteht nicht allein durch den Bruch mit der anfangs erzeugten Erwartungshaltung an eine scheinbar unspektakuläre Situation: Zwei Menschen befinden sich an einem Strand, verspüren Durst und beschließen spontan, eine Strandbar aufzusuchen. Sie finden aber weit und breit keine, obwohl davon auszugehen ist, dass es eine solche an jedem beliebigen Urlaubsstrand gibt. Vielmehr entsteht die Pointe aufgrund des Spiels mit der Täuschung, welche die Verwechslung des Ortes, an dem sich die Figuren befinden, mit sich bringt. Die beiden Figuren sowie vermutlich auch die Leser:innen gehen davon aus, die zwei Protagonist:innen seien am Strand, wo das Vorhandensein einer Bar oder zumindest eines Eisstandes sehr wahrscheinlich ist. Die Pointe hebelt die Prämisse aus, dass sich beide Figuren an einem Strand befinden. Die Leser:innen – im Gegensatz zu den zwei Figuren – erfahren am Ende, dass sie sich geirrt haben und sie vielmehr in der nordafrikanischen Wüste sind, womit die Wahrscheinlichkeit, ein derartiges Geschäft zu finden, gegen Null sinkt. Der Comic bezieht sich indirekt auf eine touristische Situation, wie sie in Lehrwerken für den Fremdsprachenunterricht oft inszeniert wird (Bauman 1996; Byram 1993). In der entsprechenden Einheit lautet das übergeordnete Thema Umwelt.

Einerseits lenken die Arbeitsanweisungen oberhalb des Comicstrips die Aufmerksamkeit auf die Verwendung der grammatikalischen Verbform des Futurs zum Ausdruck von Probabilität, andererseits stellt der Comicstrip Anforderungen an das Weltwissen der Rezipierenden bezüglich der (Un-)Wahrscheinlichkeit einer derartigen Situation am Strand oder in der Wüste. Darüber hinaus ist es ein Beispiel dafür, dass die Auswahl des touristischen Kontextes bereits eine normative Entscheidung hinsichtlich des gewöhnlichen – am Strand – oder ungewöhnlichen – in der Wüste – Rahmens für den Sprachgebrauch trifft. Zusätzlich lassen Ausdrucksweise und Wortschatz der Figuren auf eine bestimmte Sprachvarietät des Spanischen schließen, die als Standard präsentiert wird. Wurde bei dem *Mafalda*-Comic ein komplexer politisch-ideologischer Hintergrund eingeblendet, ohne ihn hervorzuheben, indem der Comic primär in seiner funktionalen Rolle rekontextualisiert wurde, wird im zweiten Beispiel das stereotype Bild einer Sprachhandlung betont, indem grammatikalische Merkmale im Vordergrund stehen. Somit wird der Comic ebenso in einen Diskurs eingebettet, der Sprache und die kulturellen Praktiken, die mit dieser Sprache in Verbindung gebracht werden, mitbestimmen.

Inwiefern die erwähnten und analysierten Merkmale des Comic-Textes rezipiert werden, hängt von den jeweiligen Bedeutungszuschreibungen ab. Dennoch fällt die Tatsache auf, dass beide Beispiele zu der Ausblendung von impliziten Voraussetzungen beitragen, statt auf diese aufmerksam zu machen.

In diesem Sinne wird eine Vereinfachung des multimodalen Comic-Textes in dem neuen Kontext bevorzugt.[2]

Im nächsten Abschnitt werde ich eine andere Art von Rekontextualisierung von Comics betrachten, in der – im Gegensatz zu den bisher behandelten Beispielen – auf der Diskursebene andere Medien und Texte intertextuell und intermedial integriert werden.

3 Komplexität durch intra- und extratextuelle Bezüge

Im Folgenden geht es um textimmanente Rekontextualisierung, d. h. um den Prozess der Anspielung mittels Formen der Transtextualität (Genette 1989; Kristeva 1980; Riffaterre 1994). Da der Comic-Text sich des Schrift- und Bild-Zeichens bedient, handelt es sich oft um Bezüge, die medienextern sind, was heute unter Intermedialität subsumiert wird (Rajewsky 2002; Wolf 2017). Allgemein kann der Prozess als Präsenz eines Textes A (Hypotext oder Prätext) in einem anderen Text oder Medium B (Hypertext) definiert werden, so wie Genette (1989: 17) diese Transformation begrifflich geprägt hat. Ich verstehe den Begriff in einem spezifischeren Sinne als das Vorhandensein eines bestimmten Textes (A), der einem bestimmten Medium bzw. Diskurs angehört, in einem Comic-Text (B). Ich folge dabei Gil González & Pardo (2018: 11–40), die einen Versuch unternommen haben, das transtextuelle Modell von Genette für eine komplexere mediale Realität zu adaptieren (Bernhart 2017). Unter Diskurs verstehe ich hier nicht den narrativen Diskurs des Comics, sondern ein Repertoire, das es ermöglicht, Phänomene wie transmediale Inhalte oder Diskurse zu erklären, die nicht auf einen einzigen materiellen früheren Text oder ein einziges Medium zurückgeführt werden können, sondern eine komplexere diskursivere Natur aufweisen, wie mythologische oder historische Sachverhalte, aber auch Figuren und Figurenzusammenhänge (Gil González & Pardo 2018).

Diese mit der Intertextualität und Intermedialität verbundene Rekontextualisierung unterscheidet sich von der zuvor behandelten dadurch, dass die erstere einen direkten Zusammenhang mit dem Zeicheninhalt des multimodalen

---

[2] Der für das Lehrwerk produzierte Comic-Text ist in einen multimodalen Text, in einen breiteren Zusammenhang eingebettet, der die Bedeutungszuschreibung mitbestimmt. Dagegen ist die Rekontextualisierung eines vorher produzierten Comics nicht nur auf der Rezeptionsebene in dem multimodalen Kontext des Lehrwerkes zu betrachten, sondern auf die diskursiven Entscheidungen hin zu untersuchen, welche die ursprüngliche kommunikative Situation verändern.

Textes hat, während die zweite auf externen Prozessen beruht. Wenn intertextuelle bzw. intermediale Bezüge entstehen, spielen die dem Comic-Text zugehörigen Zeichen auf andere Texte, Medien oder Diskurse an, die materiell präsent sind. Die Vielfalt an Funktionen des Miteinanderseins beider Zeichensysteme können in den verschiedenen Formen der Intertextualität bzw. Intermedialität exemplarisch illustriert werden.

Wenn ein Comic-Text auf einen früheren Text Bezug nimmt, findet immer eine materielle Transformation des Hypotextes statt, unabhängig von dem Mediumträger, in dem er erschienen ist. Die von Genette geprägten narratologischen Studien haben dieser Distanz Kohärenz verliehen, indem sie bestimmte Funktionen des Hypotextes in dem Hypertext zu beschreiben versuchten. Obwohl die Intertextualität und Intermedialität immer noch keine einheitliche Begrifflichkeit gefunden haben (Rajewsky 2005), besteht ein gewisses Repertoire an Funktionen, das im vorliegenden Beitrag als Ausgangspunkt dienen kann.

Dass die Integration eines Ausgangstextes in einem später entstandenen Text den übernommenen Inhalt rekontextualisiert, gehört so zu der konstitutiven Struktur der Transtextualität. Nach Riffaterre (1994: 781) drückt der Hypotext etwas aus, über das im Hypertext geschwiegen wird. In diesem Sinne erzeugt die Präsenz eines Hypotextes eine Komplexität sowohl auf den Bild- und Schrift-Ebenen als auch hinsichtlich der Schlussfolgerungen, die auf der intrasemantischen Ebene möglich sind. Das Zusammenspiel von Komplexität und Einfachheit möchte ich daran anknüpfend anhand von zwei Comic-Texten, die einen Prätext des Schriftstellers Thomas Bernhard (1931–1989) aufgreifen, illustrieren. Danach gehe ich auf eine Adaptation des Literaturklassikers *Ulysses* (1922) von James Joyce und auf einen Comicstrip ein, der auf ein Gedicht Edgar Allan Poes Bezug nimmt.

Das nun zu analysierende erste Beispiel ist die Adaption von Bernhards autobiographischem Roman von 1975, *Die Ursache* (Ausgabe von 2011), worin eine autodiegetische Erzählstimme den Übergang von der Kindheit zur Jugend zwischen Bayern und Salzburg im Kontext des Zweiten Weltkriegs erzählt. In einer der bekanntesten Stellen des Werkes, durch die auch der Inhalt des gesamten Romans charakterisiert wird, vergleicht der Protagonist und Erzähler die Situation in einem Internat vor und nach dem Sturz des nationalsozialistischen Regimes. Nicht nur an den beiden Leitern, Grünkranz, dem Nationalsozialisten, und dem katholischen Präfekten, der das Internat später übernimmt, bemerkt die Erzählstimme eine Kontinuität, als der Protagonist zurückkommen kann:

> Nun war ich also [...] wieder im Internat, in keinem nationalsozialistischen, in einem katholischen, und es hatte sich für mich zuerst nur in dem Austausch des Hitlerbildes gegen das Christuskreuz und in dem Austausch des Grünkranz gegen den Onkel Franz unterschieden [...]. (Bernhard 2011: 94)

Die Erzählstimme reflektiert ebenso metaerzählerisch über „die Empfindungen von damals und das Denken von heute" (Bernhard 2011: 96). Die zeitliche Distanz zwischen dem Jetzt der Erzählung und dem erzählten Jetzt der Aussage, die den Zusammenhang zur Vergangenheit herstellt, betont die Kontinuität beider Systeme:

> Jetzt pilgerten wir ganz einfach gleich nach der ebenso wie in der Nazizeit ungründlichen Reinigungsprozedur in die *Kapelle*, um die Messe zu hören und um die Heilige Kommunion zu empfangen, genauso wie in der Nazizeit in den *Tagraum*, um die Nachrichten und die Instruktionen des Grünkranz zu hören, sangen jetzt Kirchenlieder, wo wir vorher Nazilieder gesungen hatten, und der Tagesablauf gestaltete sich auf katholisch als der gleiche im Grunde menschenfeindliche Züchtigungsmechanismus wie der nationalsozialistische. (Bernhard 2011: 97, Kursivierungen wie im Original)

Die Erzählinstanz stellt eine Reihe von Gegensätzen her, zwischen der Messe in der Kapelle und dem Hören von Nachrichten und Anweisungen in der Stube, religiösen Liedern und nationalsozialistischen, während die Abläufe und zum Teil die Aktivitäten im Wesentlichen gleich bleiben.

Lukas Kummers *Die Ursache* (Bernhard 2018) ist eine Adaption von Bernhards Werk im multimodalen Format des Comics. Adaptionen von literarischen Texten haben in Comics eine lange Geschichte; sie gehören zu einem populären Subgenre. In der transmedialen Narratologie werden Adaptionen als ein deutliches Moment angesehen, an dem die formalen Möglichkeiten (*affordances*) eines Mediums mit einem anderen vergleichbar werden (Kukkonen 2011; Ryan 2014: 30). Hier werde ich mich darauf beschränken, den gerade erwähnten Sachverhalt im Sinne seiner Rekontextualisierung zu analysieren.

Auf einer Seite (siehe Abb. 3) sind vier regelmäßige Panels zu sehen, getrennt durch einen weißen Zwischenraum (*gutter*). Jedes Panel enthält am oberen Rand einen rechteckigen Erzählblock, auf dem die Erzählstimme in einer schreibmaschinenartigen Schrift zu finden ist: Ein direktes Zitat aus dem Originalroman. Wie bei allen Comic-Adaptionen von literarischen Werken wird der Originaltext übernommen, jedoch stark gekürzt. Während die Erzählblöcke der ersten drei Panels einem einzigen Satz entnommen sind

> Und der Verdacht, daß es sich jetzt im Umgang mit Jesus Christus um das gleiche handelte wie ein oder wie ein halbes Jahr zuvor noch mit Adolf Hitler, war bald bestätigt. (Bernhard 2011: 99)

bricht der vierte Erzählblock mit der Einheit des Romans und überspringt etwa zwei Drittel einer Seite bis zum nächsten Zitat:

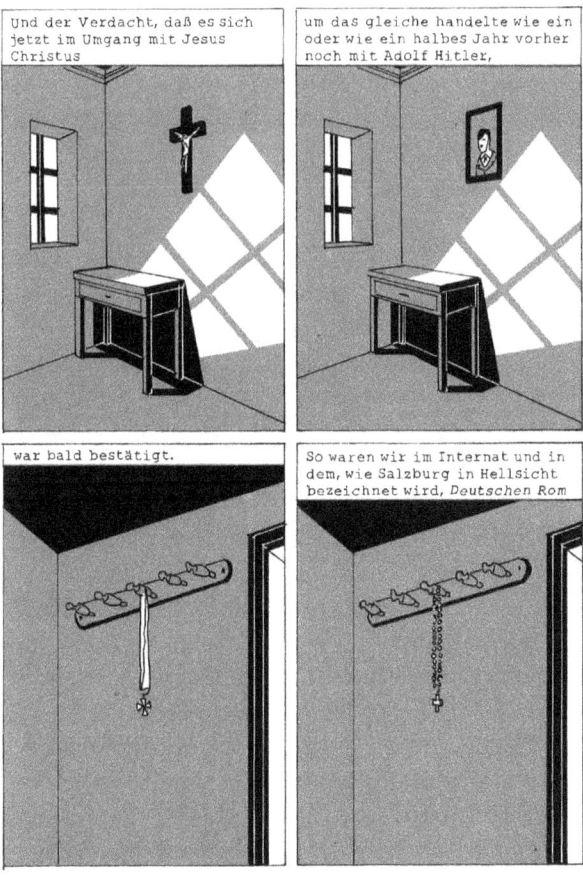

Abb. 3: Bernhard & Kummer (2018: 86).

So waren wir im Internat und in dem, wie Salzburg in Hellsicht bezeichnet wird, *Deutschen Rom*, zuerst im Namen Adolf Hitlers zugrunde und tagtäglich zu Tode erzogen worden und dann nach dem Krieg im Namen von Jesus Christus, und der Nationalsozialismus hatte die gleiche verheerende Wirkung auf alle diese jungen Menschen gehabt wie jetzt der Katholizismus. (Bernhard 2011: 100, Kursivierungen wie im Original)

Dieser Textausschnitt wird auf der folgenden Seite der *Graphic Novel* verwendet. Was die visuelle Umsetzung betrifft, so stellt der Diskurs die erwähnte Kontinuität des nationalsozialistischen und katholischen Internatsregimes mittels der Raumwiederholung dar. Während das erste und das zweite Panel einen Innenraum aus der gleichen Perspektive zeigen, ist in dem dritten und vierten Panel ein Detailausschnitt der Wand mit einer Garderobe sichtbar. Die Panels unterscheiden sich jeweils nur in einem einzigen Detail: Im ersten Panel hängt ein Kruzifix an der Wand, im zweiten ein Portrait von Hitler. Kummers Werk löst die gleiche Antithese, auf der Bernhards Text aufbaut, mit visuellen Mitteln. Auffällig ist die Umkehrung der natürlichen Chronologie, die zwar dem Gedankenfluss folgt, aber nicht der erzählten Zeit. Die Bilder, die eine Rekonstruktion der Chronologie ermöglichen, sind an den Gedanken der Erzählinstanz orientiert, sodass sie mentale Zustände abbilden. In den Erzählblöcken wird ein Verdacht geäußert, der sich bestätigt haben soll. Die Schrift gibt das ‚Wie' des mentalen Zustandes – den bestätigten Verdacht – wieder, während das Bild für das ‚Was' steht – katholische Religion und Nationalsozialismus sind gleich bzw. austauschbar. So hängt im ersten Panel die christliche Ikone an der Wand, während im zweiten die nationalsozialistische Ikone sich an der gleichen Stelle befindet.

Bei beiden Panel-Paaren kommt die gleiche visuelle Strategie zum Einsatz. Die Interdependenz zwischen permanenten und variablen Elementen wird durch eine deutliche Reduktion der visuellen Mittel verdeutlicht. In der unteren Panel-Folge handelt es sich gewissermaßen um den gleichen Innenraum. Dieses Mal wird der Blick auf die Wand neben der Tür gerichtet, wo die Garderobe angebracht ist, von der im dritten Panel ein preußisches, nationalsozialistisches Eisernes Kreuz von einem Band herunterhängt. Im vierten Panel hängt an gleicher Stelle ein katholisches Kreuz von einer Kette herunter. In diesen beiden Panels wird nun der chronologischen Ordnung gefolgt. Das vierte Panel zeigt so die letzte Station, das Ergebnis: Das Kreuz steht ikonisch für den Katholizismus in der erzählten Zeit, was durch den Erzählblock auf der zeitlichen („So waren wir") und konzeptuellen („Deutsches Rom") Ebene hervorgehoben wird. Erstens ist die Reduzierung des Textumfangs gegenüber dem Original bei Beibehaltung einer autodiegetischen Erzählinstanz, die in den Erzählblöcken ihren Platz findet, festzuhalten. Zweitens wird eine grafische Wiedergabe der Aussage des Prätextes, aus dem die diskursiv-rhetorische Struktur von Antithese und struktureller Gleichheit übernommen wird, dargestellt. Drittens werden abstrakte Begriffe wie Nationalsozialismus oder Katholizismus, die symbolisch geprägt sind, in ikonische Zeichen verwandelt, welche ihrerseits eine symbolische Funktion erhalten, die inferenziell erschlossen werden muss und Vorwissen erfordert.

In einem gewissen Sinne vereinfacht *Die Ursache* den Hypotext, da sie Zeichen-Information reduziert. Dabei kann nicht von einer Vereinfachung des Diskurses, schon gar nicht von einer rhetorischen Vereinfachung, die Rede sein. Anhand der ikonischen Reduktion sowie der gleichzeitigen Präsenz des visuellen Zeichens – der ikonischen Solidarität – auf der gleichen Seite und der syntaktisch symmetrisch strukturierten Panels kann die erwähnte Information rekonstruiert werden. Daraus lässt sich schließen, dass die vermeintliche Einfachheit des Comic-Textes auf eine Reduktion des Schrift-Inhalts zurückzuführen ist, aber keineswegs auf eine Vereinfachung seiner diskursiven Struktur oder des symbolischen Inhalts.

Der Comiczeichner Nicolas Mahler, der mehrere Romane als Comics adaptiert hat, bezieht sich auch in seinem zuletzt erschienenen Werk *Thomas Bernhard. Die unkorrekte Biographie* (Mahler 2021) auf den österreichischen Schriftsteller. In dem Werk greift er auch die oben analysierte Textstelle von Bernhards Autobiographie auf. Mahlers *unkorrekte Biographie* strukturiert die Erzählung als multimodales Ensemble, das episodenhaft Bernhards Leben mit – tatsächlich biographischen sowie erfundenen – Erzählblöcken und ganzseitigen Bildern rekonstruiert. Das Werk besitzt somit nicht die Erzählstruktur eines klassischen Comic-Textes, auch wenn jede Seite wie ein Panel verstanden werden könnte, das zu einer gewissen Sequenzialität beiträgt.

Schließlich landet das bleiche, blutarme Kind in einem NS-Erziehungsheim. Nicht die besten Voraussetzungen für eine unbeschwerte Schulzeit.

Dann ist die Nazizeit zu Ende, das Hitlerbild wird abgehängt und durch etwas anderes ersetzt. Die Umrisse bleiben.

»Ich hab' mir immer vorgestellt, ich möchte im Grund' morgens nimmer aufwachen ... Und es war übel genug, daß ich immer wieder da war.«

Auch die katholische Kirche wird das Kind ein Leben lang hassen.

Abb. 4: Mahler (2021: 16–17). © Suhrkamp, Berlin.

Mahlers biographische Rekontextualisierung enthält eine Reihe von Elementen, die Kummers Werk ähneln, und andere, die unterschiedlich ausfallen. Erstens ist die Schrift im oberen und unteren Bereich der Seite in rahmenlosen Erzählblöcken positioniert; diese werden, wenn es sich um ein Zitat handelt, kursiv gesetzt. Es gibt keinen Panelrahmen, sondern die Seite selbst bildet die Einheit des Layouts. Der Erzählstrang ist bei den fehlenden Panels brüchig, obwohl es sich um die chronologisch gestalte Erzählung eines Lebens handelt.

Die Erzählinstanz nimmt eine distanzierte Haltung zu Thomas Bernhards biographischer Grundlage ein, nämlich die der Parodie. Der Untertitel *Die unkorrekte Biographie* stellt die Distanz zu den Prätexten her. Der autobiographische Pakt (Lejeune 1994) des Hypotextes, der eine Identität zwischen Autor, Erzählinstanz und Figur postuliert, wird hier durch eine biographische – und heterodiegetische – Erzählinstanz ersetzt, die das Lebensgeschehen kommentiert, statt es zu erzählen. Mahler greift allerdings eine Strategie auf, die Bernhard selbst zu Beginn seines autobiographischen Romans verwendet. Dies geschieht durch eine Trennung der Ereignisse, über die er erzählt, und der Gedanken über jene Ereignisse sowie über den Protagonisten, auf den sich die Erzählinstanz oft in der dritten Person bezieht. In Mahlers Biographie sind die Kommentare auffällig. Im ersten Erzählblock des Beispiels (siehe Abb. 4) wird eine Information eingeführt, die zwar biographisch korrekt ist, aber ironisch kommentiert wird: „Nicht die besten Voraussetzungen für eine unbeschwerte Schulzeit" (Mahler 2021: 16). Obwohl argumentiert werden kann, dass Bernhards autobiographisches Werk nicht nur inhaltlich mit dem Erzählblock übereinstimmt, sondern auch mit der Zusammenfassung, verändert die berichterstattende Instanz den Ton. Wenn die Erzählblöcke einer Kontextualisierung der visuellen Elemente in beiden Panels dienen, die den Übergang von einem nationalsozialistischen zu einem katholischen Regime zeigen, wiederholt das Bild die gleiche Raumdarstellung in beiden Panels. Eine Figur schreibt auf einer Schulbank, ein schematisch gezeichneter Hintergrund fungiert als Zimmerwand. An dem Wandfleck hängt in dem ersten Panel das Porträt einer Person mit einem Schnurbart, die dank der schriftlichen Referenz auf den Nationalsozialismus sowie aufgrund des visuellen Vorwissens als Adolf Hitler identifizierbar ist. Auf der folgenden Seite wird das Hitler-Porträt erwähnt, das abgehängt und durch „etwas anderes" ersetzt wurde. Dieses Andere ist im Bild-Zeichen des Kruzifixes zu erkennen, das den Katholizismus symbolisiert.

Im folgenden Erzählblock heißt es, dass der Junge auch die katholische Kirche für den Rest seines Lebens hassen wird, was den religiösen Kontext bestätigt und ihn wiederum präzisiert. Andererseits ist die Cartoonisierung, mit der Mahler seine Figur konstruiert, durch minimale Zeichenelemente sowie eine unregelmäßige – karikaturähnliche – Linienführung gekennzeichnet. Der Protagonist ist in Mahlers Werk an seiner großen Nase zu erkennen, während andere Gesichtszüge kaum vorhanden sind; Körpersprache ist nur angedeutet, aber nicht übertrieben. Diese parodistische Distanz fehlt in Kummers Adaption, die sich als solche dieser Freiheit nicht bedienen kann. In Kummers *Graphic*

Novel ist die visuelle Reduktion wichtig, aber der Zeichenstil weist eine präzise und gerade Linienführung auf. Obwohl Mahler stärker auf symbolische Elemente besteht, die im Zusammenhang mit den Schriftkommentaren Inferenzen ermöglichen, setzt der Comic-Diskurs zu dieser Episode dieselbe Strategie wie beim vorigen Beispiel ein. Diese besteht darin, den Schauplatz zu wiederholen, während die symbolischen Zeichen, die auf den Nationalsozialismus und den Katholizismus verweisen, verändert werden.

Beide Werke greifen außerdem auf die gleiche Strategie der visuellen Reduktion zurück, um das Verhältnis zwischen Kontinuität eines Systems trotz Namens- und Symboländerungen zu betonen. Die symbolische Antithese sticht visuell hervor, indem die Kontinuität durch die Wiederholung eines Panels bzw. eines Schauplatzes erreicht wird. Somit kann der propositionale Gehalt der Episode in Bernhards Biographie sowohl aus der autodiegetischen als auch aus der heterodiegetischen Perspektive rekonstruiert werden: Trotz der Veränderung bleiben die ‚Umrisse' bestehen. Auch anhand dieses Beispiels kann gezeigt werden, dass die Information des Prätextes ein ähnliches informationsreduzierendes Schema für komplexe Prozesse effektiv einsetzt. Aber gerade das Verhältnis zwischen der Schrift und dem Bild verankert beide Texte unterschiedlich. Das erste Beispiel hält die zeitliche Komplexität aufrecht, die mit der mentalen internen Erzählperspektive übereinstimmt, das zweite integriert seinerseits Komplexität durch eine parodistische Distanzierung.

Eine weitere Adaption von Mahler trägt den Titel *Ulysses. Neu übersetzt, stark gekürzt, erweitert und gezeichnet von Mahler* (Joyce 2020); adaptiert wurde in dieser *Graphic Novel* der Roman *Ulysses* von James Joyce. Das Buch wird als ein Werk von James Joyce vermarktet. Es handelt sich um eine Rekontextualisierung des Joyce-Klassikers, die – im Vergleich zu den üblichen Adaptionen literarischer Werke in Comicform – sehr frei mit ihrer Vorlage umgeht, weshalb der Paratext des Buches von einer „Comic-Interpretation" spricht. Die Adaption ist insofern frei, als dass die Handlung des Romans, die am 16. Juni 1904 in Dublin spielt, auf denselben Tag in Wien verlegt wird. Auch die Namen der Figuren werden in lokale Namen umgewandelt, die laut den Angaben des Autors in Paratexten aus Zeitungen der damaligen Zeit ausgewählt wurden (Mahler 2021); aus Joyce' Protagonisten Leopold Bloom wird z. B. Leopold Wurmb. Verschiedene Strategien des Romans, wie die Variation von Erzähltechniken oder der systematische Einsatz des inneren Monologs, werden mit abwechselnden Mitteln in die Bildsprache der *Graphic Novel* transponiert. Ich möchte hier nur ein Beispiel analysieren, das auf die siebte Episode des *Ulysses* (Joyce 2004: 167–213) Bezug nimmt.

Leopold Bloom ist als Anzeigenakquisiteur tätig, der in der siebten Episode mittags in das Büro von *Freeman's Journal* geht, um zu versuchen, eine Anzeige für die nächste Ausgabe zu positionieren. Auch der Text des Originalromans setzt eine visuelle Strategie ein, indem Schlagzeilen, die sich auf das Universum des Journalismus und den Kontext des öffentlichen Lebens der Vorkriegszeit beziehen und so eine komplexe Beziehung zu der Außenwelt des Romans herstellen, zwischen den Absätzen eingegliedert werden. Mahlers Adaption der Episode nutzt diese Beziehung zum Journalismus auf eine anschauliche Weise, indem er *Freeman's Journal* gegen die österreichische Tageszeitung *Neuigkeits-Welt-Blatt* austauscht. Das Kapitel fängt so an, wie in der Abb. 5.1 zu sehen ist. Aus Auszügen der österreichischen Tageszeitung des 16. Juni 1904 (siehe Abb. 5.2) entsteht eine Montage, die sich in die Handlung des Kapitels einblendet. Nicht nur die Schrift, sondern auch die visuellen Komponenten sind auffällig. Das Kapitel integriert, so wie der Roman, Hypotexte aus dem Zeitungswesen, die verschiedene Funktionen im Kapitel einnehmen und zu denen sich eine breitere Palette an Inferenzen erschließen lässt.

Abb. 5.1: Mahler (2020: 83) © Suhrkamp, Berlin.

Abb. 5.2: *Neuigkeits-Welt-Blatt*, 16.06.1904.

Zunächst fungiert die Zeitung als räumlich-zeitlicher Anker für den Comic, da das Titelbild Ort, Datum und Zeitungstitel zeigt und auf dem oberen Teil der Seite abgedruckt wird. Die erste Seite des Kapitels ähnelt so dem Zeitungsdruck. Darüber hinaus stechen die aus Zeitungen entnommenen Trennlinien heraus, die im Comic-Panel eine dekorative sowie gliedernde Funktion haben. Zweitens ergeben die abgedruckten Zeitungsabsätze eine räumliche Konstruktion, die als Gebäude mit einem Tor zu erkennen ist, zu dem sich der Protagonist hinbegibt. Wie in allen Kapiteln der Comic-Adaption gibt es eine dominierende Farbe, die als Vereinheitlichungsmerkmal wirkt; in diesem Fall ist es die besondere Farbe der alten, manipulierten Zeitung. Drittens integrieren die Zeitungsauszüge Teile des gedruckten Inhalts: An der Spitze steht die Werbung für ein neues Modell des Zeitungsabonnements; darunter findet man die Titelseite mit der Überschrift „Gescheiterte Friedenshoffnungen", in der eine brisante politische Diskussion über Böhmen kommentiert wird. Der Artikel ist jedoch abgeschnitten, es handelt sich nur um ein Fragment dieser Informationen. Unten steht ein Auszug der „Kleinen Anzeigen", der eine Anspielung auf den Beruf der Figur Blooms/Wurmbs ist, aber gleichzeitig zu dem sich darin manifestierenden Weltwissen einen Bezug herstellt. (siehe Abb. 5.1 und 5.2 zur Quelle).

Die Seite besteht aus einer Montage, die durch ihre graphische Gestaltung auffällt, weil sie stark mit dem grafischen Universum der Produktionszeit verbunden ist und in der Adaption als eine Art visueller Anachronismus fungiert, der dennoch dem Originaldiskurs des *Ulysses* treu bleibt, denn die werkexternen Anspielungen häufen sich in diesem Kapitel des Romans. Dagegen weist die Episode eine extreme Ausblendung des schriftlichen Elements des Originalromans auf. Die Handlung beschränkt sich darauf, die Figur in ähnlichen Räumen wiederholt zu zeigen. Inferenzen müssen sich also auf die abgedruckten Zeitungsfragmente und -schlagzeilen beziehen, die es nur erlauben, eine brüchige, kaum einheitliche Ganzheit herzustellen. Während Wurmb vereinzelte, immer am Tisch arbeitende Figuren trifft, bilden die abgedruckten Zeitungsschlagzeilen und -inserate den Kontext. Die abgedruckten Fragmente sind nicht nur mit den zahlreichen Verweisen auf die Journalismus-, Lebens- und Literaturwelt im Original vergleichbar, sondern ermöglichen eine ähnliche Inkohärenz, die jedoch durch die Anordnung auf der Seite sowie durch ihre einheitliche Farbe eine visuelle Kohärenz erzeugen. Die Vereinfachung funktioniert hier also im Sinne des Weglassens des Originaltexts. Die grafische Strategie erschließt dagegen, nicht zuletzt durch die schriftlichen Inhalte und die Kontexte, auf die diese hindeuten, eine fast ausufernde Komplexität.

Das Kapitel wird in einem bestimmten Chronotopos inszeniert, der inferenzbasierte Bedeutungszuschreibungen erschwert. Auf keinen Fall kann eine Bedeutungszuschreibung durch die Synthese von Bild und Schrift erreicht werden. Vielmehr erzeugt die Synthese durch die Einbindung von Hypotexten der Wiener Zeitung eine Komplexität, die diskursiv die Form des adaptierten Textes aufgreift. Die knapp adaptierte Handlung wird so durch den visuellen Einsatz von Hypotexten um thematisch entfernte, neu erzeugte, anachronische Kontexte erweitert. Die Montage fordert formal die Bestimmung von Bild- und Schriftzeichen heraus, denn diese beruhen auf Zeichen, die intradiegetisch eine klare diskursive Funktion erfüllen, die allerdings weit darüber hinaus auf ein anachronistisches enzyklopädisches Wissen hindeuten. Somit entsteht aus dem Comic-Diskurs eine Komplexität, die gegenüber der visuell stark schematisierten Handlung den Inferenzprozess der zeitgenössischen Rezipientin oder des zeitgenössischen Rezipienten herausfordert.

Auch das letzte Beispiel, das hier beschrieben werden soll, bedient sich der Intermedialität. Es ist eine Anspielung auf das berühmte Gedicht *Der Rabe* von Edgar Allan Poe (1965). Dieser Comicstrip der *Macanudo*-Serie des argentinischen Autors Liniers (Ricardo Siri) (Liniers 2021) wurde im Sonntagsmagazin der Madrider Zeitung *El País Semanal* veröffentlicht, in dem wöchentlich ein Comicstrip dieser Serie auf der Seite 4 erscheint (siehe Abb. 6). Seit mehr als zwanzig Jahren produziert Liniers die *Macanudo*-Serie, die in verschiedenen Medien wie Zeitungen, Blogs oder neuerdings *Social Media* veröffentlicht wird. Meistens bedient sich Liniers des klassischen Comicstrip-Formats von Zeitungen, das aus einem in drei bis fünf Panels unterteilten Rechteck besteht. In seinem neuesten Werk experimentiert Liniers mit der Form und dem Rahmen des Panels, die den begrenzten Raum des Comicstrip-Formats vorgeben. Der Comicstrip nimmt zwischen einem Viertel und einem Fünftel der Magazinseite ein.

Abb. 6: *Liniers*, El País Semanal (10.01.2021), S. 4 © Liniers (Ricardo Siri).

In dem Beispiel sind Bild und Schrift so angeordnet, dass ein erstes Panel den Kopf eines schwarzen Vogels auf weißem Hintergrund erkennen lässt. Auf dem Kopf liest man die Wörter „Macanudo" und „Liniers" in einer in Form von trockenen Ästen gestalteten Titelschrift. Das zweite Panel ist durch einen Rahmen von dem ersten und dritten Panel getrennt. Deshalb bilden das erste und das dritte Panel eine Art Einheit, welche vom zweiten Panel durchbrochen wird. Es sticht außerdem durch seine Farbe im Gegensatz zu dem weißen Hintergrund der beiden anderen heraus. Auf der oberen Seite werden Panel eins und drei lediglich durch einen dünnen Streifen, der kaum wahrnehmbar ist und mit Stift umrissen wurde, geteilt.

Im Vordergrund des zweiten Panels sind zwei Ziegeldächer, zwei Fenster sowie die Äste eines Baumes aus einer oberen Perspektive zu sehen, während im Hintergrund ein Vollmond vor einem Sternenhimmel in der linken oberen Ecke scheint; aus der gewählten Perspektive sehen Rezipierende, dass ein Vogel am Mond vorbeifliegt. Im dritten Panel steht der Vogel auf einer Gipsbüste im antiken Stil, während ein Teil seines Schwanzes den Raum des zweiten Panels einnimmt – und so den Rahmen des Panels überschreitet. Dieses dritte Panel erstreckt sich bis zum Ende des rechten oberen Randes des Comicstrips, wo sich ein rahmenloser Erzählblock mit einer schreibmaschinenartigen Schrift befindet. Jene mechanische Art der Schriftdarstellung ist bemerkenswert, denn Comics beinhalten meistens einen handschriftlichen Schrifttyp, was nicht nur zu einem erkennbaren Stil, sondern auch zur Kohäsion beiträgt. In diesem Sinne wirkt die mechanische Schrift befremdend. Der darin enthaltene spanische Text ist eine Übersetzung des folgenden Originalauszuges:

> On this home by Horror haunted – tell me truly, I implore – /Is there – is there balm in Gilead? – tell me – tell me, I implore!/Quoth the Raven, [...]. (Poe 1965: 98)

Der Hinweis auf die Antwort findet sich nach einer leeren Zeile: Der Doppelpunkt kündigt an, dass etwas folgen wird, jedoch nicht im gleichen Panel. Erst unter dem Doppelpunkt im letzten Panel, das auch nicht bis zum oberen Rand reicht, ist der Vogel samt der Sprechblase zu sehen, auf der die Worte „Nunca más" stehen. Dieses „Nie wieder" wird in der gleichen Schrift wie in dem oben zitierten Text, in Anführungszeichen und als Dialog mit Bindestrich gesetzt. Die Figur des Raben selbst zitiert den Text, was in Anbetracht der Ausdrucksmöglichkeiten einer Vogel-Figur einen Verfremdungseffekt hat.

Auf der rechten Seite unten sind zwei weitere Figuren mit langem schwarzen Hut, langer Nase und langen struppigen Haaren zu sehen, die die visuellen Erkennungsmerkmale einer Hexe sind. Über einer von ihnen steht in einer Sprechblase: „Sag Edgar, wir haben seinen Vogel gefunden". Die Handlung kann verstanden werden, insofern man die Wiederholung des Vogels in den vier Panels sowie seine Reise von einem unbestimmten Ort bis zum Haus, wo er auf der Büste steht und im letzten Panel eine sprachliche Aussage von sich gibt, nachverfolgt.

Schwieriger ist bei diesem Beispiel eine Hypothese darüber zu formulieren, welche Funktion die Variation der Schriftarten hat und inwiefern die Schrift als Einheit begriffen werden kann. Schließlich muss die Verankerung der Aussage der Hexe in dem letzten Panel sowie ihre Beziehung zu dem Vogel und zu der Figur Edgar, die visuell nicht auftaucht, aber vermutlich einen Vogel verloren hat, erschlossen werden. Visuell kann der Vogel einen Raben repräsentieren. Im dritten Panel wird ein Rabe erwähnt, den man mit der Figur verbinden kann, die im Zitat erwähnt wird. Obwohl die gleiche Schriftart in den zwei Panels verwendet wird, ist die Aussage des letzten Panels auf den Raben zurückzuführen: Er antwortet und führt dann das Zitat fort. Im Rahmen des letzten Panels fungiert allerdings der Rabe auch als Figur, zu der die Aussage der Hexe, die sich im gleichen Innenraum mit dem Raben befindet, Bezug nimmt.

Die intradiegetischen Inhalte können rekonstruiert werden, indem man Hypothesen anhand der Bild- und Text-Zeichen im Comic aufstellt. Der Ton des Comics könnte durch das Zitat rekonstruiert werden, das eine verzweifelte Frage in einer düsteren Situation ausdrückt – Heimat des Schreckens, Sturm, Beschwörung der Wahrheit –, die ein Rabe beantwortet. Die erste Person, welche die Frage im Text formuliert, wird nicht identifiziert, sie kann mit Edgar assoziiert werden, den die Hexe nennt, was aber aufgrund der durch den Stil des Textes erzeugten Distanzierung nicht der Fall sein muss. Der Schriftstil erlaubt die Inferenz, dass es sich um einen bereits existierenden schriftlichen Text handelt, den der Comic integriert, d. h. um ein implizites Zitat. Wenn Rezipient:innen über das nötige Vorwissen verfügen, also das Gedicht von Edgar Allan Poe kennen, eröffnet sich ein weiterer Kontext, der den Bezug zu der Aussage der Hexe über Edgar sowie zur Rolle des Raben, einerseits hinsichtlich des Zitats, andererseits im Comic selbst, einschließt. Der Gedichtausschnitt wird durch seine Funktionalisierung im Hypertext verfremdet, er bleibt hinsichtlich vertretbarer Hypothesen offen. Mögliche Inferenzen hängen von einer Kommunikationssituation ab, die sowohl durch die Kenntnis des kontextuellen Hintergrunds des Hypotextes als auch durch die Funktion der Hexenfiguren in Liniers *Macanudo*-Serie bestimmt werden kann. Der Kontrast zwischen der Kürze des Comicstrips und der Komplexität des impliziten Wissens trägt dazu bei, Schlussfolgerungen verschiedener Art zu erlauben.

Die Handlung ist dabei äußerst einfach: In einer Abfolge von vier Panels dringt ein Rabe in einer Vollmondnacht in ein Haus ein. Am Ende bringt er die Worte „Nie wieder" auf einer antiken Büste stehend zum Ausdruck. Zwei Hexen, die sich nicht direkt auf das beziehen, was im Text oder vom Raben gesagt wird, sondern eine eher alltägliche Handlung einleiten, wie z. B. etwas für jemanden zu suchen, behaupten, den Vogel von Edgar gefunden zu haben. Ich werde hier nicht der Vielzahl denkbarer Hypothesen in dieser Hinsicht nachgehen, die *per definitionem* unbegrenzt sind. Ich möchte jedoch betonen, dass die Kenntnis des Hypotextes und des Kontextes von Poes Gedicht sowie seiner Bedeutung in der literarischen

Tradition des Abendlandes die möglichen Hypothesen sowie den Charakter der funktionalen Aktualisierung des Hypotextes im Comic bestimmen wird.

Die Bemerkung der Hexe, sie habe Edgars Raben gefunden, ist ihrerseits ein klarer Fall von Metalepsis, denn die Hexe sagt, sie habe einen Raben gefunden, der die Hauptfigur in einem Erzählgedicht ist, während sie gleichzeitig den Besitz eines Raben, der im diegetischen Universum real ist, dem Autor eines Gedichts, das von dem Raben handelt, zuschreibt. Doch ebenso wie die Hexe die Grenzen der Textebene überschreitet, wird der Text dem diegetischen Universum als externes Element übergestülpt. Zwischen den beiden Texten besteht nicht nur ein generischer und medialer Abstand – ein im literaturinstitutionellen Feld kanonisiertes Gedicht im Gegensatz zu einem kurzen Comic, der in einem Sonntagsmagazin einer Zeitung abgedruckt wurde –, sondern auch Leerstellen, die vom Weltwissen der oder des Rezipierenden gefüllt werden. Die Hypothesen können von der spanischen Übersetzung des Gedichtes *Der Rabe*, dessen Zuschreibung an den Schriftsteller Edgar Allan Poe, bis hin zu seiner Einordnung in eine bestimmte literarische Schauerthematik, alles enthalten. Es liegt darüber hinaus auf der Hand, dass die Zuschreibung des symbolischen Charakters an den Raben auch von diesem Prozess der hypothetischen Formulierung abhängt und den semantischen Gehalt des Comicstrips bestimmt. Der Text fördert ein Zusammenspiel zwischen Einfachheit und Komplexität, die auf der diegetischen Ebene durch die Wiederholung der Figur des Raben und ihrem Zusammenhang mit dem zitierten Text hergestellt wird. Die ungewöhnliche Struktur der Panelsequenz erschafft eine erste formale Verfremdung auf der graphischen Ebene und erzeugt eine visuelle Komplexität zusammen mit den unterschiedlichen Schriftarten und dem anachronisch wirkenden Inhalt des zitierten Textes. Diese Komplexität kann, muss aber nicht, mit der Einbindung von Inferenzen, die auf den intermedial erzeugten Anspielungen beruhen, erweitert werden.

4 Schlussbetrachtung

Die Rekontextualisierung gehört textimmanent zum diskursiven Dispositiv des Comics, kann allerdings durch die Einbettung eines Textes in ein anderes Medium extern erreicht werden. Beide Prozesse schließen sich nicht gegenseitig aus und müssen komplementär verstanden werden. Der Comic kann Prätexte mit einer niedrigeren Quantität an Bild- und Schrift-Zeichen so adaptieren, dass extratextuelle Informationen sowie grundlegende kognitive Fähigkeiten wie die Herstellung von Einheit und Kausalität als auch das Hervorrufen von soziokulturellem Wissen implizit und explizit erfordert werden. Die Einfachheit des Zeichenmaterials kontrastiert so mit der Komplexität der impliziten Voraussetzungen der inferenzbasierten Bedeutungszuschreibung. Diese kann von der Rekonstruktion einer – einfachen – Handlung bis hin zu der Erschließung von komplexen Kontexten reichen, die sowohl implizit als auch explizit in den Rezeptionskontext eingebunden werden können. Der Kontext, in dem die Rekontextualisierung stattfindet, zeigt außerdem soziale und institutionelle Entscheidungen und Prozesse, die den Comic-Text bei der Rezeption mitbestimmen und selbst an der Grenze zwischen Einfachheit und Komplexität liegen.

Bibliographie

Abbott, H. Porter (2008): Unreadable Minds and the Captive Reader. *Style* 42 (4), 448–466. www.jstor.org/stable/10.5325/style.42.4.448

Aldama, Frederick L. (2009): Your Brain on Latino Comics. *MELUS 36* (3), 216–218.

Aldama, Frederick L. (Hrsg.) (2018): *The Routledge Companion to Gender, Sex and Latin American Culture*. New York: Routledge.

Baetens, Jan (2001): Revealing traces. A new theory of graphic enunciation. In Robin Varnum & Christina T. Gibbons (Hrsg.), *The Language of Comics. Word and Image*, 145–155. Jackson: Univ. Press of Mississippi.

Baetens, Jan, & Hugo Frey (2015): *The graphic novel. An introduction*. 1. publ. Aufl. New York: Cambridge Univ. Press.

Bateman, John A. (2014): *Text and Image. A critical introduction to the visual / verbal divide*. London: Routledge.

Bauman, Zygmunt (1996): *Tourists and Vagabonds. Heroes and Victims of Postmodernity*. Wien: Institut für Höhere Studien.

Bernhard, Thomas (2011): *Die Ursache. Eine Andeutung*. München: dtv.

Bernhard, Thomas & Lukas Kummer (Illustrationen) (2018): *Die Ursache. Eine Andeutung*. Salzburg: Residenz.

Bernhart, Walter (2017): *Selected Essays on Intermediality by Werner Wolf (1992–2014)*. Leiden: Brill.

Bourdieu, Pierre (1991): *Language and Symbolic Power*. Cambridge: Polity Press.

Bourdieu, Pierre (2007): *Distinction*. New York: Routledge.

Bürsgens, Gloria, Sara Amann-Marín, Andrea Bucheli & Gabriele Forst (2011): *Perspectivas A2*. Berlin: Cornelsen.

Byram, Michael (1993): Criteria for Textbook Evaluation. In Michael Byram (Hrsg.), *Germany: its Representation in Textbooks for Teaching German in Great Britain*, 31–40. Frankfurt a.M.: Diesterweg.

Chavanne, Renaud (2015): The Composition of Comics. *European Comic Art* 8 (1), 111–144. https://doi.org/10.3167/eca.2015.080108

Chute, Hillary L. (2006): Decoding Comics. *MFS Modern Fiction Studies* 52 (4), 1014–1027.

Chute, Hillary L., & Marianne DeKoven (2006): Introduction: Graphic Narrative. *MFS Modern Fiction Studies* 52 (4), 767–782.

Cohn, Dorrit (1983): *Transparent minds. Narrative Modes for Presenting Consciousness in Fiction*. Princeton: Princeton Univ. Press.
Cohn, Neil (2013a): *The Visual Language of Comics. Introduction to the Structure and Cognition of Sequential Images*. London: Bloomsbury Academic.
Cohn, Neil (2013b): Visual Narrative Structure. *Cognitive Science* 37 (3), 413–452. https://doi.org/10.1111/cogs.12016
Cohn, Neil, Ray Jackendoff, Phillip J. Holcomb & Gina R. Kuperberg (2014): The grammar of visual narrative: Neural evidence for constituent structure in sequential image comprehension. *Neuropsychologia* 64, 63–70. https://doi.org/https://doi.org/10.1016/j.neuropsychologia.2014.09.018
Cohn, Neil & Stephen Maher (2015): The notion of the motion: The neurocognition of motion lines in visual narratives. *Brain Research* 1601, 73–84. https://doi.org/10.1016/j.brainres.2015.01.018
Cohn, Neil, & Eva Wittenberg (2015): Action starring narratives and events: Structure and inference in visual narrative comprehension. *Journal of Cognitive Psychology* 27 (7), 812–828. https://doi.org/10.1080/20445911.2015.1051535
Corti, Agustín (2019a): El prócer trasvestido: Artigas zombi según los Silva Bros. *Mitologías hoy* 20, 205–225. https://doi.org/10.5565/rev/mitologias.657
Corti, Agustín (2019b): *La construcción de la cultura en el Español como lengua extranjera (ELE)*. Münster u.a: Waxmann.
Corti, Agustín (2020): La mente en acción en el cómic. Narración y cognición a través del ejemplo de Nieve en los bolsillos (Kim). In Corinna T. Koch, Claudia Schlaak & Sylvia Thiele (Hrsg.), *Zwischen Kreativität und literarischer Tradition. Zum Potential von literarischen Texten in einem kompetenzorientierten Spanischunterricht*, 39–59. Stuttgart: Ibidem.
Dirscherl, Klaus (Hrsg.) (1993): *Bild und Text im Dialog*. Passau: Rothe.
Dorfman, Ariel, & Armand Mattelart (1972): *Para leer al pato Donald*. México D.F.: Siglo XXI.
Dunst, Alexander, Jochen Laubrock & Janina Wildfeuer (Hrsg.) (2018): *Empirical Comics Research*. New York: Routledge.
Eco, Umberto (1992): *Apocalípticos e integrados*. Barcelona: Lumen.
Frahm, Ole (2010): *Die Sprache des Comics*. Hamburg: Philo Fine Arts.
García, Santiago (2010): *La novel gráfica*. Bilbao: Astiberri.
Genette, Gerard (1989): *Palimpsestos*. Madrid: Taurus.
Gil González, Antonio J. & Pedro J. Pardo (2018): Intermedialidad. Modelo para armar. In Antonio J. Gil González & Pedro J. Pardo (Hrsg.), *Adaptación 2.0. Estudios comparados sobre intermedialidad*, 11–40. Binges: Éditions Orbis Tertius.
Gray, John (2010): *The Construction of English. Culture, Consumerism and Promotion in the ELT Global Coursebook*. Basingstoke: Palgrave Macmillan.
Groensteen, Thierry (2007): *The System of Comics*. Jackson: Univ. Press of Mississippi.
Groensteen, Thierry (2011): *Comics and Narration*. Jackson: Univ. Press of Mississippi.
Herman, D. (Hrsg.) (2008): *Narrative Theory and the Cognitive Sciences*. Stanford: CSLI Publ.
Herman, David (2010): Multimodal Storytelling and Identity Construction in Graphic Narratives. In Deborah Schiffrin, Anna De Fina, & Anastasia Nylund (Hrsg.), *Telling Stories: Language, Narrative, and Social Life*, 195–208. Washington: Georgetown University Press.
Iser, Wolfgang (1994): *Der Akt des Lesens*. 4. Aufl. München: Fink.
Iser, Wolfgang (2000): *The Range of Interpretation*. New York: Columbia University Press.

Joyce, James (2004): *Ulysses*. Frankfurt a.M.: Suhrkamp.
Kristeva, Julia (1980): *Desire in Language. A Semiotic Approach to Literature and Art.* New York: Columbia University Press.
Kukkonen, Karin (2011): Comics as a Test Case for Transmedial Narratology. *SubStance* 40 (1), 34–52.
Kukkonen, Karin (2013): *Contemporary Comics Storytelling*. Lincoln, London: University of Nebraska Press.
Lejeune, Philippe (1994): *Der autobiographische Pakt*. Frankfurt a.M.: Suhrkamp.
Liniers (2021, 10.01.2021):Macanudo. *El País Semanal* 4.
Mahler, Nicolas (2020): *James Joyce. Ulysses. Gezeichnet von Mahler*. Berlin: Suhrkamp.
Mahler, Nicolas (2021): *Thomas Bernhard. Die unkorrekte Biographie*. Berlin: Suhrkamp.
McCloud, Scott (1993): *Understanding Comics: The Invisible Art*. New York: HarperCollins.
Mikkonen, Kai (2017): *The Narratology of Comic Art*. New York: Routledge.
Mitchell, William J. T. (1994): *Iconology. Image, Text, Ideology*. Chicago: University of Chicago Press.
Neuigkeits-Welt-Blatt (1904, 16.06.1904):Neuigkeits-Welt-Blatt. *Neuigkeits-Welt-Blatt*.
Packard, Stephan (2006): *Anatomie des Comics. Psychosemiotische Medienanalyse*. Göttingen: Wallstein.
Packard, Stephan, Andreas Rauscher, Véronique Sina, Jan-Noël Thon, Lukas R.A. Wilde & Janina Wildfeuer (Hrsg.) (2019): *Comicanalyse. Eine Einführung*. Stuttgart: Metzler.
Pérez, Petronilo, Kurt Süß & Ana Calvo (2002): *Puente Nuevo. Band 1*. Frankfurt a.M.: Diesterweg.
Pintor Iranzo, Ivan (2017): *Figuras del cómic. Forma, tiempo y narración secuencial*. Barcelona: Universidad Autónoma de Barcelona.
Plesch, Véronique, Catriona MacLeaod & Jan Baetens (Hrsg.) (2011): *Efficacité/Efficacy. How To Do Things With Words and Images?* Amsterdam, New York: Rodopi.
Poe, Edgar A. (1965): *The poems of Edgar Allan Poe*. 1. publ. Aufl. Charlottesville: University Press of Virginia.
Rajewsky, Irina O. (2002): *Intermedialität*. Tübingen: Francke.
Rajewsky, Irina O. (2005): Intermediality, Intertextuality, and Remediation: A Literary Perspective on Intermediality. *Intermédialités / Intermediality* 6, 43–64. https://doi.org/10.7202/1005505ar
Riffaterre, Michael (1994): Intertextuality vs. Hypertextuality. *New Literary History: A Journal of Theory and Interpretation* 25 (4), 779–788.
Risager, Karen (2018): *Representations of the World in Language Textbooks*. Clevedon: Multilingual Matters.
Ryan, Marie-Laure (2014): Story/Worlds/Media: Tuning the Instruments of a Media-Conscious Narratology. In Marie-Laure Ryan & Jan-Noël Thon (Hrsg.), *Storyworlds across Media: Toward a Media-Conscious Narratology*, 25–49. Lincoln: Univ. of Nebraska Press.
Saraceni, Mario (2003): *The language of comics*. 1. publ. Aufl. London u. a.: Routledge.
Schüwer, Martin (2008): *Wie Comics erzählen. Grundriss einer intermedialen Erzähltheorie der grafischen Literatur*. Trier: WVT.
Smolderen, Thierry (2014): *The Origins of Comics*. Jackson: University Press of Mississippi.
Spiegelman, Art (2009): *Maus*. 8. Aufl. Barcelona: Reservoir Books.
Steimberg, Oscar (2013): *Leyendo historietas*. Buenos Aires: Eterna Cadencia.
Varillas, Rubén (2009): *La arquitectura de las viñetas. Texto y discurso en el cómic*. Sevilla: Viaje a Bizancio.

Weber, Max (2009): *Max Weber-Gesamtausgabe. Band I/24. Wirtschaft und Gesellschaft: Entstehungsgeschichte und Dokumente*. Tübingen: Mohr.
Wildfeuer, Janina (2019): The Inferential Semantics of Comics: Panels and Their Meanings. *Poetics Today* 40 (2), 215–234.
Wolf, Werner (2017): Transmedial Narratology: Theoretical Foundations and Some Applications (Fiction, Single Pictures, Instrumental Music). *Narrative* 25 (3), 256–285. https://doi.org/10.1353/nar.2017.0015
Yus, Francisco (2008): Inferring from Comics: A Multi-Stage Account. *Quaderns de Filologia. Estudis de Comunicació* III, 223–249.

Valentina Roether & Ángela Falero Morente

Digitale Texte verstehen – Die Text- und Aufgabendatenbank *KastELE*

Abstract: Our knowledge-based society communicates via text, nowadays mainly in digital contexts. Being intensely fluid, linked and multimodal, digital texts require specific text competences. Considering the communicative function of a digital text is essential for an appropriate way of reading, e.g. in a non-linear way. Thus, digital texts need to be integrated into learning contexts to ensure participation in the target language society. This article highlights key findings of digital texts from a linguistic perspective and takes advantage of their didactic recontextualisation in Spanish class (ELE). It offers an innovative interdisciplinary approach that conceptualises texts as dynamic objects by combining linguistic and didactic aspects. Moreover, the article provides practical insights into the new *KastELE* database, created at the University of Kassel, which connects linguistic analysis and didactic materials for a modern and creative use of digital texts in the classroom.

1 Einleitung

> Wissen wird zu großen Teilen durch Texte vermittelt. Die Teilhabe an der Wissensgesellschaft ist daher wesentlich mit der kulturellen Basiskompetenz des Textverstehens verbunden. Textkompetenz impliziert, Texte unterschiedlicher Komplexitäten und Schwierigkeitsgrade als kulturelle und sprachliche Objekte mit kommunikativen Zielen zu erkennen. (Schrott & Tesch 2018: 200)

Unser gesamtes Leben ist von Texten geprägt.[1] Daher nimmt die Textarbeit auch im Spanischunterricht eine wichtige Rolle ein, um die Schüler:innen auf die fremdsprachliche Textwelt vorzubereiten. Jedoch ist sie für viele unattraktiv oder sogar demotivierend, weil die Arbeit mit Texten in Lernumgebungen oft – neben zahlreichen anderen Herausforderungen – mit eintönigen Aufgabenformaten verbunden ist, die eher Frustration bei den Schüler:innen erzeugen als deren Kompetenz zu fördern (Fredershausen 2019: 80 f.). Gleichzeitig gilt:

---

[1] Wir bedanken uns herzlich bei Angela Schrott, Claudia Schlaak, Christine Pflüger, Agustín Corti und Nina-Maria Klug für die wertvollen Rückmeldungen zu unserem Beitrag.

Open Access. © 2023 bei den Autorinnen und Autoren, publiziert von De Gruyter. [CC BY-NC-ND] Dieses Werk ist lizenziert unter der Creative Commons Namensnennung - Nicht-kommerziell - Keine Bearbeitungen 4.0 International Lizenz.
https://doi.org/10.1515/9783111041551-006

> La habilidad para comprender y producir textos adecuados en las distintas situaciones comunicativas es una competencia cultural clave en la sociedad actual del conocimiento. [...] Esta competencia se desarrolla y consolida en la clase de lengua extranjera. (Schrott & Tesch 2020: 9)

Die Notwendigkeit, diese Textkompetenz bei Schüler:innen zu entwickeln, liegt in einer Wissensgesellschaft auf der Hand, doch die damit verbundenen didaktischen Entscheidungen, die Lehrkräfte täglich treffen müssen, bleiben herausfordernd: Welche Texte sollen im Unterricht behandelt werden? Nach welchen Kriterien sollen authentische Texte[2] ausgewählt werden? Wo und wie findet man authentische Texte, die einfach in den Unterricht integriert werden können und gleichzeitig interessant und lebensnah sind? Welche Lernhilfen können die Textarbeit unterstützen, um bestmöglich auf die individuellen Potenziale der Lernenden einzugehen?

Die aktuelle Realität zeigt uns, dass sich besonders durch die Digitalisierung die Lebenswelt der Schüler:innen stark verändert hat: Im Unterricht lesen sie nicht gerne, obwohl sie es im Netz ständig tun.[3] Die Texte aus Lehrwerken können mit diesem Wandel nur teilweise mithalten (PISA 2018: 2–6). Gleichzeitig schreitet die Digitalisierung des Schulsystems voran: Digitale Medien halten Einzug in die Klassenzimmer, besonders seitdem Unterricht pandemiebedingt virtuelle Formen angenommen hat. Demgegenüber kritisieren Bildungsexpert:innen wie die Lehrkraft Bob Blume: „Digitalisierung ist mehr als PDF-Dokumente" (Blume 2020: o. S.). Um die Potenziale der digitalen Welt bestmöglich für das schulische Lernen zu nutzen, seien neben der Verfügbarmachung von Materialien auch orts- und zeitentbundene Formate nötig, in denen Schüler:innen selbstständig und kooperativ lernen können. Blume sieht Digitalisierung daher als einen Teil des „Lernens unter den Bedingungen der Digitalität" (Blume 2020: o. S.).

Um den Zugang zu authentischen Texten zu erleichtern, wurde an der Universität Kassel das interdisziplinäre Forschungsprojekt „Texte dynamisch denken" lanciert und der Name ist Programm: Textkomplexität wird als dynamische

---

2 In Anlehnung an das *Diccionario electrónico de enseñanza y aprendizaje de lenguas* sowie Roche (2016: 468–470) begreifen wir einen Text als authentisch, wenn er weder adaptiert noch zu einem didaktischen Zweck verändert wurde, sondern in der Originalversion der zielsprachlichen Kommunikationssituation vorliegt.
3 Die JIM-Studie stellt für die Nutzung digitaler Medien von Jugendlichen zwischen 12 und 19 Jahren fest: „Die tägliche Onlinenutzung ist 2020 im Schnitt um 53 Minuten gestiegen. [...] 89 Prozent nutzen täglich das Internet (2019: 89 %), weitere acht Prozent mehrmals pro Woche und nur drei Prozent sind seltener online." (JIM-Studie 2020: 33) Dies liegt u. a. an Formaten des Homeschoolings, die im Rahmen der COVID19-Pandemie zugenommen haben, aber auch für die Suche nach Informationen bevorzugen Jugendliche heutzutage eindeutig das Internet (JIM-Studie 2020: 49).

Größe verstanden und Textverstehen als ein kreativer, gezielter und reflektierter Prozess der Vereinfachung, Weiterentwicklung, Variation und Transformation von Texten konzeptualisiert. Diese Art des Textverstehens kann als Textkompetenz erworben werden und zielt ab auf einen grundlegenden Konzeptwechsel weg vom Text als abgeschlossenes statisches Produkt, mit dem man sich auseinandersetzen muss, hin zum Text als dynamischer Größe, die kreativ verändert werden kann.

Das Forschungsprojekt verknüpft sprachwissenschaftliche Modelle der Textkomplexität mit didaktischen Ansätzen der Textarbeit, um neue Impulse und innovative Arbeitsmaterialien für die Textarbeit im Spanischunterricht zu bieten. Das Ergebnis dieser interdisziplinären Zusammenarbeit ist die *Kasseler Text- und Aufgabendatenbank Español como Lengua Extranjera* (*KastELE*), die im vorliegenden Beitrag vorgestellt wird.[4]

2 Theoretische Basis

2.1 Die digitale Textwelt

Die Digitalisierung verändert die gesamte Textwelt: Täglich konsumieren wir unzählige Texte, die in ihrer Gestalt den etablierten erweiterten Textbegriff stark ausreizen (Adamzik 2018: 27–29). So verändern sich Textsorten und deren Muster schneller als in der analogen Welt (Yus 2021: 327–328), es entstehen darüber hinaus neue digitale Textsorten (Eckkrammer 2019: 343, 348) und die Textmenge, die täglich produziert wird, ist kaum noch zählbar.

Digitale Texte lassen sich in eigene Textsorten klassifizieren. Yus (2021: 327–332) unterscheidet dabei, ob der digitale Text auf einer analogen Version basiert („texto transferido") oder neu entstanden ist („texto autónomo"). Zu ersteren zählen bspw. Scans von gedruckten Dokumenten, die im Netz zugänglich gemacht, aber nicht in ihrer Gestalt verändert werden, ebenso Tageszeitungen, deren Texte als gedruckte und adaptierte digitale Version verfügbar sind. Neu entstandene Textsorten sind hingegen aus der Digitalisierung erwachsen. Sie nutzen vielfältige Ressourcen der Textgestaltung und entwickeln neue digitale Interaktionsformen. Dies sind bspw. personalisierte Nachrichtenfeeds, die mithilfe eines Algorithmus nur bestimmte, für das jeweilige Profil möglichst relevante Arti-

---

4 Die Datenbank wurde im Rahmen des Forschungsprojektes PRONET „Professionalisierung durch Vernetzung" an der Universität Kassel gestaltet und großzügig finanziert durch das *Bundesministerium für Bildung und Forschung* im Rahmen der *Qualitätsoffensive Lehrerbildung*.

kel anzeigen, oder Accounts in sozialen Netzwerken, in denen Texte durch Interaktion entstehen. Damit sind digitale Texte veränderlicher als gedruckte:

> Respecto al texto electrónico, las intuiciones acerca de sus cualidades diferenciales incluyen que es más manejable, ocupa menos espacio, se puede modificar o corregir con suma facilidad, se puede cortar, copiar y pegar en otros documentos electrónicos, es más fácil integrar en ellos otros discursos como fotos, gráficos o vídeos en una misma pantalla, se ubica fácilmente en la red y se transfiere por ella de forma rápida. (Yus 2021: 326)

Diese Dynamik betrifft u. a. die leichte Handhabung, die Integration anderer sprachlicher und nicht-sprachlicher Zeichen sowie die schnelle Verbreitung. Zum einen zeichnen sich vor allem *textos autónomos* durch ihre Hypertextualität aus. Eckkrammer (2019: 347) konstatiert: „Auf Textebene ist die Neuerung des Digitalzeitalters das Konzept des Hypertexts." Damit sind die Texte nicht mehr zwingend linear, sondern „entgrenzte, dynamisch erweiterbare Textstrukturen" (Eckkrammer 2019: 347). Zum anderen ermöglicht diese Eigenschaft den Leser:innen das Mitgestalten der partizipativen Textwelt, wodurch sie selbst zu Schreiber:innen werden und die Grenzen zwischen beiden Rollen verblassen (Eckkrammer 2019: 346). Beide Aspekte tragen zu einer hohen Dynamik im Netz bei.

Aufgrund dieser Texteigenschaften werden digitale Texte anders gelesen als analoge. Indem den Nutzer:innen die Entscheidung überlassen wird, wo sie klicken, was sie lesen und wie sie den Text selbst erweitern, konstatiert Yus (2021: 331f.) eine tendenziell fragmentarischere, sprunghaftere und vernetztere Lesart, sogar „la total imprevisibilidad de su lectura" (Yus 2021: 330). Daraus ergibt sich ein Kampf um die Aufmerksamkeit der Nutzer:innen: Verschiedene Informationsquellen konkurrieren um die rastlosen Leser:innen, die nur noch selten einen Text vom Anfang bis zum Ende lesen. Die vielfältige Kombination aus Sprache, Bild und Ton, der sich die Multimodalitätsforschung widmet (Kress & van Leeuwen 2001, 1996; Klug & Stöckl 2016), verstärkt dieses Phänomen, das bereits aus analogen Texten wie Werbeanzeigen bekannt ist, aber durch die Digitalisierung neue Formen angenommen hat.

In der digitalen Textwelt sind neue Textsorten entstanden, die inzwischen integraler Bestandteil des Alltags sind. Gleichzeitig benötigen Leser:innen teils neue Kompetenzen verglichen mit analogen Settings, um diese Texte zu verstehen. Daraus folgt, dass auch die Textkompetenz im Unterricht anders gefördert werden muss.[5] Nur so kann eine „ciber-alfabetización" (Yus 2021: 331) erreicht werden, die heutzutage unerlässlich ist.

2.2 Authentische digitale Texte im Spanischunterricht

Der Einsatz authentischer Texte im Unterricht kann die digitale Lebenswelt der Schüler:innen einbeziehen und sowohl Textkompetenz als auch Motivation fördern. Abbildung 1 zeigt die linguistisch-didaktische Perspektive auf diese digitale Textwelt.

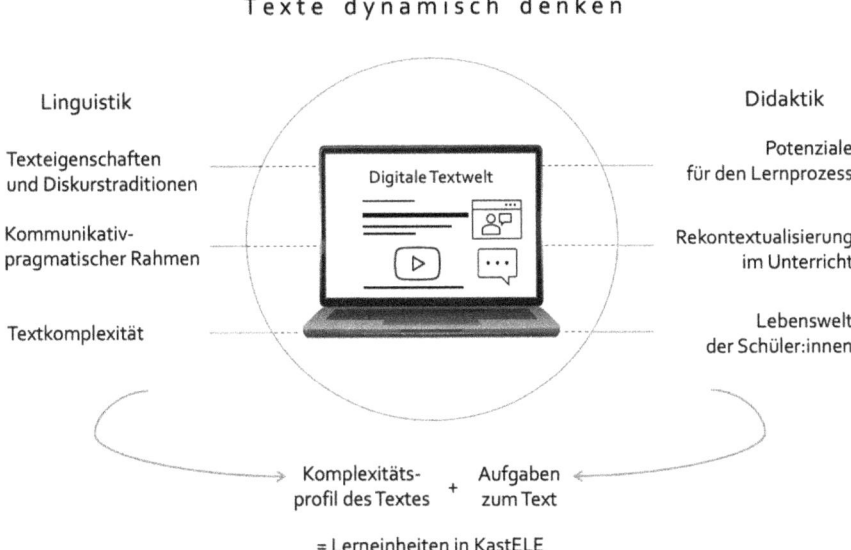

Abb. 1: Das Konzept der Datenbank *KastELE*.

---

5 Selbstverständlich meint Digitalisierung nicht nur den Umgang mit digitalen Texten. Wie die Kultusministerkonferenz in ihrem Strategiepapier *Bildung in der digitalen Welt* darstellt, sind u. a. auch Kompetenzen zum Suchen und Verarbeiten von Informationen, zum Bewerten der Seriosität von Quellen und zum sicheren Surfen im Netz nötig, um „künftigen Anforderungen der digitalen Welt zu genügen." (KMK 2017: 3). Diese Kompetenzen werden zudem nicht nur im Spanischunterricht erworben, sondern haben fächerübergreifende Relevanz. Grundlegend gilt dabei, dass „weniger das reproduktive als das prozess- und ergebnisorientierte – kreative und kritische – Lernen in den Fokus [rückt]." (KMK 2017: 13) Für eine detaillierte Darstellung des Kompetenzmodells sowie unterrichtspraktische Anregungen vgl. Blume (2021).

Den Ausgangspunkt von Textarbeit und damit auch der Datenbank bildet der Text mit seinen spezifischen Eigenschaften. Wie oben gezeigt basieren diese auf historisch und kulturell gewachsenen Diskurstraditionen, die sich im digitalen Raum vielfältig transformieren (vgl. Yus 2021). Eine online abrufbare Speisekarte eines Restaurants geht bspw. auf die Diskurstradition einer analogen Speisekarte zurück, kann jedoch erweitert werden durch Funktionen der Verlinkung und Weiterführung. Enthält eine Speisekarte z. B. Fotos der bezeichneten Gerichte, stellen diese Sprache-Bild-Relationen ein Potenzial des Textes für den Lernprozess dar. So können nicht nur landestypische Gerichte und der Wortschatz zu Lebensmitteln thematisiert werden, sondern insbesondere die Verknüpfung von Text und Bild, die mithilfe passender Lesestrategien die Speisekarte auch für niedrige Niveaustufen des Fremdsprachenerwerbs zugänglich machen. Der Mehrwert der digitalen Textversion liegt einerseits in der Authentizität, denn Speisekarten online zu sichten, kann als alltägliche Aktivität vor einem Restaurantbesuch betrachtet werden. Andererseits erlaubt die digitale Version die ortsunabhängige Nutzung im Unterricht, da die Speisekarte mobil abrufbar ist.

Damit verlässt der Text seinen ursprünglichen kommunikativ-pragmatischen Rahmen, in dem er sich an ein zielsprachliches Publikum richtete. Stattdessen wird er im Unterricht rekontextualisiert und von Fremdsprachenlernenden gelesen. Dafür bedarf es passender Aufgaben, die den Transfer vom Ausgangs- in den Lernkontext moderieren.

Die Texteigenschaften und der kommunikativ-pragmatische Rahmen des Textes ergeben folglich die Komplexität des Textes. Demgegenüber steht dabei die Alltäglichkeit der Texte; d. h. ein Text mag zwar aufgrund inhärenter Eigenschaften komplex sein, da den Schüler:innen die Textsorte oder Diskurstradition aber aus ihrer Lebenswelt und aus anderen erlernten Sprachen bereits bekannt ist, können entsprechende Wissensbestände und Lesestrategien im Fremdsprachenunterricht genutzt werden. So gelingt die Integration authentischer Texte in den Unterricht.

2.3 Dynamische Texte erfordern dynamische Textkompetenz

Welche Textkompetenz ist also nötig, um digitale Texte zu verstehen? In zahlreichen didaktischen Ansätzen wird die Textkompetenz der Schüler:innen modelliert (u. a. KMK 2012). Damit diese der Dynamik von Texten gerecht werden können, ist es nötig, dass sie kein lineares und allumfassendes Textverstehen anstreben (Tesch 2020: 20–21). Vielmehr sind sie in der Lage, situativ relevante Elemente aus dem Text in eigene Wissensbestände zu integrieren und durch deren Zusammenspiel die Bedeutung des Textes aktiv zu konstruieren, welche über die Wort-Ebene hinausgeht. Schüler:innen können außerdem Wissen aus und über Texte für die eigene Textproduktion nutzen und Rezeptions- und Produktionsprozesse reflektieren (Schrott & Tesch 2020: 7–11). Damit geht ein Bewusstsein für die Dynamik von Texten einher, sodass sie sich zutrauen, Texte im Leseprozess zu gestalten. Hierfür benötigen Lehrkräfte selbst eine spezifische Textkompetenz:

> La capacidad de elegir textos adaptados respecto a la complejidad temática y lingüística para un grupo determinado de estudiantes forma parte de las competencias didácticas básicas en la formación pedagógica. Si se incluye, además, la competencia de elaboración de tareas para fomentar la competencia textual del alumnado y la competencia de evaluar los textos producidos por éste, al conjunto de competencias se le puede denominar „competencia textual didáctica". (Tesch 2020: 15)

Diese didaktische Textkompetenz der Lehrkräfte gliedert sich nach Schrott & Tesch (2018, 2020) in fünf Aspekte und bildet die Basis des Projekts KastELE. Kompetente Lehrkräfte können Texte sprachlich und didaktisch analysieren, um deren Potenzial für den Lernprozess zu bestimmen und mögliche Hürden zu antizipieren. Basierend darauf können sie geeignete Texte kriteriengeleitet auswählen und für eine Lerngruppe kalibrieren, indem sie niveauadaptierte Lern- und Testaufgaben zum Text erstellen, welche dem konkreten Text gerecht werden. Außerdem können sie die konkrete Unterrichtssequenz planen und durchführen sowie schließlich eine Bewertung des Lernprozesses und den daraus entstandenen neuen Textprodukten vornehmen, die der Bedeutungsoffenheit des Ausgangstextes entspricht.

Neben diesen zahlreichen alltäglichen Tätigkeiten ist es die Aufgabe der Lehrkräfte, das Bewusstsein für dynamische Texte zu fördern. Dafür sind Strategien zur Textrezeption und -vereinfachung nötig, damit Schüler:innen sich auch an komplexe Texte herantrauen und diese selbstbewusst bearbeiten. Voraussetzung dafür ist, dass die Arbeit mit Texten im Unterricht als Prozess des Lesens und Lernens verstanden und weniger eindeutiges Textverständnis als das vermeintliche Produkt der Textarbeit angestrebt wird.

Um im Unterricht „encuentros con textos" (Schrott & Tesch 2020: 7) zu initiieren und Lehrkräfte in der Gestaltung zu unterstützen, soll im Folgenden die Datenbank *KastELE* vorgestellt werden, die auf den besprochenen theoretischen Ansätzen fußt und konkrete Unterrichtsmaterialien für deren praktische Anwendung bietet.

3 Das Konzept von *KastELE*

Das Projekt, in dem die Datenbank *KastELE* entstanden ist, widmet sich der Diskrepanz zwischen Unterricht und Lebenswelt: Im Unterricht werden Texte oft linear gelesen und Schüler:innen versuchen sich die Bedeutung Wort für Wort zu erschließen, dabei ist „ihre Unsicherheitstoleranz [...] minimal ausgeprägt" (Fredershausen 2019: 81). Dies entspricht jedoch nicht der alltäglichen Lektüre von Texten, die zum fragmentarischen und überfliegenden Lesen tendiert. Außerdem werden oft nur eindimensionale Bedeutungen berücksichtigt, obgleich die Bedeutung eines Textes erst durch den Akt der Lektüre konstruiert wird. Deshalb wird mit dem Projekt ein Konzeptwechsel angestrebt, indem Texte dynamisch gedacht werden.

Besonders digitale Textsorten wie Blogbeiträge oder *Google*-Ergebnisse werden nur selten von oben nach unten in Gänze gelesen. Denn Texte haben gewisse kommunikative Ziele, d. h. sie sind eingebettet in einen Kontext, in dem sie wirken. Damit einher geht, dass auch das Ziel der Lektüre kontextgebunden ist. Auf der Suche nach einer konkreten Information in *Wikipedia* wird über das Inhaltsverzeichnis oder die Suchfunktion direkt zum relevanten Textteil navigiert. Soll hingegen ein komplexer Sachverhalt in Gänze verstanden werden, schauen Rezipient:innen ein Erklärvideo meist vom Anfang bis zum Ende.[6]

Durch das Lesen als Prozess der Rezeption wird ein Text dynamisch. Schließlich entscheiden die Leser:innen, inwiefern sie das kommunikative Ziel des Textes ausschöpfen, d. h. wie sie den Text lesen möchten. Besonders in der digitalen Textwelt, die ortsunabhängig, partizipativ und vernetzt ist, kommt diese Dynamik zum Tragen.

Darüber hinaus sind die Texte selbst dynamisch, da sie emergente Größen sind (Gardt 2012: 61). Um die Bedeutung eines Textes zu erschließen, reicht es nicht aus, die einzelnen Wörter zu kennen und aneinanderzureihen, denn die Bedeutung eines Textes ist mehr als die Summe der Einzelbedeutungen. Deshalb greift es zu kurz, im Unterricht unbekanntes Vokabular zu klären in der Annahme, dass damit der Text verstanden würde. Die pragmatischen und kulturellen Komponenten des Textes können so nicht einbezogen werden. Die Emergenz gilt auch für multimodale Texte, in denen mehrere Zeichensysteme wie Sprache, Bild und Ton miteinander kombiniert werden (Yus 2021: 338). Im

---

6 Die *Usability*-Studie (2016) konnte mithilfe von *Eye-Tracking*-Verfahren herausfinden, dass die Fixationszeit bei digitalen Texten stark vom Ziel der Lektüre abhängt. Demnach werden bei der Faktensuche Texte schnell gescannt, wofür besonders strukturierende Elemente, wie Auflistungen und Inhaltsverzeichnisse, länger fixiert werden. Für eine umfassende Textverarbeitung werden hingegen auch digitale Texte intensiv gelesen, sofern sie situativ relevant sind.

Sinne der Textsemantik entsteht die Bedeutung eines Textes also erst in der Interaktion mit den Leser:innen, sie steckt nicht ausschließlich im Text selbst, sondern wird im Leseprozess konstruiert.

Die Lektüre der per se bedeutungsoffenen Texte kann in einem *top-down*-Prozess beschrieben werden. In authentischen Lesekontexten werden zunächst globale Aspekte des kommunikativen Rahmens erfasst, etwa die Situation, das Thema oder die Textproduzent:innen. Erst anschließend befassen sich Lesende mit den Details – oder auch nicht, wenn sie den Text nicht als relevant erachten. Der Leseprozess beginnt folglich bei übergeordneten Elementen und führt über die Makrostruktur des Textes hin zur Satz- und Wortebene (Gardt 2012: 63–66).

Mit der Kontexteinbettung geht einher, dass Texte stets als sprachliche und kulturelle Objekte betrachtet werden müssen. In der Linguistik wird dieses Phänomen mittels Diskurstraditionen modelliert, die kulturell und historisch geprägt sind. Dazu zählen u. a. die Unterscheidung von Textsorten, die in den jeweiligen Sprach- und Kulturräumen unterschiedlich realisiert werden, sowie Formen der sprachlichen Höflichkeit und kommunikative Routinen (Schrott 2020: 107–108). Ein Text kann demnach sprachlich richtig sein, aber situativ oder kulturell nicht angemessen und *vice versa*, wodurch seine Komplexität erhöht werden kann. Noch vielschichtiger wird dieses Phänomen im Unterricht, denn „el encuentro con textos de lengua extranjera fomenta la competencia textual en el encuentro de diferentes lenguas y culturas" (Schrott & Tesch 2020: 9) und zusätzlich dadurch, dass mehrsprachige Schüler:innen aus verschiedenen Kulturen denselben Text bearbeiten.

Ein weiterer Aspekt der Dynamik von Texten ergibt sich also aus der Rekontextualisierung im Unterricht. Entsprechend dem jeweiligen kommunikativen Ziel oder den Bedürfnissen der Lernenden kann ein Text vielfältig angepasst werden, indem z. B. das Format verändert, Textteile gekürzt oder weitere Elemente hinzugefügt werden.

Die Dynamik von Texten lässt sich in folgender Metapher zusammenführen: Stellen wir uns vor, wir kaufen eine Paprika. Ihre Funktion als Lebensmittel ist dabei zunächst uns zu sättigen. Ob und was aus der Paprika zubereitet wird, hängt jedoch von verschiedenen Faktoren ab: Koche ich gern? Habe ich Erfahrung? Kenne ich verschiedene Gerichte? Habe ich gerade Lust zu kochen? Wie viel Zeit habe ich? etc. Eine Lerngruppe ausgestattet mit je einer Paprika wird folglich unterschiedliche Gerichte zubereiten, die alle auf der Paprika basieren. Nicht ohne Grund werden diese auch in der Gastronomie „Interpretationen" genannt. Setzen wir nun die Paprika mit einem Text gleich, übertragen wir die Faktoren auf den Leseprozess und stellen uns das Gericht als Wissens-

und Kompetenzzuwachs nach der Lektüre vor, so wird die Dynamik von Texten ersichtlich.

Der Umgang mit dynamischen Texten kann in diesem Sinne als Textkompetenz erworben werden. *KastELE* fußt auf der Maxime, dass sich die Komplexität einer Lerneinheit aus der Komplexität des Textes und den zugehörigen Aufgaben ergibt.

Die Komplexität eines Textes gilt es aus linguistischer Perspektive von dessen Schwierigkeit zu unterscheiden. Ein Text ist mehr oder weniger komplex aufgrund gewisser Eigenschaften; dazu zählen das Thema, syntaktische Strukturen oder Sprache-Bild-Relationen. Ob ein Text hingegen als leicht oder schwierig empfunden wird, hängt von den Leser:innen ab und deren individueller Textkompetenz. Demnach ist die Komplexität eine inhärente Eigenschaft des Textes, während die Schwierigkeit als subjektive Kategorie zu verstehen ist (vgl. Dziuk Lameira i. Dr.).

Mit den passenden Aufgaben können auch komplexe authentische Texte im Unterricht behandelt werden, ohne die Lernprogression aus dem Blick zu verlieren. Die Aufgaben sollen dabei den oben geschilderten *top-down*-Prozess unterstützen und beim Text als Ganzes ansetzen, indem z. B. erst über Personen und Intentionen und anschließend über unbekannte Wörter und komplexe rhetorische Mittel gesprochen wird. Keinesfalls muss der Text am Ende in Gänze und im Detail bearbeitet werden, vielmehr sollen für die Schüler:innen relevante Aspekte in den Aufgaben behandelt werden. Schließlich hätten sie in Lesesettings außerhalb des Unterrichts einen für sie nicht kommunikativ relevanten Text längst weggeklickt.

Wie die Datenbank das vorgestellte Konzept in die Tat umsetzt, soll im folgenden Teil deutlich werden. Um den Text selbst besser kennenzulernen und sein Potenzial für den Spracherwerbsprozess nutzbar zu machen, bildet ein linguistisches Komplexitätsprofil die Basis jeder Einheit in der Datenbank. Dafür wird der Text nach dem Textsemantischen Analyseraster *TexSem* (Gardt 2012) analysiert. Lehrkräfte erhalten so eine fundierte Einschätzung, in welcher Weise der Text komplex ist, d. h. zu seinen Charakteristika, möglichen Interpretationen und potenziellen Schwierigkeiten in der Rezeption.

Basierend auf diesem linguistischen Komplexitätsprofil werden spezifische Aufgaben für den Einsatz im Unterricht erstellt. Diese Unterrichtsmaterialien, die der Lehrkraft den kreativen Einsatz von authentischen Texten erleichtern, umfassen zahlreiche Aufgaben, die allen Nutzer:innen der digitalen Datenbank *KastELE* als bearbeitbare Dateien für den Präsenz- und Distanzunterricht zur Verfügung stehen. Die Aufgaben werden den im Komplexitätsprofil analysierten Charakteristika des Textes gerecht und greifen so seine sprachlichen und kulturellen Besonderheiten auf. Dabei werden drei grundlegende didaktische Konzepte genutzt.

Die Einheiten folgen erstens der Kompetenzorientierung wie sie in den Bildungsstandards für Fremdsprachen modelliert ist (KMK 2012), insbesondere zur Förderung der Text- und Medienkompetenz. Dieser Grundstein ist mit der Aufgabenorientierung verbunden, d. h. jede Einheit endet mit einer kommunikativen Abschlussaufgabe, die eine Zielkompetenz anvisiert und von der aus rückwärts alle dafür nötigen Übungen konzipiert werden. In vielen Fällen findet die *tarea final* in einem digitalen Rahmen statt, sodass die Lernenden nach der Lektüre eines digitalen Textes selbst im digitalen Raum aktiv werden.

Zweitens fördern die Aufgaben das intuitive und induktive Lernen, das nach Lewis (1993, 1997) über den Erwerb von *Chunks* erfolgt. In ihrer Adaptation dieser Wortschatz-Theorie für den Spanischunterricht macht Higueras (2012, 2017) deutlich, dass nicht die Menge der erlernten Wörter entscheidend ist für die zielsprachliche Kompetenz, sondern vielmehr die Qualität. Erst persönlich bedeutsamer Wortschatz befähigt die Lernenden, kommunikative Akte zu realisieren.

Drittens wird das bewährte Schema von *pre-*, *while-* und *post-reading*-Aufgaben genutzt, das eine klare Struktur der Textarbeit ermöglicht und durch die Präsentation, Bearbeitung und Erweiterung des Textes der Komplexität des Leseprozesses gerecht wird. Außerdem fördert die Abfolge eine vertiefte Auseinandersetzung mit dem Text und initiiert individuelle Deutungsprozesse (Nünning & Surkamp 2006: 72–74). Diese traditionelle Sequenzierung kann jedoch dazu führen, dass die Schüler:innen schnell das Interesse verlieren, zumal wenn sie in außerschulischen Kontexten nur selten auf diese Art lesen. Deshalb ist es wichtig, innovative Ansätze zu integrieren, die sich an den Lernenden orientieren und dazu beitragen, deren Interesse, Aufmerksamkeit und Motivation aufrechtzuerhalten (Azadian 2017a: 98). Dies wird erreicht, indem man kreative, erfrischende und gleichzeitig unkonventionelle Ideen in den Unterricht einfließen lässt (Schlaak 2017: 81).

Nichtsdestotrotz ist zu betonen, dass die konkrete Zusammenstellung der Lerneinheiten gemäß den Bedürfnissen und Kompetenzen einer Lerngruppe nur durch die jeweilige Lehrkraft erfolgen kann. Unter Einbezug des individuellen Lernstandes müssen ggf. Aufgaben angepasst werden. KastELE liefert dafür eine vielfältige Auswahl an Texten und Aufgabenformaten.

Die Datenbank ist gemäß den Niveaustufen des Gemeinsamen Europäischen Referenzrahmens (GeR) gegliedert und bietet digitale Texte für die Niveaus A1 bis C2 an. Orientiert an den funktionalen Inhalten der jeweiligen Lernjahre thematisieren die Texte verschiedene curricular verankerte Schwerpunkte, etwa Hobbys, Familie und Nachhaltigkeit. Die oben skizzierte Vielfalt der Textsorten im Netz spiegelt sich auch in der Datenbank wider: von Blogeinträgen über Infografiken zur Wettervorhersage bis hin zu Portalen für Secondhandmode. Außerdem repräsentiert die Datenbank verschiedene Varietäten des Spanischen, indem u. a. Textproduzent:innen aus Katalonien, Andalusien, Bolivien, Peru und Kolumbien zu Wort kommen. Jede Unterrichtseinheit umfasst den Text, das linguistische Komplexitätsprofil, Unterrichtsmaterialien und weiterführende Links zur Vertiefung. Darüber hinaus können sich Lehrkräfte, die die Einheit im Unterricht eingesetzt haben, über ihre Erfahrungen austauschen und gemeinsam vernetzen.[7] Zusatzmaterialien zu digitalen Unterrichtsformaten und nützlichen Tools ergänzen das Angebot.

4 Praktische Umsetzung am Beispiel von Kleidung und Farben

Wie möglichst authentische und digitale Texte im Unterricht genutzt werden können, ohne dabei die Progression des Spracherwerbs aus dem Blick zu verlieren, wird im Folgenden an einer exemplarischen Unterrichtseinheit aus der Text- und Aufgabendatenbank KastELE vorgestellt. Sie soll die wertvolle Vernetzung von Linguistik und Didaktik für die Arbeit mit digitalen Texten deutlich machen.

Im Zentrum der Einheit steht *Vinted*: eine Online-Plattform, auf der Kleidung und Wohnaccessoires secondhand (*de segunda mano*) von privat an privat verkauft werden. Die Plattform wird in verschiedenen Ländern Europas betrieben. Die spanische Seite ist unter www.vinted.es erreichbar und außerdem als App verfügbar. Im Sinne des erweiterten Textbegriffs wird *Vinted* als Text verstanden und für den Spanischunterricht auf A1-Niveau zugänglich gemacht, indem spezifische Aufgaben zum Themenfeld „Kleidung nachhaltig einkaufen" erstellt wurden.

Das Komplexitätsprofil, das in der Datenbank vorliegt, liefert im ersten Schritt wichtige Informationen über die Charakteristika des Textes, aus denen sich die Potenziale für den Unterricht ergeben. Analog zum vorgestellten *top-down*-Prozess der Lektüre beginnt auch das Komplexitätsprofil beim übergeordneten Kontext des Textes. Unter Rückbezug auf das Textsemantische Analyseraster *TexSem* nach Gardt (2012) betrifft die Komplexität eines Textes verschiedene Ebenen, weshalb

---

[7] Besonderer Dank gilt an dieser Stelle den Teilnehmer:innen der projektbezogenen Lehrkräftefortbildungen und der PRONET-Arbeitsgruppe Digitale Lehre der Universität Kassel, die mit ihren konstruktiven und praxisnahen Rückmeldungen die Entwicklung der Datenbank unterstützten.

sich das Komplexitätsprofil des Textes in die folgenden drei Ebenen gliedert: 1. Kommunikativ-pragmatischer Rahmen, 2. Textuelle Makrostruktur, 3. Textuelle Mikrostruktur. Die drei Ebenen können nicht getrennt voneinander betrachtet werden, da sie sich gegenseitig beeinflussen und nur gemeinsam die Komplexität ergeben. Auch im Unterricht werden in der Regel mehrere Ebenen gleichzeitig angesprochen, wie sich im Verlauf zeigen wird. Der Ansatz vom Globalen zum Spezifischen ist auch für die Textarbeit im Unterricht nützlich.

4.1 Der kommunikativ-pragmatische Rahmen im Unterricht

Der kommunikativ-pragmatische Rahmen des Textes umfasst Merkmale, die den gesamten Text betreffen. Diese sind in Bezug auf die Plattform *Vinted* ergänzend zu den obigen Angaben z. B. die interagierenden Personen. Die Plattform richtet sich an Jugendliche und Erwachsene, die sich für Nachhaltigkeit und Ressourcenbewusstsein einsetzen, Vintage-Kleidung schätzen oder Schnäppchen suchen und deshalb Secondhandkleidung online kaufen oder verkaufen möchten. Der Text erfordert damit Vorwissen zur kulturellen Praktik des Kaufens, Verkaufens und Verhandelns sowie sprachliche Kenntnisse zu Kleidung, Farben und Zahlen. Als digitaler Text wird er nicht linear gelesen, weil ständig neue Artikel durch die Community hinzugefügt werden und daher kein Textende existiert. Stattdessen suchen Nutzer:innen nach Produkten, die ihrem Geschmack entsprechen, scannen das (Text-)Angebot, navigieren auf der Plattform je nach Suchabsicht und lesen fragmentarisch. Dabei werden sie von einem integrierten Suchalgorithmus unterstützt, der möglichst zum Profil passende Artikel anzeigt.

Die erstellte Unterrichtseinheit widmet sich eben diesen Kompetenzen und hat zum Ziel, dass die Schüler:innen am Ende Kleidung bei *Vinted* inserieren, Nachfragen zu Produkten stellen und über Mode auch in anderen Kontexten, z. B. in einem Geschäft, sprechen können. Dafür benötigen sie neben den semantischen Feldern zu den Themen Kleidung und Farben auch sprachliche Ressourcen wie Zahlen, Demonstrativpronomina und Vergleiche. Die Einheit bietet drei verschiedene Abschlussaufgaben zur Wahl, die sich an unterschiedliche Kompetenzprofile innerhalb des Niveaus A1 richten. Ausgangspunkt bildet das kommunikative Ziel des Kaufens und Verkaufens von Secondhand-Kleidung.

Unter didaktischen Gesichtspunkten ist die Strukturierung der Textarbeit über *pre-*, *while-* und *post-reading*-Aufgaben relativ einfach zu realisieren, da die meisten Texte diese drei Ebenen als Einleitung, Hauptteil und Schluss aufzeigen. Aber wie kann man diesen Prozess mit dynamischen Texten auf Plattformen wie *Vinted* gestalten? Da der Text stets fortgeschrieben wird, muss auch die didaktische Sequenzierung angepasst werden. Es empfiehlt sich deshalb, kein lineares Lesen anzustreben, sondern den Text zu scannen, d. h. das fragmentarische selektive Lesen des Textes zu fördern.

In unserem *Vinted*-Beispiel ist der Ausgangspunkt das reale Leben der Schüler:innen. Alle gehen einkaufen, viele nutzen Online-Plattformen und insbesondere Secondhandplattformen. Deshalb beginnt die Unterrichtseinheit mit der Anbindung an diese Lebenswelt und der Aktivierung der Vorkenntnisse zum Thema, indem verschiedene Produkte (etwa *zapatos*, *medicamentos* und *móvil*) den jeweiligen Geschäften zugeordnet werden und die Schüler:innen anschließend schriftlich formulieren, wo sie im Alltag welche Produkte kaufen, z. B. *Los zapatos los compro en la zapatería*. Dabei wiederholen sie die bereits bekannte grammatikalische Struktur der *pronombres de complemento directo*. Beide Übungen, die zu Beginn des Unterrichts oder zu Hause als Vorbereitung durchgeführt werden, münden in einer Umfrage, in der die Schüler:innen sich gegenseitig zu ihren Einkaufsgewohnheiten befragen. Neben der Funktion der Einführung bieten diese ersten Übungen auch einen personalisierten Zugang zum Textthema, welcher ihrer Lebenswelt entspricht.[8] Darüber hinaus wird auch der kulturelle Rahmen des Textes von Beginn an einbezogen, bspw. mithilfe eines Info-Kastens, der den Unterschied zwischen Drogerie und Apotheke in spanischsprachigen Ländern erklärt.

4.2 Die textuelle Makrostruktur und ihre didaktischen Konsequenzen

Die textuelle Makrostruktur gliedert sich im Analyseraster *TexSem* in Textsorte und Binnenstruktur. *Vinted* kann in Anlehnung an das vorgestellte Modell – und stellvertretend für andere Plattformen – nach Yus (2021) als eine neue Textsorte gelten, die erst durch die Digitalisierung entstanden ist. Der partizipative Charakter bewirkt eine dialogische Struktur, etwa wenn Nutzer:innen miteinander chatten, und bedingt neben informierenden Handlungsformen auch überzeugende, indem z. B. das Produkt möglichst attraktiv präsentiert wird, um die Verkaufs-

---

[8] Andere typische Aufgaben für die *pre-reading*-Phase sind: Brainstorming zum Thema, Hypothesenbildung zum Inhalt des Textes aufgrund des Titels oder eines Schlagwortes sowie die Annäherung an den Text über typische Merkmale der Textsorte. Alle Formate wecken eine bestimmte Erwartungshaltung und fördern die Rekontextualisierung im Unterricht. Zusätzlich haben diese Übungen für die Lehrkraft die Funktion, Vorwissen zu ermitteln und Ideen im Plenum zu teilen. Für weitere Ideen s. Azadian (2017a: 98–100, 2017b: 154–155) sowie Nünning & Surkamp (2006).

chancen zu erhöhen. Die Binnenstruktur des Textes entsteht durch vier grundlegende Kategorien: *mujer*, *hombre*, *niños* und *hogar* (s. Abb. 2). Diese entsprechen den verschiedenen Zielgruppen der Plattform und werden beim Scrollen fortlaufend durch den Algorithmus fortgesetzt. Die Kategorien sind in sich weiter gegliedert, z. B. *hombre* → *ropa* → *vaqueros* oder *mujer* → *accesorios* → *gafas de sol*. Auffällig sind dabei die vielfältigen Kombinationen sprachlicher und bildlicher Elemente, welche *Vinted* zu einer besonders visuellen Plattform machen. So verfügt jede Kategorie über ein illustrierendes Piktogramm und zur Darstellung eines Artikels werden Fotos und Sprache multimodal miteinander verknüpft, um einen detaillierten Eindruck von Stil, Farbe und Zustand zu vermitteln.

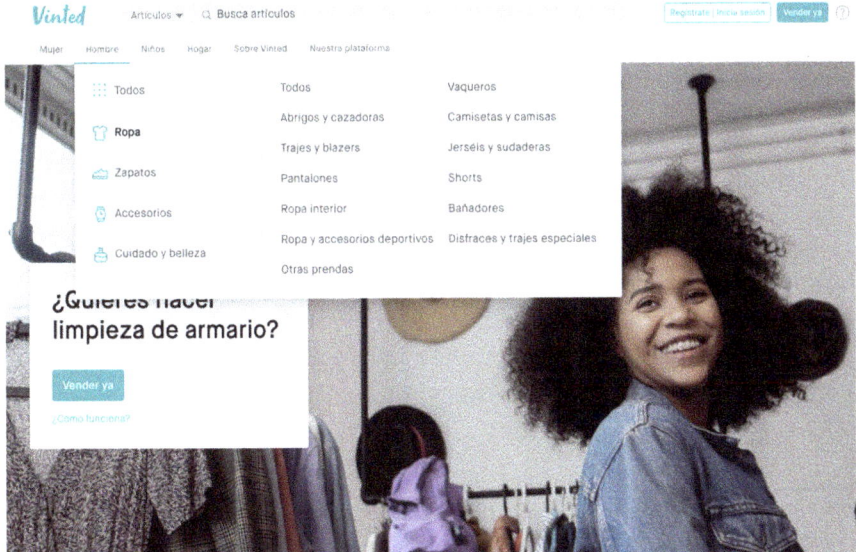

Abb. 2: Startseite der Plattform Vinted (29.07.2021).

Die Unterrichtseinheit greift die Makrostruktur der Plattform mehrfach auf. Im Anschluss an die vorgestellten Übungen vor der Lektüre besuchen die Schüler:innen die Startseite. Mithilfe von *skimming*-Strategien[9] verschaffen sie sich einen Überblick und besprechen, worum es sich bei dieser Form des Online-

---

9 Laut Grünewald (2017: 205) können Lesende mithilfe von *skimming*-Strategien „einen ersten Eindruck über die Thematik und Aufmachung eines Textes gewinnen". Azadian (2017b: 218) vergleicht diese Strategie mit einer S-Bewegung der Augen.

shops handelt. Diese erste *while-reading*-Übung[10] gestaltet die erste Annäherung an den Text. Dabei spielen Elemente der Makrostruktur eine Rolle: Die Lernenden betrachten nämlich zunächst die Startseite, die das Logo und eine Sprache-Bild-Kombination mit dem Slogan „¿Quieres hacer limpieza de armario?" umfasst und damit das Thema Kleidung einläutet, sowie die Kategorien, die wie üblich in Onlineshops das Angebot listen (s. Abb. 2).

Außerdem ist die Makrostruktur ausschlaggebend für den Schwerpunkt der Unterrichtseinheit, indem die lebensweltlich relevanten Kategorien *mujer* und *hombre* thematisiert werden, d. h. *niños* und *hogar* werden nicht weiter vertieft.[11] Diese beiden Kategorien bilden den Ausgangspunkt für die Erarbeitung des semantischen Feldes zum Thema Kleidung, da sie grundlegende Kleidungsstücke benennen. Die Unterrichtseinheit thematisiert folglich erst global das Einkaufen und bringt es in Verbindung mit der Lebenswelt der Schüler:innen. Mit jeder Aufgabe wird dann der thematische Schwerpunkt konkretisiert, d. h. bezogen auf den Kauf einer bestimmten Produktkategorie, nämlich secondhand, sowie mit einer bestimmten Textsorte, der Plattform *Vinted*.

Ausgehend von der Makrostruktur des Textes nutzen die Schüler:innen die Angebote aus den beiden Kategorien der Plattform in weiteren Übungen. Stellvertretend steht hierfür ein Wettbewerb, bei dem ihnen ein fiktives Budget zu Verfügung steht, mit dem sie ein Outfit für eine Party aus Artikeln bei *Vinted* zusammenstellen. Um online nach konkreten Produkten zu suchen, nutzen sie die Filter-Funktion der Plattform und wenden *scanning*-Strategien[12] an, mit denen sie durch die Kategorien navigieren.

---

10 Andere typische Aufgaben für die *while-reading*-Phase bestehen bspw. darin, mithilfe der *skimming*-Strategie die Hauptthemen des Textes zu filtern oder mit der *scanning*-Strategie Aussagen über den Text zu prüfen, die Argumentationsformen des Textes nachzuvollziehen und zu reflektieren, mit welchen sprachlichen Mitteln diese Argumentationen realisiert werden. Ferner können Aufgaben beinhalten, den Hyperlinks des Textes zu folgen oder *online* und *offline* nach weiterführenden Informationen zu suchen. In Anlehnung an das *top-down*-Konzept wird empfohlen, dass die Schüler:innen den Text mehrmals und aus verschiedenen Perspektiven betrachten. Die daraus entstehenden vielfältigen Interpretationen sollen im Sinne der Binnendifferenzierung genauso in der Textarbeit berücksichtigt werden wie unterstützende *scaffolding*-Formate. Für weitere Ideen s. Azadian (2017a: 98–100, 2017b: 154–155) sowie Nünning & Surkamp (2006).
11 Diese binäre Einteilung ergibt sich aus dem Text, obgleich sie laut Meinung der Verfasserinnen nicht ausreicht, um diverse Gesellschaften zu beschreiben. Neben Kleidung in den Kategorien *hombre* und *mujer* versucht die Unterrichtseinheit auch nicht-binäre Personen zu adressieren, wenn etwa über gesellschaftliche Zuschreibungen in der Mode-Branche diskutiert wird (s. u.).
12 Grünewald (2017: 205) definiert *scanning*-Strategien als das „Überfliegen eines Textes auf der Suche nach einer bestimmten Information".

Um dem partizipativen Charakter der Plattform gerecht zu werden, bietet das Unterrichtsmaterial u. a. als *tarea final* zur Wahl eine Aufgabe, in der die Schüler:innen selbst eine Anzeige erstellen, sowie eine Aufgabe, in der sie in der Rolle einer Verkäuferin bzw. eines Verkäufers mit interessierten Nutzer:innen chatten. Schließlich wird auch der visuelle Charakter der Plattform für den Lernprozess genutzt, z. B. wenn die Lernenden in der Erarbeitung des thematischen Wortschatzes ein Wort nicht kennen, in *Vinted* danach suchen und sich über das Bild eines exemplarischen Gegenstandes dieser Kategorie die Bedeutung des Wortes erschließen.

4.3 Textarbeit auf mikrostruktureller Ebene und darüber hinaus

Die textuelle Mikrostruktur eines Textes umfasst in *TexSem* alle Ebenen des Sprachsystems, u. a. Graphie, Wortschatz, semantische Felder, Syntax, rhetorische Mittel und Argumentationsformen. Exemplarisch werden hier drei Aspekte der Mikrostruktur näher beschrieben. Betrachten wir zunächst die erwähnten Kategorien auf *Vinted* hinsichtlich des Wortschatzes, so fällt auf, dass es sich ausschließlich um Substantive handelt. Diese entstammen einer alltagssprachlichen Varietät des peninsularen Spanisch, die u. a. viele Anglizismen enthält (etwa *jerséis, tops, leggings, shorts*). Außerdem sind verschiedene Wortbildungsformen enthalten, z. B. das Präfix *pre-* in *premamá* oder die Kombination aus der Basis *riñón* und dem Suffix *-eras* für *riñoneras*. Ein zweites Beispiel auf mikrostruktureller Ebene ist das Format der Artikel, das Abb. 3 auf der folgenden Seite illustriert. Den größten Anteil haben die Fotos, welche die Nutzer:innen selbst hochladen. In der App-Version der Plattform folgt unterhalb eine systematische Auflistung der Eigenschaften *marca, tamaño, estado, color* etc. Anschließend können sie eine Beschreibung als Freitext formulieren und Tags verlinken. Am Ende befinden sich Interaktionsbuttons, über die Kontakte hergestellt, Artikel als Favoriten markiert oder gekauft werden können. Die Maske zum *Upload* neuer Artikel ist vorgegeben, sodass die gesamte Plattform auf diese Art strukturiert ist. Als drittes Beispiel dienen Argumentationsformen, die sich auch in diesem Text finden. Neben den verschiedenen Produkten werden auf *Vinted* indirekt Geschlechterrollen verhandelt. Dass es zwei Kategorien für *mujer* und *hombre* gibt, impliziert, dass nicht alle Personen dieselbe Kleidung kaufen. Diese Unterschiede betreffen z. B. die Bezeichnung der Kategorien: Demnach kaufen Frauen *ropa deportiva*, Männer hingegen *ropa y accesorios deportivos*; für Frauen gibt es eine Kategorie *paraguas*, die bei Männern nicht vorkommt und auch die bildlichen Elemente unterscheiden sich, indem *ropa* für Frauen mit dem Piktogramm eines Kleides dargestellt wird, für Männer hingegen mit einem T-Shirt oder *zapatos* für Frauen mit Stöckelschuhen, bei Männern jedoch als Sneaker. So verhandelt die Plattform auch, was gesellschaftlich ‚typisch männlich' und ‚typisch weiblich' ist – bemerkenswerterweise ausschließlich über die Verwendung von Substantiven und Bildelementen.

Abb. 3: Exemplarische Anzeigen auf Vinted.

Um das Potenzial der Textarbeit mit einer Plattform wie *Vinted* zu maximieren, schlagen wir vor, von einer großen lexikalischen Vielfalt auszugehen, die auf der Grundlage des beschriebenen Kategoriensystems erstellt wurde. Im Anschluss an diesen Pool von Redemitteln entscheiden die Schüler:innen, welches Vokabular sie verwenden möchten, damit das Lernen qualitativ und nicht quantitativ erfolgt. Es geht also nicht darum, alle Wörter zu lernen, sondern eine Auswahl, die im Rahmen einer Übung bewusst reflektiert wird und den Vorlieben sowie der kommunikativen Notwendigkeit in der außerschulischen Lebenswelt entspricht. Wenn die Lernenden anschließend das favorisierte Vokabular verwenden und sich dazu untereinander austauschen, wird darüber hinaus das rezeptive Verstehen der nicht selbst gewählten Wörter gefördert.

Ebenso haben die Schüler:innen die Möglichkeit, ihren Wortschatz zu erweitern, indem sie eine Mindmap erstellen mit Wortbildungen, denen sie während ihrer Recherche im Internet begegnet sind. Strategietipps bauen außerdem auf bereits vorhandenem Wissen aus anderen Sprachen auf, wenn etwa Anglizismen im Text verstanden werden, obwohl die entsprechenden spanischen Begriffe noch nicht bekannt sind. So gelingt eine intuitive mehrsprachige Wortschatzarbeit. Zudem wird in einem weiteren Strategietipp auf die verschiedenen Derivationsformen hingewiesen (z. B. *bañador* von *bañar*), die ebenfalls bei der Erweiterung des Wortschatzes helfen.

Neue grammatikalische Strukturen werden in der Einheit induktiv vermittelt, da die Schüler:innen die Regel anhand von authentischen Beispielen selbst erarbeiten und die Anwendung mit eigenen Beispielen aus *Vinted* festigen. Durch diese Informationssuche wird auch das Erlernen von *Chunks* gefördert: So enthalten die oben dargestellten Artikelbeschreibungen feste Strukturen aus mehreren Wörtern, die sich die Schüler:innen selbst über zahlreiche Beispiele erschließen können (etwa *con etiqueta* oder *de manga larga*). Hier kommt erneut der visuelle Aspekt der Plattform zum Tragen. Mithilfe der *Chunks* fällt es ihnen im späteren Verlauf leichter eigene Beschreibungen zu verfassen, um selbst Artikel hochzuladen.

In verschiedenen Übungen nutzen die Lernenden die Mikrostruktur der Plattform v. a., um nach bestimmten Informationen zu suchen. Wenn sie bspw. ein Outfit für eine Party aus Artikeln bei *Vinted* zusammenstellen oder spielerisch nach dem hässlichsten Artikel suchen, überfliegen sie den Text, bis sie bei einem relevanten Artikel angekommen sind, der infrage kommt. Dieses *scanning* ist wie Yus (2021) beschreibt typisch für digitale Texte, die in ihrer Multimodalität um die Aufmerksamkeit der Leser:innen konkurrieren. So stellen die Schüler:innen (erneut) fest, dass es nicht notwendig ist, linear zu lesen, um den Text zu verstehen und die gesuchten Informationen daraus zu entnehmen. Das digitale Format ermöglicht außerdem eine kinderleichte Sicherung etwa durch Screenshots der entsprechenden Artikel.

Eine *post-reading*-Übung[13] repräsentiert die dritte und letzte Phase der Textarbeit, bei der die in den vorherigen Übungen erworbenen Kenntnisse angewandt werden. Es handelt sich um die bereits erwähnte spielerische Suche nach einem

---

13 In dieser letzten Arbeitsphase wird zwischen Evaluations- und Produktionsaufgaben differenziert. Beide beziehen die Tatsache mit ein, dass die Schüler:innen nach der Lektüre Wissen, Strategien und Emotionen entwickeln, die sie zuvor nicht hatten. Um darüber zu kommunizieren, können Schüler:innen z. B. ihre Meinung zum Text äußern, einen Kommentar verfassen, debattieren, einen Podcast erstellen, ein *mural* gestalten oder einen Ausflug planen. Für weitere Ideen s. Azadian (2017a: 98–100, 2017b: 154–155) sowie Nünning & Surkamp (2006).

Party-Outfit. Auf diese Weise gelingt es, den Lernzyklus zu schließen, da die Schüler:innen die Makro- und Mikrostruktur des Textes behandeln und in den kommunikativ-pragmatischen Rahmen zurückkehren, in dem sie selbst agieren. So wird die kommunikative Kompetenz besonders gefördert.

Am Ende der Einheit werden drei verschiedene kommunikative Abschlussaufgaben zur Wahl angeboten. Diese bestehen aus kreativen Gruppenprojekten mit offenen Formaten, die immer das Gelernte berücksichtigen und in eine eigene Textproduktion münden. Unter Einbeziehung der digitalen Textwelt werden die Schüler:innen selbst im Netz aktiv, indem sie entweder eigene Artikel bei *Vinted* hochladen und auf authentische Kaufanfragen reagieren oder eine eigene Modekollektion erstellen und auf einem *Instagram*-Account präsentieren.[14]

Abschließend nimmt die Einheit auch die linguistisch analysierten Argumentationsformen der Plattform in den Blick. Ein Bewusstsein für geschlechtsspezifische Aspekte von Mode prägt alle Aufgaben, da bspw. viele Unisex-Artikel als Beispiele dienen und bewusst mit Stereotypen gebrochen wird. Damit soll Mode nicht nur als etwas vermeintlich Feminines assoziiert werden, sondern möglichst alle Schüler:innen egal welchen Geschlechts sollen sich von der Unterrichtseinheit angesprochen und motiviert fühlen. Als Ausblick können auch diese weiterführenden Gedanken zum Thema Kleidung mit der Lerngruppe diskutiert und interkulturell reflektiert werden.

Das vorgestellte Beispiel sollte verdeutlichen, wie digitale Texte als dynamische Größen im Unterricht behandelt werden können, um die kommunikative Kompetenz zu fördern. Dabei wurden abschließend drei grundlegende Prinzipien berücksichtigt: Die Personalisierung bezieht die konkrete Lebenswelt der Lernenden mit ein, überlässt ihnen interessensgeleitete Wahlmöglichkeiten, schätzt ihre Meinung und gestattet ihnen einen individuellen Wortschatzerwerb. Damit geht die induktive Gestaltung des Lernprozesses einher, die sich sowohl auf grammatische Strukturen wie auch auf Wortschatz bezieht und beide mithilfe von Chunks verknüpft. Das Gesamtbild bewirkt, dass das Lernpotenzial digitaler Texte maximal ausgeschöpft wird. Dieses bezieht sich nicht nur auf das Medium der digitalen Texte, indem Schüler:innen z. B. Sicherungen in Form von *Screenshots* vornehmen und auf der Plattform chatten, sondern ebenso auf die dynamischen Inhalte der Texte. Die Schüler:innen wenden so Techniken an, die sie bestens beherrschen und für den Spanischerwerb nutzbar machen können. Die Datenbank

---

[14] Für die technische Umsetzung kann die Lerngruppe entweder direkt auf *Vinted* agieren und tatsächlich Kleidung zum Verkauf anbieten oder alternativ einen *Upload* der Artikel simulieren. Für die Modekollektion auf *Instagram* kann der Simulator *Zeoob* genutzt werden.

KastELE bietet vielfältige Übungsansätze, welche die Lehrkraft für eine konkrete Lerngruppe adaptieren kann. Erst die interdisziplinäre Verknüpfung von spanischer Linguistik und Didaktik ermöglicht dieses innovative Konzept.

5 Anwendungsperspektiven

Spätestens die Digitalisierung lehrt uns die Dynamik von Texten. Auch im Unterricht sollen deshalb Schüler:innen Einfluss auf die Dynamik der bearbeiteten Texte nehmen, deren Bedeutung aktiv konstruieren können und sie nur abschnittweise lesen dürfen. Die beispielhaft vorgestellte Unterrichtseinheit macht deutlich, dass dynamische Textarbeit auch im Anfangsunterricht möglich ist und stets an die Lebenswelt der Schüler:innen rückgebunden wird.

Die Datenbank *KastELE* resultiert aus einem interdisziplinären Forschungsprojekt, das wertvolle Perspektiven auf Texte liefert, indem linguistische und didaktische Modelle verschränkt und gemeinsam erweitert werden. Die Unterrichtsmaterialien unterstützen Lehrkräfte dabei, authentische digitale Texte in den Fremdsprachenunterricht zu integrieren, die Aktualität, Vielfalt und kulturelle Diversität widerspiegeln. Wenn die spanischsprachige Welt ortsentbunden nur einen Klick entfernt ist, lohnt es sich einen Blick hineinzuwerfen und sie ins Klassenzimmer zu holen! Da diese Texte ursprünglich für Personen mit Spanisch als Erstsprache verfasst wurden und im Unterricht rekontextualisiert werden, bergen sie ein großes motivatorisches Potenzial. Die fundierte linguistische Analyse jedes Textes zeigt Charakteristika auf, die es sich lohnt mit Schüler:innen zu be- und verhandeln. Darüber hinaus geben Zusatzmaterialien zum digitalen Lehren und Lernen sowie weiterführende Links zu jeder Einheit vielfältige Impulse für eine kreative Textarbeit.

KastELE bietet in diesem Sinne einen Materialpool und ein Austauschforum für Spanischlehrkräfte und reicht gleichzeitig weit darüber hinaus. Die Digitalisierung findet sich in der Datenbank in dreierlei Hinsicht: *KastELE* ist ein nützliches Werkzeug für Präsenz-, Digital- und Hybridlehre. *KastELE* ist eine digitale Ressource zur Unterstützung der Lehrkräfte und kann auch in der Ausbildung als Anschauungsmaterial und Reflexionsgrundlage für zukünftige Lehrkräfte dienen. *KastELE* steht ebenso für die Integration der digitalen Textwelt in den Unterricht, um den Spracherwerbsprozess mit der Lebenswelt der Schüler:innen zu verknüpfen. Darüber hinaus fördert die Datenbank ein Bewusstsein für das linguistische Konzept der Komplexität in schulischen Lehr-Lern-Situationen und kann daher auf weitere Unterrichtsfächer übertragen werden. Schließlich erfolgt Lernen in jedem Fach über Texte, die uns die Welt erklären. Als Anknüpfung an das

Konzept des sprachsensiblen Fachunterrichts kann das interdisziplinäre Konzept in diesem Sinne neue Perspektiven eröffnen.

Bibliographie

Adamzik, Kirsten (2018): Was ist ein Text? In Karin Birkner & Nina Janich (Hrsg.), *Handbuch Text und Gespräch*, 26–51. Berlin, Boston: De Gruyter.

Azadian, Ramin (2017a): Lektionstexterarbeitung. In Ramin Azadian, *Erste Hilfe für das Referendariat und die Berufseinstiegsphase Spanisch*, 94–99. Stuttgart: Schmetterling.

Azadian, Ramin (2017b): Lesen. In Ramin Azadian, *Erste Hilfe für das Referendariat und die Berufseinstiegsphase Spanisch*, 152–155. Stuttgart: Schmetterling.

Blume, Bob (Hrsg.) (2021): *61 Unterrichtsideen Bildung in der digitalen Welt. Leicht umsetzbar. Für alle Fächer*. Augsburg: Auer.

Blume, Bob (2020): Digitalisierung ist mehr als PDF-Dokumente. In *ZDF heute*, 12.11.2020. https://www.zdf.de/nachrichten/panorama/schulen-digitalisierung-corona-bob-blume-100.html (letzter Zugriff 29.07.2021).

Eckkrammer, Eva Martha (2019): Textlinguistik und Digitalität: eine Diskussion. In Nina Janich (Hrsg.), *Textlinguistik. 15 Einführungen und eine Diskussion*, 2., aktualisierte und erweiterte Auflage, 341–366. Tübingen: Narr.

Dziuk Lameira, Katharina (i.Dr.): *Textkomplexität und Textverständlichkeit. Studien zur Komplexität spanischer Prosatexte*. Berlin, Boston: De Gruyter, erscheint 2023.

Fredershausen, Henning (2019): Über Lehrbuchtexte. Was sich ändern sollte und was machbar ist. *Hispanorama* 164, 80–86.

Europarat (Hrsg.) (2001): *Gemeinsamer europäischer Referenzrahmen für Sprachen: lernen, lehren, beurteilen*. München: Langenscheidt.

Gardt, Andreas (2012): Textsemantik. Methoden der Bedeutungserschließung. In Jochen A. Bär & Marcus Müller (Hrsg.), *Geschichte der Sprache und Sprache der Geschichte. Probleme und Perspektiven der historischen Sprachwissenschaft des Deutschen. Oskar Reichmann zum 75. Geburtstag*, 61–82. Berlin: Akademie.

Grünewald, Andreas (2017): Förderung der Text- und Medienkompetenz. In Andreas Grünewald & Lutz Küster (Hrsg.), *Fachdidaktik Spanisch. Handbuch für Theorie und Praxis*, 200–244. Stuttgart: Klett.

Higueras García, Marta (2017): Cómo aplicar un enfoque léxico en la clase de lenguas extranjeras. In Malena Abad Castelló, Ana María Castiñeiras Ramos, Pablo Martínez Gila & Ana Isabel Valbuena García (Hrsg.), *Actas de las VIII Jornadas didácticas del Instituto Cervantes de Mánchester*, 7–21. Manchester: Instituto Cervantes. https://cvc.cervantes.es/ensenanza/biblioteca_ele/publicaciones_centros/PDF/manchester_2015-2016/03_higueras.pdf (letzter Zugriff 30.07.2021).

Higueras García, Marta (2012): Claves prácticas para la enseñanza del léxico. *Revista Nebrija De Lingüística Aplicada a La Enseñanza De Lenguas* 6(11), 5–25. https://revistas.nebrija.com/revista-linguistica/article/view/183 (letzter Zugriff 29.07.2021).

Medienpädagogischer Forschungsverbund Südwest (2020): *JIM-Studie 2020. Jugend, Information, Medien. Basisuntersuchung zum Medienumgang 12- bis 19-Jähriger*. https://www.mpfs.de/studien/jim-studie/2020/ (letzter Zugriff 09.12.2021).

KastELE = Schrott, Angela, Claudia Schlaak, Katharina Dziuk Lameira, Ángela M. Falero Morente & Valentina Roether (2021): *KastELE – Kasseler Text- und Aufgabendatenbank Español Lengua Extranjera*. Projekt an der Universität Kassel gefördert durch das BMBF im Rahmen der Qualitätsoffensive Lehrerbildung. https://www.uni-kassel.de/fb02/institute/romanistik/forschung/pronet/2-foerderphase-texte-dynamisch-denken (letzter Zugriff 29.07.2021).

Klug, Nina-Maria & Hartmut Stöckl (Hrsg.) (2016): *Handbuch Sprache im multimodalen Kontext*. Berlin, Boston: De Gruyter.

Kress, Gunther & Theo van Leeuwen (2001): *Multimodal Discourse. The Modes and Media of Contemporary Communication*. London: Arnold.

Kress, Gunther & Theo van Leeuwen (1996): *Reading Images. The Grammar of Visual Design*. London: Routledge.

KMK = Kultusministerkonferenz (2017): *Bildung in der digitalen Welt. Strategie der Kultusministerkonferenz*. https://www.kmk.org/themen/bildung-in-der-digitalen-welt/strategie-bildung-in-der-digitalen-welt.html (letzter Zugriff 29.07.2021).

KMK = Kultusministerkonferenz (2012): *Bildungsstandards für die fortgeführte Fremdsprache (Englisch/Französisch) für die Allgemeine Hochschulreife*. https://www.kmk.org/fileadmin/Dateien/veroeffentlichungen_beschluesse/2012/2012_10_18-Bildungsstandards-Fortgef-FS-Abi.pdf (letzter Zugriff 29.07.2021).

Lewis, Michael (1997): *Implementing the Lexical Approach*. London: Language Teaching Publications.

Lewis, Michael (1993): *The Lexical Approach: The State of ELT and a Way Forward*. University of Michigan: Language Teaching Publications.

Nünning, Ansgar & Carola Surkamp (2006): Prozessorientierter Literaturunterricht: pre-, while- und post-reading-activities. In Ansgar Nünning & Carola Surkamp, *Englische Literatur unterrichten 1 – Grundlagen und Methoden*, 71–82. Seelze: Klett Kallmeyer.

Palacios Martínez, Ignacio, Rosa Alonso Alonso, Mario Cal Varela, Yolanda Calvo Benzies, Francisco Xabier Fernández Polo, Lidia Gómez García, Paula López Rúa, Yonay Rodríguez Rodríguez & José Ramón Varela Pérez (2019): *Diccionario electrónico de enseñanza y aprendizaje de lenguas*. https://www.dicenlen.eu/es/diccionario/entradas/material-autentico (letzter Zugriff 13.12.2021).

Reiss, Kristina, Mirjam Weis, Eckhard Klieme & Olaf Köller (Hrsg.) (2018): *PISA 2018 Grundbildung im internationalen Vergleich*. Münster: Waxmann. https://www.pisa.tum.de/fileadmin/w00bgi/www/Berichtsbaende_und_Zusammenfassungen/Zusammenfassung_PISA2018.pdf (letzter Zugriff 30.07.2021).

Roche, Jörg (2016): Kriterien für die Auswahl von Lernmaterialien und Medien. In Eva Burwitz-Melzer, Grit Mehlhorn, Claudia Riemer, Karl-Richard Bausch & Hans-Jürgen Krumm (Hrsg.), *Handbuch Fremdsprachenunterricht*, 466–471. Tübingen: Narr Francke Attempto.

Schlaak, Claudia (2017): Bewahrung literarischer Ästhetik und kreative Literaturarbeit: Ausgewählte Beispiele für die Textarbeit im Spanischunterricht. *Hispanorama* 158, 79–83.

Schrott, Angela (2020): Las tradiciones discursivas: competencia y complejidad. In Schrott, Angela & Bernd Tesch (Hrsg.), *Competencia textual y complejidad textual. Perspectivas transversales entre didáctica y lingüística*, 10–124. Berlin u. a.: Peter Lang.

Schrott, Angela & Bernd Tesch (2020): Introducción: Encuentros con textos. In Angela Schrott & Bernd Tesch (Hrsg.), *Competencia textual y complejidad textual. Perspectivas transversales entre didáctica y lingüística*, 7–12. Berlin u. a.: Peter Lang.

Schrott, Angela & Bernd Tesch (2018): Textkomplexität und Textkompetenz im Spanischen – Konzeptwechsel in einer linguistisch-didaktischen Hochschullernumgebung. In Monique Meyer, Kathrin Ziepprecht & Jürgen Mayer (Hrsg.), *Lehrerausbildung in vernetzten Lernumgebungen*, 199–210. Münster: Waxmann.

Tesch, Bernd (2020): Schwere Texte leicht gemacht. Zum Umgang mit literarischen Texten in der Praxis des Spanischunterrichts und in der Lehrerbildung. In Corinna Koch, Sylvia Thiele & Claudia Schlaak (Hrsg.), *Zwischen Kreativität und literarischer Tradition – Zum Potential von literarischen Texten in einem kompetenzorientierten Spanischunterricht*, 257–272. Hannover: ibidem.

usability.de (2016): *Und sie lesen doch! Studie zum Leseverhalten im Internet*. https://www.usability.de/blog/und-sie-lesen-doch-studie-zum-leseverhalten-im-internet.html (letzter Zugriff 09.12.2021).

Vinted (2021): *Vinted*. https://www.vinted.es/ (letzter Zugriff 29.07.2021).

Yus, Francisco (2021): Los textos digitales y multimodales. In Óscar Loureda & Angela Schrott (Hrsg.), *Manual de lingüística del hablar*, 325–344. Berlin: De Gruyter.

Zeoob (2021): *Zeoob*. https://zeoob.com/ (letzter Zugriff 14.07.2021).

IV Vermeintliche Einfachheit

Claudia Borzi

Vereinfachung und Klarheit: von der Sprecherintention zur syntaktischen Struktur. Das Resumptivpronomen im Spanischen

Abstract: This contribution aims to show that in Spanish the use of a resumptive pronoun in relative clauses is motivated by the communicative intention of making the speech structurally clearer and less complex. The context of use of resumptive pronouns is analysed considering the information structure, the meaning and the definiteness of the antecedent, the distance between antecedent and relative clause, the role of the relative pronoun and the subject position. The qualitative and quantitative study shows that relative clauses with a resumptive pronoun have different meanings than relative clauses without a resumptive pronoun and become pragmatically, semantically and syntactically independent of the main clause. The sample comes from the *Habla culta de Buenos Aires* (Barrenechea 1987).

1 Einleitung

Ziel dieser Arbeit, die auf dem kognitiv-prototypischen Ansatz in Anlehnung an Langacker (1991) und Lakoff (1987) basiert, ist es, die Verwendung des resumptiven Pronomens in Relativsätzen im Spanischen von Buenos Aires zu untersuchen, wobei dieser Typ im Rahmen der Online-Syntax (vgl. z. B. Ono & Thompson 1995; Auer 2002) vor allem in seiner Wirkung auf die textuelle Komplexität untersucht wird.[1] Wir verstehen unter einem Relativsatz eine semantische, durch Prädikation bestimmte Einheit, die prosodisch und syntaktisch von einem Hauptsatz (sp. *cláusula*) abhängig ist. Der Relativsatz unterscheidet sich darin von Sätzen, die pragmatisch, semantisch, syntaktisch und prosodisch unabhängige Einheiten sind (sp. *oraciones*) (vgl. Kovacci 1963). Es soll gezeigt werden, dass die Wahl eines Relativsatzes mit Resumptivpronomen statt eines Relativsatzes ohne Resumptivpronomen im Spanischen durch die Absicht des Sprechers bedingt ist, eine Äuße-

---

[1] Für anregende Diskussionen und die sorgfältige Übersetzung des Beitrags ins Deutsche danke ich Angela Schrott herzlich.

rung für den Gesprächspartner zu vereinfachen. Dies ist ein Beispiel dafür, wie das Streben nach geringerer Textkomplexität Verwendungen begünstigt, die dann zu etablierten sprachlichen Strukturen verfestigt werden. Was die theoretische Modellierung betrifft, folgt unsere Herangehensweise dem kognitiv-prototypischen Ansatz, wobei die Prototypizität von Konstruktionen mit der Textkomplexität korreliert wird (vgl. Borzi 2019).

In Anlehnung an Rescher (1998, zit. nach Karlsson, Miestamo & Sinnemäki 2008: VII-XIV) gehen wir davon aus dass

> [complexity] is first and foremost a matter of the number and variety of an item's constituent elements and of the elaborateness of their interrelational structure, be it organizational or operational.

In diesem Rahmen unterscheidet Miestamo (2008) zwischen absoluter Komplexität, die von objektiven Merkmalen des Systems oder des Textes abhängt und prinzipiell messbar ist, und relativer Komplexität, die auf die Sprecher und Hörer bezogen ist und die Kosten der Verarbeitung bei Textproduktion oder Textrezeption in konkreten kommunikativen Situationen analysiert. Die Verwendung des Resumptivpronomens ist ein Phänomen, das absolute und relative Komplexität vereint. In diesem Zusammenhang geht es auch darum, Beispiele und Argumente für die Hypothese zu liefern, dass ein Satz als prototypische syntaktische Einheit vorzugsweise mit nur einer Idee oder nur einer relevanten Information korreliert ist und dass diese prototypische Korrelation Klarheit erzeugt.

Im Folgenden beschreiben wir zunächst die Strukturen und Funktionen von Resumptivpronomina im Spanischen, dann präsentieren wir die Ergebnisse der empirischen Studie und erklären die Verwendung dieser Formen als eine Ressource zur Verringerung von Textkomplexität. Die Argumente werden durch qualitativ-quantitative Forschungen gestützt, die das bereits genannte Korpus aus den Jahren 1960/1975 zum Spanischen in Buenos Aires nutzen.

2 Relativsätze und resumptives Pronomen im Spanischen

2.1 Die Struktur und ihre Effekte

Im Spanischen tritt in Relativsätzen ein Phänomen auf, das in den Grammatiken als pleonastisches oder resumptives Pronomen bezeichnet wird (vgl. NGLE 2009: § 44.9a-p). Die strukturalistische Grammatik klassifizierte Relativsätze unter Berücksichtigung der syntaktischen Funktion, die sie im Satz erfüllen (adjektivische, substantivische und adverbiale Relativsätze), und wies den adjektivischen Relativsätzen die Eigenschaft zu, einen explizit genannten, vorangestellten Nominalkern zu modifizieren. Die vorliegende Arbeit befasst sich mit Relativsätzen, die ein explizites substantivisches Antezedens haben, wie im folgenden Beispiel (1a):

(1a) Encontraron la lámpara que/la cual estaba rota en el armario.

Sie fanden die Lampe, die zerbrochen war, im Schrank.

In diesem Beispiel modifiziert *que/la cual estaba rota* das Nominalsyntagma *la lámpara* wie ein Adjektiv semantisch und syntaktisch. Das substantivische Antezedens, das sich im unmittelbaren syntaktischen Kontext befindet, stimmt in Numerus und Genus mit dem Relativum überein, das es anaphorisch aufnimmt (vgl. NGLE 2009: § 44.1c).

Die Regel ist, dass Antezedens und Relativum sich auf dasselbe Referenzobjekt beziehen, was sich in der Kongruenz von Genus und Numerus zeigt. Ersetzt man den Relativsatz durch ein Adjektiv, dann kongruiert dieses in den genannten Kategorien immer mit dem Kernsubstantiv des Antezedens. Kann ein Relativsatz durch ein Adjektiv ersetzt werden, dann kann man daraus schließen, dass dieser Relativsatz als Adjektiv fungiert, das dem Substantiv untergeordnet ist (vgl. NGLE 2009: §§ 44.1n-ñ).

(1b) Encontraron la lámpara rota en el armario.

Sie fanden die zerbrochene Lampe im Schrank.

In den Grammatiken werden bei den (adjektivischen) Relativsätzen überwiegend zwei Typen unterschieden: die spezifizierenden oder einschränkenden und die explikativen Relativsätze (vgl. Alcina Franch & Blecua 1975; Brucart 1999). Erstere spezifizieren die Denotation der Nominalgruppe auf die gleiche Weise wie ein Adjektiv oder eine Präpositionalkonstruktion, wogegen letztere externe Informationen hinzufügen, die die Denotation vervollständigen. Im folgenden Beispiel ergeben sich zwei verschiedene Lesarten, je nachdem, ob man den Relativsatz spezifizierend oder explikativ versteht:

(2) La casa tenía dos ventanas que daban al patio.

Das Haus hatte zwei Fenster, die auf den Hof hinausgingen.

(3) La casa tenía dos ventanas, que daban al patio.

Das Haus hatte (nur) zwei Fenster, die auf den Hof hinausgingen.

So versprachlicht (2) in der spezifizierenden Lesart, dass das Haus zwei oder mehrere Fenster hat, von denen zwei auf den Hof hinausgehen, während bei der explikativen Lesart (3) das Haus nur zwei Fenster hat, die beide zum Hof gehen (vgl. NGLE 2009: § 44.1l). Die Setzung des Kommas steht für die bei explikativen Relativsätzen obligatorische Pause. Dieser Bedeutungsunterschied spiegelt sich in der Determiniertheit des Antezedens wider. Im Gegensatz zu spezifizierenden Relativsätzen, die das Substantiv als Antezedens näher bestimmen, erfordern explikative Relativsätze ein bereits weitgehend determiniertes Antezedens, das etwa durch Determinativa oder Quantifizierer näher bestimmt ist; auch Personalpronomina und Eigennamen finden sich aufgrund ihrer hohen Bestimmtheit als Antezedens explikativer Relativsätze (vgl. NGLE 2009: § 44.5n).

Aus den Beschreibungen beider Relativsatztypen geht hervor, dass das Relativum eine kognitive Bewegung begünstigt, die zeitlich zurückverweist und damit in der graphischen Realisierung einer Äußerungen von rechts nach links weist. Den semantischen Mittelpunkt der Äußerung bildet das Antezedens, das im Kurzzeitgedächtnis des Sprechers und des Gesprächspartners präsent ist, während der Relativsatz vom Sprecher konstruiert und vom Gesprächspartner wahrgenommen wird. Diese Struktur wird durch das resumptive Pronomen verändert, da es eine pronominale Reduplikation des Antezedens leistet (vgl. NGLE 2009: § 44.9). Zum Vergleich die beiden Varianten:

(4a) Es una decisión que no toma cualquiera.

Das ist eine Entscheidung, die nicht jeder trifft.

(4b) Es una decisión que no *la* toma cualquiera.

Das ist eine Entscheidung, die trifft nicht jeder.

Beispiel (4a) zeigt die Struktur ohne Wiederaufnahme, die Variante (4b) dagegen nimmt das Antezedens *la decisión* durch das Pronomen *la* resumptiv wieder auf. Beide Varianten weisen eine unterschiedliche Informationsstruktur und Bedeutung auf.

Für die Funktion dieser Struktur ist die Frage der Benennung ein guter Indikator. So schwankt Brucart (1999: § 7.1.2) zwischen der Auffassung, dass es sich um ein pleonastisches Pronomen handle, und der Benennung als Resumptivpronomen, die darauf hindeutet, dass diese Form das Antezedens aufgreift und damit eine syntaktisch-semantische Funktion erfüllt. Die Analyse als resumptives Pronomen führt zu der Interpretation, dass es sich um eine Entpronominalisierung der Relativform *que* handelt. In diesen Fällen behält *que* nur die Funktion des Subordinators bei, wogegen das resumptive Pronomen Kasus, Genus und Numerus aufzeigt und die Funktion markiert, die dem Verb des Relativsatzes zukommt.

Eine zentrale Frage ist, ob und in welcher Weise das Resumptivpronomen mit einem allgemein sprachlich-kognitiven Kriterium wie der Textkomplexität verknüpft werden kann. Auf diese Frage werden wir abschließend zurückkommen.

2.2 Resumptive Strukturen: Merkmale, Gebrauchskontexte und Varietäten

In der Forschung wird als ein Merkmal für resumptive Strukturen die syntaktische Beziehung zwischen dem Relativsatz und dem Hauptsatz genannt. Die Autoren weisen dem Relativsatz mit Resumptivum die gleiche syntaktische Unabhängigkeit vom Hauptsatz zu wie den explikativen Relativsätzen. Das bedeutet, dass die resumptiven Strukturen sich explikativen Relativsätzen syntaktisch annähern (vgl. NGLE 2009: §§ 44.9n, ñ).

Die NGLE (2009: § 44.1x) führt ferner die Entpronominalisierung des Relativpronomens *que* als Merkmal resumptativer Strukturen an. Doch erklärt die Deutung des NGLE nicht, warum das Relativum *que* einen Teil der Funktionen verliert, die dem Relativpronomen zugewiesen sind (vgl. NGLE 2009: § 44.1r), d. h. warum dieses Pronomen beim Verlust der pronominalen Funktion lediglich als unterordnende Konjunktion bleibt und das Auftreten des Resumptivums verursacht.

In der Forschung wird auch auf die Kontexte und kontextuellen Parameter eingegangen, die den Gebrauch des Resumptivums favorisieren (vgl. NGLE 2009: § 44.9a). Ein solches Merkmal ist der Abstand zwischen dem Relativum und dem Verb des Relativsatzes, der beispielsweise durch parenthetische Einschübe erzeugt werden kann (etwa durch *por cierto* [‚übrigens'] oder *no creo que* [‚ich glaube nicht, dass ...'], vgl. NGLE 2009: §§ 44.9e-h). Borzi & Morano (2009) kommen zu dem Schluss, dass der Abstand zwischen dem Antezedens und dem Relativum, das dieses Antezedens ja anaphorisch aufgreift, ebenfalls die Verwendung des Resumptivums begünstigt. Entscheidend ist hier die semantische Präsenz des Antezedens für die Gesprächspartner, die durch die resumptive Struktur verstärkt und gesichert wird. Die Verwendung des Resumptivums wird ferner durch die Indefinitheit des Antezedens begünstigt.

Die Untersuchung dieser (und anderer) kontextueller Parameter ermöglicht es uns, zu begründen, weshalb ein Sprecher die resumptive Struktur wählt. Die genannten Parameter deuten darauf hin, dass die Verwendung des Resumptivums das Ergebnis einer gezielten Wahl zwischen zwei Optionen ist. Der Sprecher hat dabei das Ziel, den Hörer bei der Interpretation anzuleiten, um das Verständnis zu erleichtern, die Kommunikation effektiv zu gestalten und das Verstehen zu sichern.

Die Verwendung resumptiver Relativsätze wird außerdem oft varietätenlinguistisch erklärt. So ist die NGLE der Ansicht, dass die Verwendung des Resumptivums in formellen Registern und in der Rede gebildeter Sprecher (*habla culta*) nicht gebräuchlich ist, sondern vielmehr die gesprochene spanische Sprache charakterisiert und in der Standardsprache nicht verwendet werden sollte (vgl. NGLE 2009: § 44.1x). Brucart (1999: § 7.1.2) distanziert sich von dieser normativen Position. Die resumptive Struktur ist für ihn kein Merkmal informeller, gesprochener Sprache, vielmehr geht Brucart so weit zu sagen, dass bei einem gewissen Abstand zwischen Antezedens und Verb im Relativsatz das Vorhandensein des Resumptivums die Akzeptabilität der Äußerung garantiere (vgl. Brucart 1999: 408). Das Korpus, auf das sich die vorliegende Arbeit stützt, die *Habla culta* der Stadt Buenos Aires, wurde von gebildeten Sprechern produziert. Die dort dokumentierten Verwendungsmöglichkeiten des Resumptivums sind zahlreich, sodass ausgeschlossen werden kann, dass die Verwendung vom Bildungsniveau der befragten Person abhängt. In der untersuchten Stichprobe kommt es vor, dass ein und derselbe Sprecher sowohl Relativätze ohne als auch mit resumptivem Pronomen verwendet, was beweist, dass diese Struktur nicht auf einen Idiolekt zurückzuführen ist. Vielmehr liegt die Hypothese nahe, dass diese Sprecher bewusst zwischen resumptiver und nicht-resumptiver Struktur wählen, da beide Strukturen ein unterschiedliches semantisches Profil haben. Die Sprecher nehmen diese Bedeutungsunterschied wahr und entschieden sich bewusst für eine Realisierung mit oder ohne Resumptivpronomen (vgl. García 1985).

In der Forschung wird die Struktur im Kontext der Varietätenlinguistik ferner als diatopische Variation gedeutet. So erklärt die NGLE das Vorhandensein dieses Pronomens mit einer dialektalen Begründung (vgl. NGLE 2009: § 44.1w-x). Ausgangspunkt ist die im Spanischen des Río de la Plata (und anderen lateinamerikanischen Regionen) frequente Tendenz, pronominale und nichtpronominale direkte Objekte mit klitischen Pronomina zu verdoppeln (*Y así fue como la conocí a Esperancita* [,Und so habe ich Esperancita kennengelernt'], *La culpa la tiene ella* [,Sie ist schuld daran']). Diese Tendenz werde, so die NGLE, dann auf den Relativsatz übertragen und erzeuge die resumptive Struktur. Die qualitativen und quantitativen Ergebnisse von Silva-Corvalán (1980/81) sind in dieser Hinsicht aufschlussreich. Sie sieht im resumptiven Pronomen weder eine Redundanz noch ein Charakteristikum des Substandards, sondern kommt zu dem Schluss, dass die Verdoppelung mit dem Vorhandensein eines Determinativs und dem Merkmal [+definit] verbunden ist, insbesondere wenn das direkte Objekt präverbal ist wie in *La culpa la tiene ella*. Solche Beispiele sind für uns besonders aufschlussreich, da sie die syntaktische Position des Substantiv-Antezedens in Bezug auf das resumptive Pronomen in den untersuchten Sätzen wiederholen. Wie *infra* zu zeigen sein wird, ist das Antezedens von resumptiven Relativsätzen in der Regel indefinit. Das heißt, die Verwendung des Resumptivums kann kaum die spanisch-amerikanische Tendenz zur Verdoppelung verursachen, denn diese Tendenz tritt auf, wenn das Referenzobjekt bereits definit ist.

Zusammenfassend lässt sich sagen, dass die Grammatiken eine Reihe von syntaktischen Merkmalen beschreiben, die die Verwendung des resumptiven Pronomen begleiten: die Unbestimmtheit des Antezedens, die Distanz zwischen dem Relativum und seinem Verb und die Entpronominalisierung der Relativform *que*. Was jedoch fehlt, ist eine Erklärung, die all diese Phänomene kohärent miteinander verbindet, jenseits einer varietätenlinguistischen Begründung, die in diesem Fall als typische *passe-partout*-Erklärung erscheint, die angeführt wird, wenn eine Abweichung von der Norm festgestellt wird. Unsere Erklärung ist, dass der Sprecher das Resumptivum verwendet, um die Kohärenz und Klarheit der Äußerung zu erhöhen und so dem Gesprächspartner zu helfen, eine kohärentere mentale Repräsentation des Textes zu konstruieren.

3 Der Sprecher und seine Äußerung: Verwendungskontexte des resumptiven Pronomens

Wie bereits erwähnt, werden wir mit Konstruktionen arbeiten, die (4) und (5) ähneln. In den Beispielen geht es darum, dass es wissenschaftliche Arbeiten gibt, bei denen man auf jedes einzelne Wort achten muss:

(5) Hay una serie de trabajos que hay que hacer palabra por palabra.

   Es gibt eine Reihe von Arbeiten, die man Wort für Wort lesen muss.

(6) Hay una serie de trabajos que hay que hacer*los* palabra por palabra.

   Es gibt eine Reihe von Arbeiten, die muss man Wort für Wort lesen.

Folgt man in (5) der Definition des Relativpronomens in der spanischen Grammatik, so nimmt die Form *que* semantisch das Substantiv-Antezedens auf, fungiert als Subordinator und erfüllt die Funktion des direkten Objekts im Relativsatz. In (6) dagegen ist ein unbetontes enklitisches *lo* vorhanden, das die Funktion des direkten Objekts in Bezug auf das Verb *hacer* im Relativsatz erfüllt und dessen Bedeutung aufnimmt, indem es in Genus und Numerus mit dem Antezedens *trabajos* übereinstimmt. Da diese Funktion von der Form *que* erwartet wird oder zu erwarten wäre, nennen einige Autoren (vgl. z. B. NGLE 2009: § 44.9a) diese Fälle *con duplicación*. Entscheidend für die Wahl von (5) oder (6) ist der Verwendungskontext, wobei von der Prämisse ausgegangen wird, dass Sprecherintention und Verwendungskontext die Wahl der Formen motivieren.

3.1 Informationsprofile im Relativsatz: Negation und Kontrast

Wir gehen von früheren quantitativen Untersuchungsergebnissen aus (Borzi & Morano 2009), die auf der empirischen Grundlage der *Habla culta de la ciudad de Buenos Aires* (Barrenechea 1987) gewonnen wurden. Dabei wurden insgesamt 305 Relativsätze erfasst, von denen 100 ein Resumptivum enthalten und 205 ohne Resumptivum sind. Die Belege wurden nach dem Zufallsprinzip unter allen Informanten ausgewählt, die mindestens einmal ein Resumptivum verwendet haben. Die Prozentsätze wurden ermittelt, indem eine Untergruppe mit den jeweils anderen Untergruppen und jede Untergruppe mit sich selbst verglichen wurde.

Im Folgenden geht es um die Verteilung der Information. Die NGLE befasst sich mit der Information im Relativsatz und unterscheidet dabei zwischen spezifizierenden und explikativen Sätzen. Sie argumentiert, dass spezifizierende Relativsätze thematisch oder rhematisch sein können, je nachdem zu welcher Nominalgruppe sie gehören (vgl. NGLE 2009: § 44.10a-b) und dass explikative Relativsätze ein anderes Element mit rhematischem Charakter enthalten können (vgl. NGLE 2009: § 44.10d). Das heißt, dass die NGLE nicht die Information des Relativsatzes kontrastiv zur übrigen Äußerung bewertet, sondern das gesamte Nominalsyntagma einschließlich des Antezedens, das der Relativsatz modifiziert. Die NGLE verknüpft die Information des Relativsatzes also nicht mit der Nutzung des Resumptivums.

Die Neuheit oder Bekanntheit einer Information ist ein grundlegendes Kriterium, das es uns ermöglicht zu beurteilen, ob ein Relativsatz für das Erreichen eines kommunikativen Ziels relevant ist. Dieser informative Gehalt wird anhand von zwei Kriterien untersucht: das Vorhandensein bzw. Nicht-Vorhandensein einer Negation im Relativsatz und das Vorhandensein bzw. Fehlen eines semantischen Kontrasts im Relativsatz. Die Ergebnisse deuten darauf hin, dass es sich bei der Information im Relativsatz um neue und wichtige Information handelt.

Negative Kontexte sind typisch für neue Informationen. Wir betrachten Fälle von vollständiger oder teilweiser Negation, unabhängig davon, ob sie durch die Partikel *no* oder durch ein negatives Indefinitpronomen angezeigt werden. Die folgenden Bereiche wurden berücksichtigt: vollständige und teilweise Negation des Verbs, des direkten Objekts, der adverbialen Ergänzung sowie des Subjekts. Die Ergebnisse der quantitativen Auswertung zeigen, dass von der Gesamtzahl der analysierten Fälle (305) beim Vergleich von Relativsätzen mit und ohne Resumptivum 64,70 % der Fälle mit Resumptivum eine Negation aufweisen, während bei Relativsätzen ohne Resumptivum nur bei 35,30 % eine Negation auftrat. Mit anderen Worten: Der Kontext der verneinten neuen Informationen begünstigt eindeutig die Wahl des Resumptivums. Dazu ein Beispiel:

(7) Lo único que hice fue mandarle una carta a E.M.– que no me *la* contestó tampoco. (Band II: 504)

Das einzige, was ich gemacht habe, war E.M. einen Brief zu schicken – auf den er mir auch genausowenig geantwortet hat.

In (7) haben wir eine Negation des Prädikats (mit Verdoppelung *no ... tampoco*) und der Relativsatz enthält hervorgehobene und neue Information. Der Hintergrund ist, dass der Sprecher ohne vorherige Ankündigung aus einer Vereinigung ausgeschlossen wurde und daher ein kritisches Schreiben an den Vorstand richtete, das aber ohne Antwort blieb. Diese Tatsache, dass keine Antwort erfolgte, ist die entscheidende neue Information, die mit einer resumptiven Struktur versprachlicht wird.

Ein weiterer Kontextfaktor, der analysiert wurde, sind semantische Kontraste und Oppositionen, die ebenfalls mit neuen Informationen korrelieren (die NGLE klammert diesen Aspekt aus). Diese Kontraste zeigen sich in Äußerungen, die lexikalische und argumentative Oppositionen enthalten. In der quantitativen Analyse wurden Relativsätze mit und ohne Resumptivum vergleichend auf das Vorhandensein einer kontrastiven Semantik analysiert. Das Resultat ist, dass 70,45% der Resumptiva einen semantischen Kontrast aufweisen, während nur 29,55% der Sätze ohne Resumptivum einen Kontrast oder eine Oppostion enthalten. Vergleicht man Fälle mit Resumptivum untereinander, dann zeigt sich, dass die Mehrheit davon (86,11%) einen semantischen Kontrast aufweist. Dazu ein Beispiel aus den ausgewerteten Daten, in dem eine resumptive

Struktur einen Kontrast versprachlicht. Die Äußerung (8) thematisiert die Ausmaße von Denkmälern und kontrastiert Europa und Argentinien:

(8) los monumentos en Europa tienen una dimensión que en la Argentina *la* conocemos poco (Band I: 49)

   Die Denkmäler in Europa haben eine Ausdehnung, die kennen wir in Argentinien kaum.

Wenn wir die beiden Kriterien Negation und Kontrast miteinander in Beziehung setzen, stellen wir fest, dass die Ergebnisse der quantitativen Analyse in die gleiche Richtung weisen: Die Information im Relativsatz ist neu und wichtig, sie ist weder bekannt noch redundant. Die Qualität der durch den Relativsatz eingeführten neuen Information führt uns direkt zum Antezedens, das der Relativsatz modifiziert. Es ist ein vom Sprecher in den Mittelpunkt gestelltes Referenzobjekt, zu dem der Relativsatz eine Aussage trifft.

3.2 Das Antezedens: Funktion, Identifikation und Abstand zum Relativum

Neben der Betrachtung der Elemente innerhalb des Relativsatzes ist es auch wichtig, den syntaktischen Kontext zu betrachten, in dem der Relativsatz steht. Das wichtigste Element in diesem Umfeld ist das Substantiv-Antezedens, da es den Informationsschwerpunkt einführt, auf den sich der Sprecher in seiner Äußerung konzentrieren möchte und auf den sich der Relativsatz bezieht.

Eine wichtige Rolle spielt die syntaktische Funktion, die das Antezedens im Relativsatz erfüllt, da diese Funktion ein Gradmesser für dessen Wichtigkeit im Hauptsatz ist. Borzi & Morano (2009) betrachteten die folgenden Hauptfunktionen: Subjekt, direktes Objekt (mit oder ohne Präposition) und indirektes Objekt. In (8) erfüllt das Antezedens *una alta calidad* die Hauptfunktion des direkten Objekts:

(9) las razas vacunas en los EEUU tiene [sic] una alta calidad que *la* han logrado a través de las importaciones de Europa ... [Band I: 125]

   Die Rinderrassen in den Vereinigten Staaten haben eine hohe Qualität, die haben sie durch Importe aus Europa erreicht.

Betrachtet man die Gesamtzahl der Fälle mit einem Resumptivum, so haben die meisten ein Antezedens, das im Hauptsatz eine zentrale Funktion erfüllt (77,78 %).

Daraus lässt sich ableiten, dass der Sprecher, wenn er das Resumptivum verwendet, eine für die Interpretation der Äußerung wichtige Komponente abgrenzen will und gemäß den Grice'schen Kooperationsmaximen diese Komponente klar erkennbar macht. Dieser Argumentation folgend ist zu prüfen, in welcher Weise ein für die Äußerung zentrales Nominalsyntagma so hervorgehoben wird, dass der Gesprächspartner es mit geringem Verstehensaufand erfassen kann. Dazu wurde der Grad der Bestimmtheit des nominalen Antezedens gemessen. Entscheidend ist für den kognitiven Ansatz (vgl. Langacker 1991: 13-15, 55-58; Borzi 2012), dass das Nominalsyntagma in einer Äußerung die Konzeptualisierung eines physischen Objekts darstellt, die kulturell und individuell konstruiert ist und mit dem kommunikativen Ziel dieser Äußerung übereinstimmt. Das Nominalsyntagma bezieht sich nicht auf die Welt, sondern auf ein kognitives Ereignis, das in der Rede konstruiert wird. Für diese Überlegung werden auf der Grundlage des Korpus in Anlehnung an die in Borzi (2015) angewandte Analyseskala für den Grad der Bestimmtheit die folgenden Kriterien herangezogen: Erstens die syntaktische Funktion des Antezedens (Subjektskern, direktes Objekt, Umstandsbestimmung, Prädikativ, Präpositionsterm, Appositionskern) und zweitens das Vorhandensein bzw. die Abwesenheit eines determinierenden Elements beim Antezedens sowie der Grad, in dem dieses Element das Antezedens bestimmt. Betrachten wir zur Illustration die Beispiele (10) und (11), bei denen das jeweilige Antezedens unterschiedlich stark bestimmt ist:

(10) (11) yo creo que el problema es el tiempo porque es tal (10) *la cantidad de lecturas que hay* que en realidad uno tendría que leer muchas horas por día y – porque no son *lecturas* como uno podría leer una novela o un diario, (11) sino que son muchas veces trabajos *que hay que meditarlos palabra por palabra* y ver qué quieren decir. Estudiar las estadísticas, estudiar los cuadros, estudiar los eh ... o a lo mejor *ese trabajo* le sugiere o le obliga a ver otros trabajos para poder comprenderlo. [Band I: 107]

ich glaube das Problem ist die Zeit, denn es gibt (10) so viele Artikel, die man lesen sollte, dass einer viele Stunden am Tag lesen müsste, denn das sind ja Artikel, die man nicht liest wie einen Roman oder eine Zeitung, (11) sondern das sind oft Arbeiten, die muss man Wort für Wort mit viel Nachdenken lesen und überlegen, was das heißen soll. Die Statistiken, die Tabellen, die äh ... es kann auch vorkommen, dass ein solcher Aufsatz es nahelegt oder sogar notwendig macht, dass man noch andere Texte liest, um das verstehen zu können.

In (10) enthält der Relativsatz ohne Verdoppelung (*lecturas que hay*) weder neue Informationen, noch führt er ein neues Thema in das Gespräch ein, noch stellt er einen Kontrast her. Der Relativsatz enthält redundante Information (vgl. Borzi 2006 für die Analyse ähnlicher Fälle). In (11) dagegen handelt es sich um eine neue Information zur Lektüre von Fachtexten. Der Sprecher betont, dass Fachtexte eine andere Art des Lesens erfordern als belletristische Texte, wobei zwei Faktoren eine Rolle spielen: die Menge der Lektüre und deren Qualität, zwei Faktoren, die den Zeitbedarf bestimmen. In der Substantivkette, die dem Relativsatz vorausgeht (*la cantidad de lecturas* > *lecturas* > *trabajos* > *los* > *ese trabajo*) zeigt sich eine Abfolge von unbestimmten Antezedenzien. Sobald das, was der Sprecher über die *lecturas/trabajos* sagen will, definiert ist, taucht der Begriff am Anfang des Relativsatzes erneut auf, diesmal aber bestimmt (*ese trabajo*).

Aufschlussreich ist in diesem Zusammenhang die Betrachtung der Fälle (12) und (13), denn auch hier stehen sich ein Relativsatz mit redundanter Information (12) und ein Relativsatz mit neuer Information (13) gegenüber, die sich auch im Grad der Bestimmtheit ihrer Antezedenzien unterscheiden.

(12) la concepción social *que tengo yo* ... entonces yo le veo sentido a defender a un obrero, por ejemplo. (13) Ehm ... cosa *que no lo vería* si tengo que defender a ... en un juicio comercial a dos personas que para mí son exactamente las mismas ... [Band II: 111].

(12 Die Idee vom Sozialwesen, die ich habe, also ich sehe Sinn darin, einen Arbeiter zu verteidigen, (13), ähm, eine Sache, ich würde das nicht sehen, wenn ich in einem Verfahren eine Person gegen eine andere Person verteidigen müsste und beide Eigentümer desselben Unternehmens sind.

Das dem Relativsatz ohne Resumptivum vorangestellte Antezedens (*la concepción social*) in (12) ist determiniert: Der Sprecher vervollständigt, was er bisher gesagt hat. Anders dagegen verhält es sich in (13). Eingeleitet mit *entonces* will der Sprecher einen neuen Gedanken äußern und beginnt diesen Abschnitt mit *yo le veo sentido*. Diese Meinung wird dann mit dem hochgradig unbestimmten Nomen *cosa* aufgegriffen, das als Antezedens für den folgenden Relativsatz fungiert. Erst durch den Relativsatz wird dieses Antezedens näher bestimmt bzw. erfährt es überhaupt eine semantische Füllung. Das resumptive Pronomen *lo* ermöglicht durch die Kennzeichnung von Genus und Numerus die Wiederherstellung des ersten Antezedens (*sentido*), das im Diskurs bereits auf Distanz gerückt ist. Die Kette, die im Diskurs auftaucht, lautet dann *sentido* > *cosa* > *que* > *lo*.

Die quantitativen Ergebnisse zeigen, dass die Antezedenzien der Sätze mit Resumptivum meist (70,83%) unbestimmt sind. Diese als Antezendes fungierenden Elemente haben durch die syntaktische Funktion eine wichtige Rolle in der Äußerung, sie sind jedoch unterdeterminiert und müssen durch die resumptive Struktur präzisiert werden, damit die Bezüge in der Äußerung klar sind und das Verstehen der Äußerung gesichert ist.

Ein anderer Faktor ist die kognitive Präsenz des durch Antezedens und Relativum bezeichneten Referenzobjekts in der sprachlichen Interaktion. Um diese Präsenz zu erfassen, misst man den Abstand zwischen dem Antezedens und dem Relativum, der sich in der Anzahl der Wörter und Pausen ausdrückt. Ausgangspunkt ist die Hypothese, dass es für den Sprecher wichtig ist, dass die Konzeptualisierung des durch das Antezedens bezeichneten Referenzobjekts im Bewusstsein des Gesprächspartners präsent bleibt. Das Relativum *que*, das fast ausschließlich bei Vorhandensein eines Resumptivums gewählt wird, leitet den Gesprächspartner bei der Identifizierung des Referenzobjekts jedoch nur bedingt, da es keine Angaben zu Genus und Numerus enthält. Diese Angaben liefert jedoch das Resumptivum. Daher liegt die Hypothese sehr nahe, dass das Auftreten des Resumptivums nicht syntaktisch bedingt ist, sondern aus der Notwendigkeit folgt, das vom Antezedens bezeichnete Referenzobjekt eindeutig wiederaufzunehmen und auf diese Weise dessen Präsenz in der Rede zu sichern.

Um den Abstand zwischen dem Antezedens und dem Relativum zu erfassen, wurden die Anzahl der Wörter, die Pausen und das Zögern berücksichtigt, durch die Antezedens und Relativum getrennt sind. Betrachtet man die Relativsätze mit einem Resumptivum im Vergleich zu denen ohne resumptives Pronomen, so zeigt sich eine starke Tendenz, dass Sätze mit einem Resumptivum einen deutlicheren Abstand zwischen dem Antezedens und dem Relativum aufweisen (71,70%). Offensichtlich reicht die durch *que* geleistete Relation zum Antezedens aus, wenn dieses sich in der Nähe befindet und leicht zu identifizieren ist. Ist das Antezedens jedoch weiter vom Relativum entfernt und finden sich in der Umgebung weitere Elemente, die ebenfalls Antezedens sein könnten, dann wird das Resumptivpronomen verwendet, um das Antezedens eindeutig zu identifizieren. Durch die semantische Information zu Genus und Numerus (*lo/la*, *los/las*) ermöglichen die resumptiven Pronomina eine Desambiguierung und sichern eine möglicherweise bereits geschwächte kognitive Präsenz des durch das Antezedens versprachlichten Referenzobjekts in der Interaktion.

4 Die Suche nach diskursiver Einfachheit

4.1 Die Leistung der resumptiven Struktur

Eine Erklärung für das Resumptivum ist, dass der Sprecher ein für die Äußerung relevantes Referenzobjekt versprachlichen will, von dem er annimmt, dass es für den Gesprächspartner nicht hinreichend klar abgegrenzt und identifizierbar ist. Zu diesem Zweck konstruiert der Sprecher einen Relativsatz mit neuer Information. Das Problem einer solchen Konstruktion ist jedoch, dass Relativsätze mit neuer Information einen erheblichen kognitiven Aufwand zur Verarbeitung erfordern. Um diesen Aufwand wiederum zu reduzieren, versucht der Sprecher den Relativsatz wie einen unabhängigen Satz zu gestalten, indem er das Subjekt vor das Verb stellt und ein resumptives Pronomen hinzufügt. Der Relativsatz ist als unabhängiger Satz aufgebaut: Subjekt + (resumptives) Pronomen + Verb. Auf diese Weise wird die Form *que* entpronominalisiert, da im Relativsatz bereits eine Proform vorhanden ist. Die so erzeugte Struktur rekonstruiert die lineare Verteilung der Informationen in unabhängigen Sätzen (auf bekannte Information folgt neue Information), vermeidet Subordination und damit verbundene strukturelle Komplexität und schafft Kohärenz dank der morphologischen Kongruenz des resumptiven Pronomens. Ausserdem entspricht der Sprecher auf diese Weise der Erwartung des Hörers, dass jeder Satz nur eine Idee liefert und eine prototypische Struktur hat (Subjekt + Pronomen + Verb). Der Relativsatz mit Resumptivum wird auf diese Weise als unabhängiger Satz versprachlicht und verstanden.

Im Folgenden werden wir erörtern, dass das Vorhandensein des Resumptivums die Bedeutung des Antezedens verändert und wir werden die Anteposition des Subjekts im Rahmen der erwarteten Tendenz zur Postpositionierung des Subjekts der Relativsätze untersuchen. Dabei werden wir zwei verschiedene Interpretationsschritte für die Fälle ohne und mit Resumptivpronomen vorschlagen.

4.1.1 Die Struktur mit Resumptivum ändert die Bedeutung des Antezedens

Da das Vorhandensein des Resumptivpronomens den markierten Fall darstellt, muss zunächst gezeigt werden, worin die Leistung dieser Struktur und der Bedeutungsunterschied besteht. Denn bisher wurde in syntaktischen Studien nicht bewiesen, dass es einen Bedeutungsunterschied gibt, je nachdem, ob ein wiederaufnehmendes Pronomen vorhanden ist oder nicht. Dass es diesen Unterschied gibt, verdeutlichen die Beispiele (14) und (15):

(14) las [clases] prácticas *que hice en el [colegio Bartolomé] Mitre* recibieron nota 10.

Das Referendariat, das ich an der Schule Bartolomé Mitre machte, wurde mit der Note 10 bewertet.

(15) las prácticas *que las hice en el [colegio Bartolomé] Mitre* recibieron nota 10. [Band I: 188]

Das Referendariat (das war das einzige Referendariat, das es gab), das ich an der Schule Bartolomé Mitre machte, wurde mit der Note 10 bewertet

In (14) ist vom Referendariat, das der Sprecher an der Schule Bartolomé Mitre machte, die Rede, doch kann es in dieser Schule auch noch andere Formen von Vorbereitungsdienst geben; ferner kann das konkrete Referendariat, auf das der Sprecher sich bezieht, auch an anderen Schulen stattfinden. Das Beispiel lässt dies offen. In (15) sagt der Sprecher jedoch durch die Verwendung des Resumptivums, dass es einen bestimmten Vorbereitungsdienst gab, der ausschließlich in dieser Schule (und nur dort) durchgeführt wurde. Das Vorhandensein des Resumptivums schließt die Liste der durch das Antezedens bezeichneten Referenzobjekte ab und erzeugt damit auch ein abgeschlossenes Diskursuniversum.

Die Beispiele (14) und (15) enthalten identifizierte und definite Antezedenten. Wenn das Antezedens unbestimmt ist, können wir eine ähnliche Bedeutungsveränderung beobachten, obwohl das Phänomen dann nicht ganz so offensichtlich ist wie in (14) und (15):

(16) un pedazo de queso *que pesamos*

ein Käsestück, das wir auf die Waage legten

(17) un pedazo de queso *que lo pesamos* [Band II: 334]

ein Käsestück [da war kein anderes Stück Käse], das wir auf die Waage legten

In (16) geht es um ein Käsestück, das auf die Waage gelegt wird. Ob es in dieser Situation noch andere Käsestücke gibt, bleibt offen. In (17) dagegen geht es um ein bestimmtes Käsestück, das gewählt wurde.

Das heißt, dass die Verwendung des Resumptivums einen semantischen Unterschied erzeugt, der der semantischen Differenz zwischen spezifizierenden und explikativen Relativsätzen entspricht (vgl. NGLE 2009: § 44.1l). Das Resumptivum bewirkt, dass der Relativsatz explikativen Wert hat und auf das Antezedens einwirkt wie ein explikativer Relativsatz: Das Element, das durch das nominale Antezedens fokussiert wird, ist das einzige im Diskursuniversum (vgl. NGLE 2009: § 44.5b). Im Gegensatz dazu führt das Fehlen des Resumptivums zu einem Relativsatz, der die Menge seiner möglichen Referenten einschränkt, da es andere Referenzobjekte im Diskurs gibt, die mit dem gemeinten Objekt konkurrieren in dem Sinne, dass sie ebenfalls ‚gemeint' sein könnten. Das Resumptivum schafft hier Klarheit: sowohl der Vorbereitungsdienst in der Schule Bartolomé Mitre als auch das Käsestück sind fest determinierte Objekte, sie sind von ähnlichen Objekten klar abgegrenzt.

Der Relativsatz mit Resumptivum fällt dementsprechend nicht in den Bereich der Quantifizierer (vgl. NGLE 2009: 44.5e). Aus diesem Grund modifiziert der Relativsatz mit Resumptivum das gesamte Nominalsyntagma, einschließlich Determinativa und Quantifizierer (vgl. NGLE 2009: 44.5i).

Ein interessanter Beweis für diese semantische Interpretation der Relativsätze mit Resumptivum ist, dass in der Stichprobe unter den Antezedenzien Fälle auftreten, die eine starke semantische Einschränkung beinhalten. Es sind dies Äußerungen, die die Einzigartigkeit betonen:

(18) es la *única* manifestación artística [...] y que puedo estar veinte horas escuchánd*ola*, [Band I: 25]

Das ist die einzige künstlerische Leistung, die ich mir stundenlang anhören kann.

(19) Burdeos que *lo* asocio a lluvias, [Band II: 196]

Bordeaux, das verbinde ich immer mit Regen.

So wird in (18) die Einzigartigkeit eines Kunstgenusses ausgedrückt und in (19) liegt ein Eigenname vor, also semantische Merkmale, die in der Forschung den explikativen Relativsätzen zugeordnet werden. Was den Verbalmodus betrifft, so lassen einschränkende Sätze den Indikativ und den *Subjuntivo* zu, explikative Relativsätze jedoch nur den Indikativ. Fast die Gesamtheit der Verwendungen mit Resumptivum (bis auf einen Fall) weist Indikativ auf, was ebenfalls auf den explikativen Charakter hindeutet. Ein weiteres Argument ist, dass das Resumptivum mit *ambos* vereinbar wäre, das nur mit explikativen Relativsätzen kombiniert wird (vgl. NGLE 2009: § 44.5ñ). So meint die Äußerung *Encontraron a ambos relojes, que los habían robado poco antes*, dass beide Uhren, die kurz zuvor gestohlen worden waren, gefunden wurden.

Zusammenfassend können wir feststellen, dass Resumptivstrukturen explikativen Relativsätzen ähneln, obwohl die Relativsätze mit Resumptivum im Gegensatz zu explikativen Relativa meist ein unbestimmtes Antezedens haben. Die Bedeutungsunterschiede bei der Verwendung des Resumptivums sind ein weiterer Grund dafür, dass es nicht angemessen ist, von einem ‚pleonastischen' Pronomen zu sprechen.

4.2 Resumptive Relativsätze als nähesprachliche Strukturen

Die resumptive Struktur wird vom Sprecher gewählt, um den Diskurs zu vereinfachen. Denn resumptive Relativsätze nähern sich in ihrer Satzgliedanordnung und in ihrer Informationsverteilung einem unabhängigen Satz an, der strukturell prototypisch gestaltet ist (SVO) und nur eine einzige Idee ausdrückt. Damit entsprechen resumptive Relativsätze der Syntax der Mündlichkeit und der Nähesprache im Sinne von Koch & Oesterreicher (1985).

Um diese Idee der zunehmenden nähesprachlichen Mündlichkeit des Relativsatzes zu untermauern, kann man nicht allein prosodische Eigenschaften heranziehen, sondern auch die Rekonstruktion der Verteilung der Information (bekannt vs. neu) und die Satzgliedanordnung im unabhängigen Satz. Studien zur Subjektposition in Relativsätzen (vgl. z. B. Contreras 1976, Cifuentes Honrubia 2000; Gutiérrez Bravo 2003; Morales 2007; Barrio 2011) zeigen, dass die häufigste Subjektposition in diesen Sätzen, wenn das Subjekt explizit ausgedrückt wird, die postverbale Position ist (VS), wie das folgende Beispiel illustriert:

(20) esa vieja hospitalidad *que tenía antes el criollo, el tipo de campo* [Band II: 66]

     Diese althergebrachte Gastfreundschaft, die früher der Kreole hatte, der Bauer

Die häufigste Reihenfolge in unabhängigen Sätzen im Spanischen ist jedoch Subjekt – Verb – Objekt (SVO). In den Relativsätzen mit Resumptivum begünstigt die Einführung neuer Information eine Informationsstruktur, die der häufigsten, prototypischeren Reihenfolge im unabhängigen Satz folgt: SV. Es sei daran erinnert, dass, wie gesagt, eine größere Prototypizität mit einem geringeren Schwierigkeitsgrad korreliert. An dieser Stelle ist anzumerken, dass in der Forschung die Eigenschaften des Antezedens nicht berücksichtigt werden, um die Position des Subjekts zu erklären. Auch werden sie nicht mit anderen grammatischen Phänomenen wie der Verwendung des Resumptivums korreliert, wie das in dieser Studie versucht wird, indem diese Veränderung der Position mit der Suche nach größerer textlicher Einfachheit verbunden wird (vgl. Borzi 2018).

Im Folgenden besprechen wir Beispiele für Relativsätze mit Resumptivum, bei denen das Subjekt vorangestellt (21) und (22) und an das Verb angehängt ist (23):

(21) otros condicionamientos *que él los conocerá íntimamente* [Band II: 113]

andere Bedingungen, solche, die er sehr gut kennenlernen wird.

(22) vuelva a decir cosas que sean interesantes – y *que la gente las entienda*. [Band II: 280]

er soll immer wieder interessante Dinge sagen, und solche, die die Menschen verstehen

(23) directora de una revista de Méjico y otra de una sociedad, *que las recibió el presidente de la República*. [Band II: 505]

Die Herausgeberin einer Zeitschrift in México und eine andere aus einem Verband, die hat der Staatspräsident empfangen.

In der untersuchten Stichprobe wurden von den insgesamt 33 Fällen von Relativsätzen mit Resumptivum mit nominalem Subjekt 27 Fälle mit Subjekt vor dem Verb (81,80 %) und nur 6 Fälle mit Subjekt nach dem Verb (18,20 %) verzeichnet. Sätze mit Resumptivum folgen damit der prototypischen und am meisten erwarteten Verteilung von Information: Auf bekannte Information folgt neue Information, die in der Reihenfolge der Subjekt-Verb-Funktionen gespiegelt wird.

Die Negation, die das Resumptivum zu einem signifikanten Prozentsatz begleitet, markiert auch diese nähesprachliche Annäherung an die unabhängigen Sätze und begünstigt gleichzeitig die Einführung eines Resumptivums. Der Grund dafür ist, dass das Resumptivpronomen nach der Negationspartikel steht und damit die Linearität der Satzgliedanordnung wahrt, wie etwa Beispiel (7) zeigte (*que no me la contestó*). Dadurch wird vermieden, dass der Gesprächspartner vom Verb zum Relativum *que* (das eine feste Position am Anfang des Satzes hat) zurückkehren muss, um es zunächst in den Bereich der Negation und dann in die Objektbeziehung mit dem Verb des Relativsatzes einzubeziehen. Mit anderen Worten: Die Interpretation wird vereinfacht, weil die Konstruktion strukturell vereinfacht wurde.

5 Allgemeine Schlussfolgerungen

Wenn wir *que* als volles Relativum betrachten, verzeichnet der Satz mit Resumptivum zwei Formen, die das gleiche Referenzobjekt bezeichnen, wobei durch das Resumptivum Genus, Numerus und Kasus explizit gemacht werden. Auf der Grundlage der Grice'schen Maximen der Quantität und der Klarheit können wir daher sagen, dass der Relativsatz mit Resumptivum diesen Maximen in höherem Maße entspricht: Er gibt weder zu wenige noch zu viele Informationen, sondern genau diejenigen Informationen, die zur eindeutigen Identifikation des Referenzobjekts notwendig sind. Auf diese Weise wird durch die Befolgung der Maxime der Quantität auch die Maxime der Klarheit erfüllt.

Die Analyse hat gezeigt, dass der Relativsatz mit Resumptivum einem unabhängigen Satz und dessen prototypischer Informationsverteilung ähnelt und sich damit den Charakteristika mündlich-nähesprachlicher Syntax annähert (vgl. Koch & Oesterreicher 1985). Diese Annäherung an den prototypischen unabhängigen Satz, der charakteristisch für die Nähesprache ist, kann als Reduzierung syntaktischer Komplexität gedeutet werden. Diese Reduzierung wird von einer Reihe von Phänomenen begleitet, die schon beschrieben wurden: die Vergrößerung des Abstands zwischen dem Antezedens und dem *que* des Relativsatzes, die mögliche Entpronominalisierung von *que*, die Position des Subjekts vor dem Verb, die daraus folgende Informationsverteilung, die der Verteilung in einem unabhängigen Satz gleicht, und die Bevorzugung des Verbalmodus Indikativ. Alle diese Phänomene sind in der Juxtaposition des Relativsatzes mit dem Satz, der ihn enthält, vereinigt.

Die Studie zeigt, dass die Wahl eines Resumptivpronomens statt eines Relativsatzes ohne Resumptivum nicht nur mit einer Umverteilung von Informationen und einer Veränderung der Position des Subjekts einhergeht, sondern darüber hinaus der diskursiven kommunikativen Absicht entspricht, den Text zu vereinfachen.

Die Sprecher sind sich bewusst, dass sowohl syntaktische Komplexität als auch die Ansammlung neuer Informationen aufwändig zu verarbeiten sind. Bei der Online-Konstruktion des Diskurses lösen sie dieses Problem, indem sie einen Relativsatz mit *que* bilden, der Syntax und Informationsverteilung eines unabhängigen Satz rekonstruiert: Der Sprecher stellt das Subjekt vor das Verb und fügt ein resumptives Pronomen hinzu, das nicht nur der erwarteten Informationsverteilung entspricht, sondern auch morphologische Hinweise (Kasus, Genus und Numerus) bietet, so dass dem Gesprächspartner die mentale Repräsentation des Sachverhalts wesentlich erleichtert wird. Auf diese Weise erreicht der Sprecher, dass die Idee (Antezedens + neue Information) einem einzigen

Satz entspricht und dass es weniger strukturelle Komplexität und hohe Prototypizität im unabhängigen Satz gibt.

Wir finden im Korpus Fälle, die den Übergang von einem resumptiven Relativsatz, der immer noch eine gewisse Abhängigkeit aufweist, zu einem resumptiven Relativsatz mit noch größerer Unabhängigkeit belegen. In solchen Fällen ist in der Rede eine gewisse Unabhängigkeit der Relativsätze mit Resumptivum vom Hauptsatz zu beobachten und der Sprecher signalisiert dadurch seine Absicht, den Relativsatz als wie einen Hauptsatz zu verwenden. Die Beispiele (24) bis (26) verdeutlichen unterschiedliche Grade dieser Unabhängigkeit,

(24) cosa *que yo la comento en uno de mis libros*. [Band II: 504].

etwas, das ich in einem meiner Bücher behandle

(25) Lo único que hice fue mandarle una carta a E. M. – *que no me la contestó tampoco*. [Band II: 504].

Das Einzige, was ich getan habe, war, einen Brief an E. M. zu schicken, den er/sie mir auch nicht geantwortet hat.

(26) cierta holgura económica [...] que [él] no la tiene. *No la tiene jamás*. [Band II: 68].

ein gewisser wirtschaftlicher Wohlstand [...], den er nicht hat. Er hat ihn nie.

In Beispiel (24) wird diese Absicht, dem Relativsatz mehr Unabhängigkeit zu geben, in einem ersten Schritt verwirklicht. Denn da *yo la comento en uno de mis libros* schon die typische Struktur eines Satzes zeigt, ist *que* nicht mehr unentbehrlich. In (25), erlaubt es die lange Pause, *que* als koordinative Konjunktion zu verstehen (*que* entspricht *y* [„und"]). Und in Beispiel (26) schließlich formuliert der Sprecher zuerst einen Relativsatz mit Resumptivum und wiederholt diesen Teil der Äußerung dann, allerdings als unabhängigen Satz (*No la tiene jamás*). Der Sprecher drückt damit einen Inhalt zuerst als resumptiver Relativsatz und dann als unabhängiger Hauptsatz aus. Die Rede bildet damit im Akt des Formulierens die Bewegung hin zu mehr Unabhängigkeit ab.

Im Rahmen von Borzi (2018) schlagen wir vor, dass für das Resumptivum bei unbestimmtem Antezedens eine Gerichtetheit des Verstehens vorliegt, die anders verläuft als das Verstehen bei Relativsätzen mit bestimmtem Antezedens und ohne Resumptivum. Ist das Antezedens bekannt oder gehört es zu einer bereits in die Welt des Diskurses eingeführten Menge, ist es spezifisch, definiert und identifiziert, so dient der Inhalt des Relativsatzes dazu, den versprachlichten Sachverhalt innerhalb des Diskurses hervorzuheben. Wenn das Antezedens bekannt ist, wird die Verwendung einer resumptiven Form nicht bevorzugt. Der Inhalt des Satzes vervollständigt die Bedeutung des Antezedens und das Verstehen erfolgt bevorzugt in einer Bewegung, die vom Ende des Relativsatzes her auf das (bekannte) Antezedens zuläuft.

Diese Idee ist in Abb. 1 skizziert.

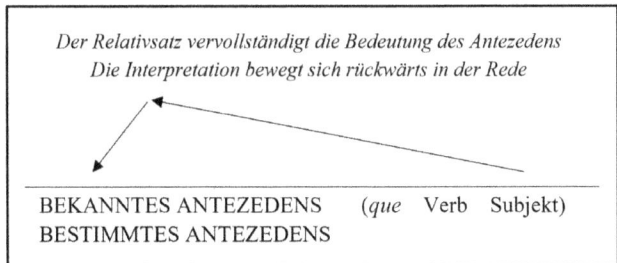

Abb. 1: Verhalten und Interpretation des Relativsatzes ohne Resumptivpronomen.

Ist das Antezedens dagegen neu, gehört es nicht zum Universum des Diskurses und ist es nicht identifiziert, verwendet der Sprecher den Relativsatz, um das Antezedens als Konzept erst zu erzeugen und näher zu bestimmen. Der Relativsatz wird in diesem Fall mündlich-nähesprachlich gestaltet, das (nominale) Subjekt nimmt die präverbale Position ein und sein Inhalt hebt das Bezeichnete vom Hintergrund ab. In diesem Fall müssen Genus und Numerus des Antezedens markiert werden, was durch ein Resumptivpronomen geschieht, das Genus, Numerus und Kasus genau angibt. In diesen Fällen wird eine andere Interpretationsbewegung bevorzugt, die vom Antezedens zum Relativsatz führt und damit vorwärts in der Rede bzw. (im graphischen Medium) in der Linearität des Textes von links nach rechts geht. Beim resumptiven Relativsatz geht es also zentral darum, die dominante Reihenfolge eines unabhängigen Satzes mit dem Subjekt vor dem Verb (SV) zu rekonstruieren. Diese Idee ist in Abb. 2 skizziert.

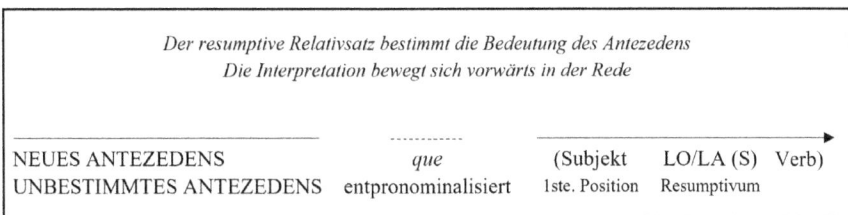

Abb. 2: Verhalten und Interpretation des Relativsatzes mit Resumptivpronomen.

Zusammenfassend lässt sich sagen, dass zeitliche oder räumlich-graphische Distanz zwischen dem Antezedens, dem Relativum und dem Verb die Notwendigkeit begünstigen, das Resumptivum einzuführen, um das Antezedens aktuell zu halten und es neu zu konzeptualisieren. Die Wahl der Formen, die Verwendung oder Nichtverwendung des Resumptivums, ist damit nicht durch kontextenthobene Regeln bedingt, sondern durch die Situation des Gebrauchs und das kommunikative Ziel des Sprechers.

Bibliographie

Alcina Franch, Juan & José M. Blecua (1975): *Gramática Española*. Barcelona: Ariel.
Auer, Peter (2002): Projection in interaction and projection in grammar. *Interaction and linguistic structures* 33, 1–39.
Barrenechea, Ana M. (Hrsg.) (1987): *Habla culta de la ciudad de Buenos Aires. Materiales para su estudio*. Buenos Aires: Facultad de Filosofía y Letras UBA.
Barrio de la Rosa, Florencio del (2011): El Orden *QueXV* en las oraciones de relativo del español clásico. http://www.cervantes.es (letzter Zugriff 17.02.2022).
Borzi, Claudia (2006): ¿Cláusulas relativas o construcciones de realce? Información conocida y sobreespecificación. *Pragmalingüística* 13, 7–24.
Borzi, Claudia (2012): Gramática cognitiva-prototípica: Conceptualización y análisis del Nominal. *Fundamentos en Humanidades* 25, 99–126.
Borzi, Claudia (2015): Pertinence de la détermination de l'antécédent et de l'iconicité sur la position du sujet dans les relatives. *Cahiers de Praxématique* 64. http://journals.openedition.org/praxematique/4015.
Borzi, Claudia (2018): La conceptualización del antecedente como explicación que unifica cuatro fenómenos marginados por los gramáticos. *Cuadernos de la ALFAL* 10, 24–44 http://mundoalfal.org/es/content/cuadernos-de-la-alfal-n%C2%BA-10.
Borzi, Claudia (2019): Enfoque Cognitivo Prototípico y Complejidad Textual: Conjunciones Causales. In Óscar Loureda & Angela Schrott (Hrsg.), *Manual de lingüística del hablar*, 461–477. Berlin: De Gruyter.
Borzi, Claudia & Mabel Morano (2009): Cláusulas relativas con duplicación del objeto. *Onomázein* 19, 79–104.
Brucart, José María (1999): La estructura del sintagma nominal: las oraciones de relativo. In Ignacio Bosque & Violeta Demonte (Hrsg.), *Gramática descriptiva de la lengua española*, Band 1, 395–522. Madrid: Espasa.
Cifuentes Honrubia, José L. (2000): El orden de palabras en la oración. In Manuel Alvar (Hrsg.), *Introducción a la lingüística española*, 359–370. Barcelona: Ariel.
Contreras, Heles (1976): *A theory of word order with special reference to Spanish*. Amsterdam: North Holland.
García, Érica (1985): Shifting variation. *Lingua* 67, 189–224.
Gutiérrez-Bravo, Rodrigo (2003): Subject Inversion in Spanish Relative Clauses. A case of prosody-induced word order variation without narrow focus. In Twan Geerts, Ivo van

Ginneken & Haike Jacobs (Hrsg.), *Romance Languages and Linguistic Theory*, 115–128. Amsterdam, Philadelphia: John Benjamins.

Karlsson, Fred, Matti Miestamo & Kaius Sinnemäki (2008): Introduction: The problem of language complexity. In Matti Miestamo, Kaius Sinnemäki & Fred Karlsson (Hrsg.), *Language complexity: Typology, contact, change*, VII–XIV. Amsterdam, Philadelphia: John Benjamins.

Koch, Peter & Wulf Oesterreicher (1985): Sprache der Nähe – Sprache der Distanz. Mündlichkeit und Schriftlichkeit im Spannungsfeld von Sprachtheorie und Sprachgeschichte. *Romanistisches Jahrbuch* 36, 15–43.

Kovacci, Ofelia (1963): La oración en español y la definición de sujeto y predicado. *Filología* IX, 103–117.

Lakoff, George (1987): *Women, fire and dangerous things*. Chicago, London: University Press.

Langacker, Ronald (1991): *Foundations of Cognitive Grammar. Descriptive application*. Stanford: Stanford University Press.

Miestamo, Matti (2008): Grammatical complexity in a cross-linguistic perspective. In Matti Miestamo, Kaius Sinnemäki & Fred Karlsson (Hrsg.), *Language complexity: Typology, contact, change*, 23–41. Amsterdam, Philadelphia: John Benjamins.

Morales, Amparo (2007): La norma policéntrica del español. Procesos discursivos del español de Puerto Rico. http://www.congresosdelalengua.es/cartagena/ (letzter Zugriff 17.01.2022).

Ono, Tsuyoshi & Sandra Thompson (1995): What can conversation tell us about syntax? In Philip W. Davis (Hrsg.), *Alternative Linguistics. Descriptive and theoretical models*, 213–271. Amsterdam, Philadelphia: John Benjamins.

Real Academia Española & Asociación de Academias de la Lengua Española (2009): *Nueva gramática de la lengua española* (NGLE). Madrid: Espasa Libros.

Rescher, Nicolas (1998): *Complexity: A Philosophical Overview*. London: Routledge.

Nina-Maria Klug

Verstehen auf den ersten Blick – oder doch nicht? Zur (vermeintlichen) Einfachheit kleiner Texte am Beispiel von Internet-*Memes*

Abstract: Small texts are not just short texts. Because of their shortness, they are often also understood as particularly simple texts. This view is further supported by the fact that they are multimodal units that integrate not only language but also images. For this reason alone, small texts represent an exciting object for research on questions of text complexity. This paper makes a usage-based linguistic contribution to that research. The study turns to the question of when and under what circumstances small, structurally short or abbreviated (multimodal) texts can be conceived and described as simple or complex. More clearly stated: this paper attempts to explain why a single small text can usually be conceived as both simple and complex. The research questions are unfolded in this paper on the basis of concrete examples. The theoretical considerations are based on a text corpus of current internet memes (specifically image macros) from the years 2020 and 2021.

1 Einleitung

Kleine Texte[1] wie die Internet-*Memes*, die in diesem Beitrag stellvertretend betrachtet und in ihrer Relevanz für die linguistische (Simplizitäts-/Komplexitäts-) Forschung[2] herausgestellt werden sollen,[3] lassen sich als semantisch-funktionale, kaum jedoch als komplexe sprachlich-strukturelle Einheiten fassen, für die intratextuelle Kriterien wie Übersatzmäßigkeit und Formen transphrastischer Verknüpfung selbstverständliche Eigenschaften sind. Denn kleine Texte sind kurze Texte. Oft bestehen sie nicht einmal aus einem vollständigen Satz (vgl. Abb. 1.1). Manch-

---

[1] Die Bezeichnung wurde von Heiko Hausendorf (2009) in den textlinguistischen Diskurs eingeführt.
[2] Dass das eine nur schwerlich ohne Bezugnahme auf das andere zu reflektieren und zu beforschen ist, wird bereits in Kortmann & Szmrecsanyi (2012) und in Hennig (2017) deutlich herausgestellt.
[3] Zu anderen Beispielen kleiner Texte bzw. deren Komplexitäts-/Simplizitätsreflexion siehe den Beitrag von Johanna Wolf in diesem Band.

Open Access. © 2023 bei den Autorinnen und Autoren, publiziert von De Gruyter. Dieses Werk ist lizenziert unter der Creative Commons Namensnennung - Nicht-kommerziell - Keine Bearbeitungen 4.0 International Lizenz.
https://doi.org/10.1515/9783111041551-008

mal integrieren sie sogar nur ein Wort (vgl. Abb. 1.2).[4] Mitunter wird sogar das einzelne Wort verkürzt (vgl. Hausendorf 2009; Weidacher 2021; Schmitz 2021). Kleine Texte stellen somit textuelle Einheiten dar, für die in struktureller Hinsicht sprachliche Elliptizität (in den Beispielen in Abb. 1 etwa die Auslassung von Artikeln bzw. Pronomen und finiten Verben in der Satzstruktur)[5] und verschiedener Anzahl als transtextuelles Charakteristikum erscheint.

2 Kleine Texte als (zu) einfache Texte

Komplexität und Einfachheit können zunächst sehr allgemein als Pole einer langen Skala begriffen werden (vgl. Hennig & Jacob 2021: 5).[6] In einem solch skalaren Verständnis sind in struktureller Hinsicht Satzgefüge im Vergleich zu einfachen

---

4 Ziel dieses Beitrags ist es, Aspekte der (vermeintlichen) Einfachheit kleiner Texte am Beispiel von Internet-*Memes* zu diskutieren und an konkreten Beispielen zu illustrieren. Die in diesem Beitrag verwendeten Textbeispiele – mit ihnen diejenigen in Abb. 1 – wurden so ausgewählt, dass Lesende dieses Beitrags die in seinem Verlauf reflektierten Aspekte textueller Simplizität bzw. Komplexität nicht nur in der Theorie, sondern auch in der Praxis, d. h. im Rahmen des eigenen Verstehens von kleinen Texten bzw. *Memes* nachvollziehen können. Um die titelgebende Frage deshalb wieder aufzugreifen: Verstehen Sie die Textbeispiele in Abb. 1 auf den ersten Blick? Wenn Ihnen die Beispiele nicht unmittelbar verständlich erscheinen, habe ich das Ziel meines Beitrags bereits erreicht. Es konnte gezeigt werden, dass kleine Texte nicht notwendigerweise und auch nicht in jeder Hinsicht einfache bzw. allgemeinverständliche Texte sind. Es wurde deutlich, dass ihr Verstehen an bestimmte Voraussetzungen gebunden ist. Da der Beitrag jedoch nicht schon an seinem Anfang beendet sein soll, werden einige dieser Voraussetzungen auf den folgenden Seiten genauer umrissen. In diesem Zuge werden auch weitere verstehenserleichternde Kontextualisierungshinweise zu den vorliegenden Textbeispielen an die Hand gegeben (vgl. insbesondere Kap. 4.1), die den Lesenden dieses Beitrags aus oben genannten Gründen zunächst noch vorenthalten werden. Hier soll nur so viel schon gesagt sein: Zum Verstehen der kleinen Texte in Abb. 1 ist Wissen über Konzept und Inhalt zweier erfolgreicher US-amerikanischer Dokumentarserien notwendig. Die Links in den relativ umfangreichen, kontextualisierenden Bildunterschriften indizieren weitere verstehensrelevante Hinweise. Auf die verstehenserleichternde Funktion von Bildunterschriften/Verlinkungen wird an anderer Stelle des Beitrags explizit Bezug genommen (vgl. Kap. 5).
5 Die Sätze in Abb. 1.1 und 1.2 könnten syntaktisch durch Integration von finiten Verben und (in Abb. 1.1 bilddeiktischen) Subjektsprädikativen vervollständigt werden: „This [photo] is the last known photo of Carole Baskin's husband" (Abb. 1.1) bzw. „The answer is ALIENS" (Abb. 1.2).
6 In wörtlicher Formulierung heißt es dort: „Der prinzipielle Zusammenhang von Komplexität und Einfachheit ergibt sich aus einem Verständnis dieser Begriffe als Endpunkte einer Skala. Wir gehen folglich nicht von einer Dichotomie ‚Komplexität vs. Einfachheit' aus, sondern von einem Grundgedanken eines Mehr oder Weniger an Komplexität und Einfachheit." (Hennig & Jacob 2021: 5) Dieser Grundgedanke der Skalarität wird auch in diesem Beitrag vertreten.

Abb. 1: Internet-*Memes*: 1.1 „LAST KNOWN PHOTO OF … CAROLE BASKIN'S HUSBAND …" (https://www.distractify.com/p/carole-baskin-memes; zuletzt abgerufen am 01. Mai 2021); 1.2 „ALIENS" (https://quotesgram.com/ancient-aliens-quotes/; zuletzt abgerufen am 20. Juni 2021), Abbildungen zit. nach § 51 UrhG.

Sätzen relativ komplex. Satzgefüge mit einer zunehmenden Anzahl an Nebensätzen, umso mehr in ihrer transphrastischen Verknüpfung im Text, können als ansteigend komplex gefasst werden. Vor dem Hintergrund einer solchen Konzeption lässt sich kaum bestreiten: Kleine Texte sind nicht nur kurz, „sondern oftmals auch einfach" (Hausendorf 2009: 6). Diese Einfachheit bezieht sich zunächst einmal auf die sie konstituierenden sprachlich-syntaktischen Mittel.

Schon mit dem Verweis auf die für kleine Texte charakteristische sprachliche Kürze bzw. Verkürzung lässt sich begründen, warum kleine Texte wie die in Abb. 1 dargestellten auf den ersten Blick kaum als ein linguistisch relevanter Gegenstand mit hohem Forschungspotenzial erscheinen, wenn es darum geht, sich Fragen der Textualität im Allgemeinen, Faktoren der Textkomplexität bzw. der Textsimplizität im Speziellen anwendungsorientiert zu nähern. Kleine Texte entsprechen einfach zu wenig dem, was in struktureller Hinsicht als prototypisch, als kennzeichnend für Texte und damit auch für Gegenstände der Textualitätsreflexion gilt.

> Wenn sie überhaupt als Texte anerkannt werden, dann zumindest im Alltagsverständnis als eine Art degenerierter Form längerer Texte. Das kann eigentlich nur an der allgemeinen Schulpflicht liegen. In der Schule hat man es meist mit längeren Texten zu tun, die großenteils aus zusammenhängenden grammatisch vollständigen Sätzen bestehen. (Daher wohl auch die Lehreranforderung an mündliche Schülerantworten: ‚Sprich im ganzen Satz!') (Schmitz 2021: 17)

Vielleicht werden sie vor dem Hintergrund bestimmter Textbegriffe nicht einmal als unterkomplexe Mangeltexte bzw. als „Randphänomene von Textualität" (Hausendorf 2009) wahrgenommen, sondern sogar als Nicht-Texte. Eine solche

Konzeption liegt umso näher, wenn die wenigen sprachlichen Zeichen im Text mit Zeichen anderer semiotischer Modalitäten,[7] z. B. mit Bildern, verbunden werden (vgl. Abb. 1). Erscheint das Bild im Text[8] gegenüber der Sprache sogar dominant, ist kaum mehr fraglich, warum diese Texte in der Vergangenheit nur verhältnismäßig selten in den Fokus sprachwissenschaftlicher und sprachdidaktischer Beschreibungen von Textualität rückten. Dies ist umso nachvollziehbarer, wenn die verschiedenen Zeichenmodalitäten im kleinen Text auch noch dazu verwendet werden, ganz alltägliche bzw. populärkulturelle statt brisanter, gesellschaftlich relevanter, kontrovers diskutierter, z. B. politischer Themen aufzugreifen und im sprachübergreifenden multimodalen Zusammenspiel (in Abb. 1 etwa von Sprache und Bild) zu entfalten. Kurz: Kleine Texte wurden aus Gründen wie den oben skizzierten lange als zu einfach, zu randständig, zu untextmäßig, zu alltäglich, zu banal, zu wenig ernst(zunehmend), zu unwichtig und damit schlicht zu uninteressant für die eingehende Reflexion ihrer Textualität betrachtet.[9]

3 Einmal kleine Texte ‚mit alles': die Internet-*Memes*

Dies gilt in besonderer Weise für die sogenannten Internet-*Memes*. Sie werden in der Forschung – zunächst sehr allgemein – als kleine soziokulturelle Einheiten gefasst, die von Person zu Person weitergegeben werden (s. z. B. Shifman 2014:

---

[7] Zeichenmodalitäten werden hier als Zeichensysteme begriffen, die sich aus einem spezifischen Zeicheninventar und Regularitäten der syntaktischen, semantischen und pragmatischen Verknüpfung dieses Inventars konstituieren. Zum Begriff der Zeichenmodalität und den vier zentralen Zeichenmodalitäten Sprache, Bild, Musik und Geräusch im prägnanten Überblick: Stöckl (2016).
[8] Die Ausführungen deuten bereits den semiotisch erweiterten, die Grenzen der (sprachlichen) Zeichenmodalität übergreifenden, multimodalen Textbegriff an, der in diesem Beitrag vertreten wird: Als *Text* werden hier zweckorientierte semantische Einheiten bezeichnet, die nicht auf die Integration sprachlicher Zeichen beschränkt sein müssen. Texte können in diesem Verständnis von Textualität neben Sprache auch nicht-sprachliche Zeichen, z. B. Bilder, umfassen, die mit der Sprache im Text vielfältige verstehensrelevante (pragmatische, semantische, oft auch syntaktische) Beziehungen eingehen.
[9] Zu einer Kritik an diesem sprachwissenschaftlichen bzw. sprachdidaktischen Umgang mit kleinen Texten vgl. Janich (2015); Dürscheid (2016); Bülow & Johann (2019a: 7); Schmitz (2021).

18).¹⁰ Aus linguistischer Sicht lassen sich diese soziokulturellen Einheiten konkretisieren. Sie können als Texte unterschiedlicher Kommunikationsform und Sorte bestimmt werden,¹¹ in denen alle zuvor benannten Eigenschaften kleiner Texte kondensiert und weiter ergänzt werden. Diesen kleinen Texten ist nicht nur gemeinsam, dass sie strukturell kurz bzw. verkürzt sind, oft popkulturelle oder ganz alltägliche Themen aufgreifen und diese Themen durch das verstehensrelevante Zusammenspiel unterschiedlicher Zeichenmodalitäten (zumeist von Sprache und Bild) entfalten. Sie tun dies – wie die Überschrift zu diesem Kapitel durch die Integration des ‚Dönerbudenphrasems', durch das im Beitrag ein wissenschaftsstilistischer Bruch entsteht – auch noch auf eine zumeist humoristische bzw. ironische Weise (vgl. Ciorli 2017: 5; Osterroth 2019b: 53). Dies trägt in ganz wesentlicher Hinsicht zu ihrem kommunikativen Erfolg, wohl aber in nicht zu geringem Maße auch dazu bei, dass sie unseriös anmuten, in der Forschung bislang kaum ernst genommen werden. Hinzu kommt, dass „[d]er Ausdruck Meme [...] wie das Konzept [...] der breiten Masse noch unbekannt" ist und „es unter Umständen auch bleiben" wird (Osterroth 2019a: 280). Das liegt zum Teil daran, dass es sich bei den Internet-Memes um ein sehr modernes, vergleichsweise junges

---

10 In Beiträgen, die Internet-Memes zum Gegenstand haben, folgt an dieser Stelle üblicherweise eine mehr oder weniger differenzierte Reflexion der etymologischen Herkunft des Ausdrucks Meme. Dabei erscheint der Verweis auf den neodarwinistischen Biologen Richard Dawkins beinahe obligatorisch. Er führte den Terminus meme 1976 (dt. 1978) als Antonym für gene in Anlehnung an das altgriechische μιμεῖσθαι bzw. μίμημα (dt. ‚nachahmen' bzw. ‚nachgeahmte Dinge') in den wissenschaftlichen Diskurs ein, um damit nicht biologische, sondern kulturelle Evolutionsprozesse durch Imitation, Wettkampf, Selektion und Mutation zu fassen. Was er dabei im Blick hatte, war u. a. die mimetische Weitergabe ganz verschiedener Kulturphänomene, etwa von Kleidermoden, Melodien oder Techniken des Kunsthandwerks. Zur dawkin'schen Meme-Theorie und ihrer (begrenzten) Übertragbarkeit auf die Konzeption des Internet-Memes vgl. die differenzierten Ausführungen bei Schifman (2014: 9–11); s. ferner auch Ciorli (2017: 1–3); Osterroth (2019a und 2019b).
11 Kommunikationsformen liegen dann vor, wenn wir „Zeichen in bestimmter Direktionalität (einseitig ausstrahlend oder wechselseitig), mit bestimmter Reichweite (privat oder öffentlich), mit bestimmter ‚Haltbarkeit' (übertragen oder speichernd) in den jeweiligen Arrangements kommunizieren können. Die einzige nicht-mediale Kommunikationsform ist die face-to-face-Kommunikation" (Holly 2004: 2). Eine Kommunikationsform bietet den äußeren, mediendeterminierten Rahmen, in dem konkrete Texte realisiert werden können. In einer Kommunikationsform (wie z. B. Brief, E-Mail, Posting oder z. B. Meme) können ganz verschiedene Textsorten realisiert werden, die sich hinsichtlich ihrer typischen, textsortenbestimmenden Struktur wie auch mit Blick auf ihre musterhafte inhaltliche Gestaltung und kommunikative Funktion deutlich voneinander unterscheiden können. So lassen sich mit Blick auf die Internet-Memes u. a. Image-Macros, Rage Comics, GIFs und Video-Challenges voneinander unterscheiden. Zu ausführlicheren Versuchen der Typologisierung von Internet-Memes vgl. z. B. Johann & Bülow (2019: 13–16); Ciorli (2017: 1–3); Shifman (2014: 107–114).

Textphänomen handelt (vgl. Johann & Bülow 2019: 13). Es lässt sich unter anderem aber auch damit erklären, dass sich *Memes* als ein kommunikatives Phänomen bestimmen lassen, das seinen Ort vor allem in „alternativen Öffentlichkeiten" (Hauser, Opilowski & Wyss 2019) findet, in spezifischen Teil- bzw. Nischenöffentlichkeiten im Internet, die es gleichsam repräsentiert wie auch konstituiert und nur selten verlässt. In ihnen zeigt sich die zunehmende „Fragmentierung der Öffentlichkeit" (Hahn, Hohlfeld & Knieper 2017: 11) auf eine eindrückliche Weise.

> Wir sprechen zwar noch von ‚der digitalen Gesellschaft' im Singular, aber die sie umgebende Sphäre der digitalen Öffentlichkeiten wandelt sich allmählich zum Pluraletanum. [...] Zu den massenmedial vermittelten Formen der Öffentlichkeit haben sich neue digitale Öffentlichkeitsformen hinzugestellt, zu einseitigen Medienkommunikation sind erweiterte sequentielle Interaktionsmodi hinzugetreten. (Hahn, Hohlfeld & Knieper 2017: 11, 13)

Internet-*Memes* stellen eine „Erweiterung professionell hergestellter Öffentlichkeiten" durch nicht-professionell Agierende dar (Schmidt 2017: 135–137). Sie können damit als charakteristischer Ausdruck eben jener Graswurzelbewegung (*grassroots action*) im Internet begriffen werden (vgl. Shifman 2014: 123), die vor allem seinen von der Partizipation ‚gewöhnlicher' Nutzender geprägten Teil, das *Social Web*[12] kennzeichnet. Dieses „citizen empowerment" (Shifman 2014) findet seinen Ausdruck in einem sogenannten *User-Generated-Content*, der sich u. a. in der Produktion und in der Veröffentlichung von Texten mit potenziell großer (nicht selten weltweiter) Reichweite in den verschiedenen Communitys und den durch sie ermöglichten Kommunikationsformen des Social Web niederschlägt. Diese Publikationen sind zum einen unabhängig von professionellen bzw. institutionellen (z. B. journalistischen) Diskursrollen. Zum anderen sind sie befreit von den hohen redaktionellen, aber auch technischen Hürden traditioneller Textproduktion und -veröffentlichung (vgl. Schmidt 2017: 39). Diese Barrieren werden durch eine Reihe von Anwendungen abgebaut, zu denen unter anderem spezifische *Meme*-Generatoren gehören.

Abbildung 2 verweist auf einen solchen Generator (hier: *imgflip*). Er stellt Nutzenden Textvorlagen (*Templates*) zur Verfügung, in denen mit wenig Aufwand und nach spezifischem Muster Internet-*Memes* eines spezifischen Typs erstellt werden können. In diesem Fall handelt es sich um einen Generator, der die Produktion von *Image-Macros* ermöglicht. *Image-Macros* sind die wohl am häu-

---

[12] Das *Social Web* wird in anderen Arbeiten auch als *Social Media/Soziale Medien* oder *Web 2.0* bezeichnet. Zur differenzierten Reflexion relevanter Eigenschaften (und zur Differenzierung der Konzeptionen) vgl. Ebersbach, Glaser & Heigl (2016); Schmidt (2017); aus linguistischer Sicht vor allem Siever (2015).

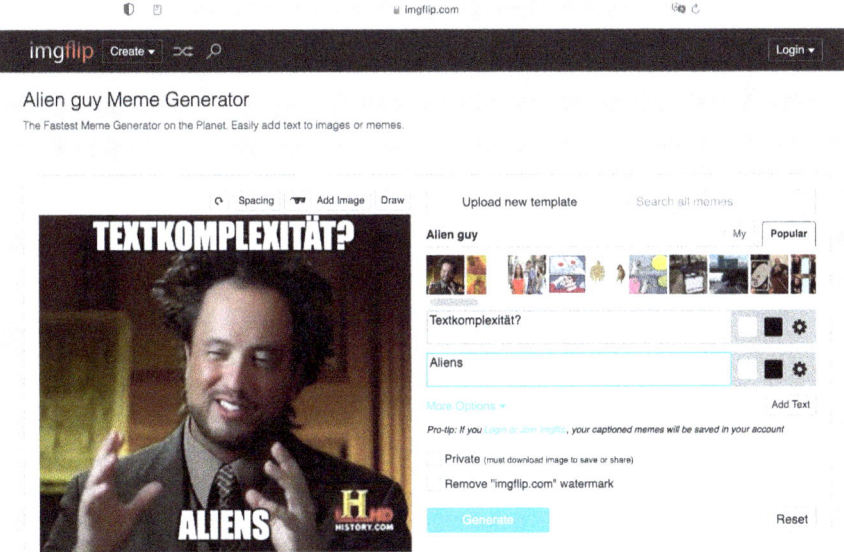

Abb. 2: Screenshot *imgflip Meme*-Generator am Beispiel des *Alien-Guy-Template*, ausgeführt durch die Verfasserin NMK (https://www.memecreator.org/template/alien-guy4; zuletzt abgerufen am 20. Juni 2021), Webseite zit. nach § 51 UrhG.

figsten verwendete, prototypische Form des Internet-*Memes* (vgl. Lou 2017: 107). Sie sollen in diesem Beitrag deshalb exemplarisch hervorgehoben und betrachtet werden. Bei diesen *Image-Macros* handelt es sich um kleine Texte unterschiedlicher thematischer und funktionaler (zumeist aber informationsfunktionaler oder appellativer)[13] Orientierung, für die bestimmte Eigenschaften kennzeichnend sind:

---

[13] Gibt „der Emittent dem Rezipienten" mit einem dominant informationsfunktionalen Text „zu verstehen, dass er ihm ein Wissen vermitteln, ihn über etwas *informieren* will" (diese Information kann sowohl sachorientiert sein wie auch meinungsbetont, z. B. auf die Vermittlung eigener Meinungen bzw. Bewertungen bezogen sein, vgl. Brinker, Coelfen & Pappert 2018: 106), so gibt „der Emittent dem Rezipienten" mit einem appellativen Text zu verstehen, „dass er ihn dazu bewegen will, eine bestimmte Einstellung einer Sache gegenüber einzunehmen (Meinungsbeeinflussung) und/oder eine bestimmte Handlung zu vollziehen (Verhaltensbeeinflussung)" (Brinker, Coelfen & Pappert 2018: 109). Vgl. zu weiteren textuellen Grundfunktionen Brinker, Coelfen & Pappert (2018: 87–132).

Obligatorisch für den Aufbau, das äußere Erscheinungsbild von *Image-Macros* ist die multimodale, das semiotische Potenzial verschiedener Zeichenmodalitäten symbiotisch nutzende Verbindung von Bild und Sprache. Sie sind geprägt von der optischen Dominanz des Bildes, bei dem es sich in der Regel um ein statisches, textraumfüllendes Einzelbild handelt (vgl. erneut Abb. 1 und 2). Sprache ist in geschriebener Form in das Bild integriert. Bei diesem Insert handelt es sich typischerweise um zwei kurze, optisch klar voneinander getrennte, oben und unten im Bild positionierte sprachliche (Teil-)Äußerungen, die typografisch in weißen Großbuchstaben gestaltet sind und deren Umfang sich jeweils auf eine Textzeile beschränkt. Da die typische Gestaltung nicht mit der notwendigen zu verwechseln ist, lässt sich bei letztgenannten Eigenschaften durchaus Variation erkennen. Mitunter beggnen auch solche *Image-Macros*, die kein zwei-, sondern nur ein einteiliges Insert aufweisen, das nicht ein-, sondern zweizeilig, nicht oben und/oder unten, sondern links und/oder rechts im Bild gesetzt ist, z. B. in schwarzer Schriftfarbe und in Minuskeln statt in weißen Majuskeln usw. Ebenso lässt sich immer wieder bildliche Variation ausmachen. Sie betrifft z. B. die Integration von Stock-Bildern versus eigener Bilduploads unterschiedlicher Herkunft. Sie kann auch die Tatsache betreffen, dass oft fotografische, mitunter aber auch Bilder anderer technischer Art, z. B. Zeichnungen, als Basis eines *Memes* verwendet werden. In wenigen Fällen setzt sich der bildliche Teil nicht aus einem, sondern aus zwei, noch seltener drei neben- oder untereinander in das Template eingefügten Einzelbildern zusammen usw. Unabhängig von diesen allgemeinen Variationsmöglichkeiten der sprachlichen und bildlichen Teile haben alle *Image-Macros* die konstitutive Eigenschaft gemeinsam, dass es sich um kleine Bild-Sprache-Texte handelt, die sich – etwa im Vergleich zu dynamischen *Meme*-Formen, die Bewegtbilder, zudem geschriebene und/oder gesprochene Sprache größeren Umfangs integrieren, wie z. B. *Lipsynch-TikTok-Video-Challenges* – durch eine ganz besonders starke strukturelle Kürze auszeichnen.

4 Internet-*Memes* als relevanter Gegenstand textlinguistischer Forschung

Zweifelsohne bleiben die Charakteristika dieser kleinen Bild-Sprache-Texte aber nicht auf jene beschränkt, die oben bereits benannt wurden. Als ernstzunehmender, relevanter und höchst interessanter Gegenstand textlinguistischer Forschung, der es wert ist, zukünftig eingehender auch mit Blick auf Fragen der (vermeintlichen) Einfachheit von Texten betrachtet zu werden, zeichnen sie sich vor allem durch weitere wichtige Eigenschaften aus, die im Folgenden knapp umrissen werden sollen. Aktuelle Sammelbände, die sich (erstmals) gezielt und in einer differenzierten Art und Weise mit kleinen Texten allgemein (vgl. Pappert & Roth 2021; Berdychowska & Liedtke 2020), mit Internet-*Memes* im Speziellen beschäftigen (z. B. Bülow & Johann 2019b), stellen einige dieser Eigenschaften explizit heraus. Sie bezeugen mit den in ihnen versammelten Beiträgen, mit der Vielfalt der in ihnen untersuchten Textbeispiele und mit dem breiten Spektrum verschiedener disziplinärer Zugriffe das hohe forschungspraktische Potenzial analoger wie digitaler kleiner Texte.

Ein Argument, das wiederholt begegnet und die textlinguistische Relevanz kleiner Texte wie der Internet-*Memes* transtextuell belegt, ist folgendes: Kleine Texte bilden einen allgegenwärtigen und wichtigen Bestandteil unserer kommunikativen (Sprach-)Wirklichkeit, in der es sogar viel mehr kleine und sogar sehr kleine als große Texte gibt (Schmitz 2021: 17). In ihr sind auch Internet-*Memes* und unter ihnen besonders die *Image-Macros* inzwischen „hochgradig relevant für die digitale Kommunikation" (Osterroth 2019a: 41). Sie stellen „mittlerweile eine wichtige Textform der Alltagskommunikation in den Sozialen Medien" dar (Bülow & Johann 2019a: 7).

> They have progressively become, with the improving and diffusion of technologies, a rapid and global cultural phenomenon, widespread in internet forums and social networks as well as in mobile apps and instant messaging systems. (Ciorli 2017: 6)

Für eine Sprachwissenschaft, die sich als (Sprach-)Wirklichkeitswissenschaft begreift, als eine „weltzugewandte" (Fix 2018), „phänomenorientierte" Wissenschaft (Gardt 2019), ist bereits eine solche Bewusstmachung gesellschaftlicher bzw. gesellschaftsübergreifender Präsenz bzw. hoher überindividueller Gebrauchsfrequenz kleiner Texte wie der Internet-*Memes*, die in diesem Beitrag durch *Image-Macros* exemplifiziert werden, schlagend. Schließlich ist diese Forschung wesentlich von dem Anliegen getragen, kommunikative Praktiken, Prozesse und Produkte, in denen Sprache eine wesentliche Rolle spielt, unabhängig von bestehenden Wert- bzw. Vorurteilen möglichst so zu fassen, wie sie die Wirklichkeit von Kommunizierenden konstituieren und repräsentieren. Für eine entsprechend gebrauchsorientierte (Text-)Linguistik gilt daher ohne Frage: „Internet users are on to something, and researchers should follow" (Shifman 2014: 4). Kleine Texte wie die Internet-*Memes*, speziell die hier diskutierten *Image-Macros* sind als Gegenstand einer (Sprach-)Wirklichkeitswissenschaft schon allein deshalb relevant, weil sie da sind, weil sie kommunikativ gebraucht werden – und zwar ganz usuell, oft, in einer musterhaften Weise, von vielen Menschen, weltweit. Man kann daher in Anlehnung an ein berühmtes Zitat von John Muir sagen: The memes are calling and we must go!

Darüber hinaus weist die aktuelle Forschung beitragsübergreifend auf ein weiteres Charakteristikum kleiner Texte hin: Kleine Texte wie die Internet-*Memes* (unter ihnen insbesondere die hier reflektierten *Image-Macros*) müssen ihre kommunikativen Ziele typischerweise vor dem Hintergrund einer starken räumlichen und zeitlichen Begrenzung durchsetzen (vgl. dazu erneut auch Kap. 2). Wird der räumliche Umfang im Falle der Internet-*Memes* bereits durch die Vorgaben des Templates beschränkt, in dem sie realisiert werden, bzw. durch die Kommunikationsformen, in denen sie publiziert werden (z. B. als *Tweet* oder in einem *Instagram*-Post), so lässt sich ihre zeitliche Begrenzung vor allem mit der beiläufigen Art und Weise ihrer Wahrnehmung und Rezeption erklären. Kleinen Texten wird in der Regel kaum mehr als ein Augenblick Aufmerksamkeit geschenkt (vgl. Antos & Lewandowska 2020). Sie werden typischerweise nebenbei rezipiert (vgl. Schmitz 2004), im Falle von kleinen Texten im *Social Web* oft nur im schnellen Durchlauf, während der Finger auf dem Display des Mobilgeräts nach unten wischt. Sie müssen einbindbar sein in eine Rezeptionssituation, in der man typischerweise bestrebt ist, möglichst viele kleine Texte (z. B. *Posts* im eigenen *Feed* einer *Social-Web-Community* wie *Twitter*, *Instagram* oder *Facebook*) in möglichst kurzer Zeit zu erfassen. Diese räumliche und zeitliche Enge zwingt kleine Texte einerseits zur besonderen strukturellen Kürze (vgl. zu „Texte[n] i. d. Enge" allgemein Siever 2011). Sie fordert zum anderen in außerordentlicher Weise dazu heraus, kommunikative Mittel und Strategien einzusetzen, die dem rhetorischen Gedanken der *brevitas* entsprechen – und genau das lässt sie für die textlinguistische Forschung nicht nur als grundsätzlich relevant, sondern sogar als ein ‚Paradebeispiel' für die Reflexion textueller Simplizität bzw. Komplexität erscheinen.

5 Internet-*Memes* als frequent gebrauchte, pointierte Texte

Kürze im Sinne der *brevitas* ist als Relationsphänomen zu verstehen, das quantitative Aspekte mit qualitativen zusammenführt. In ihr wird eine kurze Form mit einem ‚langen' Inhalt, mit einer besonderen „semantischen Dichte" verbunden (Janich 2007: 444).[14] In Texten, die sich in diesem Verständnis als kurz charakterisieren lassen, werden „die entscheidenden Merkmale eines Gegenstandes" gebündelt (Gardt 2007: 73). Sie verlieren sich nicht in umständlicher Weitschweifigkeit,

---

14 Vgl. dazu auch die Ausführungen bei Gardt (2007); Klug & Pappert (2020); Klug (2021a).

in Nebensächlichkeiten. Sie sind nicht ungeordnet, sondern bleiben stringent bei der Sache (vgl. Gardt 2007: 86; s. grundlegend Grice 1989). In diesen Texten wird das Thema – dem Gedanken der *claritas* entsprechend – kurz und bündig, klar, deutlich und eindeutig entfaltet. In ihnen finden sich dort Leerstellen (*slots*), wo davon ausgegangen werden kann, dass die angesprochenen Rezipierenden sie leicht erkennen und vor dem Hintergrund verfügbarer Verstehens- bzw. Wissensrahmen (*Frames*, vgl. im Detail Busse 2012) mühelos füllen können. Diese Rahmen konstituieren sich zum einen aus Wissen, das den Charakter expliziten bzw. explizierten Wissens hat. Bei diesen verstehenserleichternden oder besser: verstehensermöglichenden *fillers* von Leerstellen kann es sich um das Wissen handeln, das im intratextuellen (intramodalen wie intermodalen, zeichensysteminternen und -übergreifenden) Ko(n)text eines spezifischen Ausdrucks (sprachlicher oder z. B. bildlicher Art) im Text selbst expliziert wird. Es kann das Wissen sein, das im näheren transtextuellen Kontext des zu verstehenden Textes explizit versprachlicht und/oder z. B. verbildlicht wird und Rezipierenden auf diese Weise direkt vor Augen geführt bzw. an die Hand gegeben wird, z. B. in Bildunterschriften, die in kontextualisierender Funktion gesetzt werden (vgl. dazu z. B. die Bildunterschriften in diesem Beitrag). Das Verstehen eines Textes kann auch durch das Wissen erleichtert werden, das sich direkt aus der soziopragmatischen, z. B. personellen, medialen, zeitlichen oder z. B. räumlichen Verankerung eines Textes, seinem situativen Kontext, erschließen lässt usw.

Zum anderen umfassen Wissensrahmen jedoch auch überindividuell habitualisierte Standardannahmen, sogenannte *default values*. Hierbei handelt es sich um das Wissen, das Menschen einer Kommunikationsgemeinschaft im kollektiven Zeichengebrauch bereits über die Gegenstände und Sachverhalte ihrer Welt gewonnen haben. Dieses Wissen gilt als so typisch, dass es sehr häufig nicht expliziert, nur vorausgesetzt wird, weil sich davon ausgehen lässt, dass es – beinahe automatisiert aktiviert – in verstehensrelevanter Weise an spezifische Formen bzw. Referenzobjekte angebunden, zu deren Prädikation, ihrer (Be)-Deutung nutzbar gemacht werden kann[15] – und zwar in folgendem Sinne:

---

[15] Das hier und an anderer Stelle dieses Beitrags verwendete handlungsbezogene Vokabular (z. B. „Leerstellen füllen" „Wissen erschließen" „Wissen nutzbar machen") legt nahe, das Zeichen- bzw. Textverstehen als aktive Handlung zu begreifen, die bewusst und zielgerichtet ist. Im Falle gezielter Zeichen- bzw. Textinterpretation kann dies durchaus der Fall sein. Zumeist (wenn das Verstehen ohne weitere Schwierigkeiten gelingt) ist das aber gerade nicht der Fall. Im Rahmen dieses Beitrags rücken daher auch und vor allem jene Aspekte der verstehensnotwendigen Wissensaktivierung bzw. Bedeutungskonstruktion in den Blick, die Menschen einer spezifischen Kommunikationsgemeinschaft eher „widerfahren", als dass sie „über sie verfügten" (Schmidt 1995: 240), die „ohne Intendieren (im Sinne von bewusster Absicht) als Handlungen gedeutet werden können, wenn es soziale Zuschreibungen so vorsehen." (Holly &

> If someone said, ‚*It's raining frogs*', your mind would swiftly fill with thoughts about the origins of those frogs, about what happens to them when they hit the ground, about what could have caused that peculiar plague, and about whether or not the announcer had gone mad. Yet the stimulus for all this is just three words. How do our minds conceive such complex scenes from such sparse cues? The additional details must come from memories and reasoning. (Minsky 1988: 244)

Die *brevitas* ist damit vor allem als pragmatisches Qualitätsurteil zu betrachten, das einen Text als funktional angemessene Verbindung von Form und Inhalt bewertet, als Resultat eines prägnanten, effizienten, ökonomischen Verhältnisses von kognitiver Anstrengung, die Rezipierende aktiv (wenn auch zumeist nicht bewusst bzw. intentional) in den Prozess der Bedeutungskonstitution einbringen müssen, und deren erfolgreichem Ergebnis, dem Textverstehen (vgl. u. a. Roelcke 2002: 67; Ungerer & Schmid 2006: 213–217, 289–290.; vgl. auch den Beitrag von Angela Schrott in diesem Band). Dieses Urteil ist für die hier reflektierten Internet-*Memes* nicht nur üblich, sondern essenziell. Anders formuliert: Ohne Pointiertheit gäbe es kein *Meme*. Für *Memes* wie die *Image-Macros* ist Kürze nicht nur ein quantitatives Muss. Es ist auch seine qualitative *conditio sine qua non*. Trotz der in Kapitel 3 angesprochenen Entlastung, die die Herstellung und die Verbreitung von *Image-Macros* durch Einzelne betreffen, sind *Memes* nämlich nicht als das Produkt Einzelner zu fassen. *Memes* sind grundsätzlich soziale Phänomene. Eine einzelne Person kann zwar einen kleinen Text mit Eigenschaften wie den oben benannten generieren. Sie kann bereits bestehende *Memes* aufgreifen. Sie kann sie in der direkten oder indirekten Wiederaufnahme sprachlich und/oder bildlich aktualisieren, imitieren und variieren. Zu einem *Meme* wird solch ein kleiner, digitaler Bild-Sprache-Text jedoch immer erst durch vor- und/oder nachgängige kollektive Praktiken des *Upvotens*, z. B. des *Likens*, des Kommentierens oder des Teilens (*Social Sharing*),[16] durch die er in seiner Pointiertheit bestätigt und ob seiner themenbezogenen Prägnanz konventionalisiert wird (vgl. Osterroth 2015: 28; 2019a: 282; Shifman 2014: 41). Zu einem *Meme* wird ein kleiner Text erst dadurch, dass er ganz oder partiell von anderen wieder aufgegriffen und weiterverbreitet wird. Auf diese Weise werden im kollektiven *Meme*-Gebrauch bestimmte „Strukturen vorgegeben, Verstehensebenen festgelegt und Interpretationsmöglichkeiten eingeschränkt" (Meier 2020: 22 im Anschluss an Oesterreicher 1997: 29). Ein Text wird auf diese Weise als *Meme* überindividuell akzeptiert und tradiert.

Jäger 2016: 949) Denn „Handeln ist nicht transparent, es steht nicht unter der vollen Kontrolle des Bewußtseins" (Holly & Jäger 2016: 949).
16 Vgl. zu diesen und weiteren kommunikativen Praktiken im *Social Web* z. B. Ebersbach, Glaser & Heigl (2016).

Ein *Meme* lässt sich daher als Amalgam von transtextueller Konventionalität bzw. diskurstraditioneller Stabilität[17] einerseits und Flexibilität durch Variation von Bild und/oder Sprache andererseits begreifen (vgl. Osterroth 2015: 35). Die Konventionalität lässt einen Text im transtextuellen, mimetischen Gebrauch als Muster wiedererkennbar werden, auf allgemeinerer Ebene z. B. als *Image-Macro*, auf einer Ebene größerer Konkretion als Realisierung eines spezifischen *Image-Macros* (vgl. dazu exemplarisch die Reflexion des *Alien-Guy-Meme* in Kap. 5.2). Sie bildet somit den im Gebrauch verfestigten Anker des Verstehens. Sie formt die Basis der vollständigen oder partiellen Nachahmung (vgl. μιμεῖσθαι), des *Memes*. Die Flexibilität hingegen ermöglicht den (immer wieder neuen) Überraschungseffekt im Memegebrauch. Sie lässt den kreativen Einsatz eines *Memes* in ganz unterschiedlichen kommunikativen Kontexten und die Genese innovativer Pointen möglich werden, die notwendig sind, damit ein Text als *Image-Macro* überhaupt kommunikativ erfolgreich werden kann (Osterroth 2019b: 53 im Anschluss an Keller 2003: 122), damit er „im Netz mit Likes und Klicks belohnt" wird, worin sich „nach den Regeln des Internets" zeigt, dass man erfolgreich kommuniziert hat (Osterroth 2019b: 53 im Anschluss an Keller 2003: 122).

5.1 (In)Kohärenz

Bei der Konstitution der Pointe spielen die das Internet-*Meme*, hier im Speziellen: das *Image-Macro*, konstituierenden sprachlichen und bildlichen Elemente, die in Kapitel 3 bereits knapp umrissen wurden, eine wesentliche Rolle. Ihnen kommen im Rahmen der Themenentfaltung spezifische Funktionen zu. Die erste (gemeinhin oben im Bild realisierte) sprachliche (Teil-)Äußerung im *Image-Macro* und/oder

---

[17] Das vor allem in der Romanistik reflektierte und etablierte Konzept der Diskurstradition (vgl. im Überblick über das Konzept und seine Erforschung Schrott 2015; Meier 2020) bezeichnet Wissen, das „als kultureller Leitfaden für die Bewältigung kommunikativer Aufgaben dient, indem es die Sprecher darin anleitet, aus dem einzelsprachlichen Repertoire geeignete Mittel auszuwählen" (Schrott 2015: 86). Es weist damit deutliche Ähnlichkeiten zu Konzeptionen der (kommunikativen) Praktiken auf, die z. B. von Fiehler et al. (2004: 15) bestimmt werden als „gesellschaftlich herausgebildete konventionelle Verfahren zur Bearbeitung rekurrenter kommunikativer Zwecke". Wie Diskurstraditionen können kommunikative Praktiken als habitualisierte, in der Wiederholung angeeignete und verfestigte Handlungsweisen begriffen werden, die der Durchsetzung spezifischer kommunikativer Zwecke dienen und durch die gleichsam Gemeinschaft derer, die sie verwenden und die so an ihnen teilhaben, konstituiert und repräsentiert wird (vgl. Hörning 2004: 33; Schmidt 2012: 10).

das (in aller Regel zuerst betrachtete) Bild[18] nimmt/nehmen typischerweise die Funktion eines thematischen *Setup* ein (vgl. Osterroth 2015: 31). Die zweite bzw. unten platzierte und damit erst nachgängig rezipierte sprachliche (Teil-)Äußerung formiert die *Punchline*, die abschließende, schlagkräftige Pointe (Shifman 2014: 121; Osterroth 2015: 28–31). Sie steht nicht nur in optischer, sondern auch in semantischer Opposition zum Setup. Die *Punchline* evoziert bzw. invoziert *Frames*,[19] die völlig anderen thematischen Kontexten, Wirklichkeits- bzw. Wissensbereichen entstammen als jene, die durch das *Setup* aktiviert werden oder besser: im ersten Teil der Textrezeption auf- bzw. abgerufen wurden. Entsprechend verweist das sprachliche Setup in Abb. 1.1 explizit auf das Bild, das sprachlich als „LAST KNOWN PHOTO" spezifiziert wird. Es zeigt einen Tiger bei der Darmentleerung. Durch die prominente Platzierung des Tigers im Bildzentrum und die metabildliche Bezugnahme wird der Tiger zunächst als Kern des Textinhalts situiert. Im unteren Teil des *Image-Macros* erfährt das multimodale *Setup* sodann aber eine sprachliche Umdeutung. Hier wird deutlich, dass das Bild anders zu verstehen ist, als zunächst gedacht. Im zweiten bzw. unteren sprachlichen Teil des Textes wird hervorgehoben, dass es sich bei dem angesprochenen Foto nicht um das letzte bekannte Bild eines Tigers, sondern um das des Ehemanns („HUSBAND") einer gewissen „CAROLE BASKIN" handelt – und das, obwohl man im Bild ohne Frage einen Tiger, nicht aber einen (Ehe-)Mann erkennen kann. In Abb. 2 wird ein ähnlicher, wenn nicht noch größer erscheinender Kontrast gebildet. Auch in diesem Fall werden im Textverlauf semantische Erwartungen gebrochen. Es entsteht ein potenziell verständniserschwerender Eindruck thematischer Inkohärenz. Das sprachliche Setup verortet den Text in Abb. 2 zunächst im thematischen Kontext der Textkomplexität, die – setzt man die thematische Relevanz des Bildes im Text voraus und versucht daher intermodale thematische Kohärenz von Spra-

---

18 Vgl. zum sogenannten Bildüberlegenheitseffekt, der sich u. a. mit der Wahrnehmungsnähe, resultierend aus der motiviert-ikonischen Deutbarkeit, dem höheren Blickfangpotenzial, der schnelleren Rezipier- und kognitiven Verarbeitbarkeit von Bildern (im Vergleich zur Sprache) erklären lässt, im Detail z. B. Sachs-Hombach (2003: 73–75); Kroeber-Riel & Esch (2015: 26); Stöckl (2016: 16).
19 *Frames* können durch einzelne Zeichenformen evoziert werden. Sie können aber auch ohne explizite Angabe des framebezeichnenden Ausdrucks sozusagen ‚zwischen den Zeilen' durch die Angabe typischer Standardannahmen invoziert werden. So kann ein Wort wie *Pandemie* einen umfangreichen Wissensrahmen evozieren, der uns durch die Bereitstellung von impliziten Prädikationen dabei hilft, den entsprechenden Ausdruck zu verstehen. Umgekehrt kann die explizite Angabe von Prädikationen wie *FFP2-Maske, Abstandsregel, Home Office, Schnelltest, Risikogruppe, Lockdown* usw. uns dabei helfen, den gemeinsamen ‚Nenner' *Pandemie* zu invozieren. Zur konzeptionellen Unterscheidung evozierter und invozierter *Frames* vgl. vor allem die konzise Reflexion der Fillmore'schen Konzeption durch Busse (2012: 203–209).

che und Bild im Text herzustellen – von der im Bild dargestellten Person im Redegestus diskutiert zu werden scheint. In der *Punchline* dieses *Memes* wird die Frage der Textkomplexität („TEXTKOMPLEXITÄT?") jedoch mit dem Wort „ALIENS" beantwortet. Wie lässt sich ein sinnvoller Zusammenhang zwischen Textkomplexität und Aliens herstellen? In welcher Beziehung stehen beide Themen zueinander? Inwiefern kann das in Abb. 1.1 fotografisch Dargestellte referenzidentisch zu dem angesprochenen Ehemann von Carole Baskin sein? etc.

Als semantisch-funktionale Einheiten erscheinen *Image-Macros* wie die in Abb. 1.1 und 2 dargestellten nur und ausschließlich dann, wenn die semantischen Brüche unter Annahme von Relevanz aufgelöst (vgl. Grice 1989; Sperber & Wilson 1997), Kohärenzbeziehungen zwischen allen bildlichen und sprachlichen (Teil-)Äußerungen im Text hergestellt werden können. Im Rahmen des Textverstehens müssen die divergierenden *Frames* durch das Erkennen semantischer Ähnlichkeiten sinnvoll miteinander verknüpft, konzeptuell integriert werden (vgl. zu entsprechenden Formen der Bedeutungsbildung z. B. Lakoff & Johnson 1980; Fauconnier & Turner 1998). Aber nicht nur das. Die semantisch-funktionalen Zusammenhänge im *Meme* müssen zunächst verstanden, sodann aber auch als kurz im Sinne der *brevitas* begriffen werden. Sie müssen als pointiert beurteilt werden, damit der Text als *Meme* erfolgreich werden kann. Nur auf diese Weise kann die *Punchline* des *Memes* ihre schlagende Kraft entfalten, als Pointe verstanden werden, die punktgenau trifft. Der Zusammenhang von Tiger und Ehemann in Abb. 1.1 lässt sich vor dem Hintergrund voraussetzbaren Allgemein- bzw. „Jedermannswissens" (Berger & Luckmann 1980: 26)[20] um das potenziell menschenfressende Verhalten von Tigern wohl noch relativ einfach erschließen.[21] Die Frage, wer die angesprochene Ehefrau Carole Baskin ist und welche Rolle sie in diesem Zusammenhang spielt, setzt aber ebenso wie das Verstehen des Zusammenhangs von Textkomplexitätsfrage, Foto und *Alien*-Antwort in Abb. 2 ganz spezifisches, verstehensrelevantes Wissen[22] um die Konzeption bzw. zentrale Handlung zweier US-amerikanischer Dokumentarserien voraus. So ist das Verstehen der Pointe in Abb. 1.1 abhängig von der Kenntnis der Serie *Tiger King*

---

20 Unter „Jedermannswissen" fassen Berger & Luckmann (1980: 26) „das Wissen, welches [Menschen] mit anderen in der normalen, selbstverständlich gewissen Routine des Alltags gemein habe."
21 Wenn man weiß, dass Tiger Menschen fressen können, im Bild ein defäkierender Tiger dargestellt und sprachlich von einem letzten Bild eines Ehemanns die Rede ist, bei dem es sich um einen Menschen handeln muss, dann lässt sich annehmen, dass der Tiger diesen Ehemann gefressen und die nicht-verdauten Überreste des Ehemanns mit dem Kothaufen wieder ausgeschieden hat, der nun referenzidentisch mit dem Ehemann zu denken ist.
22 Der Terminus geht auf Dietrich Busse zurück. Zur Konzeption verstehensrelevanten Wissens in Überschau vgl. Busse (z. B. 2015: 321–344).

(*Netflix* 2020), die im Jahr 2020 weltweit veröffentlicht und breit rezipiert wurde. In dieser Serie wird das Leben des umstrittenen Großkatzen-Privatzoobetreibers Joe Exotic dargestellt. Dabei wird insbesondere der in der Öffentlichkeit ausgetragene Konflikt mit der Tierrechtsaktivistin Carole Baskin hervorgehoben, die den Protagonisten Joe Exotic öffentlichkeitswirksam der Tierquälerei bezichtigte. Als Reaktion auf diese Anklage warf Joe Exotic seiner Antagonistin – ebenso öffentlichkeitswirksam – vor, sie habe ihren seit einigen Jahren spurlos verschwundenen Ehemann, den Multimillionär Don Lewis, aus Habgier getötet und an die Raubkatzen in ihrer Auffangstation verfüttert. Erst vor dem Hintergrund dieses Serienwissens lässt sich also verstehen, dass die Pointe des *Memes* nicht ausschließlich in der Referenzidentität von sprachlich bezeichnetem Ehemann und bildlich dargestelltem Kothaufen besteht. Es lässt sich erkennen, dass im Text thematisch die auch nach Ende der ersten Serienstaffel noch ungeklärte Frage nach dem Verbleib des Ehemanns von Carole Baskin aufgegriffen und mit Verweis auf ein einziges Bildzeichen (den Kothaufen) im Sinne Joe Exotics pointiert beantwortet wird.

Das Verstehen der Antwort „ALIENS" auf eine Frage nach der Textkomplexität in Abb. 2 setzt hingegen das Wissen um die 2009 im US-amerikanischen *History Channel* (über den deutschen Kanal *History HD* 2011) erstausgestrahlte Serie *Ancient Aliens* voraus. Möchte man den roten Faden dieser erfolgreichen Serie, die im Jahr 2020 bereits ihre 15. Staffel veröffentlicht hat, knapp auf den Punkt bringen, so lässt sich sagen: In der Serie werden aus Sicht der Prä-Astronautik-Forschung (Paläo-SETI) wissenschaftlich bislang nicht abschließend geklärte Fragen mit der Präsenz extraterrestrischer Intelligenz auf der Erde in Prähistorie und Altertum beantwortet. Diese „unerklärliche[n] Phänomene" (so der Untertitel der deutschen Serien-Ausgabe) sind ganz unterschiedlicher Art. Sie reichen von antiken Bauwerken bzw. historischen Monumenten über Naturkatastrophen, Seuchen und Epidemien, bis hin zu Engeln, Propheten und Göttern. Der prominenteste und in der Serie immer wieder als Experte interviewte Vertreter dieser para- bzw. pseudowissenschaftlichen Theoriebildung ist Giorgio Tsoukalos, die Person, die im Bild des *Memes* im *Head-Shoulder-Close-Up* fotografisch abgebildet ist. Erst vor dem Hintergrund dieser (seiner) Weltdeutungsmuster in der Serie ist das Artefakt in Abb. 2 zu verstehen: Analog zu den Phänomenen, denen sich die Serie zuwendet, wird auch die Frage nach (den Faktoren der) Textkomplexität im multimodalen Setup als wissenschaftlich nicht endgültig geklärt charakterisiert. Die Pointe des Textes besteht nun darin, dass umfangreichen wissenschaftlichen Beiträgen (wie denjenigen im vorliegenden Band), die sich diesem ‚ungeklärten' Phänomen aus verschiedenen disziplinären Blickwinkeln mit dem Ziel seiner Klärung zuwenden, unter Rückgriff auf die knappe prä-astronautische Universalantwort der Serie, – wenn auch in aller Regel nur scherzhaft oder ironisch – Relevanz abgesprochen wird. Schließlich lässt sich unter Verweis auf die Prä-Astronautik längst eine abschließende Antwort geben.

Der variabel einsetzbare Charakter dieses pseudo- bzw. para-wissenschaftlichen Antwort- und Welterklärungsmusters, das lange bzw. komplexe Erklärungsversuche pointiert abkürzt, zeigt sich auch in anderen Memevarianten, die es kommunikativ instrumentalisieren. Einige von ihnen sind in Abb. 3 dargestellt. Im Falle der Belege in Abb. 3 wird die sprachlich realisierte *Punchline* „ALIENS" textübergreifend als Antwort auf ein *Setup* genutzt, das anders als in Abb. 2 nicht intratextuell, d. h. nicht im *Meme* selbst formuliert wird. Es wird transtextuell, im vorausgehenden kommunikativen Kontext, hier: der spezifischen *WhatsApp*-Interaktion (Abb. 3.1) bzw. im Kontext des individuellen *Tweets* (Abb. 3.2) entfaltet, in den das *Meme* eingebunden wird. Seine Referenz findet das *Meme* in Abb. 3.1 im multimodalen Kontext eines *YouTube*-Videos. In ihm werden Skateboardtricks gezeigt, die in der Caption des Videos als „impossible", von der das Video *im WhatsApp-Chat* teilenden, sequenzinitiierenden Person multimodal als „so krass 😱" evaluiert werden. Die auf die Videoweiterleitung reagierende Person kommentiert das Video und seine Evaluation auf Basis des *Meme* unter Rückgriff auf das Serienwissen (vgl. Abb. 3.1). Das *Meme*, das in Abb. 3.2 in einen *Tweet* eingebunden ist, wird genutzt, um die in einer Dokumentation aufgeworfene, trotz vielfacher Bemühungen bis heute nicht wissenschaftlich geklärte Frage nach der Entstehung des Gesichtsabdrucks auf dem Grabtuch von Turin zu beantworten. Trotz der Einbettung des *Memes* (vgl. auch Abb. 1.2) in ganz unterschiedliche thematische Zusammenhänge haben die Beispiele der kommunikativen Nutzung dieses *Memes* textübergreifend gemeinsam, dass sie verwendet werden, um etwas – die Diskussion abkürzend bzw. beendend – zu beantworten, zu erklären, zu begreifen, was sich nicht klar oder schnell beantworten, erklären, begreifen lässt – und zwar mit einer ToE (*Theory of Everything*), einer Weltformel, die alles erklärt – kurz und knapp, mit einem einzigen Wort.

Die Internet-*Memes*, deren *Setup* nicht intra-, sondern transtextuell entfaltet wird,[23] haben darüber hinaus gemeinsam, dass sie ihren *Punch* typischerweise als zweiten Teil, als Antwort in einer Paarsequenz (Abb. 3.1: Indirekte Aufforderung zur Reaktion; Abb. 3.2: Frage) setzen.[24] Sie bezeugen bereits von ihrer ‚einteiligen' Anlage her den charakteristischen, typischerweise in interaktionale

---

23 Vgl. dazu auch Abb. 1.2, 4.3 und 4.4, in denen das *Setup* im Text selbst offen bleibt. Diese Internet-*Memes* sind so in ganz verschiedenen Interaktionskontexten flexibel als beantwortender Teil in einer (eine entsprechende Reaktion ermöglichenden) Paarsequenz einsetzbar.

24 Im *Twitter*-Beispiel (Abb. 3.2) referiert die postende Userin (hier anonymisiert) beide Interaktionsrollen: Die Frage der Dokumentarserie und die Antwort Tsoukalos', die als Anschlusshandlung im *Meme* präsentiert wird.

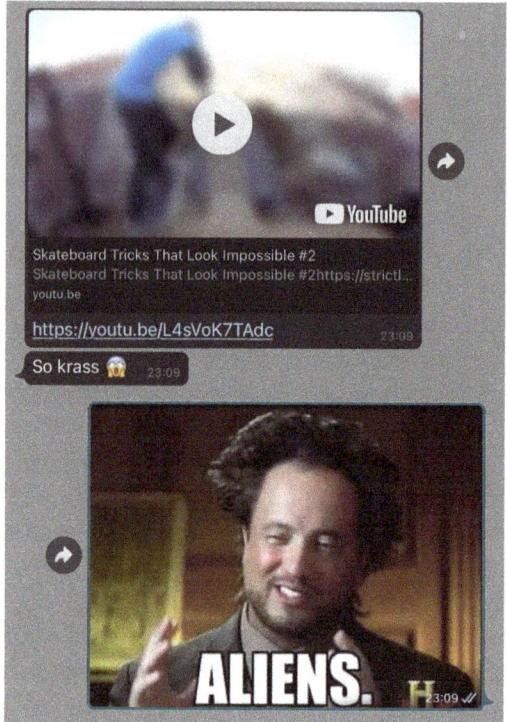 

Abb. 3: Internet-*Memes* (*Alien-Guy-Memes*) im kommunikativen Kontext: 3.1 Einbindung eines *Memes* in den dialogischen Kontext einer nicht-öffentlichen *WhatsApp*-Interaktion (anonymisiert), Abbildung zit. aus privatem Chatkorpus; 3.2 Einbindung eines *Memes* in den Kontext eines öffentlichen *Tweets* (anonymisiert), Abbildung zit. nach § 51 UrhG.

Zusammenhänge eingebundenen Gebrauch von Internet-*Memes* in besonderer Weise.

5.2 Intertextualität

In der Beispieldiskussion in Kapitel 5.1 kam bereits zwischen den Zeilen zum Ausdruck: *Image-Macro*s bauen ihre Pointe in aller Regel auf der Basis intertextueller Bezüge auf. Mit Intertextualität werden hier alle „mehr oder weniger sichtbare[n] Spuren anderer Texte" in einem Text bezeichnet (Berndt & Tonger-Erk 2013: 7). Ihr werden alle impliziten wie expliziten Relationen von Texten subsumiert, durch die diese Texte – gleich welcher Modalität – semantisch miteinander verbunden, als textübergreifend zusammenhängend verstanden werden können bzw. müssen.

Diese Relationen lassen sich in zwei Globaltypen unterscheiden (vgl. z. B. Holthuis 1993). Beide Typen sind nicht auf intramodale Bezugnahmen, im Falle der *Image-Macros*: von Sprache auf Sprache bzw. Bild auf Bild beschränkt. Sie können auch intermodaler, z. B. sprachlich auf vorgängige Bilder verweisender, *vice versa* bildlich auf vorausgehende Sprache Bezug nehmender Art sein (vgl. Klug 2020).[25] Der erste Globaltyp umfasst typologische Formen von Intertextualität. Sie bezeichnen Bezugnahmen eines konkreten Textes auf ein oder mehrere kommunikative Muster bzw. kommunikative Praktiken/Diskurstraditionen, die ihn indirekt mit anderen Texten (z. B. einer Sorte, einer Kommunikationsform oder z. B. eines thematischen Diskurses) verbinden. Das bedeutet hier unter anderem: dass ein individueller Bild-Sprache-Text als *Meme*, noch genauer: als *Image-Macro* erkannt werden kann, für das bestimmte semiotische, d. h. strukturell-formbezogene, inhaltliche und/oder funktionale Aspekte charakteristisch und prägend sind. Auf Basis eines solchen (Wieder-)Erkennens kann das Verstehen eines *Image-Macros* in gewisser Weise entlastet werden: Man weiß, dass die bildlichen und sprachlichen Konstituenten des Textes in bestimmten verstehensrelevanten Beziehungen zueinander stehen, dass im Text ein semantischer Bruch zu erwarten ist, der sich aber lösen lässt – und zwar dadurch, dass direkte intertextuelle Bezüge zu vorgängigen Texten hergestellt werden, auf deren Basis Ähnlichkeit erkannt, Kohärenz zwischen den semantisch zunächst inkohärent erscheinenden Textkonstituenten festgestellt werden kann. Diese direkten Bezüge, die zwischen spezifischen Einzeltexten hergestellt werden können, z. B. auf Basis direkter oder indirekter Sprach- oder Bildzitate, werden als referenziell bezeichnet. Sie bilden den zweiten Globaltyp von Intertextualität (vgl. z. B. Holthuis 1993). In den Textbelegen von Abb. 1, 2 und 3 finden sich verschiedene referenzielle Formen von Intertextualität. Erstens lassen sich die textübergreifenden Referenznahmen auf die Dokumentarserien *Tiger King* (*Netflix* 2020) und *Ancient Aliens* (*History Channel*, seit 2009) als referenziell fassen. Zweitens setzt das Verstehen eines konkreten Textes, seiner Pointe, intertextuelles Wissen um das *Image-Macro*-Muster voraus, in dem es realisiert wird. Dieses Wissen beschränkt sich nicht auf typologisches Wissen, das zum Erkennen eines Textes als *Image-Macro* Voraussetzung ist. Es setzt im Falle der Belege in Abb. 1.2, 2 und 4 auch das Wissen um die referenzielle Wiederaufnahme eines ganz bestimmten *Image-Macros* voraus, in diesem Fall: des sogenannten *Alien-Guy-Memes*.

---

25 Siehe dort auch die Reflexion konkreterer Formen der intertextuellen Bezugnahme intermodaler und intramodaler, direkter referenzieller und indirekter typologischer Art.

Abb. 4: Stabilität und Flexibilität von *Memes* am Beispiel des *Alien-Guy-Meme*; 4.1 „WHO CAME FIRST? CHICKEN OR EGG? ... ALIENS" (https://www.pinterest.de/mimimememe/ancient-aliens-crazy-hair-guy/; zuletzt abgerufen am 20. Juni 2021); 4.2 „WHERE DID CORONA COME FROM? ... ALIENS" (https://www.memecreator.org/meme/where-did-corona-come-from-aliens/; zuletzt abgerufen am 01. Juli 2021); 4.3 „ILLEGAL ALIENS" (https://knowyourmeme.com/photos/1124355-make-america-great-again; zuletzt abgerufen am 30. Juni 2021); 4.4 „GRAVITY" (https://www.pinterest.de/pin/438678819956954892/?d=t&mt=signupOrPersonalizedLogin; zuletzt abgerufen am 30. Juni 2021), Abbildungen zit. nach § 51 UrhG.

Die intertextuellen Bezüge zum *Alien-Guy-Meme* werden in unterschiedlichem Umfang intratextuell durch Verstehens- bzw. Kontextualisierungshinweise markiert. Nehmen etwa die *Memes* Abb. 4.1 und 4.2 sowohl das *Meme*-indizierende Bild des *Alien Guy* (Giorgio Tsoukalos) wie auch den Standardpunch „ALIENS" in unveränderter Form des direkten Bild- und Sprachzitats wieder auf (vgl. entsprechend auch Abb. 1.2, 2 und 3), tun dies die *Memes* in Abb. 4.3 und 4.4 in variierter Form. Dabei setzt die Variation in Abb. 4.3 auf Strategien der Ergänzung. Die Variation in Abb. 4.4 schöpft hingegen aus Strategien des Ersetzens. Um dies zu konkretisieren: In Abb. 4.3 wird das Bildzitat des *Alien Guy* um ein Attribut ergänzt: ein rotes Baseballcap mit der Aufschrift „MAKE AMERICA GREAT AGAIN". Durch dieses Attribut wird der Alien Guy im multimodalen Zusammenspiel von Sprache und Bild (vor dem Hintergrund weiterer referenziell-intertextueller Bezüge sprachlicher und bildlicher Art) als Trump(-Anhänger) ausgezeichnet. Diese multimodale Ergänzung wird im Text um die sprachliche Attribution „ILLEGAL" des zitierten Standardpunch „ALIENS" erweitert. In Abb. 4.4 werden hingegen bildliche wie sprachliche Textelemente des Referenzmemes substituiert. Der Umfang des Bild-Sprache-Zitats wird damit stark reduziert. In bildlicher Hinsicht ist es die Kopf- und Kragenpartie des im Bezugsbild dargestellten *Alien Guy* (vgl. Abb. 4.1–4.3), die im vorliegenden Text ersetzt wird. Diese Substitution ist vor dem Hintergrund weiterer referenziell-intertextueller Bezüge als ein bekanntes Kopf-Kragen-Portrait Isaac Newtons (wieder-)erkennbar. Sprachlich wird die *Punchline* „ALIENS" hier vollständig durch das Wort „GRAVITY" ersetzt. Als intertextuelle Wiederaufnahme des *Alien-Guy-Meme* bleibt das *Meme* in Abb. 4.4 aber trotz der Substitutionen von Bild und Sprache erkennbar – und zwar durch das direkte Bild-Teilzitat von Farbschema, Bildhintergrund, Handhaltung und Senderlogo aus dem *Alien-Guy-Meme*. Allerdings setzt dieser verstehensrelevante intertextuelle Bezug, der die *Punchline* als Universalantwort erkennbar werden lässt, durch die starke Reduktion der Kontextualisierungshinweise deutlich mehr bestehendes Wissen (Standardwerte) voraus als die übrigen hier aufgegriffenen Beispiele des *Alien-Guy-Meme*.

Der Verweis auf eine (diskussionsverkürzende) Universalantwort verbindet die hier reflektierten Beispiele. Die Universalantwort selbst wird jedoch in ebenso unterschiedlicher Art und Weise realisiert wie die Frage, auf die sich die jeweilige Antwort bezieht. Die *Memes* in Abb. 4.1 und in Abb. 4.2 geben diese Antwort in Form der konventionellen *Alien-Guy*-Antwort „ALIENS". Sie beziehen diese Antwort auf intratextuell konkretisierte Fragen, das unlösbare Henne-Ei-Problem einerseits, die bislang ungeklärte Frage nach dem Ursprung der Corona-Pandemie andererseits. Die Antworten der *Memes* in Abb. 4.3 und 4.4 unterscheiden sich in der thematischen Spezifikation der Universalantwort deutlich von derjenigen des *Alien-Guy*-Basismemes. Im Falle des *Trumpanhänger-Alien-Guy-Memes* (Abb. 4.3) ist es die Spezifikation des „ILLEGAL ALIEN", des illegalen Einwanderers, die statt des Außerirdischen als ‚Allzweckwaffe' der (trump-affinen) Ursachen-Argumentation pointiert herausgestellt wird. Im *Newton-(Alien Guy)-Meme* wird die Gravitation als physikalisches Antwort-Multitool (newton'scher Orientierung) ausgewiesen (Abb. 4.4). Durch Verzicht auf ein intratextuelles *Setup* sind die beiden letztgenannten *Memes* (Abb. 4.3 und 4.4) in potenziell variablen Interaktionskontexten, als Antwort auf ganz verschiedene Fragen einsetzbar. Es lässt sich also sagen: Um *Internet-Memes* bzw. *Image-Macros* zu verwenden, zu verstehen, ihren *Punch* treffen zu lassen, ist das Erschließen intertextueller Bezüge notwendig, die sich nicht auf die semantische Integration allgemeinen typologischen Wissens um *Memes* bzw. den *Meme*-Typus *Image-Macro* beschränken. Sie setzen auch das (Wieder-)Erkennen spezifischer Referenztexte voraus, auf die sich Sprache und Bild eines *Memes* in mehr oder weniger großer Zahl und Explizitheit direkt und in verstehensrelevanter Weise beziehen.

5.3 De- und Rekontextualisierung

Die vorausgehenden Kapitel haben bereits herausgestellt: Die Pointe von *Image-Macros* kommt nur durch Strategien der gelungenen konzeptuellen Integration von Wissensrahmen auf der Basis erkannter Ähnlichkeiten zu Stande. Sie lässt sich durch ein trans- bzw. intertextuell instrumentalisiertes *tertium comparationis* begreifen. Werden Analogien erkannt, lässt sich Kohärenz herstellen. Die verstehensrelevante Beziehung zwischen den zunächst inkohärent erscheinenden Elementen im Text wird erkennbar. Das eine Element lässt sich auf der Basis des anderen verstehen und näher bestimmen (vgl. Lakoff & Johnson 1980; Fauconnier & Turner 1998; Klug 2012: 292–355). Die typischerweise intertextuell in die Bedeutungskonstitution eingebundene Vergleichsgröße wird dabei ihrem ursprünglichen Kontext enthoben. Sie wird somit dekontextualisiert (vgl. Janich 2015: 42) und in einem differenten Kontext aktualisiert. Sie wird im *Meme* und seiner spezifischen thematischen Verankerung (hier z. B. zur Beantwortung von Fragen nach dem Verbleib von Carole Baskins Ehemann, nach Faktoren der Textkomplexität oder z. B. nach der Herkunft des Corona-Virus) genutzt.

In *Image-Macros* ist es häufig das Bild,[26] das eine solche De- und Rekontextualisierung[27] erfährt. So wird etwa in den *Memes* in Abb. 5 ein einziges pressefotografisches Bildzitat als *Meme*-Grundlage genutzt. Auf seiner Basis werden sowohl „DECADES OF SEXIST BEHAVIOUR AT PARLIAMENT HOUSE" bzw. „TWO HOURS OF MANDATORY EMPATHY TRAINING" (Abb. 5.1) wie auch „CORONA DRITTE WELLE" bzw. „NEUE CORONA MASSNAHMEN" (Abb. 5.2) und „Deuda pública en máximos históricos" bzw. „Lo pagarán los ricos" (Abb. 5.3) – also völlig unterschiedliche Themen – konzeptualisiert. Es geht darum, ihre Beziehungen zueinander auf der Basis eines verstehensnotwendigen Analogieschlusses pointiert herauszustellen. Bereits das Verstehen der vergleichsrelevanten sprachlichen Teile in den dargestellten Texten setzt damit Inferenzen, d. h. spezifische Schlussverfahren[28] voraus, die durchaus komplex sind. Die kleinen, kurzen Texte explizieren in-

---

26 Das hier reflektierte *Alien-Guy-Meme* ist ein Beispiel für einen Transfer von Bild und Sprache. Sowohl das Bild (Serienstill: Interview Giorgio Tsoukalos) wie auch die Punchline („ALIENS") finden ihre gemeinsame Referenz in der Dokuserie *Ancient Aliens* und werden im *Meme* gemeinsam de- und rekontextualisiert, um ein spezifisches thematisches *Setup* zu schließen.

27 Der Wissenstransfer ist dabei jedoch grundsätzlich nicht als uni-, sondern bidirektional zu begreifen. Es entsteht neues, emergentes Wissen, das den einen wie den anderen Wissensrahmen, also beide *Frames* betrifft, die im Rahmen des Textverstehens zueinander in Bezug gesetzt werden. So wird etwa – um das *Meme* in Abb. 1.1 erneut aufzugreifen – nicht nur das Wissen um den Ehemann von Carole Baskin aus dem Vergleich heraus erweitert (er wurde gefressen), sondern auch das Wissen um den im Bild dargestellten Tiger (er hat den Mann gefressen) und den Kothaufen (er besteht aus den verdauten Überresten des Ehemanns) wie auch um die lokale Verankerung des Bildes (es stellt nicht einen Tiger in einem Zoo, sondern einen Tiger in der Tieraufangstation Carole Baskins in Kalifornien dar) usw.

28 Mit dem Terminus Inferenz werden auch in diesem Beitrag „Schlußprozesse bezeichnet, von denen angenommen wird, daß sie immer dann angewendet werden, wenn im Text selbst ‚nicht explizit' ausgedrückte Zusammenhänge oder Bezüge durch den Leser/Hörer ‚konstruktiv' ergänzt, aufgrund bestimmter Annahmen bzw. aufgrund eines bestimmten ‚Weltwissens' erschlossen werden müssen, um zu einem angemessenen Textverständnis zu gelangen" (Biere 1989: 92). Wie das Verstehen allgemein werden auch diese Schlüsse im Rahmen dieses Beitrags nicht notwendigerweise (wahrscheinlich sogar eher selten) als bewusste bzw. intentionale Prozesse bestimmt (vgl. dazu erneut auch Anm. 16).

tratextuell wenig, setzen dadurch viel auf Seiten der Rezipierenden voraus. Sie geben nur wenige explizite Kontextualisierungs- bzw. Verstehenshinweise. Kann das Wort „CORONA" in Abb. 5.2 als knapper, intratextuell-sprachlicher Kontextualisierungshinweis vor dem Hintergrund bestehenden Wissens helfen, den Text explizit im thematischen Umfeld der weltweiten Corona-Pandemie zu verorten, lässt die Verwendung der deutschen Sprache darüber hinaus vermuten, dass sich der Text ganz konkret auf die „DRITTE WELLE" im deutschsprachigen Raum bezieht, die dort im Frühjahr 2021 ihren Ausgang nahm. Im *Meme* in Abb. 5.1 dient intratextuell vor allem die Bezeichnung „PARLIAMENT HOUSE" als potenziell verstehenserleichterndes Schlüsselwort. Wie die Verwendung englischer Sprache legt es eine zeitliche und räumliche Verortung des Textes im australischen Raum nahe. Diese Verortung kann durch den sprachlichen Verweis auf das langjährige „SEXUAL BEHAVIOR" weiter plausibilisiert, räumlich und zeitlich weiter konkretisiert werden – wenn man bereits weiß, dass das australische Parlament seit Februar 2021 von einer stetig wachsenden Zahl von Anklagen wegen sexueller Nötigung, Vergewaltigung und anderer Sexskandale der vergangenen Jahr(zehn)e konfrontiert wird. Der Text in Abb. 5.3 lässt sich durch die Verwendung des Spanischen allgemein, den sprachlichen Verweis auf eine Staatsverschuldung auf Rekordniveau („Deuda pública en máximos históricos") und die ‚zahlenden Reichen' („Lo pagarán los ricos") im thematischen Kontext der spanischen Finanzkrise und dem Diskurs um die Reichensteuer in Spanien verstehen, die im Frühjahr 2021 zwar nicht begann, sich aber neu entfachte.

Die Sprache im *Meme* gibt mit Ausdrücken wie „CORONA" (Abb. 5.2), „PARLIAMENT HOUSE" (Abb. 5.1) und „Deuda pública" (Abb. 5.3) denjenigen, die über einzelsprachbezogenes Wissen und spezifisches Weltwissen verfügen, also explizite intratextuelle Kontextualisierungshinweise, die ihnen helfen können, ihr bestehendes Wissen (*default values*) auf- und abzurufen. Zwar sind diese sprachlichen Inferenzhinweise „CORONA" (Abb. 5.2), „PARLIAMENT HOUSE" (Abb. 5.1) und „Deuda pública" (Abb. 5.3) potenziell mehrdeutig bzw. mehrdeutbar.[29] Durch die direkte intramodale, hier: sprachinterne Kontextualisierung der Ausdrücke im *Meme* werden solch variable Bedeutungszuweisungen jedoch in verstehensrelevanter Weise eingeschränkt. Es werden (Be-)Deutungs-

---

29 Der isolierte Ausdruck kann potenziell verschiedene *Frames* evozieren. Im Text in Abb. 5.2 könnte das Wort „Corona" ebenso Wissen über ein Virus wie auch über Kränze, Kronen oder z. B. ein mexikanisches Bier aufrufen. Der Text in Abb. 5.1 könnte mit „Parliament House" Wissen um das australische Parlamentshaus, aber auch Wissen über entsprechend bezeichnete Parliament Houses, z. B. in Papua Neu Guinea, aktivieren. „Deuda pública" im in Abb. 5.3 dargestellten Text ließe sich prinzipiell sowohl auf die spanische als auch auf jede Staatsverschuldung einer anderen Nation beziehen usw.

Abb. 5: De- und Rekontextualisierung im Internet-*Meme*; 5.1 DECADES OF SEXIST BEHAVIOUR AT PARLIAMENT HOUSE ... TWO HOURS OF MANDATOY EMPATHY TRAINING (https://www.can berratimes.com.au/story/7186386/may-we-be-the-tiny-excavators-to-the-ever-givens-of-the-world/; zuletzt abgerufen am 21. Juni 2021); 5.2 CORONA DRITTE WELLE ... NEUE CORONA MASSNAHMEN (https://de.rt.com/gesellschaft/115200-blockade-des-suezkanals-memes-zum-frachtschiff/, zuletzt abgerufen am 21. Juni 2021); 5.3 *Deuda pública en máximos históricos ... Lo pagarán los ricos* (@eco general, *Twitter*-Post vom 26. März 2021; zuletzt abgerufen am 10. Juni 2021), Abbildungen zit. nach § 51 UrhG.

präferenzen nahegelegt. Auf diese Weise wird das Textverstehen im intratextuellen sprachlichen Kontext vereindeutigt, ihre (Be-)Deutung auf diese Weise entlastet.

    Bildliche Zeichen können eine intramodale Vereindeutigung anderer Bildzeichen im Text hingegen nur bedingt leisten. Das erscheint erklärungsbedürftig. Denn bildliche Zeichen werden im Vergleich zu sprachlichen typischerweise als motivierte, wenn nicht gar als ‚durchsichtige' Zeichen begriffen (vgl. Klug 2015: 508–511). Schließlich lässt sich im Falle der bildlichen Zeichen bereits auf der Basis sichtbarer Ähnlichkeiten bzw. „physiognomische[r] Übereinstimmung des Bezeichnenden mit dem Bezeichneten" (Doelker 2002: 52; s. grundlegend: Peirce 1993) ikonisch schlussfolgern, wofür ein Bildzeichen stellvertretend steht (vgl. Klug 2015: 502–508). Aufgrund ihres motivierten Charakters gelten bildliche Zeichen daher als vergleichsweise einfach zu verstehen. Sie gelten im Vergleich zu arbiträren, konventionellen Sprachzeichen als „rascher, unmittelbarer entschlüsselbar" (Doelker 2002: 52). Allerdings kann im Kontrast zu sprachlichen Zeichen in bildlichen jede sichtbare Formeigenschaft als zeichenhaft begriffen und ikonisch auf etwas hingedeutet werden, dem sie irgendwie ähnlich sieht. Jede erkennbare Form im Bild ist damit potenziell bedeutsam. Sie kann für das Verstehen des Textes wichtig sein. Sie kann wichtiger sein als andere, die zwar ebenso ikonisch erschließbar, aber für das Verstehen im spezifischen Kontext weniger relevant oder sogar völlig irrelevant sind, wie z. B. der Stein im Vergleich zu dem etwa ähnlich großen Kothaufen auf der hinter dem Tiger dargestellten Wiese in Abb. 1.1. Das Bild im *Meme* ist in seiner Darstellung also deutlich dichter, komplexer als die integrierten sprachlichen Zeichenverbünde. Es ist zugleich offener, mehrdeutbarer als die sprachlichen Zeichen, bei denen der Deutungsspielraum bereits durch Konvention stark beschränkt wird. Dies gilt umso mehr dann, wenn das Bild zudem auch noch seinem ursprünglichen Kontext enthoben ist. Folglich lässt sich in den bildlichen Teilen der *Memes* in Abb. 5 auf der Basis ikonischer Schlüsse, die vor dem Hintergrund verfügbaren Weltwissens möglich sind, der Bug eines riesigen Schiffes am Rand eines unbefestigten Ufers erkennen. Im Bildhintergrund blickt man auf das gegenüberliegende Ufer. Da es nicht in weiter Ferne liegt, scheint es sich um das Ufer eines Flusses oder Kanals zu handeln. Man kann den rot lackierten Teil des Schiffes sehen, sogar Ansätze der Bugwulst. Beide liegen normalerweise unter Wasser. Das Schiff ist demnach auf Grund gesetzt. Es handelt sich offensichtlich um ein gebrauchtes Schiff. Das lässt sich an der abgenutzten Lackierung am Rumpf erkennen. Neben dem Schiff kann ein im Verhältnis winzig erscheinender, gelber Raupenbagger identifiziert werden. Seine Schaufel ist dicht am Schiff in Richtung Erdboden gesenkt. Das alles kann man im Bild sehen und – geht man weiter ins Detail – noch sehr viel mehr. Und doch sieht man verstehensrelevante Details bzw. Zusammenhänge im Bild nicht. Man kann sie ikonisch nicht erschließen. In dem transtextuell verwendeten fotografischen Bild in den *Memes* von Abb. 5 lässt sich auf ikonischem Wege z. B. nicht erkennen, ob die Schaufel des Baggers gerade etwas auf- oder ablädt. Sie könnte etwas ausheben, freilegen, abtragen oder auffüllen. Sie könnte aber auch in Ruheposition auf dem Erdboden verharren. In allen Fällen würde die Schaufel so ähnlich aussehen wie die auf dem statischen Foto, das nur einen Ausschnitt, einen einzigen Moment eines Handlungszusammenhangs im Still bzw. Standbild darzustellen vermag, der in diesem Fall sehr uneindeutig aussieht. Abgesehen von der räumlichen Nähe zum Schiffsbug lässt sich auf Basis des Fotos auch nicht ikonisch erschließen, ob eine bestimmte Beziehung zwischen Schiff und Bagger besteht, ob ihr dichtes Nebeneinander, das den Kontrast von Groß und Klein deutlich sichtbar hervorhebt, zufällig oder bezweckt ist.

> Anders ausgedrückt erkennen wir zwar im Allgemeinen, was ein Bild ikonisch repräsentiert, in vielen Fällen aber nicht bzw. zumindest nicht auf den ersten Blick, in welchen

Sinnzusammenhang oder kognitiven Rahmen die bildliche Information zu stellen ist. (Weidacher 2007: 51)

Die (Be-)Deutung des Bildes ist daher auf Konkretisierung angewiesen, wie sie nur von Sprache geleistet werden kann. Diese sprachliche Konkretisierung kann entweder im direkten intratextuellen Ko(n)text des Bildes im Text oder im weiteren transtextuellen Kontext geleistet werden, etwa in der intertextuellen sprachlichen Bezugnahme, durch die das im Bild Sichtbare (z. B. namentlich) spezifiziert, zeitlich und räumlich genau verortet, darüber hinaus in größere Handlungszusammenhänge eingebettet werden kann. Findet sich wie im vorliegenden Fall der Belege in Abb. 5.1 und 5.2 kein bildspezifizierender sprachlicher Ko(n)text,[30] der in verstehensrelevante Beziehung zum Bild gesetzt werden kann, macht dies in besonderer Weise bereits verfügbares Wissen (Standardwerte) notwendig, mit dem Leerstellen ‚selbstorganisiert' gefüllt werden können oder vielmehr: müssen. Dies gilt in besonderer Weise dann, wenn das Bild darüber hinaus aus seinem ursprünglichen, vereindeutigenden transtextuellen bzw. situativen Kontext enthoben ist. Das bedeutet hier konkret: Um den verstehensrelevanten Vergleich ziehen, die Pointe des *Memes* verstehen zu können, muss eine rezipierende Person wissen, wie das, was im Bild zu sehen ist, konkretisiert werden kann. Sie muss wissen, dass dieses Schiff als das Containerschiff EVER GIVEN zu identifizieren ist, das im Bild im Teilausschnitt gezeigt wird, während es Ende März 2021 im Suez Kanal auf Grund liegt und den Transportverkehr im Kanal vollständig versperrt. Sie muss wissen, dass durch diese Blockade weltweite Transportausfälle und finanzielle Schäden in Milliardenhöhe verursacht wurden, kurz: Sie muss wissen, dass das im Bild dargestellte Schiff als großes (in diesem Fall: weltweites) Problem zu verstehen ist, das mittels eines kleinen Baggers zu lösen versucht wurde. Die rezipierende Person sollte auch wissen, dass die vorliegende Bildzeichenverbindung von kleinem Bagger und großem Schiff innerhalb kürzester Zeit zum symbolifizierten Ausdruck des strebsam-beharrlichen, jedoch kaum aussichtsreichen Versuchs wurde, ein übergroßes Problem mit (zu) geringen Mitteln beheben zu wollen. Denn eben dieses Wissen um die symbolifizierte, konventionalisierte Bedeutung des in das *Meme* integrierten Bildes ist letztlich notwendig, um den für den vorliegenden Kontext, den für die Rekontextualisierung des Bildes im *Meme* relevanten Analogieschluss vollständig ziehen zu können. Sie ist notwendig, um zu verstehen, wie „TWO HOURS OF MANDATORY

---

[30] Eine Ausnahme bildet hier das Bild in Abb. 5.3, das durch die Wahl eines größeren Bildausschnitts als *Meme*-Basis den Namen des Schiffes explizit erkennen lässt. Das Bild wird so bereits intratextuell sprachlich ko(n)textualisiert, in seiner verstehensrelevanten Bedeutung konkretisiert.

EMPATHY TRAINING" (Abb. 5.1), „DIE NEUEN CORONA MASSNAHMEN" (Abb. 5.2) oder „Lo pagarán los ricos" (Abb. 5.3)[31] im vorliegenden Kontext des *Memes* auf Basis konzeptueller Integration in ihrer Funktion als Maßnahmen zur Lösung von Problemen wie der Corona-Pandemie (Abb. 5.2), bedenklichem bis strafbarem Sexualverhalten (Abb. 5.1) oder einer Staatsverschuldung (Abb. 5.3) kontext-, sprach- und nationübergreifend konzeptualisiert bzw. evaluiert werden. Um *Memes* zu verstehen, sind damit auch solche Schlussverfahren notwendig, die einerseits das erfolgreiche Verstehen, (Be-)Deuten der einzelnen im *Meme* gebrauchten, unterschiedlich zu semiotisierenden Zeichenmodalitäten, andererseits ihr symbiotisches, sich wechselseitig ergänzendes oder vereindeutigendes intra- wie inter- bzw. transtextuelles Zusammenspiel betreffen (vgl. Klug 2021, i. Dr.).

6 Fazit: *One does not simply understand all memes*

Ein als pointiert beurteilter Text im Sinne der *brevitas* ist nicht nur so kurz wie möglich, sondern auch so lang wie nötig. Im Anliegen des Erreichens kommunikativer Ziele ist dem kurzen bzw. verkürzten Umfang immer auch eine Grenze gesetzt. Sie findet sich dort, wo die Form des Textes – so einfach seine sprachlichen und/oder nicht-sprachlichen Zeichen in struktureller, formbezogener Hinsicht zunächst erscheinen mögen –, zu kurz wird, der Text somit zu viele Leerstellen lässt, die von Rezipierenden nicht mit verfügbarem Wissen gefüllt werden können. Die Grenze der strukturellen Kürze eines Textes wird in puncto Klarheit (*claritas*) dort überschritten, wo ein kleiner, kurzer Text zu wenig von dem expliziert, was notwendig wäre, damit Rezipierende Inferenzen

---

31 Die Unmöglichkeit, dass die Staatsverschuldung durch Sonderzahlungen von Reichen zukünftig getilgt werden kann, wird im *Meme* (Abb. 5.3) auch durch die spezifische Tempuswahl im Spanischen hervorgehoben. Verwendet wird in „Lo pagarán los ricos" ein *futuro simple*, das im Spanischen in aspektueller Opposition zum *futuro perifrástico* gebraucht wird. Während letztgenanntes Futur zur Bezeichnung von Handlungen gewählt wird, die sich in Zukunft sicher erfüllen, findet das *futuro simple* dann Verwendung, wenn es lediglich um die Betonung einer zukünftigen Möglichkeit bzw. um die Formulierung eines Wunsches geht, die bzw. der nicht notwendigerweise eintreten wird, sich wahrscheinlich sogar nicht erfüllen wird (vgl. zu Tempus und Aspekt im Spanischen z. B. Schrott 2012, mit Blick auf das Futur insbesondere die Seiten 330–331). Das Verstehen dieses Kontextualisierungshinweises setzt weiterführendes sprachbezogenes Wissen voraus, über das die Verfasserin dieses Beitrags selbst nicht verfügt. Ich danke daher Johanna Wolf für diesen textverstehensrelevanten Hinweis.

ziehen können,[32] die zu einem (eindeutigen) Verstehen des Textes führen. Das heißt: damit sie schlussfolgernd relevante (z. B. intra- wie intertextuelle, intra- und intermodale) Zusammenhänge erkennen, den Text als kohärente (multimodale) Einheit verstehen und mit dem Text die angestrebten kommunikativen Ziele – trotz geringem kommunikativem Aufwand – erreicht werden können (vgl. Grice 1989; Sperber & Wilson 1997; Roelcke 2002; Schrott i. d. B.).

Internet-*Memes* (*Image-Macros*) wandern durch die hohe Zahl der von ihnen geforderten Inferenzen mit Blick auf ihre Einfachheit und Pointiertheit auf einem sehr schmalen Grat (vgl. erneut Kap. 4). Diese Gratwanderung ist in ihrem Fall durchaus beabsichtigt. Als zielgerichtete kommunikative Einheiten wollen bzw. sollen Internet-*Memes* natürlich verständlich, klar und erfolgreich sein. Ihr *Punch* soll so hart und punktgenau treffen, dass er z. B. durch Praktiken des *Upvotens* öffentlich und von einem großen Kollektiv gefeiert und belohnt wird. Dabei richten *Image-Macros* ihren Schlag aber nicht auf alle Rezipierenden aus. Sie sind nicht von dem Anliegen einer Allgemeinverständlichkeit getragen. Denn *Memes* sind Faktor und Ausdruck des „Pluraletanums" (Hahn, Hohlfeld & Knieper 2017: 11). Für sie ist konstitutiv, dass sie jeweils nur einer bestimmten Teilöffentlichkeit, einer „mehr oder weniger kleinen Gruppe Kommunizierender verständlich" sind und sein sollen, „die zur Entschlüsselung in der Lage ist" (Osterroth 2019a: 272). Auf diese Weise kann ein und derselbe (kleine) Text, ein *Meme* bzw. ein *Image-Macro* (trotz der starken Verkürzung) einfach, klar, pointiert für die einen, (wegen seiner starken Verkürzung) zu komplex, undurchsichtig, unverständlich für die anderen sein. Ein einziger Text kann Mittel kommunikativer Inklusion wie Exklusion zugleich sein. Er konstituiert und repräsentiert Gemeinschaft derer, die ihn verstehen. Er hat das Potenzial, die Ausgrenzung derer zu markieren, die es nicht tun. Um dies mit Abb. 6 ausgehend vom *Meme* auf den Punkt zu bringen:

---

32 Vgl. dazu erneut die Anmerkungen 16 und 29 in diesem Beitrag.

Abb. 6: Verständlichkeit von *Memes*: „ONE DOES NOT SIMPLY ... UNDERSTAND ALL MEMES" (https://www.wackymemes.com/one-does-not-simply-understand-all-memes/; zuletzt abgerufen am 21. Juni 2021), Abbildung zit. nach § 51 UrhG.

Besser gesagt: Um es für diejenigen ausgehend vom *Meme* auf den Punkt zu bringen, denen die Kontextualisierungshinweise in Sprache und Bild des kleinen Textes in Abb. 6 ausreichen, um trotz Textkürze und Dekontextualisierung von Bild und sprachlichem *Setup* verstehensrelevante intertextuelle Bezüge herstellen zu können. Das heißt konkret: um im Text ein multimodales Bild-Sprache-Teilzitat aus einer Rede Boromirs aus dem ersten Teil der Filmtrilogie *Der Herr der Ringe* (2001) zu erkennen, das in der Rekontextualisierung dabei hilft, das Verstehen von *Memes* nicht bloß als nicht einfach („NOT SIMPLY") zu konzeptualisieren, sondern – und hierhin besteht die Pointe – sogar als (potenziell) sehr, sehr schwer und komplex. Schließlich gilt:

> One does not simply walk into Mordor. Its Black Gates are guarded by more than just Orcs. There is evil there that does not sleep, and the Great Eye is ever watchful. It is a barren wasteland, riddled with fire and ash and dust, the very air you breathe is a poisonous fume. Not with ten thousand men could you do this. It is folly. (Zitat Boromir aus *The Lord of the Rings: The Fellowship of the Ring* 2001; Produced by New Line Cinema)

Geht es darum zu umreißen, was die Simplizität bzw. die Komplexität von Texten nicht nur in strukturbezogener, sondern auch in gebrauchsorientierter, pragmatisch-semantischer (im Folgenden kurz: pragma-semantischer) Hinsicht ausmacht, dann zeigt auch dieser letzte Beleg eines Internet-*Memes* bzw. *Image-Macro*s (Abb. 6) über seinen expliziten thematischen Bezug zur Komplexität des Meme-Verstehens hinaus noch einmal in pointierter Weise: Der Fokus textbezogener Simplizitäts- bzw. Komplexitätsforschung lässt sich nicht auf Eigenschaften des Textes selbst eingrenzen. Wäre dies möglich, so wäre ein und derselbe Text immer, überall und für jeden einfach oder schwer zu verstehen. Für Fragen der Textkomplexität bzw. -simplizität stellen daher auch kommunikativ-pragmatische Faktoren wie die (adressierten) Rezipierenden (mit ihrer räumlichen, zeitlichen oder z. B. sozialen Nähe/Distanz zur Textpublikation bzw. zu den im Text entfalteten Themen) einen zentralen Bestimmungsfaktor dar. Dies gilt auch und vor allem für die Bedingungen, die rezipierendenseitig erfüllt sein müssen, damit sie den Text bzw. bestimmte in ihm verwendete Zeichen sprachlicher und potenziell zudem nicht-sprachlicher Art (in ihrem multimodalen Zusammenspiel) erschließen können. Es geht um die Voraussetzungen, die gegeben sein müssen, damit Rezipierende den Text nicht nur als zweckorientierte semantische Einheit verstehen können, sondern – im Falle der *Memes* bzw. *Image-Macros* – auch als pointiert. Da es sich bei diesen Voraussetzungen des Textverstehens wesentlich um „Phänomene handelt, die etwas mit dem Wissen der Interpretierenden wie Kommunizierenden zu tun haben" (Busse 2009: 46), liegt ein wichtiges Ziel pragma-semantischer Arbeit darin, das implizite und explizite Wissen, die *Frames* zu erfassen, die auf Seiten der Rezipierenden verfügbar sein müssen, damit sie einen Text als bedeutungsvolle kommunikative Einheit verstehen können. Das Textverstehen wird somit als ein aktiver, zumeist jedoch nicht bewusster und intentionaler Prozess begriffen,[33]

> during which the comprehender – to the degree that it interests him – seeks to fill in the details of the frames that have been introduced, either by looking for the needed information in the rest of the text, by filling it in from his awareness of the current situation, or from his own system of beliefs, or by asking his interlocutor to say more. (Fillmore 1976: 29)

Mit Blick auf Fragen der Textkomplexität bedeutet das: Mit der Anzahl der Leerstellen, die ein Text eröffnet, aber nicht füllt, mit der Menge der Andeutungen, die in einem Text auf rezipierendenseitig vorausgesetztes Wissen anspielen, ohne es zu explizieren, steigt die pragma-semantische Komplexität eines Textes. Kleine, kurze Texte, wie die in diesem Beitrag exemplarisch reflektierten Internet-*Memes* (*Image-Macros*), zeichnen sich diesbezüglich durch einen hohen Grad an Komplexität aus, wenn sie auch in grammatisch-struktureller Hinsicht typischerweise unterkomplex erscheinen (vgl. Kap. 1). Ihre sprachlichen Anteile sind vor dem Hintergrund der formbezogenen Textkürze oft elliptisch. Die in ihnen verwendeten bildlichen Zeichen bezeugen eine charakteristische semantische Offen- bzw. Mehrdeutbarkeit ikonischer (oft zudem indexikalischer und/oder symbolifizierter) Art, die eine sprachliche Vereindeutigung fordert. Diese Vereindeutigung wird im *Meme* jedoch nicht oder nur sehr eingeschränkt ge-

---

[33] Im Falle der Textinterpretation kann dieser Prozess allerdings ohne Frage bewusst und intentional-zielgerichtet sein, vgl. erneut Anmerkung 18.

leistet. Das Bildverstehen ist jedoch notwendige Voraussetzung, um die in der Regel sprachlich formulierte Pointe des multimodalen Bild-Sprache-Textes, seine Funktion zu erschließen usw. Es lässt sich also erstens zusammenfassen:

> *Je weniger Kontextualisierungs- bzw. Verstehenssignale intratextuell (sprachlich/nichtsprachlich/multimodal) realisiert werden (können), umso komplexer ist ein Text in pragmasemantischer Hinsicht.*

Das Verstehen eines entsprechend komplexen Textes erscheint dann erschwert, wenn Rezipierenden die intratextuell explizierten Kontextualisierungs- bzw. Verstehenshinweise nicht ausreichen, um textverstehensrelevante (z. B. intertextuelle) Bezüge zu erkennen, um notwendige Inferenzen zu ziehen, um Leerstellen im Text (eindeutig) mit verfügbarem Wissen zu füllen.

Erleichtert werden kann das Textverstehen jedoch nicht nur durch Kontextualisierungs- bzw. Verstehenshinweise, die im Text selbst geleistet werden. Pragmasemantisch komplexe (kleine) Texte wie die Internet-*Memes* lassen sich auch durch ihre kommunikative bzw. situative Einbettung entlasten, etwa durch die Verwendung eines *Memes* in einem bestimmten Raum und einer konkreten Zeit (in dem/in der etwa intratextuell entfaltete Themen hochaktuell/-relevant bzw. diskursprägend sind). Auch die Einbettung eines *Image-Macros* in einen auf das *Meme* bezugnehmenden *Tweet* (vgl. hier: Abb. 3.2 und 5.3) oder z. B. in einen umfangreichen Text, wie den vorliegenden Beitrag, kann eine entlastende Funktion haben. Diese Funktion kann nicht nur ausführlichen Erklärungen, sondern auch Verlinkungen oder z. B. *Hashtags* zukommen. Auch sie können die im Bild dargestellten Entitäten explizit benennen (vgl. Abb. 3.2: #Tsoukalos), entlastende Hinweise zu konkreten intertextuellen Bezügen (vgl. Abb. 1.2: https://quotesgram.com/ancient-aliens-quotes), der räumlichen und/oder zeitlichen Verortung des Textes, konventionellen Bildbedeutungen (vgl. Abb. 5.1: https://www.canberratimes.com.au/story/7186386/may-we-be-the-tiny-excavators-to-the-ever-givens-of-the-world/) oder spezifischen Handlungszusammenhängen geben (vgl. Abb. 5.2: https://de.rt.com/gesellschaft/115200-blockade-des-suezkanals-memes-zum-frachtschiff/), wenn sie (mit-)gelesen werden. Sie vernetzen den Text (das *Meme*) darüber hinaus auch direkt mit weiteren Texten, deren Rezeption zum Verstehen des vorliegenden Textes, seiner Kontextualisierung, beitragen kann. Es kann daher zweitens angenommen werden:

> *Je mehr Kontextualisierungs- bzw. Verstehenssignale transtextuell, d. h. textübergreifend im kommunikativen (sprachlichen/nicht-sprachlichen/multimodalen) und/oder im situativen (z. B. zeitlichen, räumlichen, personellen) Kontext eines (komplexen) Textes realisiert werden (können), umso einfacher kann dieser Text verstanden werden.*

Für Fragen der Komplexität bzw. Simplizität von Texten und ihrer Verständlichkeit sind also ebenso Fragen nach spezifischen Strategien bzw. Praktiken der (transtextuellen) kommunikativen bzw. situativen Kontextualisierung von Texten wie den *Image-Macros* pragma-semantisch höchst relevant. Auch sie sollten daher zunehmend in den Fokus gebrauchsorientierter textlinguistischer Komplexitäts-/Simplizitätsforschung (insbesondere auch der bislang linguistisch kaum reflektierten Internet-*Memes*) rücken. Dies gilt bereits deshalb, weil (kleine) Texte wie die Internet-*Memes* in aller Regel nicht isoliert, sondern in ebensolchen Kontexten kommunikativ gebraucht werden.

Bibliographie

Antos, Gerd & Anna Lewandowska (2020): Augenblickstexte. Sprüche als Spiel und Strategie, nicht alles sagen zu müssen. In Zofia Berdychowska & Frank Liedtke (Hrsg.), *Prägnante Kürze und mehr. Kurztexte und multimodale Kurzformen im öffentlichen Raum*, 81–102. Berlin: Peter Lang.

Bär, Jochen A., Thorsten Roelcke & Anja Steinhauer (Hrsg.) (2007): *Sprachliche Kürze. Konzeptuelle, strukturelle und pragmatische Aspekte*. Berlin, New York: De Gruyter.

Berdychowska, Zofia & Frank Liedtke (Hrsg.) (2020): *Prägnante Kürze und mehr. Kurztexte und multimodale Kurzformen im öffentlichen Raum*. Berlin: Peter Lang.

Berger, Peter L. & Thomas Luckmann (1980): *Die gesellschaftliche Konstruktion der Wirklichkeit*. Frankfurt a.M.: Fischer.

Berndt, Frauke & Lily Tonger-Erk (2013): *Intertextualität. Eine Einführung*. Berlin: Erich Schmidt.

Biere, Bernd Ulrich (1989): Verständlich-Machen. *Hermeneutische Tradition – Historische Praxis – Sprachtheoretische Begründung*. Tübingen: Niemeyer.

Brinker, Klaus, Hermann Coelfen & Steffen Pappert (2018): *Linguistische Textanalyse. Eine Einführung in Grundbegriffe und Methoden*. 9. Aufl. Berlin: Erich Schmidt.

Bülow, Lars & Michael Johann (2019a): Vorwort: Politische Internet-Memes – Theoretische Herausforderungen und empirische Befunde. In Lars Bülow & Michael Johann (Hrsg.), *Politische Internet-Memes – Theoretische Herausforderungen und empirische Befunde*, 7–12. Berlin: Frank & Timme.

Bülow, Lars & Michael Johann (Hrsg.) (2019b): *Politische Internet-Memes – Theoretische Herausforderungen und empirische Befunde*. Berlin: Frank & Timme.

Busse, Dietrich (2009): Textbedeutung und Textverstehen aus Sicht einer linguistischen Epistemologie. In Andrea Bachmann-Stein, Stephan Merten & Christiane Roth (Hrsg.), *Perspektiven auf Wort, Satz und Text. Semantisierungsprozesse auf unterschiedlichen Ebenen des Sprachsystems*, 45–56. Trier: Wissenschaftlicher Verlag Trier.

Busse, Dietrich (2012): *Frame-Semantik: Ein Kompendium*. Berlin, Boston: De Gruyter.

Busse, Dietrich (2015): *Sprachverstehen und Textinterpretation. Grundzüge einer verstehenstheoretisch reflektierten interpretativen Semantik*. Wiesbaden: Springer.

Ciorli, Marco (2017): *"One Does Not Simply Send Memes". Performativity of Internet Memes on Synchronous Mediated Communication*. Trient: University of Trento.

Dawkins, Richard (1978): *Das egoistische Gen*. Heidelberg: Springer.
Doelker, Christian (2002): *Ein Bild ist mehr als ein Bild*. Stuttgart: Klett-Cotta.
Dürscheid, Christa (2016): Reflexion über Sprache im DaF-Unterricht – am Beispiel von kleinen Texten. In Renate Freudenberg-Findeisen (Hrsg.), *Auf dem Weg zu einer Textsortendidaktik. Linguistische Analysen und text(sorten)didaktische Bausteine nicht nur für den fremdsprachlichen Deutschunterricht*, 167–183. Hildesheim: Olms.
Ebersbach, Anja, Markus Glaser & Richard Heigel (2016): *Social Web*. 3. Aufl. Köln: Bölau.
Fauconnier, Gilles & Mark Turner (1998): Conceptual Integration Networks, *Cognitive Science* 22 (2), 133–187.
Fiehler, Reinhard et al. (2004): *Eigenschaften gesprochener Sprache*. Tübingen: Narr.
Fillmore, Charles J. (1976): Frame Semantics and the Nature of Language. In Stevan R. Harnad, Horst D. Steklis & Jane Lancaster (Hrsg.), *Origins and evolution of language and speech*, 20–32. New York: Academy of Sciences.
Fix, Ulla (2018): Denkstilwandel in der Textlinguistik: Vom Text als struktureller und kommunikativer Einheit zum Text in Welt- und Zeichenbeziehungen. In Christiane Andersen, Ulla Fix & Jürgen Schiewe (Hrsg.), *Denkstile in der deutschen Sprachwissenschaft. Bausteine einer Fachgeschichte aus dem Blickwinkel der Wissenschaftstheorie Ludwik Flecks*, 191–208. Berlin, Boston: De Gruyter.
Gardt, Andreas (2007): Kürze in Rhetorik und Stilistik. In Jochen A. Bär, Thorsten Roelcke & Anja Steinhauer (Hrsg), *Sprachliche Kürze. Konzeptuelle, strukturelle und pragmatische Aspekte*, 70–88. Berlin, New York: De Gruyter.
Gardt, Andreas (2019): Das Konzept der Systemgeschichte in der Sprachgeschichtsschreibung (eine Bilanz). In Jochen A. Bär, Anja Lobenstein-Reichmann & Jörg Riecke (Hrsg.), *Handbuch Sprache in der Geschichte*, 136–156. Berlin, Boston: De Gruyter.
Grice, Herbert Paul (1989): Logic and Conversation. In Herbert Paul Grice, *Studies in the Way of Words*, 22–40. Cambridge, London: Harvard University Press.
Hahn, Oliver, Ralf Hohlfeld & Thomas Knieper (2017): Digitale Öffentlichkeit – Digitale Öffentlichkeiten. In Oliver Hahn, Ralf Hohlfeld & Thomas Knieper (Hrsg.), *Digitale Öffentlichkeit(en)*, 11–20. Köln: Halem.
Hausendorf, Heiko (2009): Kleine Texte – über Randerscheinungen von Textualität, *Germanistik in der Schweiz. Onlinezeitschrift der Schweizerischen Akademischen Gesellschaft für Germanistik* 6, 5–19.
Hauser, Stefan, Roman Opilowski & Eva L. Wyss (Hrsg.) (2019): *Alternative Öffentlichkeiten. Soziale Medien zwischen Partizipation, Sharing und Vergemeinschaftung*. Bielefeld: transcript.
Hennig, Mathilde & Joachim Jacob (2021): Textkomplexität aus linguistischer und literaturwissenschaftlicher Perspektive, *Der Deutschunterricht* 2021 (1), 5–13.
Hennig, Mathilde (Hrsg.) (2017): *Linguistische Komplexität – ein Phantom?* Tübingen: Stauffenberg.
Holly, Werner (2004): *Fernsehen*. Tübingen: Niemeyer.
Holly, Werner & Ludwig Jäger (2016): Aspekte einer kulturwissenschaftlichen Linguistik. In Ludwig Jäger et al. (Hrsg.), *Sprache – Kultur Kommunikation. Ein internationales Handbuch zu Linguistik als Kulturwissenschaft*, 944–956. Berlin, Boston: De Gruyter.
Holthuis, Susanne (1993): *Intertextualität. Aspekte einer rezipientenorientierten Konzeption*. Tübingen: Stauffenburg.
Hörning, Karl H. (2004): Soziale Praxis zwischen Beharrung und Neuschöpfung. Ein Erkenntnis- und Theorieproblem. In Karl H. Hörnig & Julia Reuter (Hrsg.), *Doing culture*.

Neue Positionen zum Verhältnis von Kultur und sozialer Praxis, 19–39. Bielefeld: Transcript.

Janich, Nina (2007): (Sprach-)Ökonomie als Prinzip der Werbung? Perspektiven, Formen, Gegentendenzen. In Jochen A. Bär, Thorsten Roelcke & Anja Steinhauer (Hrsg.), *Sprachliche Kürze. Konzeptuelle, strukturelle und pragmatische Aspekte*, 434–458. Berlin, New York: De Gruyter.

Janich, Nina (2015): Kurze Texte und Kurztexte – transtextuell vernetzt? In Mariann Skog-Södersved, Ewald Reuter & Christian Rink (Hrsg.), *Kurze Texte und Intertextualität*, 27–48. Frankfurt a.M.: Peter Lang.

Johann, Michael & Lars Bülow (2019): Politische Internet-Memes: Erschließung eines interdisziplinären Forschungsfeldes. In Lars Bülow & Michael Johann (Hrsg.), *Politische Internet-Memes – Theoretische Herausforderungen und empirische Befunde*, 13–40. Berlin: Frank & Timme.

Keller, Rudi (2003): *Sprachwandel. Von der unsichtbaren Hand in der Sprache*. 2. Aufl. Stuttgart: UTB.

Klug, Nina-Maria (2012): *Das konfessionelle Flugblatt 1563–1580. Eine Studie zur historischen Semiotik und Textanalyse*. Berlin, Boston: De Gruyter.

Klug, Nina-Maria (2015): Zur Eigentlichkeit des bildlichen Zeichens. In Claudia Brinker-von der Heyde et al. (Hrsg.), *Eigentlichkeit. Zum Verhältnis von Sprache, Sprechern und Welt*, 501–522. Berlin, Boston: De Gruyter.

Klug, Nina-Maria (2020): Intertextual Reference in Image-Centric Discourse: Analytical Model, Classification, and Case Study. In Hartmut Stöckl, Helen Caple & Jana Pflaeging (Hrsg.), *Shifts toward Image-Centricity in Contemporary Multimodal Practices*, 42–63. London: Routledge.

Klug, Nina-Maria (2021a): Kleine Texte des Alltags: Was uns z. B. Zigarettenschachteln alles sagen und zeigen können. In Steffen Pappert & Kersten Sven Roth (Hrsg.), *Kleine Texte*, 189–224. Frankfurt a.M.: Peter Lang.

Klug, Nina-Maria (2021b): Semiotische Komplexität im multimodalen Sachtext. Zur Förderung multimodaler Kompetenz im Deutschunterricht, *Der Deutschunterricht* 2021 (1), 24–33.

Klug, Nina-Maria (i. Dr.): Sprache und Bild – ein Plädoyer für die Förderung multimodaler Kompetenz im Sprachunterricht. In Tobias Heinz & Martina Ide (Hrsg.), *Bild und Sprache – Forschendes Lernen vernetzt: Kunst und Deutsch im Kontext transdisziplinärer Lehre an der CAU zu Kiel*, 59–80. München: kopaed.

Klug, Nina-Maria & Steffen Pappert (2020): Wenn Rasen tötet und Prägnanz fordert. Merkmale multimodaler Texte an der Autobahn. In Zofia Berdychowska & Frank Liedtke (Hrsg.), *Prägnante Kürze und mehr. Kurztexte und multimodale Kurzformen im öffentlichen Raum*, 153–166. Berlin: Peter Lang.

Kortmann, Bernd & Benedikt Szmrecsanyi (Hrsg.) (2012): *Linguistic Complexity. Second Language Acquisition, Indigenization, Contact*. Berlin, Boston: De Gruyter.

Kroeber-Riel, Werner & Franz-Rudolf Esch (2015): *Strategie und Technik der Werbung*. 8. Aufl., Stuttgart: Kohlhammer.

Lakoff, George & Mark Johnson (1980): *Metaphors we Live by*. Chicago: University Press.

Lou, Adrian (2017): Multimodal Simile. The „when" Meme in Social Media Discourse, *English Text Construction* 10 (1), 106–131.

Meier, Kerstin (2020): *Semantische und diskurstraditionelle Komplexität*. Berlin, Boston: De Gruyter.

Minsky, Marvin (1988): *The Society of Mind*. New York: Simon & Schuster.

Oesterreicher, Wulf (1997): Zur Fundierung von Diskurstraditionen. In Barbara Frank, Thomas Haye & Doris Tophinke (Hrsg.), *Gattungen mittelalterlicher Schriftlichkeit*, 19–41. Tübingen: Narr.

Osterroth, Andreas (2015): Das Internet-Meme als Sprache-Bild-Text, *IMAGE 22*, 26–46.

Osterroth, Andreas (2019a): Sprache-Bild-Kommunikation in Imageboards. Das Internet-Meme als multimodaler Kommunikationsakt in alternativen Öffentlichkeiten. In Stefan Hauser, Roman Opilowski & Eva L. Wyss (Hrsg.), *Alternative Öffentlichkeiten. Soziale Medien zwischen Partizipation, Sharing und Vergemeinschaftung*, 269–286. Bielefeld: transcript.

Osterroth, Andreas (2019b): How to do things with memes? – Internet-Memes als multimodale Sprechakte. In Lars Bülow & Michael Johann (Hrsg.), *Politische Internet-Memes – Theoretische Herausforderungen und empirische Befunde*, 41–60. Berlin: Frank & Timme.

Pappert, Steffen & Kersten Sven Roth (Hrsg.) (2021): *Kleine Texte*, Frankfurt a.M.: Peter Lang.

Peirce, Charles S. (1993): *Phänomen und Logik der Zeichen*. Hrsg. und übersetzt von Helmut Pape. Frankfurt a.M.: Suhrkamp.

Roelcke, Thorsten (2002): *Kommunikative Effizienz. Eine Modellskizze*. Heidelberg: C. Winter.

Sachs-Hombach, Klaus (2003): *Das Bild als kommunikatives Medium. Elemente einer allgemeinen Bildwissenschaft*. Köln: Halem.

Schmidt, Jan (2017): *Das neue Netz. Merkmale, Praktiken und Folgen des Web 2.0*. 2. Aufl. Köln: Halem.

Schmidt, Robert (2012): *Soziologie der Praktiken. Konzeptionelle Studien und empirische Analysen*. Berlin: Suhrkamp.

Schmidt, Siegfried J. (1995): Sprache, Kultur und Wirklichkeitskonstruktion(en). In Hans Rudi Fischer (Hrsg.), *Die Wirklichkeit des Konstruktivismus. Zur Auseinandersetzung um ein neues Paradigma*, 239–251. Heidelberg: Springer.

Schmitz, Ulrich (2004): *Sprache in modernen Medien. Einführung in Tatsachen und Theorien, Themen und Thesen*. Berlin: Erich Schmidt.

Schmitz, Ulrich (2021): Klein, aber oho! Wissenschaftliche Rehabilitation sehr kleiner Texte. In Steffen Pappert & Kersten Sven Roth (Hrsg.), *Kleine Texte*, 9–38. Frankfurt a.M.: Peter Lang.

Schrott, Angela (2012): Einzelaspekt: Tempus und Aspekt. In Joachim Born et al. (Hrsg.), *Handbuch Spanisch*, 329–334. Berlin: Erich Schmidt.

Schrott, Angela (2015): Kategorien diskurstraditionellen Wissens als Grundlage einer kulturbezogenen Sprachwissenschaft. In Franz Lebsanft & Angela Schrott (Hrsg.), *Diskurse, Texte, Traditionen. Modelle und Fachkulturen in der Diskussion*, 115–148. Göttingen: V&R.

Shifman, Limor (2014): *Memes in Digital Culture*. Cambridge, London: MIT Press.

Siever, Torsten (2011): *Texte i. d. Enge. Sprachökonomische Reduktion in stark raumbegrenzten Textsorten*. Frankfurt a.M.: Peter Lang.

Siever, Christina Margrit (2015): *Multimodale Kommunikation im Social Web. Forschungsansätze und Analysen zu Text-Bild-Relationen*. Frankfurt a.M.: Peter Lang.

Sperber, Dan & Deirdre Wilson (1997): *Relevance. Communication & Cognition*. 2. Aufl. Oxford: Blackwell.

Stöckl, Hartmut (2016): Multimodalität – Semiotische und textlinguistische Grundlagen. In Nina-Maria Klug & Hartmut Stöckl (Hrsg.), *Handbuch Sprache im multimodalen Kontext*, 3–36. Berlin, Boston: De Gruyter.

Ungerer, Friedrich & Hans-Jörg Schmid (2006): *An Introduction to Cognitive Linguistics*. 2. Aufl. Harlow: Pearson.

Weidacher, Georg (2007): Multimodale Textkompetenz. In Sabine Schmölzer-Eibinger & Georg Weidacher (Hrsg.), *Textkompetenz. Eine Schlüsselkompetenz und ihre Vermittlung*, 39–56. Tübingen: Narr.

Weidacher, Georg (2021): Minimale Textualität. In Steffen Pappert & Kersten Sven Roth (Hrsg.), *Kleine Texte*, 311–344. Frankfurt a.M.: Peter Lang.

Johanna Wolf

In der Kürze liegt die Würze? Zur Messbarkeit von Komplexität in diskursiven Kurzformen auf Online-Plattformen

Abstract: Brevity is often equated with simplicity. Therefore, members of the text family small texts are sometimes referred to as ‚simple' texts. This also includes many types of texts that can be found on social media. This article aims to show, with the illustration of a selection of examples, that, on the contrary, brevity can sometimes generate a high degree of complexity. Especially in the field of social media, brevity or shortening often leads to difficulties in interpretation, as there is not enough contextualisation. Therefore, the article proposes an alternative way of modelling that focuses more on the different levels of knowledge involved that lead to successful text comprehension. Multimodality as well as multicodality of text types are also taken into account.

1 Komplexität und Kürze – ein missverstandenes Verhältnis?

„Fasse dich kurz!" So könnte man wohl eine der berühmten Konversationsmaximen von Herbert P. Grice zumindest vordergründig auf den Punkt bringen (vgl. Grice 1975: 45).[1] Gemeint ist hier natürlich die Maxime der Quantität, die sich bei Grice darauf bezieht, dass nur so viel an Information in einer Äußerung enthalten sein sollte, wie die Kommunikationssituation es verlangt. Ausdrücklich verweist Grice im Hinblick auf die Maxime der Quantität darauf, dass Überinformativität nicht im Widerspruch zu dem den einzelnen Maximen übergeordneten Kooperationsprinzip stehe. Dennoch wird implizit die Botschaft transportiert, dass kurze Äußerungen mit niedriger Informationsdichte die Kommunikation erleichtern (vgl. Grice 1975: 45–46). Dabei wird jedoch gern übersehen, dass Informativität nicht nur auf der sprachlichen Ebene über *bottom-up*-Prozesse stattfindet, sondern dass auch die außer-

---

1 Für die zahlreichen konstruktiven Kommentare und ergänzenden Hinweise meiner Gutachter:innen möchte ich mich an dieser Stelle herzlich bedanken.

Open Access. © 2023 bei den Autorinnen und Autoren, publiziert von De Gruyter. Dieses Werk ist lizenziert unter der Creative Commons Namensnennung - Nicht-kommerziell - Keine Bearbeitungen 4.0 International Lizenz.
https://doi.org/10.1515/9783111041551-009

sprachliche Ebene zur Konstitution von Wissen beiträgt, was sich erst in der Interaktion von Text/Äußerung und Kontext zeigt. Dies verführt leicht zu der Annahme, dass in Bezug auf sprachliche Äußerungen ‚kurz' gleichbedeutend mit ‚einfach' sei und das Kriterium der Komplexität wird somit auf die sprachlichen Mittel reduziert. Auf die Problematik dieser scheinbaren Interdependenz – kurz entspricht einfach – wird mehrfach in Regelwerken zur *Einfachen Sprache* hingewiesen. So verdeutlicht Bock (2018), dass Kürze nicht unbedingt weniger Informationsdichte bedeute, sondern oftmals eine reine Kürzung der semantischen Redundanz oder der Explizierung aufgerufener Wissensrahmen (vgl. Bock 2018: 22).

Die Idee, Kürze sei ein Faktor, der die Verständlichkeit von Texten fördere, ist keineswegs neu: Bereits im 18. Jahrhundert wirkt die *brevitas* als ästhetisches Ideal bei der Verfassung von Texten und die Knappheit des sprachlichen Ausdrucks gilt als Zeichen eines strukturierten Denkens und Klarheit des Verstandes (vgl. Gardt 2007a). So rechtfertigt z. B. Alfred Polgar 1926 sein Text- bzw. Gattungsideal der kleinen Form[2]:

> Aber ich möchte für diese kleine Form, hätte ich hierzu das nötige Pathos, mit sehr grossen Worten eintreten: denn ich glaube, dass sie der Spannung und dem Bedürfnis der Zeit gemäss ist, gemässer jedenfalls, als, wie eine flache Analogie vermuten mag, geschriebene Wolkenkratzer es sind. Ich halte episodische Kürze für durchaus angemessen der Rolle, die heute der Schriftstellerei zukommt […] – kürzeste Linie von Punkt zu Punkt heisst das Gebot der fliehenden Stunde. Auch das ästhetische. (Polgar 1926: 11–12)

Gamper & Mayer (2017) verorten die Entstehung dieses Narrativs als diskursives Element in der Diskussion um Verständlichkeit und auch Vorbildlichkeit in der beginnenden Moderne und zeichnen den Weg dieses Ideals der Kürze bis in die Jetzt-Zeit nach:

> Kürze ist modern. Und modern ist bekanntlich das, was sich vom Alten absetzt. Nicht erst seit die digitalen Medien die öffentliche und private Kommunikation mit SMS, WhatsApp und Snapchat neu konturieren und lange bevor Twitter, Facebook und Microblogs Selbstdarstellung zur ultrakurzen ‚Statusmeldung' werden ließen, wurde eine verknappte Ausdrucksweise als Ausweis von Innovation und Beschleunigung verstanden. Schon seit langem tragen mediale und technische Apparaturen dazu bei, dass das Neue immer schneller und komprimierter in die Welt getragen wird. (Gamper & Mayer 2017: 7)

Kürze, so arbeiten die Autoren in ihrem Beitrag heraus, impliziere auch die Konzepte der Innovation, der Ökonomie und eben auch der Verständlichkeit

---

2 Vgl. ebenfalls zur Gattungsgeschichte und Benennungsproblematik sowie zur vermeintlichen Einfachheit der kleinen Texte den Beitrag von Nina-Maria Klug im vorliegenden Band.

(Gamper & Mayer 2017: 7–8). Sie verweisen dabei ausdrücklich auf kleine Formen der digitalen Kommunikation, die tatsächlich von der Kürze leben: SMS, *Twitter*, *Snapchat* (Gamper & Mayer 2017: 7). Dabei fällt auf, dass gerade SMS und *Tweets* in der textlinguistischen Forschungsliteratur zu kleinen Texten nicht als Vertreter dieser Textfamilie[3] aufscheinen (Hausendorf 2009) oder sogar explizit ausgenommen werden (Dürscheid 2016). Wirft man einen Blick auf die Kriterien, die Hausendorf (2009) als Merkmale kleiner Texte bestimmt, so wird deutlich, warum *Tweets* nur schwerlich in eine mögliche Kategorie kleiner Texte eingeordnet werden können. Hausendorf nennt hier neben Größe und Schablonenhaftigkeit auch die Komplexität (Hausendorf 2009: 6). Als Komplexitätsgrad bestimmt Hausendorf (2009) hier die Einfachheit, das heißt, es liegt geringe Informationsdichte vor und die Propositionen sind eindeutig interpretierbar, wodurch Ambiguität verhindert wird. Erkennbar wird hierbei, dass das Kriterium der Kürze zwar erneut in Nähe einer leichteren Verstehbarkeit angesiedelt wird, diese Nähe aber gleichzeitig dahingehend differenziert wird, dass in der Interaktion Kürze und Komplexität als Parameter für Einfachheit gewertet werden: Die Möglichkeit der visuell eindeutigen und schnellen Wahrnehmung der Lektüresituation wie auch des Lektürekontextes bestimmt letztlich, ob die Kürze einer sprachlichen Äußerung bzw. eines Textes auch mit seiner einfachen Verstehbarkeit korreliert (vgl. Hausendorf 2009: 15–16). Die Verknüpfung der Verstehbarkeit mit der Eindeutigkeit von Situation und Kontext erlaubt letztlich erst die Kategorisierung als kleiner Text – er muss auf den ersten Blick sowohl in der Situation als auch im Kontext für den/die Rezipient:innen interpretierbar sein (vgl. Hausendorf 2009, Dürscheid 2016).

Damit gelangt man erneut zu Grice und seiner Maxime der Quantität. Gardt (2007a) interpretiert in seiner Analyse der Kürze als stilistisches und rhetorisches Merkmal die Grice'sche Maxime auch entsprechend als „eine Bedingung der sprachlichen Erfassung von Wirklichkeit und der Kommunikation überhaupt"

---

[3] Die Kategorisierung kleiner Texte als eigene Textfamilie dient hier der Handhabbarkeit, um sämtliche Formen, die unter diesen Begriff fallen, subsummieren zu können. Dieses Vorgehen hat sich innerhalb der Textlinguistik etabliert und basiert auf der Wittgensteinschen Vorstellung der Familienähnlichkeit: Kleine Texte teilen sich kommunikationsform- und textsortenübergreifend bestimmte Merkmale, die es erlauben, sie zusammen zu gruppieren, auch wenn ihre Zugehörigkeit zu einer Textsorte aufgrund der jeweils anders gelagerten Text- bzw. Kommunikationsform unterschiedliche Kategorien betrifft (z. B. *Tweet* vs. Hinweisschild). Über diese Gruppierung als Textfamilie liegen sie quer zur Textsortentypologie, können aber dennoch aufgrund ihrer Familienähnlichkeit gemeinsam behandelt werden (vgl. hierzu Hausendorf 2009; Dürscheid 2016; Pappert & Roth 2021). Zur Schwierigkeit einer solchen Kategorisierung durch die Textlinguistik, zur fehlenden Präzision der Bezeichnung von Texten als „klein" in der Forschung sowie der möglichen Lösung über die Kategorie der Textfamilie vgl. vor allem Hausendorf (2009: 6).

(Gardt 2007a: 86). Über diesen Zugriff lässt sich das Verhältnis von Kürze und Komplexität kognitiv bestimmen: Kürze bedeutet nur dann auch einen niedrigen Grad von Komplexität, wenn der Zugriff auf die über die verwendeten Zeichen ausgedrückte Lebenswelt des Senders oder der Senderin eindeutig und rasch von dem/der Empfänger:in aufgefasst und verarbeitet werden kann. Kürze würde vor diesem Hintergrund zu einem Messparameter der Anzahl aufgerufener Wissensebenen, die in einem Text oder einer Äußerung evoziert werden. Über sie ließe sich dann entsprechend der Komplexitätsgrad innerhalb eines Kontinuums zwischen den Polen ‚kurz/eine Wissensebene' bis hin zu ‚kurz/x-Wissensebenen' bestimmen. Im Folgenden soll an exemplarischen Analysen und ausgewählten Texten aus dem Bereich der Textfamilie ‚Kleiner Text' modelliert werden, wie diese beiden Messgrößen interagieren und wie sich über sie der Komplexitätsgrad eines vordergründig kurzen Textes über den Aktivationsgrad der in ihm enthaltenen Lebenswelten bestimmen lässt. Dabei wird auch deutlich, dass Interpretierbarkeit nicht mit Gesamtverständnis gleichzusetzen ist, da beides stark von den jeweils aktivierten Wissensrahmen abhängig ist. Zuvor soll jedoch die kognitive Ebene und die Wissenskonstitution in Texten[4] sowie der gewählte Textbegriff genauer dargelegt werden sowie die Messbarkeit der Lebenswelten über einen frametheoretischen Zugriff.

2 Textbegriff und Textauswahl

2.1 Begründung eines zeichenfokusssierten Textbegriffs als Grundlage eines interaktiven Textverstehens

Die zunehmende Bedeutung der digitalen Medien sowie der Kommunikation im *Social Web* haben dazu geführt, dass die Diskussion um die schwierige Definition der Kategorie Text nochmals an Fahrt aufgenommen hat (vgl. Siever 2015). So konstatierten Heinemann & Heinemann (2002) bereits „Hunderte von Textdefinitionen" (Heinemann & Heinemann 2002: 96) und die Debatte um den Textbegriff und wie ein Text letztlich zu bestimmen sei, ist seitdem nicht zum Stillstand gekommen. Sie hat sich im Gegenteil beständig weiterentwickelt, da durch die sozialen Plattformen wie z. B. *Twitter* oder *Instagram* neue (Text)Formen der Kommunikation entstanden sind, die die Kategorisierung sowie eine allgemeingültige Definition nicht vereinfacht haben, sondern durch ihre Vielfältigkeit weitere Differenzierungen und Beschreibungsparameter fordern. Ein Lösungsweg für das

---

4 Vgl. zu Wissenskonstitution in Texten v. a. Gardt (2019).

,Definitionsdilemma' scheint in letzter Zeit die Verlagerung der Beschreibung auf die semiotische Dimension von Texten zu sein[5], wodurch sich auch der Fokus auf die Eigenschaft von Texten als emergente Größen richtet (Gardt 2013). Damit rückt zum einen der Zeichencharakter von Texten stärker in den Blick und erlaubt auf diese Weise, auch multimodale Dimensionen in den Textbegriff zu integrieren und vor allem digitale Formen adäquat zu beschreiben. Texte können so als Träger von Bedeutungspotenzial definiert werden, das jeweils von Seiten des Lesers oder der Leserin unter dem Einfluss der Lektüresituation wie auch des Lektürekontextes sowie der Wissensformate des Lesers/der Leserin aktiviert wird. Zum anderen wird gleichzeitig der Fokus auf den Text als Wissensträger und Kommunikationspartner gelegt. Ein solch weitgefasster Textbegriff kann natürlich durchaus kritisch gesehen werden. So verweist Adamzik (2002) in ihrem Resümee der Antworten auf die Preisfrage „Brauchen wir einen neuen Textbegriff?"[6] darauf, dass es nicht der Textbegriff an sich sei, der erweitert werden müsse, sondern lediglich die Perspektive auf das, was prototypisch unter Text falle (vgl. Adamzik 2002: 175). Adamzik selbst plädiert mehrfach für einen ebensolchen prototypischen Textbegriff (vgl. Adamzik 2004: 47–48), der eben auch randständige Vertreter und vor allem auch randständigere Textualitätskriterien zulässt[7] und sich in sinnvoller Weise mit einem Fokus auf die semiotische Ebene vereinbaren lässt. Vor diesem Hintergrund erscheint eine Erweiterung des Textbegriffs für eine präzisere Definition tatsächlich nur von geringem Nutzen zu sein; vielmehr wird über den semiotischen Zugriff der Forderung, „Texte müsse[t]en als Komplexe von Zeichen verschiedener Zeichenvorräte betrachtet werden" (Fix 2001: 118), genüge geleistet. Die Implementierung der verschiedenen Zeichenvorräte als Informationsträger sowie auch der den Text konstituierenden Bestandteile in den Textbegriff ist vor allem auch dann ein kluger Schachzug, wenn man sich die Debatte um die Frage vergegenwärtigt, ob ein Text eher als Produkt oder als Prozess zu betrachten sei (vgl. Klemm 2002: 150). In der strukturalistischen Perspektive wurde der Text als ein abgeschlossenes Ganzes betrachtet, wodurch ihm in Hinblick auf seine Möglichkeiten der Bedeutungsaktivierung eine gewisse Statik zugeschrieben wurde, die dazu führte, dass der/die Rezipient:in und damit der Vorgang des Textver-

---

5 Vgl. hierzu bereits Fix (2001), die dezidiert auf die Zeichenhaftigkeit von Texten verweist; auch Gardt (2013).
6 Vgl. hierzu den 2002 herausgegebenen Sammelband von Ulla Fix, Kirsten Adamzik, Gerd Antos und Michael Klemm mit gleichnamigem Titel.
7 Adamziks (2004) Vorschlag eines prototypischen Textbegriffs basiert dabei auf dem Konzept von Sandig (2000), die bereits weichere, prototypische Kriterien für die Textbestimmung vorschlägt.

stehens nahezu ausgeblendet wurden. Dies ist für eine textlinguistische Annäherung an den Text, der als Zeichenträger definiert wird, allerdings eine unbefriedigende, wenn nicht sogar unzulässige Reduktion. So formuliert Klemm (2002) zwar überspitzt, aber treffend:

> Der Text als Produkt[8] ist lediglich eine potenzielle oder virtuelle Größe im Kommunikationsprozess, unter Umständen so irrelevant wie ein nicht gelesenes Buch im Bücherregal. (Klemm 2002: 151)[9]

Eine zeichenfokussierte Bestimmung des Textes, wie sie hier vorgeschlagen wird, erlaubt aber nun genau dies: Sie bezieht die Kommunikationsfunktion von Texten dezidiert mit ein und legt das Augenmerk auf diese Weise auf die Dialogizität, die Texten zu eigen ist. Darüber wird auch eine Integration des Textverstehens erreicht, das für die Bereitstellung eines Textsinns vonnöten ist. Texte werden so in das ihnen inhärente Spannungsfeld von Produktion und Rezeption gestellt, in dem sie als Wissensträger fungieren. Texte können damit als ein Bedeutungs- und Wissensangebot an die jeweiligen Rezipient:innen ver-

---

8 Es sei an dieser Stelle darauf verwiesen, dass in der Linguistik in Bezug auf das Konzept Produkt keine einheitliche Vorstellung existiert. Vgl. z. B. zu einer gänzlich anderen Vorstellung von Produkt die Konzeptualisierung von Eugenio Coseriu, dessen theoretische Modellierung im Beitrag von Angela Schrott im vorliegenden Band erläutert wird. Diese unterschiedlichen Annäherungen an die Idee eines Textes als Produkt zeigen, dass der Textbegriff nach wie vor kein leicht zu fassender Begriff ist, da vor allem auch der jeweils zugrundeliegende theoretische Zugriff – z. B. textgrammatisch, kognitiv oder pragmatisch – Einfluss auf die Perspektivierung tätigt. So ergibt sich wohl ein vollständiges Bild von Text und Komplexität erst im Zusammenspiel der unterschiedlichen Zugriffs- und Analysemöglichkeiten und verweist so erneut auf die Schwierigkeit einer endgültigen Definition.

9 Die Diskussion, ob der Begriff des Kommunikats die Funktion von Texten, mit ihren Rezipient:innen in Dialog zu treten, besser zum Ausdruck bringe, sei hier der Vollständigkeit halber erwähnt. Da der vorliegende Beitrag aber davon ausgeht, dass Texte niemals kommunikationslos existieren können, wird diesem Vorschlag nicht gefolgt: Er impliziert letztlich die Betrachtung von Texten als statisches Produkt. Eine Spaltung des Textes in Produkt und Kommunikat (Klemm 2002: 151) suggeriert, dass es eine textimmanente Deutung gäbe, die letztlich als Korrektiv zu den Textdeutungen zu verstehen sei, die rezipientenseitig vorgenommen werden. Eine solche Sichtweise untergräbt aber zum einen die Vorstellung von Dynamizität und Dialogizität von Texten, zum anderen gibt sie vor, es gäbe eine rein objektive Textdeutung. Auf die Unmöglichkeit dieser Annahme weist Busse (2005) und (2007) dezidiert hin. Texte sind als ideale ‚Reinräume' nicht existent (vgl. Wolf 2022). Bereits bei der Textproduktion erweisen sich die genannten Faktoren als Einflussgrößen, als Ausnahme können möglicherweise Tagebucheinträge dienen, wobei auch hier darauf zu verweisen ist, dass selbst Diarien nicht *per se* privat angelegt sind (vgl. Dusini 2005). Vgl. aber zu dieser Debatte in Bezug auf die Möglichkeit einer objektiven Textbedeutung auch Klemm (2000), (2002); Siever (2015: 244–247).

standen werden, der in der Lektüresituation dieses Wissen aktivieren kann. Dies inkludiert die Gesamtheit der beteiligten Verstehensprozesse[10]: Einerseits das textseitige Bedeutungspotenzial, das als virtuelle Ebene aller möglichen Bedeutungsaktivierungen verstanden werden kann. Andererseits aber eben auch die rezipientenseitige Realisierung bzw. Aktivierung der Bedeutungen, die während des Verstehensprozesses tatsächlich erfolgt. Damit kann der Dynamizität Rechnung getragen werden, die für die Bedeutungsaktivierung bei der Textlektüre typisch ist. Die Interaktion der versprachlichten bzw. visuell oder auditiv wahrnehmbaren Zeichen mit den jeweiligen Kontextualisierungen kann so in den Textverstehensprozess integriert werden. Erst dann kann ein Text-Welt-Modell (vgl. Schwarz-Friesel 2006) entstehen, das den Gesamtsinn des Textes abbildet.

2.2 Textauswahl

Für die exemplarischen Analysen in diesem Beitrag wurden als kurze, aber komplexe Textformen vor allem *Tweets*, aber auch Instagrambeiträge gewählt, um einerseits die Zeichenhaftigkeit von Texten und ihre Eigenschaft als emergente Größen darzustellen. Andererseits lässt sich mit diesen Textformen auch zeigen, wie multimodale Verschränkungen auf der Textebene, die zunächst eine (meist visuelle) Vereinfachung für die Wissensaktivation zu sein scheinen, die Komplexität im Gegenteil eher steigern können. Auf diese Weise soll die Anzahl der integrierten Lebenswelten als Beschreibungsparameter und Gradmesser des Komplexitätsgrades bei kurzen Texten legitimiert und eine kognitive Beschreibung der Textverstehensprozesse ermöglicht werden.

Tweets sind als Textsorte dialogisch ausgerichtet. Sie erlauben in der Regel eine direkte, externe Dialogizität, da die Rezipient:innen auf den *Tweet* in sogenannten Drunterkommentaren (Drukos) antworten können. *Twitter* gilt als eine Mikrobloggingplattform, deren primäre Funktion die rasche Verbreitung von Informationen und Meinungen ist. Marx & Weidacher (2020) sprechen hier von einer „interpersonal-öffentlichen Kommunikation (ipöK)" (Marx & Weidacher 2020: 100).

---

10 Auch die Produktionsprozesse können so integriert werden und eine Trennung der beiden Ebenen wird obsolet: Für manche Verstehensprozesse ist es z. B. auch notwendig, die Produktionskontexte von Texten zu kennen und in die Analysen miteinzubeziehen. Vgl. hierzu auch die von Ehlich (1983) entwickelte Vorstellung der „sprechsituationsüberdauernden Stabilität" von Texten (Ehlich 1983: 32), die eben nicht nur auf die Überlieferung von Textinhalten, sondern auch auf die Überlieferung der Produktionsform abzielt. Produktionsbedingung bzw. Produktionsform können Aufschluss über das intendierte sprachliche Handeln des Senders/der Senderin geben und fließen so als Parameter in den Verstehensprozess ein.

Ähnlich funktioniert die Plattform *Instagram*, die aber im Gegensatz zu *Twitter* sehr viel stärker auf den Transport von Informationen über die Bildebene angelegt ist.

Aufgrund der strengen Begrenzung auf 280 Zeichen könnten *Tweets* rein formal durchaus als kurze Texte definiert werden (Marx & Weidacher ²2020: 248).[11] Dabei muss jedoch darauf hingewiesen werden, dass diese Kürze nur ein vordergründiges Merkmal ist, da die Limitierung durchbrochen werden kann (vgl. Visser 2018: 173). Über die multimodale Verschränkung mit Bild- und Tonmaterial sowie der Nutzung von *Hashtags* erreichen *Tweets* eine hohe Komplexität und Informationsdichte. Vor allem letztere können als ein bedeutsames Mittel zur Vernetzung gelten. Scott (2015) belegt, dass *Hashtags* nicht nur der Synthese von Informationen zu einem bestimmten Thema dienen und so als Erleichterung bei der Suche von Informationen zu diesem Thema fungieren (vgl. Scott 2015: 12), sondern auch gezielt eingesetzt werden, um die Interpretation der per *Tweet* vermittelten Informationen in bestimmte Richtungen zu lenken (vgl. Scott 2015: 18–19). Die Polyfunktionalität von Tweets und ihre Möglichkeit, in kurzer Zeit viele Informationen zu vernetzen, sowie ihre Eigenschaft, z. B. über Retweeting eine hohe Diffusion zu erreichen[12], machen sie zu einer besonders geeigneten Kommunikationsform, um gezielt Wissenskonstitution über multimodale Mittel zu betreiben.[13]

Besondere Beachtung sollte dem Einsatz von sprachlichen Mitteln auf solchen Mikroblogging-Plattformen zuteilwerden: Zahlreiche Studien belegen, dass Sprache innerhalb der Microblogging-Plattform *Twitter* als Instrument benutzt wird, um sogenannte *bubbles* zu erzeugen.[14] Darunter versteht man Kommunikati-

---

[11] Wie allerdings bereits dargelegt wurde, werden Tweets aufgrund ihrer semantischen Komplexität meist nicht dazugerechnet (vgl. Hausendorf 2009, Dürscheid 2016). Aber Tweets sind noch weitere Möglichkeiten inhärent, Komplexität zu steigern, auf die in diesem Abschnitt besonders eingegangen wird.

[12] Vgl. zu den Möglichkeiten der kommunikativen Handlungen und ihrer Verschränkung innerhalb der sog. Twitteruniversen Thimm, Dang-Anh & Einspänner (2011: 269). Vgl. zur Hypertextualität bzw. Hypermodalität, die durch diese Verlinkung von komplexen Zeichen erreicht wird Marx & Weidacher (2020: 106–108).

[13] Dabei muss das Kriterium der Ergodizität relativiert werden: Zwar haben die *user* die Möglichkeit, frei zu entscheiden, welchen verlinkten Inhalten sie folgen wollen und wirken somit aktiv an der Wissenskonstitution mit. Allerdings hat bereits im Vorfeld eine Selektion dieser Inhalte und damit der verknüpften Wissensformate durch den/die Sender:in stattgefunden, was bedeutet, dass es sich bei der Wahlfreiheit der Rezipient:innen nur um eine Teilergodizität handelt – in der Regel verbleiben die verlinkten Inhalte in der Wissens- bzw. Meinungsbubble des Accountinhabers/der Accountinhaberin und stützen so dessen/deren Meinungen und Ansichten. Vgl. zu diesem Kriterium Marx & Weidacher (2020: 107).

[14] Vgl. hierzu z. B. die quantitativ angelegte Studie zu Trumps Twitterwahlkampf von Clarke & Grieve (2019). Vgl. ausführlich zu *Twitter* als Medium und zur Rolle der Sprache auf *Twitter* als Massenkommunikationsmittel Zappavigna (2012).

onsgemeinschaften, die dieselben Wertvorstellungen und Überzeugungen teilen und die, je nach Größe des *accounts* und der Reichweite, durchaus formend in die Wissenskonstitution eingreifen und die dort akzeptierten Diskurse verschieben können bzw. versuchen, etablierte Wissensrahmen zu verändern (*framing*).[15] Solche Prozesse von *framing* wurden in mehreren Studien als ein typisches Merkmal für die Kommunikation innerhalb von Twitterbubbles belegt[16] und *framing* kann somit durchaus als ein Instrument betrachtet werden, mit dem gezielt in die Wissenskonstitution eingegriffen wird. Wie diese Prozesse ablaufen, wenn nicht viel Raum (Zeichenbeschränkung) zur Verfügung steht, und wie Kürze zu einer hohen Komplexitätsdichte führen kann, soll im Folgenden knapp umrissen werden.

3 Aktivierung von Wissensebenen im Text – der kognitive Zugriff über Wissensrahmen (*Frames*) und Diskurs

Die Dichte der Lebenswelten, die Leser:innen kurzer Texte in den Verstehensprozess integrieren müssen, wurde bereits als mögliche Messgröße für den Grad an Komplexität beschrieben. Allerdings gilt es auch, das Konzept der Lebenswelten zu modellieren und so handhabbar zu machen, dass dieses als Messgröße sinnvoll herangezogen werden kann. Um dies für die Analysen zu leisten, wird das Konzept *Frame* im Sinne von Wissensrahmen (vgl. Busse 2005) mit dem Begriff des Diskurses verknüpft, um so zu einer nachvollziehbaren Beschreibung der Wissenskonstitution auf multimodaler Ebene zu gelangen. Die frametheoretische Annäherung an Wissensformate erlaubt, die Vernetzung menschlichen Wissens im Langzeitgedächtnis (LZG) zu modellieren.

Mit Hilfe des Konzepts der Wissensrahmen kann diese vernetzte Wissensorganisation im LZG gut beschrieben werden. Über die Vorstellung, dass die Strukturen im LZG miteinander vernetzt und dort über neuronale Spuren miteinander verbun-

---

[15] Zu einer ausführlichen Beschreibung von *bubbles* oder *echo-chambers* im Hinblick auf sogenannte *political bubbles* vgl. Eady et al. (2019).
[16] Vgl. hierzu z. B. Guess et al. (2018), auch Allcott et al. (2017), die den Einfluss von *Fake-News* über *Social Media* während der Wahlkampfphase 2016 in den USA untersuchten. Beide Studien stellten fest, dass es in Bezug auf *Fake-News* zwar zu einer Beeinflussung kam, diese aber nur eine geringe Effektstärke aufwies, da sie meist auf bestimmte *bubbles* beschränkt blieb.

den sind, die kontextspezifisch aktiviert werden, lassen sich sprachliche Zeichen als Wissens- bzw. Bedeutungspotenzial beschreiben, dessen Konzepte innerhalb von Wissensrahmen organisiert sind und das bei Bedarf entsprechend aktiviert wird, um Situationen einordnen zu können.[17] Wissensrahmen funktionieren als Möglichkeit der Wissenskonstitution, da sie als kognitive Entitäten auf der konzeptuellen Ebene gespeichert sind. Das bedeutet, dass das Aufrufen bestimmter Wissensrahmen gleichzeitig die damit verknüpften Kontexte aktiviert und diese während des Verstehensprozesses in die Verarbeitung der Informationen integriert werden. Lebenswelten in Texten ließen sich demnach als das Zusammenspiel von aktivierten Wissensrahmen und zugehörigen Kontextualisierungen beschreiben. Kurze Texte haben jedoch nur wenig Zeichen zur Verfügung, um diese Aktivierung zu leisten.

Wie können kurze Texte nun die entsprechenden Wissensrahmen während des Verstehensprozesses in Gang setzen und inwieweit sind sie in der Lage, während des Textverstehensprozesses die intendierten Kontexte zu aktualisieren?[18]

Um diese Frage beantworten zu können, eignet sich das Konzept des Diskurses[19]: Visuelle Stimuli auf der Sprach- und Bildebene dienen dazu, bestimmte Diskurse zu triggern, die in Wissenskonstitutionen wirksam sind. Dies funktioniert über die thematische Gebundenheit der Diskurse. Auf diese Weise sind sie zusätz-

---

17 Der Beitrag folgt hierbei der Definition von *Frames* nach Ziem (2008): Jeder Rahmen zeichnet sich dabei durch drei Merkmale aus, die miteinander über Kontiguitätsrelationen verknüpft sind: Leerstellen, die mit Inhalten/Strukturmerkmalen gefüllt werden können (*slots*), konkrete Füllelemente (*fillers*) und sog. *default*-Werte, die als erwartbare und prototypische Füllelemente definiert werden können (vgl. Ziem 2008: 4–6). Jedes Element eines Wissensrahmens kann dabei wieder weitere ausbilden, so dass die kognitive Wissensorganisation als ein Netzwerksystem aus Wissensrahmen definiert und modelliert werden kann, die jeweils über spezifische Wissenselemente miteinander verbunden sind (vgl. Ziem 2008: 7–8).
18 Ziem (2008) weist mehrfach darauf hin, dass Wissensrahmen kulturell gebunden sind, sie sind also zusätzlich zu enzyklopädischem, konnotativem und einzelsprachlichem Wissen auch eng mit dem epistemischen Wissen einer Kommunikationsgesellschaft verknüpft und beinhalten vor allem die in dieser Gemeinschaft konsolidierten Lebenswelten bzw. Kontexte. Untersuchungen zum Textverstehen bei Fremdsprachenlernern mit hohem zielsprachlichem Niveau zeigen auch, dass der Zugang zu Textverstehen vor allem durch fehlenden Zugriff auf die epistemische Ebene blockiert werden kann (vgl. Wolf 2022).
19 Der Beitrag legt seinen Überlegungen einen wissenssoziologischen Diskursbegriff zu Grunde und lehnt sich hier v. a. an den Arbeiten von Andreas Gardt (2007b) zum Diskursbegriff an: Nach Gardt (2007b) zeichnen sich Diskurse durch ihre (intertextuelle) Vernetzung aus. Sie bilden einen Teil des sprachlichen Handelns in einer Gesellschaft bzw. innerhalb von Kommunikationssituationen ab und können dort zum einen als Ausdruck des Denkens einer Gesellschaft, zum anderen aber auch als Stimuli für gesellschaftliche Veränderungen fungieren. Diskurse sind dabei in der Episteme einer Gesellschaft verankert und damit in hohem Maße kulturell und historisch geprägt (Gardt 2007b: 29, 34–37). Vgl. hierzu auch Gardt (2013, 2017).

lich miteinander vernetzbar, interagieren und können so als Lebens- bzw. Diskurswelten in Texten verstanden werden. Diskurse können als Ausdrucksmittel des Denkens einer Gesellschaft fungieren, d. h. sie spiegeln für soziale Gruppen den im Hinblick auf bestimmte Themen ausgehandelten Konsens respektive dessen Negation (vgl. Gardt 2007b: 29), was besonders für Plattformen wie *Twitter*, die ja in *bubbles* kommunizieren, von Bedeutung ist. Diese Spiegelung funktioniert innerhalb von Gruppen über die Bereitstellung von zumindest ähnlich strukturierten Wissensrahmen. Ein solcher Wissensrahmen wurde im vorliegenden Beitrag bereits als ein kognitives Strukturgefüge menschlicher Wissensbestände definiert,

> [...] in dem einzelne für das Verstehen eines Wortes oder einer in einem Satz ausgedrückten Prädikation notwendige Wissensaktivierungen zu einer sich nach Inhaltsaspekten ergebenden mehr oder wenigen stabilen Ganzheit zusammenkommen. [...] Wissensrahmen sind im Gebrauch und Verstehen sprachlicher Zeichen an so elementarer Stelle und Funktion wirksam, daß [sic!] sprachliche Verständigung und damit die Ausdrückbarkeit von Wissen ohne sie nicht denkbar ist. (Busse 2005: 46–47)

Lassen sich Diskurse also als Möglichkeit definieren, gesellschaftliches Wissen in seiner Schichtung aus Kontinuitäten, Zäsuren und Brüchen zu gliedern, wodurch ein Zugriff auf die „Wissensordnungen der Gesellschaft" (Gardt 2017: 5) ermöglicht wird[20], so bilden Wissensrahmen deren kognitive Struktur ab. Über die Verwendung unterschiedlich codierter Zeichen werden die Füllelemente der Wissensrahmen aktiviert und die Bedeutungszuweisung erfolgt. Die Komplexität kurzer Texte zeigt sich demnach in der Menge der aktivierten Wissensrahmen und ihrer Diskurswelten, die über die multimodalen Verschränkungen erreicht werden. Sowohl *Tweets* als auch Instagrameinträge nutzen dabei gezielt das geteilte epistemische Wissen ihrer *bubbles* und verlassen sich auf die Deutungskompetenz der Kommunikationsgesellschaft. Es ist hier letztlich auch der Kontext der Online-Wissensgemeinschaft, der die Kürze der Kommunikationsformen ermöglicht. Für Außenstehende führt dies bisweilen zu unerwarteten Komplexitätssteigerungen, wie ein Beispiel in den Analysen (4.2) zeigt.

---

20 Diskursanalytische Arbeiten sind in der Regel korpusbasiert, das heißt, um bestimmte Diskursformationen herauszufiltern, die zu einer bestimmten Zeit für eine bestimmte Gesellschaft Gültigkeit besessen haben, werden sprachliche Äußerungen, meistens in Form von Texten, die sich um ein bestimmtes Thema gruppieren, analysiert. So lassen sich sprachliche Muster wie z. B. die Verwendung von Metaphern, Kollektivsymbolen oder Legitimationsformeln ausfindig machen, die für den Wissensvorrat dieser Gesellschaft konstitutiv waren. Im vorliegenden Beitrag wird jedoch qualitativ gearbeitet, da es in erster Linie darum geht, die Wirkmechanismen sichtbar zu machen, nicht die über sie erzielte Effektstärke in Bezug auf ihre Verbreitung in der Beeinflussung bestimmter gesellschaftlicher Gruppen.

Der menschliche Interpretationsprozess sprachlicher Zeichen kann demnach als ein Organisationsprozess der kognitiven Verarbeitung konzipiert werden, in dem es darauf ankommt, dass die verstehensrelevanten Elemente sprachlicher Äußerungen über die Bereitstellung von Bedeutungszuweisungen miteinander verbunden werden und innerhalb der postulierten Bedeutungsebenen interagieren (Ebene der Kognition). Durch den Einsatz bestimmter Zeichen können systematisch Netzwerkeffekte in der Kognition ausgelöst werden, die über Frequenz und Zustimmung als festes Element in einem Wissensrahmen gespeichert werden können.[21] Wie diese Interaktion und Wissenskonstitution vonstattengeht, sollen nachfolgende exemplarische Analysen zeigen und dabei belegen, dass Kürze nur dann als ein tatsächliches Merkmal für niedrige Komplexität und somit der Verstehenserleichterung dienen kann, wenn die verwendeten Codes dazu dienen, eindeutige Wissensrahmen zu aktivieren und so zu einfachen Kontextualisierungen führen.

4 Qualitative Analysen zur Korrelation von Kürze und Komplexität

4.1 Kürze und Komplexität: Bild und Text im Einklang, einfache Wissensrahmen- und Kontextaktivierung

Die einfachste Form der Bedeutungsaktivierung liegt vor, wenn Text- und Bildebene eineindeutig zusammenfallen, d. h. das Bild übersetzt die Proposition der Sprachdaten in einem Eins-zu-Eins-Verhältnis. Die Lektüresituation ist somit rasch und eindeutig wahrnehmbar. Auch die kontextbedingten Lebenswelten sind klar nachvollziehbar, wodurch rezipientenseitig nur wenig Spielraum für die intendierte Bedeutungsaktivierung besteht. Nachfolgend findet sich mit Abb. 1 ein Beispiel, in dem sprachliche Ebene und Bildebene deckungsgleich sind und das eine einfache Kontextualisierung erfordert, die einer aktuellen und generalisierbaren Lebenswelt der Rezipient:innen entspricht:

---

[21] Voraussetzung für das Gelingen einer solchen Form von Manipulation ist natürlich auf der pragmatischen Ebene, dass die Zeichenempfänger:innen auch bereit sind, Aussagen als wahr zu interpretieren bzw. dass diese Personen eine geteilte Wertewelt aufweisen.

Abb. 1: Sprachebene entspricht Bildebene 1:1 [eigene Aufnahme].

Auf diesem Bild fallen also gut erkennbar die Informationsdichte der sprachlichen und der bildlichen Ebene deckungsgleich zusammen. Nimmt man die Textelemente „Maskenpflicht" und „Bitte tragen Sie einen Mund-Nasen-Schutz" als Datengrundlage, die in ein Bildelement übersetzt werden soll, so erfüllt das ikonische Zeichen des Kopfes mit Mund-Nasen-Schutz diese Funktion eineindeutig. Die Lektüresituation ist für die Rezipient:innen rasch wahrnehmbar, ihre Interpretation präzise erfüllbar. Die Frage nach dem Lektürekontext allerdings zeigt, dass auch hier mehrere Wissensrahmen aktiviert werden müssen. Es genügt nicht, die Übersetzung der Textelemente in ein Bildelement zu vollziehen, sondern der Kontext des Plakates muss von den Rezipient:innen korrekt eingeordnet werden: Das Plakat befindet sich an der Eingangstür einer Grundschule. Dies ist eigentlich nicht die erwartbare Umgebung für diesen Datensatz, den man eher in einem medizinischen Kontext wie z. B. einer Klinik oder einem Labor vermuten würde. Vor dem Hintergrund der seit 2020 andauernden Coronapandemie kann aber davon ausgegangen werden, dass die Rezipient:innen den Wissensrahmen PANDEMIE sofort aktivieren und mit der Bild- und Textebene in Einklang bringen. Bei diesem Beispiel lässt sich die Kürze in Form der 1:1-Übersetzung sowie der einfachen Aktivierung einer generalisierbaren Lebenswelt tatsächlich als Gradmesser für eine niedrige Komplexitätsstufe heranziehen. Dies liegt vor allem an der Generalisierbarkeit und der Aktualität der Lebenswelt, die die Kontextualisierung des Plakates an einem eigentlich unerwarteten Ort vereinfacht und leicht deutbar macht. Den aufmerksamen Leser:innen dieses Beitrags ist mit Sicherheit aber nicht entgangen, dass es sich hier um ein analoges Beispiel handelt, bei dem sich eine erhöhte Komplexität im Hinblick auf die Kontextualisierung nur über den unerwartbaren Ort ergab. Nimmt man das vergleichbare Beispiel von einer Onlineplattform in Abb. 2, erkennt man, dass es hier gerade die Digitalität ist, die diese Verletzung verunmöglicht:

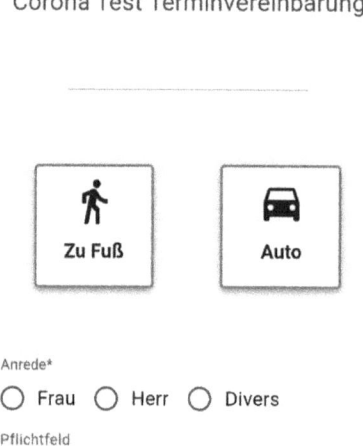

Abb. 2: Übereinstimmung Sprach-, Bildebene und Kontextualisierung; Quelle: Onlinevereinbarung Testzentrum Rosenheim; https://rosenheim.coronatest.bayern/.

Hier fallen nun Bildebene, sprachliche Elemente sowie Lektürekontext und -situation zusammen und es ergibt sich keinerlei Spielraum für zusätzliche Kontextualisierungen oder die Aktivierung von Wissensrahmen außerhalb des intendierten Verstehensprozesses. Eine mehrdimensionale Komplexität wird hier ausgeschlossen. Dies liegt aber an der Zweckgebundenheit der Onlineplattform.

Wie diese Komplexität in Onlineformaten gesteigert werden kann, obwohl die Anzahl der interagierenden Textelemente nicht unbedingt zunimmt, sollen nun nachfolgende Beispiele aus *Instagram* und *Twitter* zeigen.

4.2 Eine *bubble* – zwei Lebenswelten: nicht-intendierte Komplexität und eine Sackgasse

Die Besonderheit von Instagram- und Twitterbeiträgen, die vor allem für die Followergemeinde des jeweiligen Senders oder der jeweiligen Sender:in dekodierbar sind, wurde bereits erwähnt. Das nachfolgende Beispiel soll zeigen, dass sich in diesen Beiträgen bisweilen unbeabsichtigte Komplexitätssteigerungen ergeben, die daran liegen, dass die Lebenswelten der *Instagram*- bzw. *Twitterbubble* nicht mit allen Kontextualisierungen übereinstimmen, da sie entweder nicht derselben Diskurs- und Kommunikationsgemeinschaft angehören oder schlicht nicht dieselben Wissensformate aktivieren, weil sie die Inhalte bereits mit einer unterschiedlichen Perspektivierung wahrnehmen. Dies lässt sich mit dem Prinzip der abstraktiven Relevanz erklären (vgl. Bühler 1934: 28; 42–48): Bühler bezieht sich damit zwar stärker auf die Übertragung der Informationen während der Zeichenverarbeitung, es lässt sich aber auch dahingehend deuten, dass Rezipient:innen Texte mit bestimmten Erwartungen aufnehmen, was dann dazu führt, dass die Informationen teilweise selektiv verarbeitet werden. So haben die Follower:innen des *accounts* von *@jochenguckt* beispielsweise die notwendige Information, dass dieser als Künstler tätig ist und vor allem mit Bildern von Brot arbeitet, die er auf Alltagsgegenständen anbringt und so Kunst erzeugt.[22] Ohne dieses Hintergrundwissen wird ein:e Rezipient:in wohl zunächst das Graffito in Abb. 3 „sego?

Abb. 3: Eine bubble – verschiedene Lebenswelten; *Instagram @jochenguckt*, 20.07.2021, mit freundlicher Genehmigung des Fotografen.

---

22 Auf seinem *account* nennt sich der Künstler Jochen Windgasse unter anderem „Brotpilot". Er hat z. B. auch ein Brotmemory für die Zeitschrift *Brigitte* entworfen.

sarko? Tchao!"²³ wahrnehmen, das die Blicke schon aufgrund seiner zentralen Positionierung auf sich zieht. Der Aufkleber mit dem Toastbrot scheint zufällig auf derselben Säule gelandet zu sein. Die Aufnahme wurde in Verdun gemacht und der Künstler kommentiert sein Bild auch mit der Frage: „Sego?" Die Frage bleibt allerdings unbeantwortet.

Wer sich in der französischen Politik aber ein wenig auskennt, inferiert wohl sofort das Paar Ségolène Royal und Nicolas Sarkozy während der Präsidentschaftswahl 2007, die Sarkozy für sich entschied. Unter Hollande bekleidete Royal das Amt der Umwelt- und Energieministerin. Beide Politiker:innen gelten in Frankreich als durchaus umstritten, beide wurden letztlich abgewählt und spielen aktuell keine politische Rolle, was durch das „Tchao!" angedeutet wird.

Dieser Post auf Instagram ist für Rezipient:innen, die außerhalb der *Followerbubble* von *@jochenguckt* stehen, schlicht nicht verstehbar. Er erklärt sich erst über eine Recherche auf dessen Twitteraccount (vgl. Abb. 4), auf dem er seine Mission der Brotaufkleber und der Alltagskunst erklärt. Durch das Verkleben des Brotaufklebers über ein Graffito mit einer politischen Aussage, die ihm aber offenbar nicht zur Gänze verständlich ist, entsteht für die Rezipient:innen eine doppelte Interpretationsebene. Aufkleber und Graffito aktivieren unterschiedliche Wissensrahmen und Diskurswelten, die sich aber nicht überschneiden. Die Komplexität entsteht hier vor allem auf der pragmatischen Ebene, da das Prinzip der Kontiguität verletzt wurde: Die Zeichen stehen eben nicht in logischer Verbindung zueinander und können daher von den Rezipient:innen oder der Rezipient:in nicht in Einklang gebracht werden. Es entsteht zufällige Komplexität durch die multimodale Verknüpfung von Bild und Text, die aber kognitiv gesehen in eine Sackgasse führt. Über die Fähigkeit, nur die Informationen zu filtern, die für die Rezipient:innen erwartbar sind, kann Verstehen jedoch trotzdem erfolgen.

Aufgrund der nur wenigen Informationen zum Kontext lässt sich aber auch eine weitere Lesart nicht ausschließen: Möglicherweise handelt es sich hier um eine dezidierte Dekonstruktion des politischen Graffitos, das über das Anbringen des Brotaufklebers erfolgt und die politische Botschaft so gewissermaßen parodiert.[24]

---

23 Die Apokopen *sego* und *sarko* stehen hier für die französische Politikerin Ségolène Royal, die 2007 und 2011 für die Sozialisten als Präsidentschaftskandidatin antrat und beide Male verlor, sowie für den ehemaligen französischen Präsidenten Nicolas Sarkozy, der von 2007–2012 dieses Amt bekleidete. Dem Künstler sagt offenbar nur das Namenskürzel *sarko* etwas, für Ségolène Royal scheint er kein Konzept gespeichert zu haben und kann daher auch die Apokope nicht richtig zuordnen, vgl. seine Frage nach diesem Kürzel im Kommentarbereich.
24 An dieser Stelle sei der Gutachterin für diesen Hinweis herzlich gedankt.

Abb. 4: Nicht intendierte Komplexitätssteigerung; Twitter Jochen Windgasse @jochenguckt, 20.07.2021.

4.3 Mehrfache Kontextualisierung – intendierte Komplexität der Diskurswelten

Im Gegensatz zu dem Beispiel in 4.2, bei dem sich die Komplexitätssteigerung durch den Sender unbeabsichtigt ergab und die letztlich für die Aussageabsicht dieses Senders irrelevant zu sein scheint, zeigt sich im Beispiel der auf Instagram geposteten Beileidskarte von Emmanuel Macron (Abb. 5) anlässlich der Attentate am 03. November 2020 in Wien[25], wie eine Steigerung der Komplexi-

---

[25] An diesem Tag kam es in der Wiener Innenstadt zu einem Terroranschlag, der vier Tote und mehrere Verletzte forderte. Der IS bekannte sich danach zu den Attentaten. Macron schreibt hier an die österreichische Botschaft in Paris.

tät über die Integration verschiedener Wissensrahmen, die über gezielt eingesetzte Begriffe aktiviert werden, in intendierter Weise erfolgt:

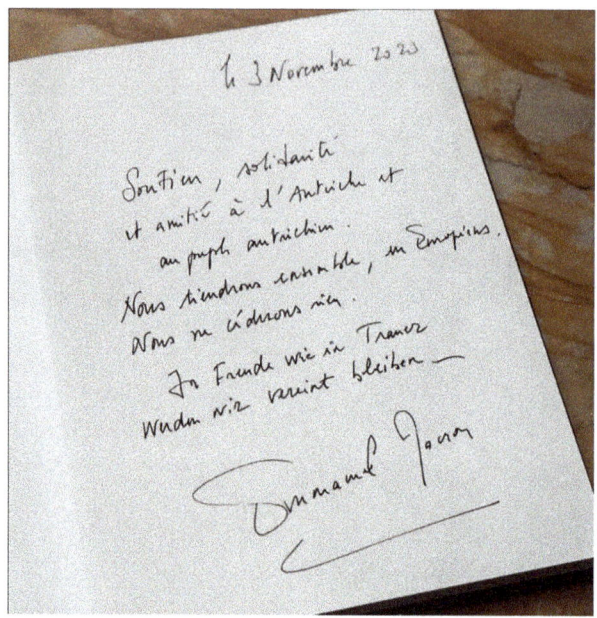

Abb. 5: Mehrfache Kontextaktivierung im politischen Diskurs; Instagram Emmanuel Macron @*emmanuelmacron*, 03.11.2020.[26]

Auf den ersten Blick scheint der Kontext hier eindeutig: Der französische Präsident bekundet Österreich seine Anteilnahme und drückt seine Unterstützung aus – der durch die aktivierten Wissensrahmen ANTEILNAHME intendierte Diskurs scheint eindeutig zu sein und auf einer ersten Bedeutungsebene nur diese Botschaft zu transportieren. Die gewählten Sprachelemente jedoch aktivieren Diskurse, die vor allem auf der epistemischen Ebene der französischen Kommunikationsgemeinschaft in Frankreich wirken. „Nous tiendrons ensemble" („Wir halten zusammen.") zementiert den Slogan, den Macron seit seinem Wahlkampf benutzt und der vor allem auch während der Pandemie wie eine Beschwörungs-

---

26 Der Kartentext lautet folgendermaßen: „Soutien, solidarité et amitié à l'Autriche et au peuple autrichien. Nous tiendrons ensemble, en Européens. Nous ne céderons rien. In Freude wie in Trauer werden wir vereint bleiben – Emmanuel Macron", übersetzt: „Unterstützung, Solidarität und Freundschaft für Österreich und das österreichische Volk. Als Europäer halten wir zusammen. In nichts werden wir nachgeben. […]".

formel von Seiten der Regierung eingesetzt wurde. Dieser Slogan bezieht sich allerdings nicht nur auf das französische Volk, sondern vor allem auf den Zusammenhalt der europäischen Staaten. Macron schreibt hier als überzeugter Europäer. Es ist letztlich nur die Wahl der französischen Sprache und das Weltwissen, das verrät, dass hier der französische Präsident seine Trauer bekundet. Neben diesem klaren pro-europäischen Bekenntnis beinhaltet „[E]n européens" („als Europäer") zudem eine Aktivierung der Wissensrahmen hinsichtlich der antieuropäischen Diskurse, wie sie von der rechtspopulistischen Partei *Rassemblement National*[27] in Frankreich geführt werden. Die Attentate, die auf das Konto des IS gehen, werden von dieser Partei unter Führung von Marine Le Pen, gerne dazu benutzt, um Stimmung gegen die europäische Einwanderungs- und Asylpolitik zu machen. Durch die Betonung Europas bezieht Macron hier implizit Stellung und baut jeglicher Missinterpretation seines Textes vor. Dazu kommt noch die klare Aussage „Nous ne céderons rien" („In nichts werden wir nachgeben."), die die gemeinsame europäische Einwanderungspolitik bestätigt und implizit auf den Vorwurf, man hole sich die Attentäter:innen durch eine zu laxe Handhabung der Grenzkontrollen etc. ins Land, antwortet bzw. den Missbrauch dieses Attentats für eine rechtspopulistische Vereinnahmung im Keim ersticken soll. Die Mehrfachaktivierung verschiedener Kontexte (Attentat in Wien, Anteilnahme, Bekenntnis zu Europa, Widerspruch gegenüber rechtspopulistischen Diskursen) geschieht hier nur über die sprachliche Ebene. Die gewählten sprachlichen Ausdrücke (*tenir ensemble, nous ne céderons rien, en Européens*) aktivieren gezielt Wissensrahmen, die auf der epistemisch-diskursiven Wissensebene der französischen Diskurs- und Kommunikationsgesellschaft verankert sind. Die Lektüresituation fordert hier trotz der Kürze des Textes eine komplexe Interpretation der Lektürekontexte und damit der aufgerufenen Lebenswelten. Macron verlässt sich als Sender allerdings darauf, dass seine Kodierung von der Diskursgemeinschaft, an die er sich richtet, auch korrekt interpretiert wird.[28] Dies unterstreicht auch der Sprachwechsel: Macron beendet seine Karte auf Deutsch und bewegt sich somit auch sprachlich auf das österreichische Volk zu.

Die Komplexität wird hier nicht aktiv gebrochen, vordergründig bleibt es ein Akt der Anteilnahme – der Situationskontext (Anteilnahme) verhindert hier eine direkte Verbalisierung der politischen Botschaft, da sich Macron sonst

---

27 Bis 2018 hieß diese Partei *Front National*.
28 Dies müsste quantitativ überprüft werden, z. B. über eine Messung der Frequenz, in der der Slogan „Tenir ensemble" gebraucht wird. Immerhin belegt ein stichprobenartiger Scan über Macrons Instagramaccount, dass dieser Slogan allein zwischen dem 28. Oktober 2020 und dem 05. Februar 2021 dreimal explizit gepostet wird. Zudem existiert ein *Hashtag* #tenirensemble mit über 1400 Posts.

dem Vorwurf einer Instrumentalisierung ausgesetzt sehen könnte. Gleichzeitig will er genau dieser Instrumentalisierung durch die rechtspopulistischen Akteure in Frankreich vorbauen. Ihm bleibt letztlich nur der Rückgriff auf intendierte Ambiguität. So erfolgt die Politisierung des Sprechakts auf einer zweiten, nur impliziten Ebene, die vermutlich nicht allen Rezipient:innen gleichermaßen zugänglich ist, da sie z. B. die Kenntnis des Slogans voraussetzt. Die Komplexität des Verstehensprozesses wird somit erhöht. Eine solche Entzerrung von Komplexität kann auf den interaktiven Plattformen allerdings auch gezielt erreicht werden, wie die Analysen nachfolgender Beispiele zeigen sollen, die das Wechselspiel zwischen Komplexitätssteigerung und -auflösung in den Blick nehmen.

4.4 Aufbau und Entzerrung von Komplexität durch Interaktion

Die intendierte Komplexitätssteigerung wird auch in den nachfolgenden Beispielen (Abb. 6 und Abb. 8) deutlich, in denen die aktivierten Wissensrahmen nicht nur über die sprachliche Ebene bestimmte Diskursformationen aufrufen, sondern hierfür gezielt den Einsatz der Multimodalität nutzen:

VOX[29] benutzt hier die Wissensrahmen LANDWIRTSCHAFT und VIEHZUCHT, evoziert durch die Lexeme „agricultores" („Landwirte') und „ganaderos" („Viehzüchter', hier im Sinne von ‚Schneebezwinger', um gezielt ein positives Bild der Landwirtschaft zu erzeugen – die Landwirt:innen helfen während des schweren Unwetters, stellen sich erfolgreich gegen die Schneemassen, ‚besiegen' diese und erhalten dafür die volle Unterstützung („todo apoyo", ‚jegliche Unterstützung'). Sie werden über die Kriegsmetaphorik („estár en primera línea", ‚in vorderster Front stehen') zu Frontkämpfern für die spanische Bevölkerung stilisiert. Hier stützt das verwendete Bild die Metaphorik (schwere Maschinen, die sich durch den Schnee wühlen), auch die Verlinkung zum *Hashtag* #VOXConELCampo stützt diese Argumentation und steigert erneut die Komplexität. Zusätzlich aufgeladen wird dies durch die Verwendung entsprechender Emoticons, wie z. B. der Nationalflagge Spaniens. Diese verweist auch auf die politische Botschaft, die in diesem *Tweet* enthalten ist: Während die Landwirtschaft die Nation nicht im Stich lässt, werden die Landwirte selbst von der aktuellen Regierung durchaus im Stich gelassen und vergessen, wie die Bemerkung „Ellos también están suf-

---

[29] VOX oder auch *VOX España* ist eine nationalkonservative Partei in Spanien, die dem rechtspopulistischen Lager zugeordnet werden kann.

riendo este temporal y muchos perderán sus cosechas, reses e invernaderos."[30] suggeriert.

Abb. 6: Durchbrechen der Kürze über Verlinkungen und intendierte Bedeutungszuweisung; *Twitter VOX* @vox_es, 10.01.2021.

Sie ist in einer ähnlichen Diskurswelt anzusiedeln wie der Trumpsche Kampf um die Stimmen der Bevölkerung in den sogenannten *overfly-countries*, den großen vor allem landwirtschaftlich geprägten Gebieten der USA. Gezielt wird dabei über die Sprachverwendung eine Spaltung zwischen Stadt und Land aufgemacht und die Landbevölkerung als von der Politik vergessener Bevölkerungsteil, der aber wertvolle Arbeit für das Volk leistet, stilisiert. Auch öffnet sich der Wissensrahmen KLIMA: Landwirte werden oft als Klimasünder dargestellt, hier werden sie gezielt als Gruppe gezeichnet, die ebenfalls stark unter dem Klimawandel leidet. Die Kommentare (vgl. Abb. 7) unter dem *Tweet* belegen, dass die intendierten Wissensrahmen aktiviert werden und die Diskurswelt aufgerufen wird, ohne dass dies explizit artikuliert werden muss:

---

30 Übersetzung: „Auch sie leiden unter dem Unwetter und viele werden ihre Ernten, ihr Vieh und auch ihre Treibhäuser verlieren."

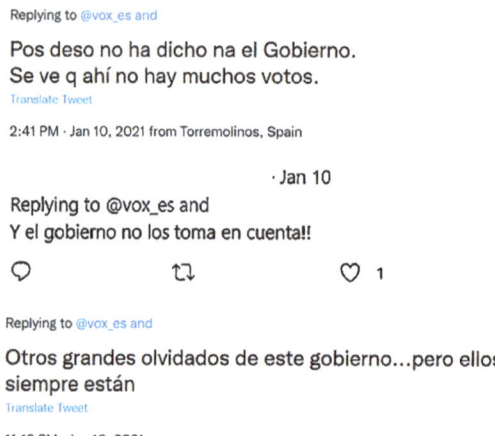

Abb. 7: Erfolgreiche Interaktion mit intendierter Frameaktivierung; *Twitter* VOX @vox_es, 10.01.2021, Drukos.

Offensichtlich werden die auf Sprach- und Bildebene enthaltenen Codes von der angesprochenen *bubble* verstanden und die Interaktion zwischen Ausgangstweet und Drukos (vgl. Abb. 7) zeigt, dass sie ihre Funktionsweise erfüllen. So wird in den Drukos sofort das Narrativ der vergessenen Landbevölkerung („olvidados") bemüht, auf die die Regierung keinerlei Rücksicht nimmt („no los toma en cuenta"), die aber dann buchstäblich an die Front soll, wenn die Situation es fordert. Ähnlich funktioniert der *Tweet* von Marine Le Pen in Abb. 8.

Le Pen steigert hier die Komplexität, allerdings nicht durch die Verwendung eines *Hashtags*, sondern sie nutzt die Möglichkeit, einen Artikel zu verlinken, der die Aussage ihres *Tweets* stützt und ihm auch eine gewisse Legitimität verleiht, zumal es sich dabei um die Rezension zu einem Sachbuch als Garant für gesicherte Information handelt. Auch hier wird über Text und Bild eine politische Aussage getätigt: Kritik an den Plänen der Regierung zu erneuerbaren Energien. Die Windenergie wird nicht nur auf sprachlicher Ebene als Bedrohung („peste") codiert, auch das Bild des Traktors, der durch eine wüstenähnliche Landschaft fährt, in der nur noch Windräder ‚gedeihen', unterstreicht das Narrativ einer drohenden Apokalypse. Möglicherweise wird hier auch gezielt ein religiöser Rahmen evoziert, der Pest, Hungersnot und schlechte Ernte als biblische Strafen beinhaltet, die aber hier nicht von Gott, sondern von der Regierung über das Volk gebracht werden.[31]

---

[31] Eine ähnliche religiöse Anspielung ließe sich auch aus dem zitierten *Tweet* von VOX herauslesen, in dem die Landwirte sich gegen die Natur stemmen und sich somit die Erde „unterwerfen", wie es in Gen 1, 28 heißt.

Dafür spräche auch die Nutzung des Begriffs Wahrheit („vérité"). Denn Text und Bild stehen hier genau für diese „vérité", die ja zudem durch den verlinkten Zeitungsartikel gewährleistet ist. Über diese Verlinkung erreicht Le Pen zweierlei: Zum einen weist sie ihre Aussage als gut recherchiert und seriös aus (Sachbuchrezension), zum anderen gelingt es ihr so, die Kürze des *Twitter*formats zu durchbrechen. Zusätzlich aktiviert sie aber auch noch Diskurswelten, die die Regierung als profit- und machtgierig zeichnen. Während es ihr um die Darstellung der Wahrheit gehe („vérité", recherchierter Zeitungsartikel, Sachbuchrezension etc.), gehe es der Regierung aus wahltaktischen Gründen („des raisons purement électoralistes") allein um Machterhalt.

Abb. 8: Komplexitätssteigerung durch Inhaltsverlinkung; *Twitter* Marine Le Pen @mlp_officiel; 10.05.2021.

Und auch sie kann sich darauf verlassen, dass ihre Follower:innen ihre Intentionen verstehen und die gewünschte Deutung ihres *Tweets* in den Drukos verbalisieren. So wird gleich im ersten Druko darauf verwiesen, dass die Windkraft reiner ‚Humbug' („fumisterie") sei und nur der Profitgier der Betreiber diene. Ebenso evoziert der zweite Kommentar, dass die Energiegewinnung durch Windkraft die Klimaerwärmung fördere und versucht die Grüne Energie ("énergie verte") somit über die Verbreitung von *Fake-News* gezielt als Klimasünderin zu zeichnen.

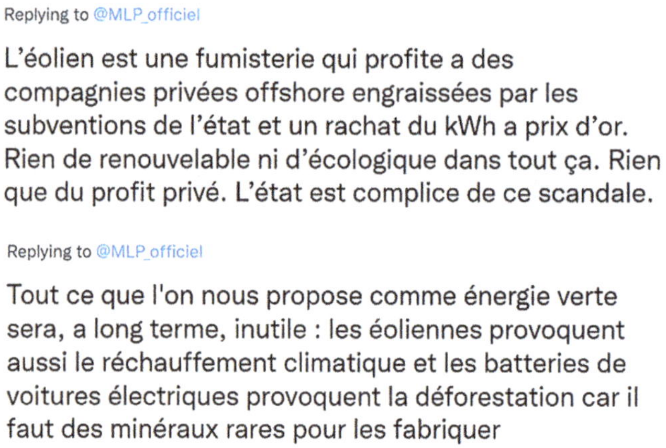

Replying to @MLP_officiel

L'éolien est une fumisterie qui profite a des compagnies privées offshore engraissées par les subventions de l'état et un rachat du kWh a prix d'or. Rien de renouvelable ni d'écologique dans tout ça. Rien que du profit privé. L'état est complice de ce scandale.

Replying to @MLP_officiel

Tout ce que l'on nous propose comme énergie verte sera, a long terme, inutile : les éoliennes provoquent aussi le réchauffement climatique et les batteries de voitures électriques provoquent la déforestation car il faut des minéraux rares pour les fabriquer

Abb. 9: Weiterverbreitung der intendierten Diskurselemente; *Twitter* Marine Le Pen @mlp_officiel; 10.05.2021, Drukos.

Trotz der Kürze lässt sich in beiden Ausgangstweets erkennen, dass Sprach- und Bildelemente eine mehrfache Aktivierung von Kontexten und ihren zugehörigen Wissensrahmen zum Ziel haben. Die Komplexitätssteigerung liegt hier darin, dass über die Texte gezielt Wissensrahmen verfestigt und konstituiert werden sollen – im *Tweet* von VOX die vergessenen Landwirt:innen und im *Tweet* von Le Pen die Gefahr der Windenergie sowie die Verlogenheit der Regierung. Beide aktivieren den Wissensrahmen MACHTERHALT der aktuellen Regierung. Die Komplexität wird hier allerdings gebrochen: Durch die Interaktion mit ihren jeweiligen *bubbles* werden die implizierten Kontexte benannt und somit realisiert. Dadurch wird die Entzerrung der semiotischen und semantischen Komplexität erreicht und das konservative und rechtspopulistische Weltbild wird erkennbar – was als gewünschter Effekt erscheint. Zeigen lässt sich so aber auch, wie zunächst harmlos wirkende Wissensrahmen manipulativ aufgeladen und in den rechtspopulistischen Diskurs überführt werden. Im Gegensatz zu der unbeabsichtigten Komplexitätssteigerung in Abb. 4 wird hier die Komplexität ganz bewusst gesteigert und dann über die intendierte kommunikative Auseinandersetzung erfolgreich wieder aufgebrochen, um die gewünschte Verstehensleistung zu sichern.

5 Ausblick

Über die exemplarischen Analysen konnte gezeigt werden, dass Kürze oft ein irreführendes Kriterium für Klarheit oder Einfachheit ist. Gerade in medialen Kurzformen wie Instagramposts oder *Tweets*, die gezielt mit Kürze operieren, um mit möglichst wenig Zeichen möglichst viel Information zu transportieren, lässt sich die Komplexitätssteigerung v. a. durch den Einsatz multimodaler Verknüpfungen beobachten. Dabei nutzen die Sender:innen gezielt geteilte Wissensformate und Diskurswelten, um gewünschte Kontextualisierungen zu erreichen und damit auch eine intendierte Kontextualisierung der Bedeutungspotenziale. Gerade Kürze sorgt hierbei für hohe Ambiguität, da sich die Sender:innen letztlich darauf verlassen müssen, dass die von ihnen gewählten Zeichen so perzipiert werden, wie von ihnen intendiert. Es wurde gezeigt, dass die Interaktionsmechanismen hierbei unterschiedlich genutzt werden: Während die beiden politischen Plattformen @vox_es und @MLP_officiel gezielt auf die Verbalisierung der von ihnen implizit transportierten Inhalte durch ihre *Follower* setzen und damit das Aufbrechen der Komplexität intendieren, zeigen die Beispiele aus Instagram, dass Komplexität durchaus auch gewünscht wird, um eine Botschaft hinter der Botschaft zu transportieren. Bisweilen wird Komplexität unabsichtlich gesteigert. In nahezu allen Fällen führt Kürze jedoch zu einer Erhöhung der Informationsdichte und zu einer Aktivierung multipler Wissensrahmen und Diskurswelten. Erst über deren Anzahl lassen sich die Komplexitätsdichte und die mehrfachen Kontextualisierungen bestimmen, die mit dieser notwendigerweise verbunden sind. Das Kriterium der Kürze sollte daher differenziert betrachtet werden: Kann die berühmte *brevitas* auf stilistischer Ebene durchaus zu mehr Klarheit führen, so kann sie auf semantischer und pragmatischer Ebene eben gerade dafür genutzt werden, diese zu vernebeln.

Bibliographie

Adamzik, Kirsten (2002): Zum Problem des Textbegriffs. Rückblick auf eine Diskussion. In Ulla Fix et al. (Hrsg.), *Brauchen wir einen neuen Textbegriff? Antworten auf eine Preisfrage* (Forum Angewandte Linguistik. 40), 163–182, Frankfurt a.M. et al.: Lang.

Adamzik, Kirsten (2004): *Textlinguistik. Eine einführende Darstellung*. Tübingen: Niemeyer.

Allcott, Hunt & Matthew Gentzkow (2017): Social media and fake news in the 2016 election. *Journal of Economic Perspectives* 31 (2), 211–36.

Bock, Bettina (2018): *Leichte Sprache – Kein Regelwerk. Sprachwissenschaftliche Ergebnisse und Praxisempfehlungen aus dem LeiSA-Projekt*, Online Fassung: https://nbn-resolving.org/urn:nbn:de:bsz:15-qucosa2-319592(letzter Zugriff: 25.02.2022).

Bühler, Karl (1982): *Sprachtheorie. Die Darstellungsfunktion der Sprache* [1934]. Stuttgart: Fischer.
Busse, Dietrich (2005): Architekturen des Wissens. Zum Zusammenhang von Semantik und Epistemologie. In Ernst Müller (Hrsg.), *Begriffsgeschichte im Umbruch*, 43–57. Hamburg: Meiner.
Busse, Dietrich (2007): Diskurslinguistik als Kontextualisierung: Methodische Kriterien. Sprachwissenschaftliche Überlegungen zur Analyse gesellschaftlichen Wissens. In Ingo Warnke (Hrsg.), *Diskurslinguistik nach Foucault. Theorie und Gegenstände*, 81–105. Berlin, New York: De Gruyter.
Clarke, Isobelle & Jack Grieve (2019): Stylistic variation on the Donald Trump Twitter account: A linguistic analysis of tweets posted between 2009 and 2018. *PloS one* 14 (9), 1–27. Online: <https://doi.org/10.1371/journal.pone.0222062> [letzter Zugriff: 15.05.2021].
Dürscheid, Christa (2016): Reflexion über Sprache im DaF-Unterricht – am Beispiel von kleinen Texten. In Renate Freudenberg-Findeisen (Hrsg.), *Auf dem Weg zu einer Textsortendidaktik. Linguistische Analysen und text(sorten)didaktische Bausteine nicht nur für den fremdsprachlichen Deutschunterricht* (Duden Thema Deutsch Bd. 13), 167–183. Hildesheim: Olms.
Dusini, Arno (2005): *Tagebuch. Möglichkeiten einer Gattung*. München: Wilhelm Fink.
Ehlich, Konrad (1983): Text und sprachliches Handeln. Die Entstehung von Texten aus dem Bedürfnis nach Überlieferung. In Jan Assmann & Aleida Assmann (Hrsg.), *Schrift und Gedächtnis. Beiträge zur Archäologie der literarischen Kommunikation*, 24–43. München: Wilhelm Fink.
Eady, Gregory, Jonathan Nagler, Andy Guess, Jan Zilinsky & Joshua A. Tucker (2019): How many people live in political bubbles on social media? Evidence from linked survey and Twitter data. *Sage Open* 9 (1), 1–21.
Gamper, Michael & Mayer, Ruth (2017): Erzählen, Wissen und kleine Formen: Eine Einleitung. In Michael Gamper & Ruth Mayer (Hrsg.), *Kurz und knapp. Zur Mediengeschichte kleiner Formen vom 17. Jahrhundert bis heute*, 7–22. Wien: Transcript.
Gardt, Andreas (2007a). Kürze in Rhetorik und Stilistik. In Jochen A. Bär, Thorsten Roelcke & Anja Steinhauer (Hrsg.), *Sprachliche Kürze. Konzeptuelle, strukturelle und pragmatische Aspekte*, 70–88. Berlin, New York: De Gruyter.
Gardt, Andreas (2007b): Linguistisches Interpretieren: Konstruktivistische Theorie und realistische Praxis. In Fritz Hermanns & Werner Holly (Hrsg.), *Linguistische Hermeneutik*, 263–280. Tübingen: Niemeyer.
Gardt, Andreas (2013): Textanalyse als Basis der Diskursanalyse. Theorie und Methoden. In Ekkehard Felder (Hrsg.), *Faktizitätsherstellung in Diskursen. Die Macht des Deklarativen*, 29–55. Berlin, Boston: De Gruyter.
Gardt, Andreas (2017): Zum Diskursbegriff. *Der Deutschunterricht* 69 (6), 2–7.
Gardt, Andreas (2019): Wissenskonstitution im Text. In Karin Birkner & Nina Janich (Hrsg.), *Handbuch Text und Gespräch* (Handbücher Sprachwissen – HSW 9), 52–79. Berlin, Boston: De Gruyter.
Guess, Andrew, Brendan Nyhan & Jason Reifler (2018): Selective exposure to misinformation: evidence from the consumption of fake news during the 2016 US presidential campaign. *European Research Council* 9 (3), 4–39.
Grice, Herbert Paul (1975): Logic and conversation. In Peter Cole & Jerry L. Morgan (Hrsg.), *Syntax and Semantics*. Vol.3: *Speech Acts*, 41–58. New York: Academic Press.

Fix, Ulla (2001): Zugänge zu Stil als semiotisch komplexer Einheit. Thesen, Erläuterungen und Beispiele. In Eva-Maria Jakobs & Annely Rothkegel (Hrsg.), *Perspektiven auf Stil* (Germanistische Linguistik, 226), 113–126. Tübingen: Niemeyer.

Fix, Ulla, Kirsten Adamzik, Gerd Antos & Michael Klemm (2002): *Brauchen wir einen neuen Textbegriff? Antworten auf eine Preisfrage* (forum Angewandte Linguistik 40). Frankfurt am Main u. a.: Peter Lang.

Hausendorf, Heiko (2009): Kleine Texte – über Randerscheinungen von Textualität. *Germanistik in der Schweiz. Online-Zeitschrift der Schweizerischen Akademischen Gesellschaft für Germanistik* 6, 5–19.

Heinemann, Margot & Heinemann, Wolfgang (2002): *Grundlagen der Textlinguistik. Interaktion – Text – Diskurs* (Reihe Germanistische Linguistik, 230). Tübingen: Niemeyer.

Klemm, Michael (2000): *Zuschauerkommunikation. Formen und Funktionen der alltäglichen kommunikativen Fernsehaneignung*. Frankfurt a.M.: Peter Lang.

Klemm, Michael (2002): Wie hältst Du's mit dem Textbegriff? Pragmatische Antworten auf eine Gretchenfrage der (Text-)Linguistik. In Ulla Fix, Kirsten Adamzik, Gerd Antos & Michael Klemm (Hrsg.), *Brauchen wir einen neuen Textbegriff? Antworten auf eine Preisfrage* (forum Angewandte Linguistik 40), 143–161. Frankfurt a.M. u. a.: Peter Lang.

Marx, Konstanze & Georg Weidacher (2020): *Internetlinguistik: Ein Lehr- und Arbeitsbuch*. Tübingen: Narr.

Pappert, Steffen & Kersten Sven Roth (Hrsg.) (2021): *Kleine Texte*. Frankfurt a.M.: Peter Lang.

Polgar, Alfred (1926): Die Kleine Form (quasi ein Vorwort). In Ders., *Orchester von Oben*, 9–13. Berlin: Rowohlt.

Sandig, Barbara (2000): Textmerkmale und Sprache–Bild–Texte. In Ulla Fix & Hans Wellmann (Hrsg.), *Bild im Text – Text und Bild* (Sprache – Literatur und Geschichte, Bd. 20), 3–30. Heidelberg: Winter.

Schwarz-Friesel, Monika (2006): Kohärenz versus Textsinn. Didaktische Facetten einer linguistischen Theorie der textuellen Kontinuität. In Maximilian Scherner & Arndt Ziegler (Hrsg.), *Angewandte Textlinguistik. Perspektiven für den Deutsch- und Fremdsprachenunterricht* (Europäische Studien zur Textlinguistik, Bd. 2), 63–75. Tübingen: Narr.

Scott, Kate (2015): The pragmatics of hashtags: Inference and conversational style on Twitter. *Journal of Pragmatics* 81, 8–20.

Siever, Christina Margrit (2015): *Multimodale Kommunikation im Social Web: Forschungsansätze und Analysen zu Text–Bild–Relationen*. Frankfurt a.M.: Peter Lang.

Thimm, Caja, Jessica Einspänner & Mark Dang-Anhm (2012): Twitter als Wahlkampfmedium. Modellierung und Analyse politischer Social- Media-Nutzung. *Publizistik* 57 (3), 293–313.

Visser, Judith (2018): Twitter im Wahlkampf von Marine Le Pen: Politolinguistische Analyse eines populistischen Diskurses. In Sandra Issel-Dombert & Aline Wieders-Lohéac (Hrsg.), *Wahlkampf ist Wortkampf: Präsidentschaftswahlkampagnen aus sprachwissenschaftlicher Sicht*, 173–195. Berlin u. a.: Peter Lang.

Wolf, Johanna (2022): *Fremder Text – fremde Welt? Zu Störungen im Organisationsablauf beim Verstehen fremdsprachlicher Texte* (Beihefte zur Zeitschrift für romanische Philologie 450). Berlin, Boston: De Gruyter.

Zappavigna, Michele (2012): *Discourse of Twitter and Social Media: How We Use Language to Create Affiliation on the Web*. London: Continuum.

Ziem, Alexander (2008): *Frames und sprachliches Wissen. Kognitive Aspekte der semantischen Kompetenz*. Berlin, New York: De Gruyter.

V **Techniken, Praktiken und Strategien der Vereinfachung**

Claudia Schlaak
Textkomplexität und Textverstehen: Perspektiven von Lernenden mit vielfältigen Sprachbiographien

Abstract: Reading plays a very important role in life; texts are omnipresent in our world. Reading in a foreign language is to be understood as a complex process that encompasses various dimensions, because the knowledge of the language on the one hand and a certain kind of world knowledge on the other are needed to be able to understand foreign-language texts. The aim of this article is to show what exactly foreign-language learners currently classify as difficult or complex in texts in foreign languages and what strategies they use to simplify the comprehension process. Of particular interest in this regard are attitudes towards text complexity and text comprehension of learners with different language biographies. Based on an empirical survey in the form of a questionnaire study in which 197 students participated, the challenges in the process of text comprehension and the students' perception of dimensions of text complexity are taken into account and will be analysed.

1 Einleitung

2018 stellte die Lesekompetenz den Schwerpunktuntersuchungsbereich der international vergleichenden PISA-Studie dar. Sie ist „für eine Vielzahl menschlicher Handlungen unabdingbar, ob es nun darum geht, Anleitungen zu befolgen, die Hintergründe eines Ereignisses zu klären oder darum, mit anderen zu kommunizieren, um ein bestimmtes Ziel zu erreichen oder eine bestimmte Handlung zu vollziehen" (OECD & wbv 2019: 17). Lesen, und hier vor allem das Verstehen von Inhalten, nimmt im Leben eine sehr wichtige Rolle ein, Texte sind in unserer Welt omnipräsent.

Daher haben das Lesen und die Arbeit mit (literarischen) Texten, ob Romane, Kurzgeschichten, Prosa oder Liedtexte etc., im schulischen Fremdsprachenunterricht vom Anfangsunterricht bis zum Leistungskurs ebenfalls einen hohen Stellenwert. Häufig werden diese Texte im Fremdsprachenunterricht dafür genutzt, sprachliche Mittel der neu zu erlernenden Fremdsprache zu erarbeiten, Inhalte der Kultur zu vermitteln und Fremdsprachenlernende im Sinne der Kompetenzorientierung durch die Textarbeit darauf vorzubereiten, kommunikative Situationen zu bewältigen. Wenn man an die zahlreichen Übungen und Aufgaben zur Erarbeitung sprachlicher Mittel zu Texten oder an die kreativen Methoden denkt, die für die textproduktionsorientierte Arbeit im Fremdsprachenunterricht entwickelt wurden, zeigt sich aber auch, dass Texte immer mehr zu ‚Trainingsgeräten' (vgl. hierzu u. a. Nünning & Surkamp 2010: 64; Schlaak 2017: 80) degradiert werden und in der heutigen Schulpraxis vor allem der kreativ-methodische und produktionsorientierte Umgang mit Texten thematisiert wird (vgl. hierzu u. a. Schrader 1995; Caspari 1994; 2000; 2005; Hinz 2003; Haberkern 2005; Nieweler 2013 oder Koch 2017). Der von einem Autor geschaffene Text tritt in seiner Bedeutung und Würdigung in den Hintergrund und wird immer seltener um seiner selbst willen im Unterricht behandelt (vgl. Caspari 2005: 15). Die ‚Zerstückelung', ‚Deformierung' und ‚Umgestaltung' von Texten, vor allem bei literarischen Texten, wird daher als ‚didaktische Spielerei' kritisiert (Koch, Schlaak & Thiele 2020: 5; Schlaak 2017: 79). Darüber hinaus geht damit auch eine Limitierung der Auswahl der Texte einher, denn es steht stets ihre sprachliche Passfähigkeit im Verhältnis zu den vorhandenen Kompetenzen der Lernenden im Vordergrund. Hinzukommt, dass bei der Textarbeit im Unterricht meist „träge[s] Wissen' in Form von reproduzierbaren Kenntnissen über den Text, die innerhalb des Unterrichts von Bedeutung sind, nicht jedoch für die Erfahrungswelt der Schülerinnen und Schüler außerhalb der Schule" (Nünning & Surkamp [3]2010: 63) vermittelt wird, jedoch kaum relevante Kenntnisse erarbeitet werden.

Im Hinblick auf die Lesekompetenz erscheinen Lernenden Texte in einer ‚fremden' Sprache allein schon deshalb als komplex und schwierig, da sie neben dem neuen bzw. zu Teilen noch nicht erworbenen Sprachwissen häufig auch kulturell-kodierte Aspekte, also neues Weltwissen, erwerben müssen und damit eine weitere für Fremdsprachenlernende unbekannte Dimension des Textverstehens hinzukommt. Fremdsprachenlehrende müssen daher aus unterschiedlichen Gründen – z. B. Auswahl aufgrund des Sprachniveaus, der Lerner- oder Gegenstandsorientierung, Aktualität, Länge des Textes etc. – sehr genau überlegen, welche Texte ausgewählt werden, damit die Lernenden in den jeweiligen Situationen nicht überfordert werden. Zudem müssen sie Fremdsprachenlernenden u. a. Strategien und deren Anwendung vermitteln, damit sie die (vermeintlich) komplexen Texte lernen zu entschlüsseln.

Aber woran liegt es eigentlich genau, dass fremdsprachliche Texte von den Lernenden häufig als komplex und schwierig eingestuft werden? Ist es vor allem das fehlende Sprach- oder das fehlende Weltwissen? Und welche Gründe für die Komplexität fremdsprachlicher Texte werden von den Lernenden in diesen beiden Bereichen insbesondere erwähnt? Auch wenn sich seit Jahren zahlreiche Forscher:innen der Linguistik, Literaturwissenschaft und der Didaktik,

Lehrende und Expert:innen anderer Wissenschaftsfelder mit diesen Fragen beschäftigen, behalten sie gleichwohl bis heute ihre Dringlichkeit, allein vor dem Hintergrund einer Betrachtung der PISA-Ergebnisse von 2018 (vgl. hierzu ausgewählte Ergebnisse in Kapitel 2.3 und OECD & wbv 2019).

Ziel des vorliegenden Beitrags ist es aufzuzeigen, was genau Fremdsprachenlernende bei Texten in der Fremdsprache aktuell als schwierig bzw. komplex einstufen und welche Strategien sie nutzen, um fremde bzw. in einer fremden Sprache geschriebene Texte für sich im Verstehensprozess zu vereinfachen. Von besonderem Interesse sind im vorliegenden Beitrag dabei Einstellungen zu Textkomplexität und Textverstehen von Lernenden mit unterschiedlichen Sprachbiographien, denn vor dem Hintergrund der zunehmenden sprachlichen und kulturellen Vielfalt innerhalb von Lerngruppen, der Bedeutung von unterschiedlichen Sprachkenntnissen in einer globalisierten und stark vernetzten Welt, der bildungspolitischen Anerkennung von Heterogenität, etwa durch die Umsetzung eines inklusiven Bildungssystems, in dem auch mehrsprachige Potenziale verstärkt gewürdigt werden, stellt sich bis heute die Frage, ob Fremdsprachenlernende mit unterschiedlichen (Sprach-)Potenzialen Texte grundsätzlich als schwierig einstufen und ähnliche Einstellungen vorweisen bzw. ob mit verschiedener Sprachbiografie auch Textkomplexität und Textverstehensprozesse anders betrachtet werden. Auf Basis einer empirischen Erhebung in Form einer Fragebogenstudie, an der 197 Schüler:innen teilgenommen haben, sollen die Herausforderungen im Prozess des Textverstehens betrachtet und die Dimensionen der Textkomplexität in der Wahrnehmung von Schüler:innen analysiert werden. Bevor die Studie selbst und die gewonnenen Erkenntnisse im dritten Kapitel vorgestellt werden, sollen zunächst im zweiten Kapitel Grundlagen zur Textarbeit im Fremdsprachenunterricht unter Berücksichtigung von Sprachpotenzialen erarbeitet werden. Auf die Darstellung grundlegender linguistischer Theorien zur Textkomplexität und die Klärung von Grundlagentermini wie Text wird verzichtet, da hierbei den Ausführungen im vorliegenden Band in den Beiträgen von Katharina Dziuk Lameira und Angela Schrott gefolgt wird.

2 Sprachpotenziale und ihre Bedeutung für die Textarbeit

2.1 Potenzialorientierung im Fremdsprachenunterricht

„Durch die zunehmende soziokulturelle Heterogenität von Lernergruppen und gesellschaftlichen Kontexten" (Blell & Leitzke-Ungerer 2011: 154) ist im Fremdsprachenunterricht festzustellen, dass Lernende zunehmend sehr unterschiedliche (Sprach-)Potenziale mitbringen, die bei der Vermittlung der Fremdsprache beachtet werden müssen. Es geht dabei nicht darum, Lernende danach zu kategorisieren, welche Defizite sie mitbringen, sondern im Gegenteil darauf einzugehen, welche Fertigkeiten und Fähigkeiten – ganz im Sinne der Kompetenzorientierung – bzw. welches sprachliche Vermögen sie mitbringen. Die Fremdsprachenlehrkraft achtet bei der Konzeption des Fremdsprachenunterrichts darauf, die Stärken, also die Potenziale, der Schüler:innen zu berücksichtigen.

Vielfältige individuelle Lernervariablen bzw. biologische, kognitive, soziokulturelle und sozioaffektive Faktoren sowie Familiensprachen und vorgelernte Sprachen (vgl. hierzu u. a. Reimanns (2016: 119) Abbildung zu Lernervariablen beim Fremdsprachenlernen) verlangen also einen individualisierten Lernprozess bzw. die Individualisierung des Lernens. Ein individualisierter Ansatz ist dahingehend zu verstehen, „dass alle Lernenden die nötigen Freiräume für den Erwerb der nötigen sprachlichen und kulturellen Kompetenzen erhalten" (Hoffmann 2017: 20). Zur Gestaltung eines individualisierten Fremdsprachenunterrichts zählt also die „Einbindung der mehrsprachigen Kompetenzen, die in jedem Klassenzimmer existieren" (Plötner & Schlaak 2017: 42) neben Familien-/Herkunftssprachen (also als zweite L1 Sprache) auch vorgelernte Fremdsprachen (ab L2) und die Schulsprache Deutsch (meist L1).

Da Fremdsprachen, also in der Regel im Fremdsprachenunterricht, vor allem über den Zugang zu Texten erfasst werden und die Textarbeit einen großen Raum beim Fremdsprachenlernen einnimmt, da fast alle Informationen über die Sprache und Kultur über Texte zugänglich gemacht werden, ist kritisch anzuführen, dass im Fremdsprachenunterricht

> „nur selten systematisch Strategien und Verfahren mit den Schülerinnen und Schülern erarbeitet und Vorwissen aus anderen Fremdsprachen oder den in einem Klassenraum existierenden Muttersprachen genutzt [werden]" (Plötner & Schlaak 2017: 43)

obwohl in verschiedenen Studien (u. a. Swain et al. 1990; Cenoz 2003 oder Rauch, Jurecka & Hesse 2010) nachgewiesen werden konnte, dass mit dem Erwerb weiterer Sprachen Lernende auch in der Lage sind, Kompetenzen aus vorgelernten Sprachen für den Erwerb weiterer Sprachen nutzen zu können. Auch Rauch, Jurecka & Hesse (2010: 79) führen an, dass

> Lerner einer zweiten Sprache [...] bspw. die in der ersten Sprache bereits erworbene Dekodierfähigkeit [nutzen,] um in der zweiten Sprache Gehörtes und Geschriebenes zu dekodieren.[1]

2.2 Text- und Medienformate im auf (Sprach-)Potenziale ausgerichteten Fremdsprachenunterricht

Nach den bildungspolitischen bzw. curricularen Vorgaben beinhaltet die Text- und Medienkompetenz „das Verstehen und Deuten von kontinuierlichen und diskontinuierlichen – auch audio- und audiovisuellen – Texten in ihren Bezügen und Voraussetzungen" (*Sekretariat der Ständigen Konferenz der Kultusminister der Länder in der Bundesrepublik Deutschland* 2014: 20). Durch die Arbeit mit Texten kann daher sowohl eine Arbeit an sprachlichen Mitteln zum Aufbau der Sprachkenntnisse in der Fremdsprache als auch inhaltliches Lernen bezogen auf die fremde Kultur ermöglicht werden. Meißner führte bereits 2001 an, dass „die Komposition von Textarrangements und Dossierkonstruktionen einen wichtigen Zugang zur Erfahrung mit Mehrkulturalität" (Meißner 2001: 125) liefern. Durch die Implementierung und den Vergleich verschiedener Text- und Medienformate im Fremdsprachenunterricht wird den Lernenden vermittelt, dass bestimmte Textsorten in verschiedenen Sprachen generell gleich oder zumindest sehr ähnlich aufgebaut sind. Indem die Sprachpotenziale und ihr Wissen über ihnen bereits bekannte Text- und Medienformate, etwa aus anderen Sprachen, berücksichtigt werden, erschließen sich Lernenden Inhalte und Bedeutungen in fremden Sprachen besser, wie bereits 1990 Swain et al. nachweisen konnten, indem sie feststellten, dass die Lesekompetenz in der Herkunftssprache sich auch positiv auf den L3-Erwerb auswirken kann.

Bürgel erläutert in diesem Kontext, dass

> nicht nur der Einsatz von Lesetechniken bzw. -strategien, sondern auch das Wissen über Textarten bzw. -typen zu den wichtigen Komponenten der [mehrsprachigen] Lesekompetenz zählen. (Bürgel 2012: 116)

---

[1] In der Regel trifft dies vor allem bei Sprachvergleichen für Sprachen zu, die typologisch ähnlich sind. Es gibt jedoch auch Studien, die aufzeigen, dass sich Sprachvergleiche bei nicht typologisch verwandten Sprachen positiv auf den Fremdsprachenerwerb auswirken (vgl. u. a. Gabriel, Grünke & Schlaak 2022; Gabriel, Grünke & Schlaak 2023).

Anhand von Zeitungstexten (z. B. Kommentare, Nachrichten, Bericht etc.) zeigt Bürgel (2012) beispielsweise auf, welche Gemeinsamkeiten zwischen Texten der gleichen Textart bzw. des gleichen Texttyps bestehen. In seinem Praxisbeispiel machen sich die Lernenden durch die Gegenüberstellung von je einem Bericht in englischer und in spanischer Sprache die Makrostruktur und damit auch die texttypologischen Bausteine sowie die Binnenstruktur bewusst und erschließen sich darüber zumindest in Ansätzen den Inhalt. Hierdurch werden Lernende „zu einer größeren Autonomie im Umgang mit authentischen Texten [...] befähig[t]" (Bürgel 2012: 115). Es geht dabei unter Berücksichtigung der Sprachpotenziale der Lernenden um die Entwicklung einer „sprachübergreifende[n] Lesekompetenz" (Bürgel 2012: 117). In zahlreichen weiteren Beispielen wird in der Mehrsprachigkeitsdidaktik auf ähnliche didaktisch-methodische Ansätze abgezielt: Bereits 2001 entwickelte Leupold Materialien, bei denen durch den Vergleich verschiedener Texte aus unterschiedlichen Sprachen die Schüler:innen gemeinsame, und zum Teil auch unterschiedliche, inhaltliche Textelemente erkennen sollen, indem sie auf ihr Potenzial, also das Wissen vorgelernter oder Familien-/Herkunftssprachen, zurückgreifen. Beim Vergleich stilistischer Elemente von lyrischen Texten (*Herbst-Werbung* von Fuchs, *To autumn* von Keats, *Diario autunnale* von Pacoli und *Automne malade* von Apollinaire), die alle das Thema Herbst aufgreifen, erschließen sich die Lernenden durch das Aufdecken von sprachlichen Gemeinsamkeiten etwa im Bereich des Wortschatzes durch die Gegenüberstellung des Textaufbaus bzw. der Textstruktur etc. den wesentlichen Inhalt der poetischen Texte. Darüber hinaus können sie auch persönliche Erfahrungen einbringen, da die verschiedenen Gedichte verschiedene Perspektiven bezogen auf den Herbst beinhalten und unterschiedliche Emotionen ausdrücken. Auch aus der psycholinguistischen Perspektive wird betont, dass

> das Textverstehen, ein kognitiver Prozess ist, bei dem das relevante Weltwissen und die kommunikative Situation nicht übergangen werden dürfen. (Strohner 2006: 190)

Lernende bringen auch aufgrund ihrer unterschiedlichen Sprachbiografien unterschiedliches Weltwissen mit, dass sie beispielsweise bei der Entschlüsselung neuer fremdsprachlicher Texte nutzen können.

Beim Aufgreifen von Text- und Medienformaten in einem auf (Sprach-)Potenzialen ausgerichteten Fremdsprachenunterricht geht es demnach darum, sprachliche Gemeinsamkeiten und Unterschiede im Vergleich zwischen der zu erlernenden Fremdsprache (L2, L3 oder weitere) und den Strukturen aus der L1, vorgelernten Fremdsprachen (bei Erwerb einer L3 oder weitere) oder weiteren Familien-/Herkunftssprachen (weitere L1) und auch Weltwissen aus anderen bereits bekannten Sprach- und Kulturkreisen zu erarbeiten. Hierbei ist zu beachten, dass die traditionelle strikte Trennung des (muttersprachlichen) Deutsch- und übrigen Sprachunterrichts [...] nicht zuletzt die lebensweltliche Mehrsprachigkeit der Lerner vollständig außer Acht [lässt] und [...] so auf wertvolle lernerseitige Ressourcen [verzichtet]. (Reissner 2012: 185)

In der Mehrsprachigkeitsdidaktik wird dieser Ansatz durchaus erfolgreich angewandt. So konnten verschiedene Studien (u. a. Johnsen 1981; Droop & Verhoeven 1998; Alfaki & Siddiek 2013 oder Yousef, Karimi & Janfeshan 2014) beweisen, dass ein positiver Effekt des kulturellen Wissens auf Textverstehen bei Texten, die dieses Wissen beinhalten bzw. aus demselben Hintergrund stammen, vorhanden ist. Man kann also davon ausgehen, dass Lernende mit unterschiedlichen Sprachkenntnissen unterschiedliche Zugänge zu Texten haben. Im Kontext der Untersuchung von Textkomplexität und Textverstehen stellt sich daher die Frage, ob und inwiefern Lernende mit unterschiedlichen Sprachbiografien, also aufgrund verschiedener Sprachpotenziale und Sprachlernerfahrungen, in ihrer entsprechenden Einstellung Gemeinsamkeiten und Unterschiede aufweisen.

2.3 Lese- und Textkompetenz bei Fremdsprachenlernenden

Bei den Auswertungen der PISA-Daten von 2018 wurde erneut deutlich, dass viele Länder Lernenden nicht „ermöglichen, Spitzenleistungen zu erzielen und ihr Potenzial zu entfalten" (OECD & wbv 2019: 4). Bei den Lesekompetenzanforderungen wurde zudem festgestellt, dass sich diese gewandelt haben, da etwa durch den technischen Fortschritt und die Digitalisierung das Lesen und der Informationsaustausch sich verändert haben und es hierdurch zu neuen Herausforderungen gekommen ist. Beispielsweise ist

> „in den OECD-Ländern weniger als ein Zehntel der Schülerinnen und Schüler in der Lage [...], anhand von impliziten Hinweisen in Bezug auf Inhalt oder Informationsquelle zwischen Tatsachen und Meinungen zu unterscheiden". (OECD & wbv 2019: 3)

Auch wenn immerhin

> 77% der Schülerinnen und Schüler im Bereich Leseverstehen mindestens Kompetenzstufe 2 [erreichten ...], zumindest die Hauptaussage eines mittellangen Textes erfassen, expliziten, z. T. aber auch komplexen Kriterien entsprechende Informationen finden und nach ausdrücklicher Anweisung über die Funktion und die Form von Texten reflektieren (OECD & wbv 2019: 17)

zeigt sich doch, dass hinsichtlich der Lesekompetenz große Herausforderungen bestehen, weil die Lernenden bedeutende Defizite aufweisen. Zu betonen bleibt schließlich, dass die hier dargestellten Ergebnisse auf Deutsch, und damit die L1 der meisten Schüler:innen, zutreffen. Berücksichtigt man zudem, dass

> „die Schülerinnen und Schüler weniger zum Vergnügen [...] lesen" und „Romane, Zeitschriften und Zeitungen nur [...] lesen, wenn sie müssen" (OECD & wbv 2019: 37)

stellt sich die Frage, wie Fremdsprachenlernende das Lesen und die Textarbeit im Fremdsprachenunterricht tatsächlich im genannten Kompetenzprofil der PISA-Anforderungen effektiv beherrschen und beurteilen. Eine zusätzliche Herausforderung in einer spät gelernten Fremdsprache ist, dass die Komplexität der Texte, insbesondere literarischer Texte, die sprachlichen Kompetenzen der Schüler:innen häufig übersteigt (Tesch 2020: 257), was von Lehrenden bewusst in Kauf genommen wird, um das Niveau schnell zu steigern.

Individuelle Sprachlernbiografien können dabei mitentscheidend sein, ob etwa literarische Texte bzw. das Verstehen von Texten von Lernenden als problematisch im Sinne von zu schwierig eingestuft werden. Die Textkompetenz beinhaltet nämlich unterschiedliche Dimensionen, so ist u. a. das Erkennen von Textmerkmalen von Bedeutung wie auch das Integrieren von Welt- und Sachkenntnissen (vgl. hierzu Tesch 2020: 259–260). Somit könnten Lernende begünstigt sein, wenn sie in diesen verschiedenen Bereichen Vorkenntnisse mitbringen bzw. sprachliche Potenziale haben, auf die sie zurückgreifen können. Auch aus kognitonswissenschaftlicher Perspektive erscheint dies nachvollziehbar, da hier Leseverstehen, als das Verstehen von Texten, als ein komplexer Prozess verstanden wird, bei dem u. a. auf linguistische Teilkompetenzen wie etwa die lexikalische oder semantische Kompetenz und auf verschiedene Strategien beim Lese- und Textverstehen zurückgegriffen wird (u. a. Christmann 2006; Foschi Albert 2012: 26).

Durch diese Kompetenzen können Informationen aus dem Text entnommen und verarbeitet werden. Das heißt wiederum, wie es auch im mehrsprachigkeitsdidaktischen Ansatz vertreten wird, dass Lernende mit unterschiedlichen Sprachpotenzialen (sei es durch eine weitere Herkunftssprache oder vorgelernte Fremdsprachen) Vorteile beim Textverstehen haben können, da sie aus den verschiedenen linguistischen Kategorien Kenntnisse einbringen können. Dies muss allerdings vorsorglich relativiert werden: Auch wenn sowohl die Sprachwissens- wie auch die Weltwissenskomponente beim Leseverstehen eine durchaus entscheidende Rolle spielen können (Meireles 2006: 301), nimmt das sprachliche Wissen, und hier vor allem der Wortschatz, beim Verstehensprozess eines fremdsprachlichen Texts und bei dessen erstem Erfassen doch einen noch darüber hinausgehenden Stellenwert ein. Meireles (2006: 304) ist der Meinung, dass für einen fremdsprachlichen Leser die größte Herausforderung darin besteht, sich einen angemessenen, differenzierten und reichen Wortschatz anzueignen, damit er die vom Verfasser intendierte Botschaft schnell und effizient verstehen kann.

Meireles (2006: 300) führt darüber hinaus an, dass die „allgemeinen Bedingungen des Leseverstehens […] identisch für das Lesen in der Mutter- wie in einer Fremdsprache [sind]". Vor diesem Hintergrund, dass der kognitive Lesevorgang sowohl für Muttersprachler:innen und Fremdsprachenlernende in ähnlicher Weise, wenn auch mit unterschiedlicher Geschwindigkeit, abläuft (Foschi Albert 2012: 26), stellt sich wiederum die Frage, ob Lernende mit unterschiedlichen Sprachpotenzialen und Sprachlernerfahrungen demnach die Textarbeit im Fremdsprachenunterricht, das heißt Textkomplexität und Textverstehen, ähnlich beurteilen bzw. in welchen Bereichen Unterschiede auftreten.

3 Empirische Untersuchung

3.1 Grundlegende Hinweise zur Untersuchung

Im Rahmen einer schriftlichen Fragebogenstudie mit Französischlernenden in Berlin wurden 197 Schüler:innen befragt; die Lernenden gehörten den Klassenstufen 6 sowie 8 bis 11 an. Alle 197 Fragebögen wurden in der vorliegenden Studie berücksichtigt, fehlende Werte wurden bei der Auswertung paarweise ausgeschlossen.

Der für die Studie eigens entwickelte Fragebogen bestand aus vier Teilen, wobei der erste das allgemeine Interesse hinsichtlich des Lesens behandelte und grundlegende Informationen zum Lesen in der Freizeit sowie zu Aspekten der Lesemotivation erfasste. Im zweiten Teil folgten Fragen zum Lesen fremdsprachlicher Texte: Schwerpunkte stellten hier Fragen zu Unterstützungsangeboten/Hilfen wie z. B. Vokabelhilfen oder Bildern dar, die die Proband:innen benötigen, um fremdsprachliche Texte zu entschlüsseln. Im dritten Teil ging es um das Textverstehen. Durch die Fragen soll erfasst werden, welche Strategien beim Lesen genutzt werden, um fremdsprachliche Texte zu verstehen, aber auch auf welche vorgelernten Sprachen Lernende dabei zurückgreifen. Schließlich ging es im vierten Teil um die Textkomplexität. Die Proband:innen sollten erläutern, welche Merkmale an Texten in der Fremdsprache, aber auch bei deutschen Texten, als schwierig empfunden werden, wobei konkrete Texte bei der Erhebung nicht aufgeführt wurden.

Beim Fragebogen wurden offene (z. B. „Welche Aspekte beeinflussen deine Lesemotivation am meisten – sowohl positiv als auch negativ?") und geschlossene Fragen (z. B. „Welche Textsorten liest du gerne?") und entsprechende Antwortmöglichkeiten kombiniert. Die Untersuchung liefert daher einerseits qualitative Ergebnisse, da den Befragten durch die offenen Fragen eine große Bandbreite an Antwortmöglichkeiten und Formulierungsfreiheit zugestanden wurden. Andererseits wurden auch Fragen mit festen Antwortkategorien (z. B. Skalen von − 2 bis + 2) gestellt, um unmittelbar quantitativ vergleichbare Ergebnisse zu erhalten. Die Antworten bei den offenen Fragen wurden zudem bei der Auswertung codiert, so dass auch hier quantitative Berechnungen möglich wurden. Bei den Codierungen der Antworten auf die offenen Fragen wurde so gut wie kein Interpretationsspielraum zugelassen, da sehr kleinteilig und textnah codiert wurde. Hierdurch kommt es zu einer großen Anzahl an Codes. Bei der Darstellung der Ergebnisse im nachfolgenden Kapitel wurde daher darauf verzichtet, Antworten, die nicht von mindestens fünf Prozent der Lernenden einer Gruppe genannt wurden, abzubilden. Die Antworten wurden allerdings jeweils einer begrenzten Zahl von Kategorien zugeordnet.

Der Fragebogen wurde über Kontakte zu Lehrkräften in verschiedenen Klassen verteilt – alle Schüler:innen einer Klassengemeinschaft haben die Fragebögen jeweils im Rahmen eines vorgegebenen maximalen Zeitfensters von 15 Minuten im Unterricht ausgefüllt. Dabei sollten die Fremdsprachenlehrkräfte jeweils explizit darauf hinweisen, dass die Lernenden bei Fragen zu Texten beim L3-Erwerb an Texte denken sollten, die sie konkret im Unterricht behandelt hatten. Die empirische Erhebung erfolgte Ende 2020 vor Ort an den Schulen im Präsenzunterricht unter Pandemie-Bedingungen. Vor der Untersuchung wurde der Fragebogen fünf Lehrkräften vorab ausgehändigt, um die Fragen auf Verständlichkeit zu überprüfen. Stellenweise erfolgten aufgrund dessen noch Überarbeitungen des Fragebogens. So wurde beispielsweise überwiegend die Charakterisierung „schwer" statt „komplex" oder „schwierig" verwendet, wie etwa bei der Frage „Was findest du an Texten in der Fremdsprache (ob auf Englisch oder auf Französisch/Spanisch)[2] schwer?", da drei der Lehrkräfte zurückmeldeten, dass der Begriff Komplexität vor allem für jüngere Befragte zu abstrakt sei und umgangssprachlich von „schweren Texten" gesprochen werde.

Die Auswertungen der Fragebögen erfolgten mit der Statistiksoftware SPSS (Version 23). Dazu wurden unabhängige t-Tests mit einem Signifikanzniveau von $\alpha = 0.05$ und ein Test zur Überprüfung der Varianzhomogenität durchgeführt. Hierbei wurden unterschiedliche unabhängige Gruppen miteinander verglichen. Da der Beitrag vor allem darauf abzielt, zu untersuchen, ob und inwiefern unter-

---

[2] Der Fragebogen wurde sowohl an Lernende mit L3-Erwerb Französisch als auch an Lernende mit L3-Erwerb Spanisch verteilt. Aufgrund der unterschiedlichen Befragungssituationen, Rückmeldungen durch Lehrkräfte und Lerngruppenkonstellationen werden in dem vorliegenden Beitrag lediglich die Ergebnisse der 197 Proband:innen mit L3 Französisch vorgestellt.

schiedliche Sprachpotenziale bzw. Sprachlernerfahrungen Einstellungen zu Textkomplexität und Textverstehen fremdsprachlicher Texte beeinflussen, werden im vorliegenden Beitrag die Ergebnisse folgender sechs Gruppen in drei Auswertungen gegenübergestellt: Gruppenvergleich 1: Lernende mit vorgelernten Fremdsprachen (also mit L1 + L2 bzw. L1 + L2 + L3) und Lernende mit vorgelernten Fremdsprachen und Herkunftssprachen (2 x L1 + L2 bzw. 2 x L1 + L2 + L3), die zu Hause gesprochen werden. Gruppenvergleich 2: Lernende mit einem guten Schuljahr Erfahrung (also Niveau A1) beim Erwerb der zweiten Fremdsprache und Lernende mit mindestens zwei Schuljahren Erfahrung (als Niveau A2 oder höher) beim Erwerb der zweiten Fremdsprache. Gruppenvergleich 3: Lernende mit einer zweiten Fremdsprache neben dem Englischen (L1 + L2 + L3 bzw. 2 x L1 + L2 + L3) und Lernende mit ausschließlich Englisch als Schulfremdsprache (also ausschließlich L1/2xL1 und L2, kein L3).[3]

Die in den Abbildungen dargestellten Ergebnisse beinhalten entweder den errechneten Mittelwert einer Antwortkategorie innerhalb einer Gruppe oder die aufgeführten Werte entsprechen dem prozentualen Anteil der Schüler:innen einer Gruppe, die die entsprechende Kategorie genannt haben.

3.2 Ergebnisse der Befragung

Fremdsprachenlernende mit ausschließlich vorgelernten Sprachen sowie vorgelernten Sprachen und Herkunftssprachen (= Gruppenvergleich 1) meinen jeweils mehrheitlich, dass Texte auf Französisch im Vergleich zu Texten auf Englisch sehr schwer seien (Mittelwert 0,63, Standardabweichung 1,131 und 0,52, Standardabweichung 1,335), viele unbekannte Wörter beinhalten würden (Mittelwert 0,51, Standardabweichung 1,126 und 0,3, Standardabweichung 1,205) und sie stufen auch die französische Syntax als komplex ein (Mittelwert 0,25, Standardabweichung ,959 und 0,27, Standardabweichung ,918). Die Lernenden beider Gruppen versuchen französische Texte inhaltlich zu erfassen, indem sie diese wortwörtlich auf Deutsch (oder in eine andere Sprache) übersetzen (Mittelwert 0,72, Standardabweichung 1,093 und 0,61, Standardabweichung 1,003). Die Mittelwerte liegen bei allen Antwortkategorien zwischen 0,25 und 0,72 auf einer Skala von – 2 bis + 2, wobei negative Werte eine Verneinung der Aussage und positive Werte eine Bestätigung der Aussage zum Ausdruck bringen. Auch

---

[3] Da nur eine kleine Kohorte von Lernenden, die ausschließlich Englisch lernen, befragt werden konnte (Anzahl = 18) und dafür auch stellenweise die Fragen beim Fragebogen geändert werden mussten, werden die Ergebnisse dieser beiden Gruppen nur in ausgewählten Fällen dargestellt.

wenn zwischen beiden Gruppen, d. h. den Lernenden mit vorgelernten Sprachen und den Schüler:innen mit vorgelernten Sprachen und Herkunftssprachen, kleinere Unterschiede vorhanden sind – so stufen Befragte mit ausschließlich vorgelernten Fremdsprachen Texte auf Französisch im Vergleich zu Texten auf Englisch als schwieriger ein als im Vergleich Französischlernende, die noch eine weitere Herkunftssprache sprechen –, treten doch im Gesamtbild keine signifikanten Unterschiede zwischen diesen beiden Gruppen auf.

Im Vergleich hierzu ergeben sich bei Lernenden, die geringe Sprachlernerfahrungen aufweisen und Französisch als zweite Fremdsprache erst seit einem Schuljahr lernen, deutliche Unterschiede zu Lernenden, die Französisch als weitere Fremdsprache neben dem Englischen seit mehr als 2 Jahren lernen (= Gruppenvergleich 2). Wie in Abb. 1 zu sehen ist, stufen fortgeschrittene Lernende Texte und damit verbunden auch lexikalische und syntaktische Strukturen grundsätzlich als schwieriger ein. Die Ergebnisse der Gruppen zu den Antwortkategorien „Texte auf Franz. sind im Vergleich zu Texten auf Englisch sehr schwer" (t(137.95) = –4.324, p < .001), „Bei franz. Texten ist die Syntax immer sehr schwer" (t(155,453) = –4.010, p < .001) und „Ich kenne viele Wörter nicht, wenn ich einen franz. Text lese" (t(165) = –3.087, p < .01) zeigen signifikante Unterschiede:

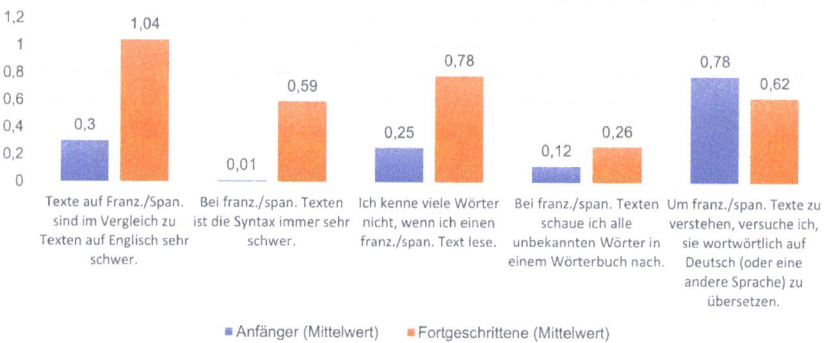

Abb. 1: Vergleich Mittelwerte von Anfängern und Fortgeschrittenen der zweiten Fremdsprache Französisch (Gruppenvergleich 2).

Mit steigendem Niveau in der Zielsprache und damit auch der Befassung mit komplexeren Texten werden demnach von fortgeschrittenen Lernenden Texte in der Fremdsprache Französisch als schwieriger bewertet. Sprachlernerfahrungen scheinen damit keine positive Wirkung auf eine Reduzierung der wahrgenommenen Komplexität von Texten zu haben, auch wenn fortgeschrittene Lernende durch die längere Praxiserfahrung zumindest ein größeres Sprachpotenzial bzw. längere Sprachlernerfahrungen aufweisen sollten.

Bei der Frage „Was findest du an Texten in der Fremdsprache (ob auf Englisch oder auf Französisch/Spanisch) schwer?", bei der die Lernenden frei antworten konnten, benennen fortgeschrittene Lernende wie aber auch Lernanfänger:innen einer zweiten Fremdsprache (= Gruppenvergleich 2), dass vor allem sprachliche Merkmale als schwierig empfunden werden. Jeweils mehr als ein Drittel in beiden Gruppen führen „unbekannte Wörter/Vokabeln" als Hauptproblem an (Anfänger 41,8 Prozent, Fortgeschrittene 34,0 Prozent). Diese Kategorie wird auch von Schüler:innen mit zwei Fremdsprachen (38,0 Prozent) oder einer Fremdsprache (27,8 Prozent) (= Gruppenvergleich 3) sowie von Befragten mit vorgelernten Sprachen (36,4 Prozent) oder vorgelernten Fremdsprachen und einer Herkunftssprache (38,6 Prozent) (= Gruppenvergleich 1) am häufigsten genannt.

Darüber hinaus besteht die Tendenz, dass Lernende mit umfangreicheren Sprachpotenzialen oder Sprachlernerfahrungen (= Gruppenvergleiche 1 und 2) insbesondere Aspekte des Sprachmaterials, also die Arbeit mit sprachlichen Mitteln, als schwieriger einstufen, wie in der Abb. 2 beispielhaft bei der Gegenüberstellung von Schüler:innen mit vorgelernten Sprachen und Lernenden mit vorgelernten Sprachen und Herkunftssprachen (= Gruppenvergleich 1) zu sehen ist.

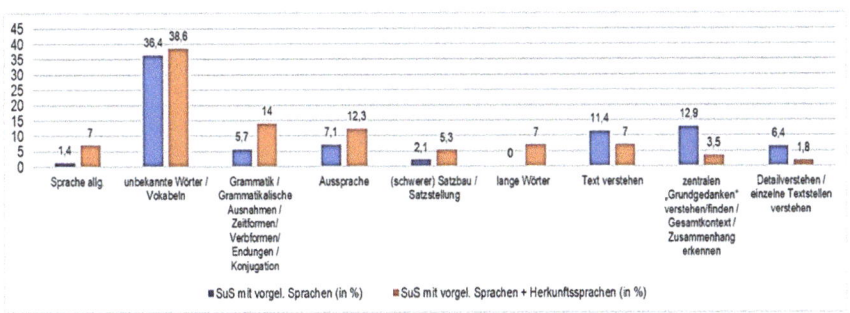

Abb. 2: Vergleich der Prozentangaben von Lernenden mit vorgelernten Sprachen und mit vorgelernten Sprachen + Herkunftssprachen (= Gruppenvergleich 1) auf die Frage „Was findest du an Texten in der Fremdsprache (ob auf Englisch oder auf Französisch/Spanisch) schwer?".

Bei Textverstehensprozessen bzw. der Entwicklung eines Verständnisses von zentralen Aussagen oder Detailverstehen wechselt die Tendenz jedoch dahingehend, dass vor allem Lernende mit geringeren Sprachpotenzialen (also ohne Herkunftssprachen) vermehrt das Problem benennen, dass es schwer fällt, Texte generell, den zentralen Grundgedanken oder auch einzelne Textstellen zu verstehen. Bei der Frage „Wie vereinfachst du Texte, um sie zu verstehen?"

zeigen beide Gruppen ähnliche Strategien, die sie anwenden. So greifen die Befragten u. a. darauf zurück, Texte in Abschnitte einzuteilen, eine Zusammenfassung in eigenen Worten vorzunehmen, Texte mehrmals zu lesen oder sich diese bildlich vorzustellen. Unterschiede ergeben sich vor allem bei Strategien, die im Bereich der Übersetzung zu verorten sind. Diese werden häufiger von Lernenden mit einem größeren Sprachenportfolio angeführt, während Lernende mit lediglich vorgelernten Fremdsprachen (= Gruppenvergleich 1) deutlich weniger auf Übersetzungsstrategien zurückgreifen. Diese Tendenz zeigt sich auch bei Antworten von Lernenden mit größerer Sprachlernerfahrung durch eine längere Lernzeit der zweiten Fremdsprache im Schulsystem (= Gruppenvergleich 2). Beide Kategorien werden von fortgeschrittenen Lernenden häufiger benannt (vgl. hierzu die Ergebnisse „Text(stellen)" übersetzen": 10,3 Prozent versus 7,6 Prozent; „Vokabeln übersetzen bzw. Fremdwörter etc. nachschlagen": 18,6 Prozent versus 12,7 Prozent in Abb. 3). Textvereinfachungsstrategien werden insgesamt von Lernenden, die Französisch als zweite Sprache länger lernen, häufiger genannt als von Lernanfänger:innen, wie in Abb. 3 – mit einer Ausnahme – von der zweiten bis zur achten Antwortkategorie zu sehen ist. Anfänger:innen dagegen setzen im Vergleich zu Fortgeschrittenen (= Gruppenvergleich 2) eher auf das Lesen selbst bzw. Merkmale des Lesens: Dazu gehört das mehrmalige Lesen (13,9 Prozent versus 9,3 Prozent) oder der Versuch, sich die Texte bildlich vorzustellen (16,5 Prozent versus 6,2 Prozent). Auch greifen sie eher auf fremde

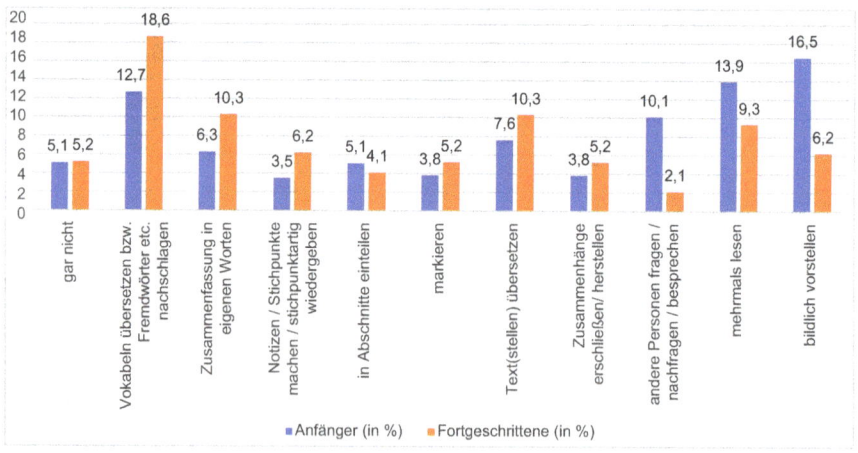

Abb. 3: Vergleich der Prozentangaben von Anfänger:innen einer zweiten Fremdsprache und Fortgeschrittenen einer zweiten Fremdsprache (= Gruppenvergleich 2) auf die Frage „Wie vereinfachst du Texte, um sie zu verstehen?".

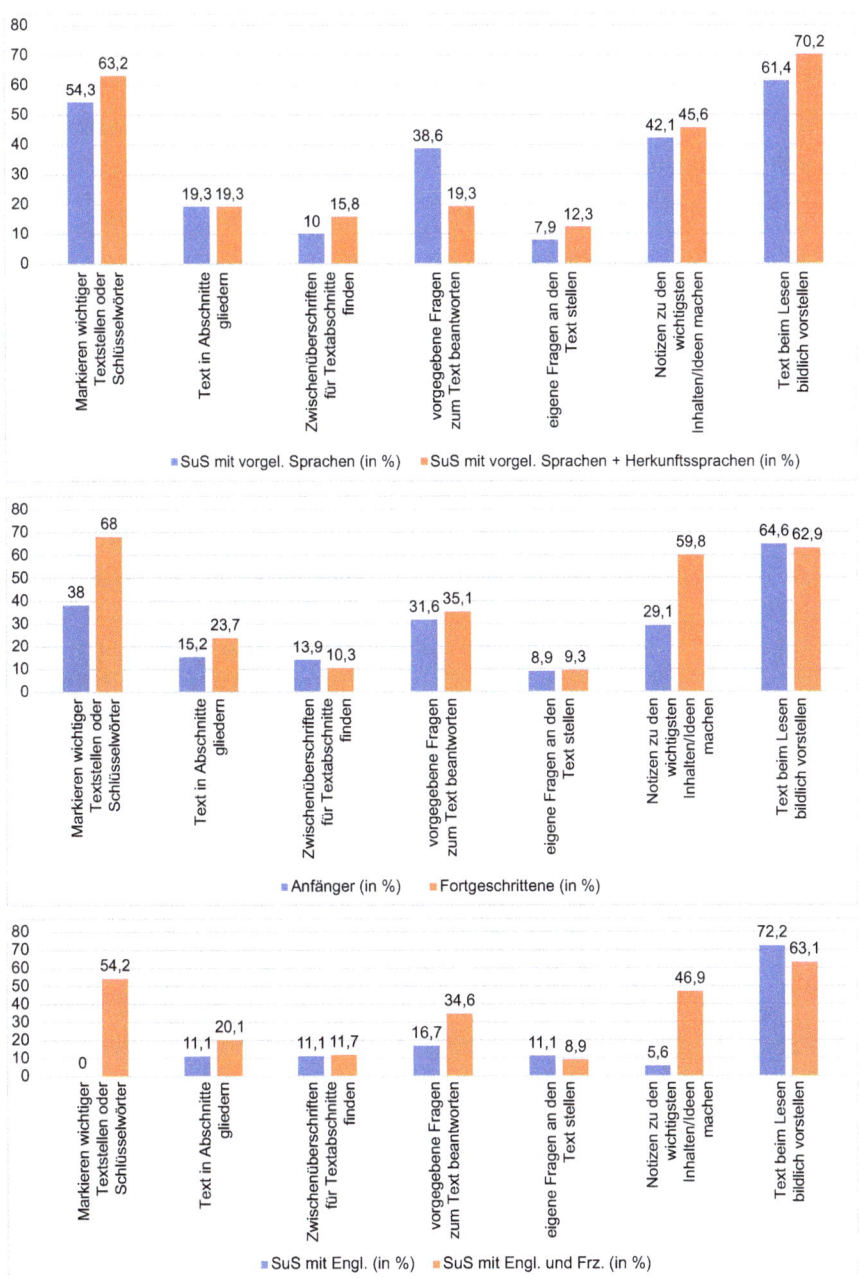

Abb. 4: Vergleich der Prozentangaben von Fremdsprachenlernenden (Gruppenvergleiche 1, 2 und 3) im Hinblick auf Aktivitäten und Strategien beim Lesen.

Hilfen zurück („andere Personen fragen/nachfragen/besprechen": 10,1 Prozent versus 2,1 Prozent):

Bei der Frage „Welche Aktivitäten helfen dir beim Lesen, um Texte besser zu verstehen?" mit konkreten Antwortvorgaben, bei denen eine Mehrfachauswahl möglich war, wird deutlich, dass Lernende mit umfangreicheren Sprachpotenzialen oder auch Sprachlernerfahrungen (= Gruppenvergleiche 1, 2 und 3) häufiger Strategien benennen, die ihnen helfen, um Texte entschlüsseln bzw. besser zu verstehen. Dies kann den drei Grafiken in Abb. 4 auf der vorangehenden Seite entnommen werden.

Insgesamt fällt hierbei auf, dass Fremdsprachenlernende vor allem wichtige Textstellen oder Schlüsselwörter markieren, sich Notizen zu den wichtigsten Inhalten/Ideen machen oder sich den Inhalt des Textes beim Lesen bildlich vorstellen, um komplexe Texte zu verstehen. Diese Strategien scheinen – neben dem Beantworten von konkreten Fragen zum Text – bei der Textarbeit im Fremdsprachenunterricht fest etabliert zu sein und sehr häufig genutzt zu werden. Daher sind jene Schüler:innen, die mehr (Fremd-)Sprachen sprechen und bzw. oder diese länger im Unterricht lernen, hier häufig geübter, was aber auch nachvollziehbar erscheint, da sie mit mehr Texten bisher konfrontiert waren. Anschließend an die vorhergehenden Ergebnisse fällt hier die Kategorie „Markieren wichtiger Textstellen oder Schlüsselwörter" auf, die erneut deutlich macht, dass der Bereich des Wortschatzes für Fremdsprachenlernende einen wichtigen Stellenwert bei der Textarbeit bzw. beim Verstehen von als schwierig bzw. als komplex wahrgenommenen Texten einnimmt.

4 Diskussion der Ergebnisse

Lesen in der Fremdsprache ist als komplexer Prozess zu verstehen, der verschiedene Dimensionen umfasst. Sowohl Sprach- als auch Weltwissen werden benötigt, um fremdsprachliche Texte erfassen zu können. Dies trifft für alle Fremdsprachenlernende gleichermaßen zu. Fremdsprachliche Texte werden von den Lernenden als komplex und schwierig eingestuft. Hauptgrund dafür seien fehlende Sprachkenntnisse im Bereich des Wortschatzes. Dies trifft genauso auf unerfahrene wie auf erfahrene fremdsprachliche Leser:innen zu. Beim Lesen bzw. Entschlüsseln fremdsprachlicher Texte haben demnach alle Lernenden, unabhängig von der konkreten Sprachbiografie, ähnliche Abläufe bzw. Prozesse.

Vielfältigere Sprachpotenziale oder längere Sprachlernerfahrungen führen nicht dazu, dass fremdsprachliche Texte als einfacher eingestuft werden. Vielmehr fällt auf, dass Lernende die Textarbeit sogar noch als komplexer auffassen.

Hierfür kann ein Grund sein, dass die Textkomplexität bei nachgelernten Fremdsprachen von Jahr zu Jahr tatsächlich parallel oder sogar überproportional zur Lernprogression zunimmt. Ein Wechsel bzw. Bruch bei der Bewertung der Komplexität liegt bei etwa eineinhalb bis zwei Jahren, denn Lernende stufen zu Beginn des L3-Erwerbs, also nach einem guten Jahr Lernerfahrung, Textarbeit als weniger komplex ein als Lernende bei ihrer Selbstwahrnehmung mit mindestens zwei Jahren Fremdsprachenunterricht. Dies hält bis ins fünfte Fremdsprachenlernjahr an, wie die Ergebnisse der vorliegenden Studie zeigen. Es stellt sich daher die Frage, ab welchem Niveau die Wahrnehmung erneut wechselt und welche Voraussetzungen dafür vorliegen müssen, wann also der Wortschatz nicht mehr den Hauptfaktor für die Wahrnehmung von Textkomplexität darstellt.

Weiterhin fällt auch auf, dass umfangreichere Sprachpotenziale und Sprachlernerfahrungen dazu führen, dass Fremdsprachenlernende ein größeres Strategiereservoir besitzen, auf das sie beim Umgang mit Textkomplexität, d. h. im Verstehensprozess, aktiv zurückgreifen können. Diese Strategien scheinen bei der Textarbeit im Fremdsprachenunterricht fest etabliert zu sein, was sich vermutlich auch daraus ergibt, dass dies im Deutschunterricht von der Grundschule an eingeübt wird. Jüngere Schüler:innen, mit geringeren Sprachkenntnissen, zeigen bei der Anwendung dieser Strategien mehr Zurückhaltung, wobei das nicht heißen muss, dass sie sie nicht kennen.

5 Fazit und Ausblick

Auch wenn in der vorliegenden Studie fast 200 Fremdsprachenlernende befragt werden konnten, zeigen die Ergebnisse lediglich erste Tendenzen, die an vorhandene Erkenntnisse aus vorhergehenden Studien anknüpfen. Zudem ist festzuhalten, dass es sich hierbei um eine Studie mit einer Selbsteinschätzung der Lernenden handelte. Aussagen über die Wirkungsweise von konkreten didaktischen Ansätzen auf Textverstehensprozesse können nicht vorgenommen werden. Auch wenn alle Fremdsprachenlehrkräfte, die den Fragebogen in ihren Klassen verteilt haben, nach eigener Aussage einen kompetenzorientierten Ansatz verfolgen und auch stellenweise Bezüge zu anderen Sprachen beim Erwerb der dritten Fremdsprache herstellen – in der Regel auf der Ebene von Hinweisen zu einzelnen sprachlichen Phänomenen – bleibt doch festzuhalten, dass keine der Lehrkräfte in ihrem Unterricht mehrsprachigkeitsdidaktische Ansätze verfolgt. Daher wäre eine Fortführung der Studie, nicht nur in Form einer weiteren Fragebogenerhebung, sondern auch beim Messen der sprachlichen Progression im Bereich der Lesekompetenz interessant, nachdem eine Intervention von mehrsprachigkeitsdidaktischen Aufgaben und Übungen erfolgt ist. Erkenntnisse aus anderen Interventionsstudien, wie etwa zur Ausspracheförderung von deutsch-türkischen Französisch- und Spanischlernenden (vgl. u. a. Gabriel, Grünke & Schlaak 2020; 2022, 2023) legen nahe, dass Schüler:innen bessere Ergebnisse beim Erwerb der Fremdsprache erreichen, wenn man sie konkret darauf trainiert, ihr vorhandenes Sprachpotenzial zu nutzen.

Bibliographie

Al-Faki, Ibrahim M. & Ahmed Gumaa Siddiek (2013): The Role of Background Knowledge in Enhancing Reading Comprehension. *World Journal of English Language* 3 (4), 42–66.

Blell, Gabriele & Eva Leitzke-Ungerer (2011): English – Español als neuer Vernetzungsraum im Fremdsprachenunterricht (EEV). In Britta Hufeisen & Beate Lindemann (Hrsg.), *Vieles ist sehr ähnlich. Individuelle und gesellschaftliche Mehrsprachigkeit als bildungspolitische Aufgabe*, 153–173. Baltmannsweiler: Hohengehren.

Bürgel, Christoph (2012): Texttypenspezifische Lesekompetenz fördern – Aspekte einer sprachübergreifenden Textdechiffrierungsmethode *English-Español*. In Eva Leitzke-Ungerer, Gabriele Blell & Ursula Vences (Hrsg.), *Englisch-Español: Vernetzung im kompetenzorientierten Spanischunterricht*, 115–135. Stuttgart: ibidem.

Caspari, Daniela (1994): *Kreativität im Umgang mit literarischen Texten im Fremdsprachenunterricht: theoretische Studien und unterrichtspraktische Erfahrungen.* Frankfurt a.M.: Peter Lang.

Caspari, Daniela (2000): Kreative Textarbeit als Beitrag zum Fremdverstehen. *Fremdsprachenunterricht* 44 (53), 81–86.

Caspari, Daniela (2005): Kreativitätsorientierter Umgang mit literarischen Texten – revisited. *Praxis Fremdsprachenunterricht* 6, 12–16.

Christmann, Ursula (2006): Textverstehen. In Joachim Funke & Peter A. Frensch (Hrsg.), *Handbuch der Allgemeinen Psychologie – Kognition*, 612–620. Göttingen: Hogrefe.

Cenoz, Jasone (2003): The additive effect of bilingualism third language acquisition: A review. *International Journal of Bilingualism* 7, 71–87.

Droop, Mienke & Ludo Verhoeven (1998): Background Knowledge, Linguistic Complexity, and Second-Language Reading Comprehension. *Journal of Literacy Research* 30 (2), 253–271.

Foschi Albert, Marina (2012): Lesestrategien zur Ermittlung der Textkohärenz in fremdsprachigen Texten. *Zeitschrift für Interkulturellen Fremdsprachenunterricht. Didaktik und Methodik im Bereich Deutsch als Fremdsprache* 17 (1), 25–39.

Gabriel, Christoph, Jonas Grünke & Claudia Schlaak (2022): Unterstützt die Herkunftssprache Türkisch den Erwerb der französischen Prosodie? Eine Pilotstudie zur Förderung mit digitalen Aussprachetools. In Frank Schöpp & Aline Willems (Hrsg.), *Unterricht der romanischen Sprachen & Inklusion: Rekonstruktion oder Erneuerung?* Stuttgart: ibidem.

Gabriel, Christoph, Jonas Grünke & Claudia Schlaak (2023): Using digital tools to foster the acquisition of L3 French prosody in an autonomous learning process. An intervention study with German-Turkish learners. In Lukas Eibensteiner, Amina Kropp, Johannes Müller-Lancé &

Claudia Schlaak (Hrsg.), *Neue Wege des Französischunterrichts. Linguistic Landscaping und Mehrsprachigkeitsdidaktik im digitalen Zeitalter*. Tübingen: Narr.

Gabriel, Christoph, Jonas Grünke & Claudia Schlaak (2020): Autonomes digitales Lernen: Materialien zur Förderung der Aussprache deutsch-türkischer Französischlernender. *Französisch heute* 51 (3), 32–37.

Haberkern, Rainer (2005): Zwölf Thesen zur Textarbeit. Textarbeit im Spannungsfeld von Lernerorientierung und Textanspruch. *Praxis Fremdsprachenunterricht* 2, 2–5.

Hinz, Klaus (2003): Kreative literaturbezogene Textproduktion im Englischunterricht. Aufgaben, Textverstehen und Leistungsbeurteilung. *Praxis des neusprachlichen Unterrichts* 4, 351–359.

Hoffmann, Ilka (2017): Die Bedeutung des Inklusionskonzepts für die Schule in der Einwanderungsgesellschaft. In Claudia Schlaak & Sylvia Thiele (Hrsg.), *Migration, Mehrsprachigkeit und Inklusion. Strategien für den schulischen Unterricht und die Hochschullehre*, 13–24. Stuttgart: ibidem.

Johnson, Patricia (1981): Effects on Reading Comprehension of Language Complexity and Cultural Background of a Text. *TESOL Quarterly* 15 (2), 169–181.

Koch, Corinna (2017): *Texte und Medien in Fremdsprachenunterricht und Alltag: eine empirische Bestandsaufnahme per Fragebogen mit einem Schwerpunkt auf Comics*. Stuttgart: ibidem.

Koch, Corinna, Claudia Schlaak & Sylvia Thiele (2020): Vorwort. In Corinna Koch, Claudia Schlaak & Sylvia Thiele (Hrsg.), *Zwischen Kreativität und literarischer Tradition – Zum Potential von literarischen Texten in einem kompetenzorientierten Spanischunterricht*, 5–9. Stuttgart: ibidem.

Leupold, Eynar (2001): Autumn, Automne, Autunno, Herbst ... Methodische Schritte zu einem mehrsprachigen Gedichtvergleich. *Der fremdsprachliche Unterricht Französisch* 35, 26–29.

Meißner, Franz-Joseph (2001): Mehrsprachigkeitsdidaktik im Studium von Lehrenden fremder Sprachen. In Frank G. Königs (Hrsg.), *Impulse aus der Sprachlehrforschung. Marburger Vorträge zur Ausbildung von Fremdsprachenlehrerinnen und -lehrern*, 111–130. Tübingen: Narr.

Meireles, Selma M. (2006): Leseverstehen aus der Perspektive des Nicht-Muttersprachlers. In Hardarik Blühdorn, Eva Breindl & Ulrich H. Waßner (Hrsg.), *Text – Verstehen. Grammatik und darüber hinaus*, 299–314. Berlin, New York: De Gruyter.

Nieweler, Andreas (2013): Die Arbeit mit literarischen Texten. *Der Fremdsprachliche Unterricht Französisch* 126, 22–25.

Nünning, Ansgar & Carola Surkamp (2010): *Englische Literatur unterrichten. Grundlagen und Methoden*. 3. Aufl. Seelze-Velber: Kallmeyer.

OECD & wbv Media (2019): *PISA 2018 Ergebnisse. Was Schülerinnen und Schüler wissen und können*. Paris: OECD.

Plötner, Kathleen & Claudia Schlaak (2017): *Inklusions-Material. Spanisch. Klasse 5 – 10*. Berlin: Cornelsen.

Rauch, Dominique P., Astrid Jurecka & Hermann-Günter Hesse (2010): Für den Drittspracherwerb zählt auch die Lesekompetenz in der Herkunftssprache. Untersuchung der Türkisch-, Deutsch- und Englisch-Lesekompetenz bei Deutsch-Türkisch bilingualen Schülern. In Cristina Allemann-Ghionda, Petra Stanat, Kerstin Göbel & Charlotte Röhner (Hrsg.), *Migration, Identität, Sprache und Bildungserfolg, Zeitschrift für Pädagogik* 55, 78–100. Weinheim u. a.: Beltz.

Reimann, Daniel (2016): Zur „mehrsprachigen Wende" des Fremdsprachenunterrichts. In Marcus Bär, Walther L. Bernecker & Marita Lüning (Hrsg.), *Interkulturalität und Mehrsprachigkeit. Beiträge zu Sprache, Literatur und Kultur Spaniens und Lateinamerikas. Festschrift zum 75. Geburtstag von Ursula Vences*, 117–129. Berlin: tranvía.

Reissner, Christina (2012): Den Sprachenunterricht vernetzen: Das Englische als Brückensprache zum Spanischen. In Eva Leitzke-Ungerer, Gabriele Blell & Ursula Vences (Hrsg.), *Englisch-Español: Vernetzung im kompetenzorientierten Spanischunterricht*, 181–201. Stuttgart: ibidem.

Schlaak, Claudia (2017): Bewahrung literarischer Ästhetik oder kreative Literaturarbeit? – Textarbeit im Spanischunterricht. *Hispanorama* 158, 79–83.

Schrader, Heide (1995): Am Leser orientierter Umgang mit literarischen Texten. *Fremdsprachenunterricht* 4, 264–269.

Sekretariat der Ständigen Konferenz der Kultusminister der Länder in der Bundesrepublik Deutschland (2014): *Bildungsstandards für die fortgeführte Fremdsprache (Englisch/Französisch) für die Allgemeine Hochschulreife, Beschluss der Kultusministerkonferenz vom 18.10.2012*. Köln: Wolters Kluwer Deutschland GmbH.

Strohner, Hans (2006): Textverstehen aus psycholinguistischer Sicht. In Hardarik Blühdorn, Eva Breindl & Ulrich H. Waßner (Hrsg.), *Text – Verstehen. Grammatik und darüber hinaus*, 187–204. Berlin, New York: De Gruyter.

Swain, Merrill, Sharon Lapkin, Norman Rowen & Doug Hart (1990): The role of mother tongue literacy in third language learning. *Language, Culture and Curriculum* 3, 65–81.

Tesch, Bernd (2020): Schwere Texte leicht gemacht. Zum Umgang mit literarischen Texten in der Praxis des Spanischunterrichts und in der Lehrerbildung. In Corinna Koch, Claudia Schlaak & Sylvia Thiele (Hrsg.), *Zwischen Kreativität und literarischer Tradition – Zum Potential von literarischen Texten in einem kompetenzorientierten Spanischunterricht*, 257–272. Stuttgart: ibidem.

Yousef, Hedieh, Lotfollah Karimi & Kamaran Janfeshan (2014): The Relationship between Cultural Background and Reading Comprehension. *Theory and Practice in Language Studies* 4 (4), 707–714.

Kerstin Meier

Literatur im Unterricht. Zur Vereinfachung von französischen Originaltexten in der Reihe *Easy Readers*

Abstract: This paper analyses the strategies of simplification applied to eight original texts of French short prose in the *Easy Readers* series. The aim is to clarify whether the simplifications are limited to the obvious complexity on the linguistic surface or whether they can also reduce the three essential factors of semantic and discourse-traditional complexity according to Meier (2020), namely deviations of norms and traditions, context-dependent implicity and demands on the readers' knowledge. Furthermore, an evaluation of the simplified versions is made on the basis of the analysis. This considers whether the adaptations are sufficiently effective to offer L2 learners a more fluent and motivating reading of French literature. On the other hand, it is also revealed that the supposed simplifications can have problematic effects on the meaning. From this, it can be deduced which genres such a form of simplification is suitable for and which it is not suitable for.

1 Einleitung

Literarische Texte zeichnen sich aufgrund ihrer essentiellen Merkmale wie Leerstellen, einer besonderen formalen Gestaltung sowie regelmäßigen Abweichungen von Normen und Traditionen des Sprechens und Schreibens durch eine tendenziell stark ausgeprägte semantische Komplexität aus. Diese Eigenschaften und die damit verbundene Komplexität stellen zum einen eine Chance, aber auch eine Hürde für ihren Einsatz im Fremdsprachenunterricht dar. Es ist unstrittig, dass die Behandlung authentischer Literatur des Zielsprachenlandes unverzichtbar ist für den in den Bildungsstandards (vgl. KMK 2012: 14–21) geforderten Aufbau kommunikativer und interkultureller Kompetenzen sowie von Text- und Medienkompetenz. Glaap & Rück (2003: 133) begründen dies gerade unter Verweis auf die genannten Besonderheiten literarischer Texte, die Deutungsspielräume eröffnen, das Aktivieren eigener Erfahrungen und Sinnentwürfen motivieren und somit die Chance zum Austausch und Aushandeln adäquater Lesarten in der Fremdsprache bieten. Diesem unhintergehbaren Nutzen des Einsatzes literarischer Texte im Fremdsprachenunterricht stehen aber häufig begrenzte sprachliche und interkulturelle Kenntnisse der Schülerinnen und Schüler, Defizite beim Leseverstehen in

Mutter- und Fremdsprache sowie eine geringe Lesemotivation (vgl. Fäcke 2010: 190–191) entgegen. Einen Ausweg aus diesem Dilemma, weder auf die Möglichkeit des Kompetenzaufbaus mittels repräsentativer literarischer Texte zu verzichten, noch die Schülerinnen und Schüler zu überfordern und zu demotivieren, kann die Adaption dieser Texte mit dem Ziel der Reduktion ihrer Komplexität darstellen. Dieser Aufgabe widmet sich seit Jahrzehnten die Redaktion der *Easy-Readers*-Reihe, die Werke der französischen Literatur für unterrichtliche Zwecke bearbeitet und somit das hervorbringt, was der Klett Verlag, der die Reihe in Deutschland vertreibt, mit dem Prädikat „Originale – meisterhaft gekürzt und vereinfacht"[1] bewirbt.

Im Folgenden soll untersucht werden, wie und wie effektiv in den acht *Easy-Readers*-Versionen der in Tab. 1 aufgeführten Werke der französischen Kurzprosa Komplexität reduziert wird und mit welchen Chancen und Risiken eine solche Vereinfachung durch Eingriffe in die Textstruktur einhergeht.[2]

Tab. 1: Korpus.

Autor, Titel	Erscheinungsjahr des Originals	Gattung	Erscheinungsjahr, GeR[3]-Niveau der ER[4]-Version
1. Alphonse Daudet, *La Mort du Dauphin*	1866	Prosaballade	1975, A 2
2. Alphonse Daudet, *La Chèvre de M. Seguin*	1866	Prosafabel in literarischem Brief	1975, A 2
3. Émile Zola, *Naïs Micoulin*	1877	naturalistische Novelle	1989, B 1
4. Guy de Maupassant, *La Main*	1883	*conte fantastique*	1986, B 1

---

1 https://www.klett-sprachen.de/easy-readers-franzoesisch.
2 Die Darstellung basiert maßgeblich auf den in Meier (2020: 457–552) ausführlich vorgestellten Textanalysen und Vergleichen zwischen Originalfassung und Vereinfachung hinsichtlich der ersten sieben aufgeführten Werke.
3 Mit GeR wird der *Gemeinsame europäische Referenzrahmen für Sprachen* (Europarat: 2013) bezeichnet.
4 Die Abkürzung ER steht für *Easy Readers*.

Tab. 1 (fortgesetzt)

Autor, Titel	Erscheinungsjahr des Originals	Gattung	Erscheinungsjahr, GeR[3]-Niveau der ER[4]-Version
5. Guy de Maupassant, *La Parure*	1884	naturalistische *nouvelle à chute*	1970, B 2
6. Julien Green, *Christine*	1924	symbolische Novelle	1983, A 2
7. Julien Green, *Léviathan (La Traversée inutile)*	1926	symbolische Novelle	1983, A 2
8. Anna Gavalda, *Petites pratiques germanopratines*	1999	sozialkritische/ psychologische Novelle	2014, A 2

Zuvor werden aber die Grundzüge des Komplexitätsmodells nach Meier (2020) und die resultierende Definition semantischer und diskurstraditioneller Komplexität vorgestellt, auf deren Basis die Komplexitätsreduktion in den *Easy-Readers*-Fassungen beurteilt werden soll.

2 Definition semantischer und diskurstraditioneller Komplexität nach Meier (2020)

Meier (2020) konzentriert sich auf das Zusammenspiel von Diskurstraditionen und Textsemantik und gelangt so zu einer Konkretisierung des Begriffs der Textkomplexität, die als Merkmal von Texten und als mehrdimensionale Größe verstanden wird. Die so entwickelte Definition von Komplexität ist untrennbar verbunden mit einem Komplexitätsmodell, das unterschiedliche Faktoren und Dimensionen von Komplexität integriert. Die Anwendung dieses Modells bzw. Analyserasters auf ein Korpus vergleichbarer Texte – also z. B. Texte derselben Gattung – liefert ein differenziertes Bild der Gesamtkomplexität eines gegebenen Textes, gestattet Komplexitätsvergleiche innerhalb des Korpus sowie das Aufdecken von Wechselwirkungen zwischen Diskurstraditionen und semantischer Komplexität.

Dem Komplexitätsmodell liegen zwei zentrale Prämissen zugrunde. Das ist zum einen die schon erwähnte Verflechtung von Diskurstraditionen und Textsemantik. Menschliches Sprechen und Schreiben wird nämlich nicht nur durch die Regeln einer historischen Einzelsprache bestimmt, sondern auch durch allgemein-universelle Prinzipien des Sprechens und durch Diskurstraditionen determiniert (Coseriu 2007a: 45–46). Letztere umfassen das sprachbezogene Wissen, „wie man Texte in bestimmten Situationen konstruiert" (Coseriu 2007b: 74), leiten also „die Selegierung sprachlicher Elemente und deren Arrangement zu einer Textgestalt an [...]" (Schrott 2015: 83). Somit haben Diskurstraditionen großen Einfluss auf die Sinnbildung in Texten und können folglich sowohl semantische Komplexität als auch Einfachheit bedingen. Daraus ergibt sich die Notwendigkeit, semantische Komplexität in Verbindung mit Diskurstraditionen und diskurstraditioneller Komplexität zu untersuchen und entsprechende Kategorien in ein Modell zur Analyse von Textkomplexität zu integrieren. Die zweite Prämisse, die den Aufbau des Komplexitätsmodells leitet, betrifft die Sicht auf Texte und ihre Rezeption. So werden Texte in Meier (2020) per se als komplexe bzw. übersummative Größen begriffen, deren Sinn über die Summe der einzelnen Zeichenbedeutungen weit hinausgeht (vgl. Gansel & Jürgens 2009: 19). Folglich kann die Textbedeutung nicht objektiv gegeben sein, sondern muss von den Leserinnen und Lesern im Rahmen eines aktiven Prozesses der Bedeutungs*konstruktion* ermittelt werden (Christmann & Groeben 1996: 1536), wobei sie die sinnbildenden Kontexte (Situation, Redekontext, Wissen) (Coseriu 2007a: 143) berücksichtigen, Leerstellen füllen, Andeutungen einlösen, Beziehungen zwischen Textelementen herstellen und verschiedene Arten von Hintergrundwissen aktivieren müssen.

Der Aufbau des Komplexitätsmodells erfolgt auf der Grundlage semantischer, pragmatischer und textlinguistischer Theorien, die die genannten Prämissen ins Zentrum ihrer Modellierungen stellen. Dazu gehören das Modell der Sprachkompetenz nach Coseriu (2007b), Coserius (2007a) Theorie der Umfelder und der Evokation sowie die *Frame*-Semantik, die beschreibt, wie Wissen gespeichert und in den Verstehensprozess eingebracht wird. Des Weiteren werden die Theorie der Grice'-schen Maximen und Implikaturen (vgl. Grice 1989) hinzugezogen, die gerade für die Differenzierung unterschiedlicher Komplexitätsgrade des Impliziten unverzichtbar ist, sowie Schrotts (2015) Nachweis der Anschließbarkeit der Diskurstraditionen an das Grice'sche Kooperationsprinzip und seine Maximen. Diese Theorien werden in Hinblick auf bedeutungskonstituierende Textelemente und Umfelder (die sogenannten Komplexitätskategorien) sowie komplexitätssteigernde Faktoren ausgewertet, die dann wiederum im Rahmen von konkreten Textanalysen auf ihre Relevanz hin überprüft werden. Auf diese Weise werden zunächst die im Folgenden aufgeführten Komplexitätskategorien (vgl. Tab. 2) hergeleitet, hinsichtlich derer die Komplexität eines Textes innerhalb eines gegebenen Korpus auf einer Skala von 0–6 verortet wird (vgl. Meier 2020: 153–167):

Tab. 2: Komplexitätskategorien.

	Komplexitätsmerkmal bzw. -kategorie	Ausprägung der Komplexität
Komplexitäts*merkmale*:	*Frame-* bzw. Gattungsbrüche oder Gattungsmischungen (FB)	0–6
	Leerstellen/Aussparungen (L)	0–6
	Andeutungen/Evokationen (A)	0–6
Komplexität in Bezug auf die *Dimensionen* ...	Umgang mit den Grice'schen Maximen (M)	0–6
	suppletive Kontextbildung (SK)	0–6
	Frames/*Frame*-Systeme & die Etablierung von Themen (FT)	0–6
	Kohäsion & lokale Kohärenz (KK)	0–6
	Wortsemantik (W)	0–6
	Satzsemantik (S)	0–6
Anforderungen an das ...	elokutionelle Wissen der Rezipienten (EW)	0–6
	einzelsprachliche Wissen der Rezipienten (IW)	0–6
	diskurstraditionelle Wissen der Rezipienten (DW)	0–6
	lebensweltliche Wissen der Rezipienten (LW)	0–6
Aufwand der ...	Bedeutungserschließung der zweiten semiotischen Ebene (2. E)	0–6

Um wirkliche Komplexitätsmerkmale, deren Vorhandensein zwangsläufig zu einer erhöhten Komplexität des untersuchten Textes führt, handelt es sich nur bei den drei ersten Kategorien. „*Frame-* bzw. Gattungsbrüche oder Gattungsmischungen" gehen häufig mit ausgeprägten Inkohärenzen einher und verlangen der Leserschaft kreative Inferenzen ab, die eben nicht auf die verletzten Konventionen bauen können. Mit „Leerstellen/Aussparungen" sind Leerstellen in Bezug auf das zentrale Handlungsschema einer Erzählung, ihre Motivierung oder Bewertung gemeint, die die Rezipientinnen und Rezipienten ebenfalls zu anspruchsvollen Schlussfolgerungen ‚nötigen'. Ebensolche verlangt die Einlösung von „Andeutungen oder Evokationen". Diese liegen vor, wenn ein Text die von Coseriu (2007a: 92–137) als Evokation titulierten Zeichenrelationen aufweist, also z. B. Formen von Intertextualität, Symbole, stilistische Besonderheiten oder Bezüge zwischen Textelementen auf verschiedenen Ebenen. Während die so verstandenen Komplexitäts*merkmale* nur in bestimmten Texten in Erscheinung treten, handelt es sich bei den übrigen elf Komplexitäts*kategorien* um Dimensionen und Umfelder von Textualität, die für jeden (literarischen) Text relevant sind und für die die jeweilige Ausprägung von Komplexität festzustellen ist. Während beispielsweise das konsequente Befolgen der Grice'schen Maximen der Quantität, Qualität, Relevanz und Modalität für Einfachheit spricht, führt ihre häufig diskurstraditionell bedingte Beugung, Umdeutung oder Verletzung zu einer erhöhten Komplexität. Die Kategorie „suppletive Kontextbildung" ergibt sich aus der Notwendigkeit, in narrativen Texten die bei *face-to-face*-Kommunikation unmittelbar gegebene Situation mit ihren zentralen Parametern Personen, Ort und Zeit verbal aufzubauen. Dieser verbale Aufbau des fiktionalen Universums kann unterschiedlich komplex ausfallen, je nachdem wie gut die Leserinnen und Leser darin orientiert werden (Aschenberg 1999: 169, 187).[5] Die drei sprachlichen bzw. sprachbezogenen Wissenstypen, die Coseriu (2007b) der universellen, historischen und individuellen Ebene des Sprechens zuordnet und die ebenso wie lebensweltliches Wissen für die Rezeption von Texten verfügbar sein müssen, finden sich als *Anforderungen* an das Wissen der Rezipientinnen und Rezipienten unter den Komplexitätskategorien wieder und werden bewusst differenziert. Ein Text kann nämlich ganz unterschiedlich hohe Anforderungen an das elokutionelle, einzelsprachliche oder diskurstraditionelle Wissen stellen, und die Verfügbarkeit bestimmter Wissensbestände – insbesondere der Diskurstraditionen – kann wiederum die Komplexität anderer Kategorien entlasten, was im Komplexitätsprofil eines Textes erkennbar sein soll. Die letzte Kategorie, der „Aufwand der Bedeutungserschließung der zweiten semiotischen Ebene", ist der Analyse literarischer Texte geschuldet, die sich dadurch auszeichnen, dass das Geschilderte einen Sinn hat, der in der Regel nicht unmittelbar mit dem Geschilderten zusammenfällt, sondern von den Leserinnen und Lesern herausgefunden werden muss (Coseriu 2007a: 65). Abhängig von möglichen Hinweisen auf der Textoberfläche, gattungsspezifischen Vorgaben, der Anzahl möglicher Lesarten und der Qualität der zu leistenden Inferenzen kann diese zentrale Komplexitätskategorie große Unterschiede bei der Ausprägung von Komplexität aufweisen.

Auf der Basis der Orientierung menschlichen Sprechens und Schreibens an Normen und Traditionen, der Übersummativität der Textbedeutung und der mit ihrer Konstruktion verbundenen Anforderungen an die Leserschaft erfolgt weiterhin die Identifikation von drei zentralen Komplexitäts*faktoren* und letztlich die folgende Definition semantischer und diskurstraditioneller Komplexität:

---

[5] Für nähere Erläuterungen zu den vier weiteren Komplexitätskategorien der 2. Untergruppe vgl. Meier (2020: 153–167).

Die Komplexität eines (literarischen) Textes wird durch das Wirken der Faktoren
1. Abweichungen von Normen und Traditionen des Sprechens und Schreibens sowie von prototypischen Wissensrahmen,
2. kontext- und sprecherabhängige, nicht konventionelle Implizitheit,
3. Anforderungen an das sprachliche, sprachbezogene und lebensweltliche Wissen

auf 14 zentrale sinnkonstituierende Umfelder und Merkmale von Texten (=Komplexitätskategorien) bestimmt. Dabei sind die in Tab. 2 aufgeführten Ziffern 0–6 Abkürzungen für die folgenden Ausprägungen von Komplexität:
0 – maximal einfach bzw. Komplexitäts*merkmal* (FB, L, A) nicht vorhanden; 1 – sehr gering ausgeprägte Komplexität; 2 – gering ausgeprägte Komplexität; 3 – mittlere Komplexität; 4 – deutlich erhöhte Komplexität; 5 – hohe Komplexität; 6 – sehr hohe Komplexität bzw. maximal komplex im Korpuskontext (vgl. Meier 2020: 148–180, 553–560).

Die qualitative Beurteilung des Komplexitätsgrades einer einzelnen Komplexitätskategorie, die aus Gründen der besseren Vergleichbarkeit und Visualisierung mithilfe von Ziffern erfolgt, orientiert sich an der Beschreibung maximaler Einfachheit einer Kategorie (vgl. Meier 2020: 167–172), die folglich mit 0 zu bewerten wäre, und der Überzeugung, dass es einen maximal komplexen Text als Referenzobjekt nicht gibt. Somit muss die Komplexitätsskala nach oben offen sein und ist die Möglichkeit einer absoluten Verortung eines Textes auf einer numerischen Komplexitätsskala auszuschließen. Relative Beurteilungen von Textkomplexität innerhalb eines Korpus vergleichbarer Texte können aber unter Berücksichtigung der Situation maximaler Einfachheit und des unterschiedlich starken Wirkens der Komplexitätsfaktoren (vgl. Schema 1) vor dem diskurstraditionellen Hintergrund eines Textes in plausibler Art und Weise getroffen werden.

Schema 1 illustriert, dass die drei großen Komplexitätsfaktoren zudem eng miteinander interagieren und somit ihr Wirken auf einen gegebenen Text bestimmten Regelmäßigkeiten folgt, was die Komplexitätsanalyse erleichtert. Dem 3. Komplexitätsfaktor Wissen kommt dabei die Rolle eines Metafaktors zu, der sowohl an der Identifikation von Abweichungen (Faktor 1) sowie Leerstellen oder Andeutungen (Faktor 2) beteiligt ist (vgl. vertikale Pfeile) als auch an ihrer Verarbeitung (vgl. horizontale Pfeile). Weiterhin zieht die Präsenz des 1. oder 2. Komplexitätsfaktors jeweils das Wirken der folgenden Faktoren nach sich (vgl. horizontale Pfeile), weil Abweichungen eine Art Symptom für das Vorliegen einer implizit vermittelten Bedeutung (Faktor 2) sind, die die Leserinnen und Leser nur unter Hinzuziehung von Hintergrundwissen (Faktor 3) inferieren können. Aber Abweichungen bilden nicht nur aufgrund ihrer Indizierung einer über das Gesagte hinausgehenden Be-

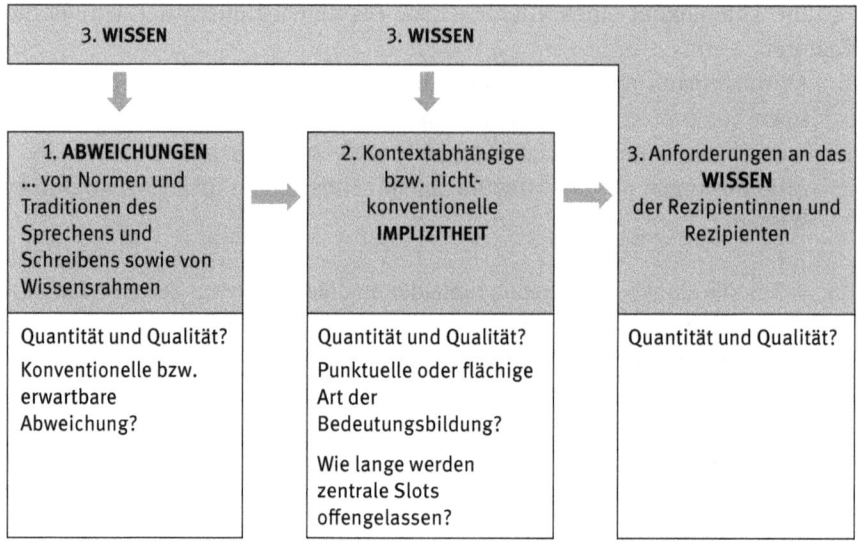

Schema 1: Komplexitätsfaktoren und ihr Zusammenspiel.

deutung den 1. Komplexitätsfaktor, sondern auch deshalb, weil sie der Leserschaft die Entlastung und Verständnissicherung verweigern, die mit der bewussten Ausrichtung an Normen, Traditionen und prototypischen Wissensrahmen verbunden ist. Da aber bestimmte Normabweichungen auch wieder zu Konventionen werden können, wie z. B. die notwendige Verletzung der Modalitätsmaxime in den *contes fantastiques*, muss bei der Beurteilung der Komplexität einer Abweichung immer auch deren potentielle Erwartbarkeit berücksichtigt werden. Dasselbe gilt für die Bewertung impliziter Bedeutungsbestandteile, die oftmals pauschal als Belege für Komplexität betrachtet werden. Die Auswertung der eng verzahnten Modellierungen der *Frame*-Semantik und der Grice'schen Theorie der Implikaturen sowie von Linke & Nussbaumers (2000) Überlegungen zu den impliziten Anteilen des Textsinns zeigt aber, dass nur das kontext- und sprecherabhängige, nicht-konventionelle Implizite als komplex zu betrachten ist, das von den Rezipientinnen und Rezipienten im Rahmen eines bewussten und wissensbasierten Schlussprozesses inferiert werden muss (vgl. Busse 2012: 669). Insbesondere der methodologische Zugriff der *Frame*-Semantik sensibilisiert für die unterschiedlichen Grade an kognitivem Aufwand, der bei der Inferenz impliziter Bedeutungsbestandteile aufzubringen ist (vgl. Busse 2012: 686–687). Wenn letztere nämlich regelmäßig oder konventionell mit bestimmten sprachlichen

Mitteln verbunden sind oder die Kohärenzherstellung in Texten auf der Grundlage von Standardwerten als Trägern von Normalitätserwartungen gelingt, dann erfolgen die nötigen Inferenzen automatisch, ohne spürbaren kognitiven Aufwand und sind nicht als komplex zu werten. Komplexe Ausprägungen des Impliziten liegen hingegen vor, wenn automatisch inferierte Standardwerte offene Slots nicht füllen können oder kreative und spontane Abweichungen spezifisches Wissen erfordern und anspruchsvolle Schlussprozesse in Gang setzen. Aus diesen Gründen wird nur das kontextabhängige, nicht-konventionelle Implizite als zentraler Komplexitätsfaktor betrachtet.

Diese Charakterisierung der ersten beiden Komplexitätsfaktoren kommt nicht ohne Verweise auf den 3. Komplexitätsfaktor *Wissen* aus, der oben bereits als Metafaktor tituliert wurde, weil er eben sowohl an der Identifikation von Abweichungen, Leerstellen und Evokationen als auch an ihrer Verarbeitung beteiligt ist. Die Omnipräsenz des Wissens im Kontext von Komplexität offenbart sich zusätzlich in seiner Doppelrolle, da es nicht nur als Komplexitätsfaktor, sondern auch als vierfache Kategorie im Komplexitätsmodell in Erscheinung tritt. Dies wiederum ist der Tatsache geschuldet, dass die Rezeption eines Textes vier analytisch klar zu unterscheidende Wissenstypen verlangt, die unterschiedlich komplex ausfallen können. Möglichkeiten, die Ausprägung ihrer Komplexität zu beurteilen, werden in den Abschnitten 4 und 7 thematisiert. In Bezug auf die objektiv schwer zu beurteilende Komplexität des lebensweltlichen Wissens soll an dieser Stelle nur angemerkt werden, dass auch dabei der Rückgriff auf *Frames* mit ihren klar definierten Konstituenten (Kern, Slots, Standardwerte, konkrete Filler im Text) etwas Klarheit zu schaffen vermag, da er erlaubt, oberflächliches von differenzierterem Wissen zu unterscheiden, und für die kognitiv entlastende Wirkung von Prototypikalität sensibilisiert.

Somit liefert das Komplexitätsmodell nach Meier (2020) eine mögliche Konkretisierung des Begriffs der Textkomplexität durch die Fokussierung auf semantische und diskurstraditionelle Komplexität und ihre Wechselwirkungen sowie die klare Identifikation von Komplexitätsfaktoren und -kategorien. Innerhalb eines gewissen Rahmens können so zuverlässige und reproduzierbare Einschätzungen der Orte und der Intensität der Komplexität eines Textes im Kontext eines Korpus getroffen werden. Unschärfen ergeben sich allerdings aus den noch zu vagen Kriterien für die Beurteilung des Komplexitätsgrades des verstehensnotwendigen Wissens, dem nicht hintergehbaren subjektiven Anteil bei der Bedeutungskonstruktion von Texten (Gardt 2013: 37) sowie den Schwierigkeiten bei der Vermittlung zwischen der entlastenden Wirkung von Konventionen und der Frage ihrer Verfügbarkeit. Gerade zum Zweck der Analyse der Strategien und Resultate von Textadaptionen mit dem Ziel der Vereinfachung erweist sich der Rückgriff auf dieses Komplexitätsmodell jedoch als gut geeignet. Zum einen lässt es einen klaren Vergleich des Wirkens der Komplexitätsfaktoren in Original und Vereinfachung zu, zum anderen erleichtert die Bereitstellung der Komplexitätskategorien, Effekte von Adaptionen auf die Komplexität bestimmter Textelemente und Umfelder aufzuzeigen, was auch in graphischer Form (vgl. Schema 2) geschehen kann:

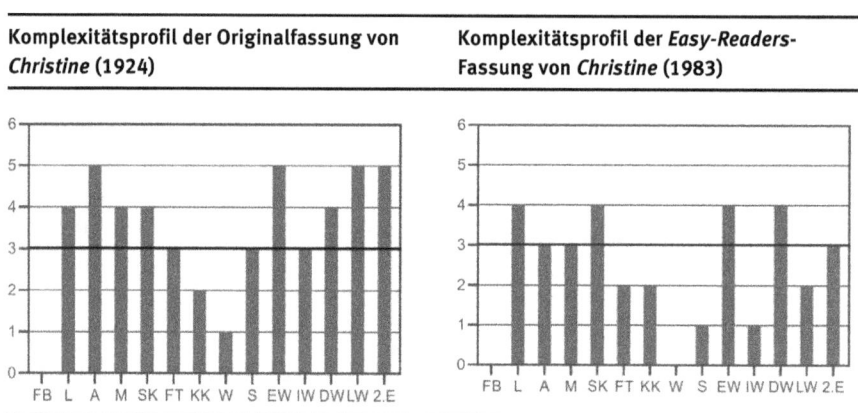

Schema 2: Gegenüberstellung der Komplexitätsprofile des Originals und der *Easy-Readers*-Fassung von *Christine*.

Diese Gegenüberstellung der Komplexitätsdiagramme des Originals und der *Easy-Readers*-Fassung von Julien Greens *Christine* (1924) illustriert bspw. die Effektivität der erfolgten Komplexitätsreduktion in der vereinfachten Version, die ebenso wie ihre problematischen Nebenwirkungen auf den Textsinn Thema der folgenden Ausführungen zu den Adaptionsstrategien der *Easy Readers* sein werden.

3 Adaptionen der *Easy-Readers*-Versionen

Die untersuchten *Easy-Readers*-Versionen zeichnen sich durch ein festes Repertoire an Adaptionsstrategien aus, das zahlreiche Möglichkeiten für die Reduktion von Komplexität bietet, diesem Unterfangen aber auch gewisse Grenzen setzt.

Das dominierende Verfahren der Vereinfachung besteht zweifellos aus systematischen Kürzungen der Originaltexte. Häufig werden ganze beschreibende oder kommentierende Passagen ersatzlos gestrichen, mitunter auch nur einzelne Wörter, Nominalgruppen oder Teilsätze. In der Regel fallen die *Easy-Readers*-Fassungen um 25% – 60% kürzer aus als die entsprechenden Originale, was Tab. 3 zu entnehmen ist:

Tab. 3: Länge der Originaltexte vs. Länge der jeweiligen *Easy-Readers*-Version.

	La Mort du Dauphin	La Chèvre de M. S.	Naïs Micoulin	La Main	La Parure	Christine	Léviathan	Petites pratiques ...
Länge des Originals (in Wörtern)	1004	2055	11399	2125	2855	4167	3566	2745
Länge der ER-Version	766	1578	4674	1733	2083	1766	1428	1119
Kürzung in Prozent	23,7%	23,2%	59%	18,4%	27%	57,6%	60%	59,2%

Weiterhin gibt es Ersetzungen einzelner Wörter, Ersetzungen von Sätzen durch alternative, häufig kürzere bzw. syntaktisch einfachere Varianten und auch resümierende Ersetzungen, was bedeutet, dass z. B. eine längere Beschreibung durch ein einziges charakterisierendes Adjektiv wiedergegeben wird. Ergänzungen des Originaltextes begegnen nur sporadisch und sind grundsätzlich von geringem Umfang: So werden mitunter ein Nominalsyntagma, eine Konjunktion und im äußersten Fall ein redeeinleitender Satz hinzugefügt. Schließlich wird die Bedeutung zahlreicher Wörter im Rahmen einer Annotation angegeben, was grundsätzlich durch Illustrationen oder Paraphrasen in französischer Sprache erfolgt. Wie die Ergänzungen werden auch die Annotationen eher knapp gehalten und überschreiten nur in seltenen Fällen eine Druckzeile.

In den folgenden Abschnitten soll gezeigt werden, dass die Adaptionen der *Easy Readers* zunächst eine deutliche Vereinfachung auf der Ebene der Wortsemantik bewirken. Sie vermögen auch – allerdings mit deutlichen Einschränkungen für Abweichungen und geringeren hinsichtlich kontextabhängiger Implizitheit – die drei in Meier (2020) identifizierten Komplexitätsfaktoren und die darauf basierende Ambiguität auszuheben. Dabei kommt es jedoch bisweilen zu Konflikten zwischen syntaktischer und semantischer Vereinfachung, zu Inkonsistenzen im Umgang mit komplexen Strukturen und auch zu problematischen Auswirkungen auf den Textsinn, die ebenfalls beleuchtet werden.

4 Angriffspunkte und Adaptionsstrategien auf der Ebene der Wortsemantik und ihre Auswirkungen auf die Komplexität

Jeder literarische Text hat gerade aus der Sicht von Fremdsprachenlernern und -lernerinnen großes Vereinfachungspotential im Lexikon, und da das Vokabular zudem ein Oberflächenphänomen ist, ist es leicht zu bearbeiten. Dies ist sicherlich der Grund dafür, dass die *Easy-Readers*-Redaktion die Reduktion der Reichhaltigkeit des Vokabulars besonders intensiv betreibt und im Klappentext herausstellt. Dort erfährt man, ob die jeweilige Lektüre auf einem Vokabular von 600, 1200, 1800 oder 2500 Wörtern basiert und über welches Niveau des GeR (A2, B1 oder B2) potentielle Rezipientinnen und Rezipienten verfügen sollten. Bemerkenswert ist, dass ein gutes Drittel der Ersetzungen und Annotationen einzelner Wörter, die im Interesse der Vereinfachung und Reduktion des Wortschatzes erfolgen, solche Lexeme betrifft, denen im Komplexitätsmodell nach Meier (2020) keinerlei erhöhte Komplexität beigemessen wird. Die übrigen Adaptionen führen allerdings zu einer spürbaren Reduktion von Komplexität, sogar in Bezug auf mehrere Kategorien.

Im Komplexitätsmodell nach Meier (2020: 159–165) werden zunächst beabsichtigte Abweichungen von der phonologischen oder morphologischen Wortform, sogenannte Metaplasmen (Bußmann 2008: 435), sowie (scheinbare) Verstöße gegen die Grice'schen Maximen, die zu übertragenem oder indirektem Sprachgebrauch führen, als wortsemantisch komplex beschrieben. Weiterhin können Polysemie, Homonymie und semantische Vagheit Quelle von Komplexität sein, wenn der sprachliche Kontext nicht genügend Hinweise enthält, um die entsprechenden Lexeme zu disambiguieren oder zu konkretisieren. Schließlich kann die Komplexität auf wortsemantischer Ebene durch die Verwendung von Lexemen erhöht werden, die überdurchschnittlich hohe Anforderungen an das einzelsprachliche oder lebensweltliche Wissen der Leserschaft stellen. Unter Berücksichtigung statistischer Auswertungen zu „Normaltexten" (Adamzik 2010: 136) wird in Meier (2020) bereits wenig geläufigen Lexemen, die nicht im *Thematischen Grund- und Aufbauwortschatz Französisch* des Klett Verlages mit 13.000 Einträgen enthalten sind, eine erhöhte Komplexität beigemessen. Coserius (2007b: 154) Feststellung, dass es innerhalb einer historischen Einzelsprache funktionelle Sprachen gibt, die nicht alle Sprecherinnen und Sprecher dieser Sprache kennen, und dass Varietäten „die allergrößte Schwierigkeit bei der tatsächlichen Erlernung von Fremdsprachen [bilden]" (Coseriu 2007b: 158), motiviert die Einschätzung, dass Abweichungen von der *langue courante* auf lexikalischer Ebene, also bspw. Regionalismen, Vulgarismen, Fachwörter, Archaismen und Neologismen als besonders komplex zu betrachten sind.

Wie oben bereits bemerkt, betreffen nun allerdings im Durchschnitt ein Drittel der in den *Easy-Readers*-Ausgaben vorgenommenen Annotationen Wörter, die kein einziges der soeben aufgelisteten Komplexitätsmerkmale aufweisen und im Thematischen Grund- und Aufbauwortschatz von Fischer & Le Plouhinec (2012) enthalten sind. So werden beispielsweise in der *Easy-Readers*-Version von *La Chèvre de M. Seguin* die geläufigen Lexeme *fourrure* ‚Fell', *corde* ‚Seil', *étable* ‚Stall', *s'ennuyer* ‚sich langweilen', *combat* ‚Kampf', *indépendant* ‚unabhängig' und *liberté* ‚Freiheit' durch Illustrationen oder Paraphrasen erklärt. Dabei handelt es sich um inhaltlich zentrale Wörter, Filler der dominierenden *Frames* der Erzählung, ohne deren Kenntnis die Handlung nicht zu verstehen ist. Ihre Annotation ist somit Resultat didaktischer Überlegungen, die basierend auf der Antizipation der Kenntnisse der Zielgruppe der *Easy Readers* – in der Regel jugendliche L2-Lernerinnen und L2-Lerner des Französischen – Hilfen zum korrekten und reibungslosen Verständnis der Erzählungen liefern wollen. Denselben Zweck verfolgt die regelmäßig angewandte Strategie, ambige oder semantisch vage Lexeme durch eindeutigere zu ersetzen oder im Rahmen einer Annotation ihre passende Lesart anzugeben, obwohl diese aufgrund des Kotextes problemlos erschlossen werden kann, was die folgenden Beispiele (vgl. Tab. 4) zeigen:

Tab. 4: Annotation polysemer Lexeme in zwei *Easy-Readers*-Fassungen.

	(polysemes) Lexem im Satzkontext	Annotation
La Mort du Dauphin (ER)	Dans une des pièces est rassemblé un groupe de médecins en **robe**. (C-ER: 20)	*robe*, ici : vêtement porté par les hommes de certaines professions
Naïs Micoulin (ER)	L'étroite plage où l'on a abordé se trouvait à l'entrée d'une **gorge**, et l'on s'est installé au milieu des pierres. (N-ER: 24)	*une gorge*, ici : passage étroit entre deux montagnes

Natürlich tragen die *médecins en robe* in Daudets Prosaballade kein Frauenkleid, sondern ihre berufsspezifische Robe, und in der Passage aus *Naïs Micoulin* erlaubt der Kotext offensichtlich nur die Lesart ‚Schlucht' des Polysems *gorge* und nicht etwa ‚Hals' oder ‚Rachen'. Diese repräsentativen Beispiele machen also deutlich, dass die Angriffspunkte dieser Annotationen keine semantisch komplexen Erscheinungen sind, sondern der Normalfall lexikalischer Mehrdeutigkeit im Sprachsystem, die im Kontext problemlos aufgelöst werden kann. Derartige Adaptionen eines Textes stellen also eine Serviceleistung für die Leserschaft dar, wollen ihr lästiges Nachschlagen ersparen, das den Verstehensprozess und die flüssige Lektüre eines Textes unterbrechen und die Motivation schmälern könnte.

Die große Mehrheit der übrigen Adaptionen einzelner Wörter und Nominalgruppen betrifft aber tatsächlich solche, die gemäß Meier (2020) als komplex gelten. Besonders auffällig ist, dass in den *Easy-Readers*-Ausgaben ausnahmslos alle Abweichungen von der *langue courante*, also Lexeme, die vom *Petit Robert* als *vieux, vieilli, littéraire, régional, familier, populaire* oder *mot d'argot* gekennzeichnet werden, eine Bearbeitung erfahren. Gerade im Fall der Archaismen und Historizismen wird deutlich, dass die Redakteure der Vereinfachungen dabei durchaus Rücksicht nehmen auf die Funktion, die diesen markierten Lexemen zukommt. Wenn beispielsweise in *La Mort du Dauphin* Bezeichnungen historischer Berufsgruppen wie *suisses, pages, chambellans* dazu dienen, ein bestimmtes Zeitkolorit und Pathos zu erzeugen, dann behalten die Redakteure der *Easy Readers* diese zum Teil bei und annotieren sie. In anderen Fällen wird eher zu der Maßnahme gegriffen, Historizismen und Archaismen komplett zu tilgen oder sie durch solche Wörter zu ersetzen, die die archaischen Ausdrücke abgelöst haben bzw. Weiterentwicklungen von heutzutage verschwundenen Gegenständen bezeichnen (z. B. *chauffage central* statt *calorifère*).[6] Die Bearbeitung von Regionalismen, Soziolekt- und Situolekt-Wörtern erfolgt in gleicher Weise, was die folgenden Textbeispiele (vgl. Tab. 5) illustrieren sollen:

Tab. 5: Beispiele für die Ersetzung von Historizismen und Situolekt-Wörtern in den *Easy-Readers*-Fassungen.

	Original (fett gedruckte Lexeme = Archaismen, Historizismen oder Situolekt-Wörter)	*Easy-Readers*-Fassung (fett gedruckte Ersetzung = gegenwarts- oder standardsprachliche Entsprechung)
La Mort du Dauphin	Qu'on m'apporte mes plus beaux habits, mon **pourpoint** d'hermine blanche et mes escarpins de velours ! (C: 316)	Je voudrais mes plus beaux habits, ma **veste** d'hermine blanche et mes escarpins ! (C-ER: 24)
La Parure	Enfin c'est fini, et je suis **rudement** contente. (P: 1206)	Enfin, maintenant, c'est fini et je suis **très** contente. (P-ER: 36)
La Chèvre de M. Seguin	Le loup se moque bien de tes cornes. Il m'a mangé des **biques** autrement encornées que toi … (C: 262)	Le loup se moque bien de tes cornes. Il m'a mangé des **chèvres** qui avaient des cornes autrement plus terribles que les tiennes … (C-ER: 9)

---

6 Frz. *chauffage central* ‚Zentralheizung'; frz. *calorifère* ‚Calorifère-Heizung' (eine Art Warmluftheizung).

Aber nicht nur Lexeme, die einer bestimmten Varietät des Französischen angehören, erfahren in den *Easy-Readers*-Fassungen eine Bearbeitung, sondern auch standardsprachliche Wörter, die weniger geläufig und somit mehr oder minder komplex sind. Das erklärte Ziel der Redaktion der Reihe ist, dass „[l]es structures et les mots et expressions employés sont parmi les plus courants de la langue française",[7] und dafür orientiert sie sich bei ihren Vereinfachungen an weit verbreiteten Französisch-Lehrwerken (z. B. *Études Françaises – Échanges*, *On parle français* oder *On y va*).[8] So werden anstelle von seltenen standardsprachlichen Wörtern, wenn möglich, geläufigere (partielle) Synonyme verwendet, die aus sprachökonomischen Gründen aber nicht immer zur Verfügung stehen, weshalb weitere Substitutionsstrategien entwickelt werden. Die gängigste besteht darin, Lexeme mit einer spezifischeren Bedeutung durch solche mit einer allgemeineren Bedeutung bzw. einer größeren Extension zu ersetzen. Das kann z. B. durch Austausch des Lexems der Originalfassung durch sein Hyperonym erfolgen, was mehrfach in *La Chèvre de M. Seguin* geschieht, wo Bezeichnungen für bestimmte Tier- oder Pflanzenarten (z. B. *sapins* ‚Tannen', *genêts d'or* ‚goldene Ginster', *gerfaut* ‚Gerfalke') durch ihren Oberbegriff (*arbres* ‚Bäume', *fleurs* ‚Blumen', *oiseau* ‚Vogel') ersetzt werden. Außerdem werden in den Vereinfachungen häufig spezifizierende Elemente, z. B. *compléments du nom*, schlicht getilgt oder Komposita (z. B. *une fleur de cytise*) durch ihr Determinatum (*une fleur*) ersetzt.

Eine weitere, äußerst effektive und häufige Strategie zur Reduzierung der Reichhaltigkeit des Vokabulars in den *Easy-Readers*-Versionen besteht im Verzicht auf Variabilität in den Koreferenzketten von Figuren und Objekten der erzählten Welt. In den Vereinfachungen wird immer wieder mit demselben Substantiv und wenigen Varianten auf einen bestimmten Referenzträger verwiesen und auf partielle Synonyme, Hyperonyme oder durch den Kontext selbst hergestellte referenzidentische Wiederaufnahmen weitgehend verzichtet. So besteht z. B. die originale Koreferenzkette von M. Seguins Ziege vornehmlich aus Nominalsyntagmen, deren Kern das Wort *chèvre* ‚Ziege' ist (*la petite chèvre* ‚die kleine Ziege', *la chèvre blanche* ‚die weiße Ziege', ...), sowie dem Eigennamen Blanquette, weiterhin aber auch aus den substantivischen Wortgruppen *notre petite coureuse en robe blanche* ‚unsere kleine Läuferin im weißen Kleid', *la brave chevrette* ‚die tapfere kleine Ziege' und *la gourmande* ‚die Feinschmeckerin'. Die letzten drei werden in der *Easy-Readers*-Fassung durch *notre petite chèvre en robe blanche*, *la brave petite chèvre* und das Personalpronomen *elle* ersetzt und damit die Fre-

---

[7] „Die Strukturen und die verwendeten Wörter und Ausdrücke gehören zu den gebräuchlichsten der französischen Sprache.", Übersetzung K.M.
[8] Diese Angaben finden sich in der Titelei jeder untersuchten *Easy-Readers*-Ausgabe.

quenz des Lexems *chèvre* weiter erhöht sowie die Variation in der Koreferenzkette reduziert.

Die in diesem Abschnitt vorgestellten Adaptionsstrategien auf wortsemantischer Ebene bewirken bei allen acht Korpustexten eine spürbare Reduktion der semantischen Komplexität in Hinblick auf gleich drei Kategorien, nämlich „Komplexität in Bezug auf die Wortsemantik", „Komplexität in Bezug auf Kohäsion und lokale Kohärenz" sowie „Anforderungen an das einzelsprachliche Wissen". Gerade die Reduktion von Variabilität in den Koreferenzketten führt zu ausgeprägteren lexikalischen Rekurrenzen in den *Easy Readers*, erleichtert damit den Rezipientinnen und Rezipienten das Erfassen von Koreferenz und entlastet sie passagenweise von einer besonders konzentrierten Lektüre oder dem Aktivieren von Hintergrundwissen. Die vereinfachten Versionen verfügen damit über einen höheren Grad an Kohäsion und lokaler Kohärenz, was sie in Bezug auf diese Kategorie natürlich weniger komplex ausfallen lässt als die entsprechenden Originale.

Insgesamt muss man den vorgestellten Adaptionen *einzelner* Lexeme und Wortgruppen gerade aus Sicht von L2-Lernerinnen und L2-Lernern eine effektive Reduktion von Komplexität und eine reibungslosere Gestaltung des Lese- und Verstehensprozesses zugestehen, die zudem – auch aufgrund des umsichtigen Umgangs mit inhaltlich oder stilistisch wichtigen Wörtern – verkraftbare Auswirkungen auf den Sinn und die ästhetische Gestaltung der Originaltexte haben.

Nachdem nun die in *allen* untersuchten *Easy-Readers*-Ausgaben konsequent verfolgte Strategie der Reduktion des Wortschatzes analysiert und bewertet wurde, soll im Folgenden der Umgang ihrer Redaktion mit den drei zentralen Komplexitätsfaktoren nach Meier (2020) untersucht werden, deren Wirken in den acht Korpustexten allerdings unterschiedlich stark ausgeprägt ist. Dabei geht eine Aushebelung der ersten beiden Faktoren (Abweichungen, kontextabhängige Implizitheit) aufgrund ihrer Verflechtung mit dem Metafaktor Wissen immer auch mit einer Entlastung der Anforderungen an das Rezipientenwissen einher.

5 Reduktion von Abweichungen und Wissensanforderungen

Bei der Vorstellung der Vereinfachungsstrategien der *Easy Readers* wurde bereits darauf hingewiesen, dass Abweichungen durch dieses Repertoire nur eingeschränkt behoben werden können. Sehr leicht zu vereinfachen sind aber natürlich Abweichungen von den Regeln einer historischen Einzelsprache. Dazu müssen die sprachlichen Fehler schlicht korrigiert oder die entsprechenden Passagen eliminiert werden. In unserem Korpus treten solche Abweichungen von einzelsprachlichen Normen nur in zwei Texten auf – in zwei isolierten Fällen in *Petites Pratiques germanopratines* und recht großflächig in *La Main*. In der Vereinfachung von Anna Gavaldas Novelle werden beide Metaplasmen (*tellllement, biiiiien*), die den gelangweilten oder anzüglichen Tonfall der jeweiligen Sprecher nachahmen sollen, durch Rückgriff auf *bien* oder komplette Tilgung vermieden. In *La Main* werden einige der Abweichungen, die in der direkten Rede des Engländers Rowell auftreten und seinen Akzent sowie sein fehlerhaftes Französisch nachahmen sollen («C'*été ma* meilleur ennemi. [...]. Il *avé été* fendu avec le sabre et arraché la peau avec *une* caillou coupan*te* [...]», M: 1119), in abgeschwächter Form beibehalten. Das reduziert die Anforderungen an das einzelsprachliche Wissen der Rezipientinnen und Rezipienten und entlastet sie hinsichtlich der Deutung der Fehler in Bezug auf das geschilderte Verbrechen und seine Undurchsichtigkeit.

Weiterhin sind Abweichungen von den ersten drei Untermaximen der Modalität (1. Vermeide Dunkelheit des Ausdrucks, 2. Vermeide Mehrdeutigkeit, 3. Sei kurz – vermeide unnötige Weitschweifigkeit), die sich auf das *Wie* des Gesagten beziehen (vgl. Grice 1979: 250), einer Vereinfachung durch die gängigen Adaptionen der *Easy Readers* zugänglich. Übertriebener Detailreichtum, stilistische Verfahren oder alle Erscheinungsformen der Coseriu'schen Evokation können zweifellos den Ausdruck verdunkeln, implizite Bedeutungen transportieren und Ambiguität erzeugen, weshalb sie in den *Easy-Readers*-Ausgaben häufig modifiziert werden. Derartige Bearbeitungen werden im folgenden Abschnitt zum Umgang mit kontextabhängiger Implizitheit thematisiert.

Nahezu unmöglich oder zumindest äußerst schwierig ist es jedoch, mit den Adaptionsstrategien der *Easy Readers* den 1. Komplexitätsfaktor auszuhebeln, wenn die Abweichungen sich auf prototypische *Frames* beziehen oder wenn von den ersten drei der Grice'schen Maximen (Quantität, Qualität, Relevanz) abgewichen wird, die den *Inhalt* des Gesagten betreffen (vgl. Grice 1979: 250). Derartige Abweichungen sind so stark mit dem Wesen der Erzählungen verwoben, dass ihre Tilgung nur durch schwerwiegende Eingriffe in die Textstruktur möglich wäre, die Handlung und Sinn in unzulässiger Weise verändern würden. So liegt beispielsweise in Julien Greens symbolischer Novelle *Léviathan* in der Verschwiegenheit des Protagonisten, der Aussparung des Inhalts seines Geständnisses, der wütenden und sofortigen Rücknahme desselben und der Undurchsichtigkeit seines unmittelbar darauf folgenden Todes die Quelle für empfindliche Verstöße gegen die Quantitätsmaxime und unsere normale Kenntnis der Sachen (vgl. Coseriu 2007b: 96–107). Durch die genannten Abweichungen entsteht erhebliche semantische Komplexität, die von der Redaktion der *Easy Readers* überhaupt nicht angetastet wird, eben weil sie mit ihren gängigen Vereinfachungsstrategien nicht oder nicht verlustfrei zu verringern ist. Im Interesse einer umfassenden semantischen Komplexitätsreduktion wäre es aber durchaus sinnvoll, in einer umfangreicheren Annotation auf solche Abweichungen hinzuweisen, in denen häufig Schlüssel für eine Interpretation liegen, und eventuell nötiges Zusatzwissen bereitzustellen.

6 Umgang mit kontextabhängiger Implizitheit, Ambiguität und Wissensanforderungen

6.1 Umgang mit kontextabhängiger Implizitheit und Ambiguität auf satzsemantischer und lokaler Ebene

Der Komplexitätsfaktor kontextabhängige Implizitheit kann auf lokaler Ebene, also innerhalb eines Satz-*Frames* oder hinsichtlich des logisch-inhaltlichen Zusammenhangs von Propositionen, nur durch Ergänzungen oder Ersetzungen behoben werden. Ergänzungen werden von der Redaktion der *Easy Readers* aber sehr dosiert vorgenommen und auch nur dann, wenn die Inferenz der ausgesparten Information durch Auswertung des Kotextes und Aktivierung von gängigem *Frame*-Wissen in eindeutiger Form möglich ist. Das hat zur Folge, dass nur mäßig komplexe Manifestationen kontextabhängiger Implizitheit auf lokaler Ebene in den *Easy-Readers*-Versionen bearbeitet werden und dies auch nur gelegentlich geschieht. Außerdem konkurriert semantische Vereinfachung auf lokaler und satzsemantischer Ebene stark mit syntaktischer Vereinfachung und da es häufig nicht möglich ist, in beiden Bereichen zu einer Reduktion von Komplexität zu gelangen, müssen hier Entscheidungen zugunsten der einen oder anderen Ebene gefällt werden. So kommt es äußerst selten vor, dass zu den offenen Slots eines Satz-*Frames* der Originalfassung explizite Füllwerte hinzugefügt werden, was einen Satz in der Regel verlängert, wie z. B. im folgenden Fall (vgl. Tab. 6):

Tab. 6: Ergänzung eines Fillers für einen offenen Slot in der *Easy-Readers*-Fassung von *Petites pratiques germanopratines*.

Petites pratiques germanopratines (Original)	*Petites pratiques germanopratines* (*Easy Readers*)
[...] je pense à *La Passante* de Baudelaire [...]. Je marche moins vite car j'essaye de me souvenir ... Longue, mince, en grand deuil ... (PP: 8)	Je pense à '*La Passante*' de Baudelaire [...]. Je marche moins vite parce que j'essaie de me souvenir **du poème** *Ô toi que j'eusse aimé, ô toi qui le savais*. (PP-ER: 7)

Das Gegenteil, nämlich die Tilgung expliziter Filler der Slots eines Satz-Frames, ist viel häufiger in den *Easy-Readers*-Ausgaben zu finden, so wie in der folgenden Passage aus *La Main* (vgl. Tab. 7):

Tab. 7: Tilgung eines expliziten Fillers in der *Easy-Readers*-Version von *La Main*.

La Main (Original)	*La Main* (*Easy Readers*)	
Mon chien me la rapporta ; mais, prenant aussitôt le gibier, j'allai m'excuser **de mon inconvenance** et prier sir John Rowell d'accepter l'oiseau mort. (M: 1118)	Mon chien me l'a rapportée ; mais je suis allé aussitôt m'excuser et prier sir John Rowell d'accepter l'oiseau mort. (M-ER: 62)	THEMA der Entschuldigung wird gestrichen

Derartige Kürzungen stehen durchaus in Einklang mit der Textverständlichkeitsforschung, die festgestellt hat, dass „überlange Sätze mit mehreren Teilsätzen sowie Sätze mit großer Informationsfülle" (Christmann 2008: 1095) den Verarbeitungsprozess erschweren. Unter semantischem Gesichtspunkt bedeuten sie aber einen klaren Zuwachs an Implizitheit und damit Komplexität, der Inferenzen verlangt, die mitunter auf der Basis des Kontextes kaum zu leisten sind und somit überdenkenswert erscheinen.

Die große Mehrzahl der Adaptionen, die nun wirklich das Ziel haben, kontextabhängige Implizitheit auf lokaler Ebene zu *reduzieren*, betreffen zum einen die explizite Wiederaufnahme und die Wiedergabe direkter Rede, zum anderen Satzgefüge mit juxtaponierten Propositionen oder *Gérondif-* und Partizipialkonstruktionen. So werden mitunter in der Koreferenzkette von Figuren oder Objekten der Diegese Pronomen durch ihren nominalen Bezugsausdruck ersetzt oder – sehr selten – ein redeeinleitender Satz in dialogischen Passagen ergänzt. Da Pronomen einen minimalen Bedeutungsinhalt haben, der sich auf die Markierung des Genus beschränkt (Brinker 2010: 30), ist es bei ihrer Verwendung im Text Sache der Rezipientinnen und Rezipienten, eben aufgrund der Genusinformation und der Auswertung des Kontextes den zugehörigen Referenten zu ermitteln. Das kann unter Umständen schwierig sein, wenn mehrere Referenten in Frage kommen oder der Abstand zwischen nominalem Bezugsausdruck und wiederaufnehmendem Pronomen groß ist. Auch in dialogischen Passagen, in denen sich die Äußerungen der Sprecher und Sprecherinnen nicht konsequent abwechseln, kann die Ermittlung des jeweiligen Sprechers bzw. der jeweiligen Sprecherin Inferenzen erfordern. Solche ‚Widrigkeiten' ergeben sich bei der Herstellung von Kohärenz in der folgenden Passage aus Maupassants *La Parure* mehrmals, zumal die pronominale Wiederaufnahme *la* des Nominalsyntagmas *l'invitation* ‚Einladung' aufgrund der nötigen Apostrophierung (*l'*) vor *obtenir* ‚erhalten' auch noch ihre Genusinformation verliert. Die umsichtigen Ergänzungen und Ersetzungen in der *Easy-Readers*-Fassung (vgl. Tab. 8) reduzieren die kontextabhängige Implizitheit und Komplexität des Originals und unterstützen die Leserinnen und Leser bei der Herstellung von Kohärenz, ohne Sinn und Ästhetik der Passage zu beeinträchtigen:

Tab. 8: Verfahren zur Erleichterung der Herstellung von Kohärenz in der *Easy-Readers*-Version von *La Parure*.

La Parure (Original)	*La Parure* (Easy Readers)
Au lieu d'être ravie, comme l'espérait <u>son mari</u>, elle jeta avec dépit <u>l'invitation</u> sur la table, murmurant : « Que veux-tu que je fasse de cela ? »	Au lieu d'être ravie, comme l'espérait <u>son mari</u>, elle jeta avec colère <u>l'invitation</u> sur la table, murmurant : – Que veux-tu que je fasse de cela ? **Stupéfait le mari répondit :**
– Mais, ma chérie, je pensais que tu serais contente. Tu ne sors jamais, et c'est une occasion, cela, une belle ! J'ai eu une peine infinie à l'obtenir. Tout le monde en veut ; c'est très recherché et on n'en donne pas beaucoup aux employés. Tu verras là tout le monde officiel !	– Mais, ma chérie, je pensais que tu serais contente. C'est une belle occasion pour sortir, et j'ai eu beaucoup de mal à obtenir **une invitation** ! Tout le monde veut y aller, et on n'en donne pas beaucoup aux employés. Tu verras là tout le monde officiel.
Elle **le** regardait d'un œil irrité, et elle déclara avec impatience : – Que veux-tu que je me mette sur le dos pour aller là ? (P: 1199; Hervorhebung K.M.)	D'un œil irrité elle regardait **son mari** et déclara : – Mais que veux-tu que je me mette sur le dos pour y aller ? (P-ER: 27–28; Hervorhebung K.M.)

Ebenso umsichtig und effektiv, allerdings auch seltener als möglich, behebt die Redaktion der *Easy Readers* kontextabhängige Implizitheit und bisweilen auch Ambiguität, die aus Juxtapositionen und dem Einsatz von *Gérondif* und Partizipien resultiert. Juxtaponierte Propositionen werden unverbunden aneinandergereiht, und *Gérondif*- sowie Partizipialkonstruktionen können Alternativen zu Adverbialsätzen darstellen, von denen sie sich aber durch ihre unterdeterminierte Semantik unterscheiden. So können diese infiniten Verbformen in einem temporalen, kausalen oder modalen Sinne verwendet und verstanden werden (Confais 1980: 92), doch bleibt die inhaltliche Beziehung zu dem im konjugierten Verb versprachlichten Sachverhalt jeweils implizit. Die Ambiguität dieser Konstruktionen beruht darauf, dass verschiedene Lesarten nicht klar voneinander zu trennen sind bzw. fließende Übergänge zwischen ihnen bestehen. Enthalten die Originale solche Satzgefüge mit Juxtapositionen oder infiniten Verbformen, werden von der *Easy-Readers*-Redaktion mehrfach Konnektoren hinzugefügt bzw. *Gérondif-* oder Partizipialkonstruktionen durch Adverbialsätze ersetzt und so die impliziten semantischen Relationen expliziert und vereindeutigt, was die folgenden Beispiele aus *La Parure* und *Naïs Micoulin* (vgl. Tab. 9) zeigen:

Tab. 9: Ergänzung von Konnektoren in den *Easy-Readers*-Fassungen von *La Parure* und *Naïs Micoulin*.

Juxtaposition, *Gérondif-* oder Partizipialkonstruktion im Original	Adverbialsatz in der *Easy-Readers*-Fassung
Le jour de la fête arriva. Mme Loisel eut un succès. Elle était plus jolie que toutes, élégante, gracieuse, souriante et folle de joie. (P: 1201)	Le jour de la fête, Mme Loisel eut beaucoup de succès, **car** elle était la plus jolie de toutes avec son élégance et sa grâce. (P-ER: 30)
Cette année-là, quand Mme Rostand fut installée à la Blancarde, elle demanda au méger de lui prêter Naïs, une de ses bonnes **étant** malade. (N: 749–750)	Cette année-là, madame Rostand a demandé à Micoulin de lui prêter Naïs, **car** une de ses bonnes était malade. (N-ER: 12–13)
Tout à coup elle découvrit, dans une boîte de satin noir, une superbe rivière de diamants […]. Ses mains tremblaient **en la prenant**. Elle l'attacha autour de sa gorge […]. (P: 1201)	Tout à coup elle découvrit, dans une boîte de satin noir, un ravissant collier, tout de diamants […]. Ses mains tremblaient **quand** elle l'attacha autour de sa gorge […]. (P-ER: 29)

Der so erreichte Zuwachs an Eindeutigkeit und Explizitheit in den *Easy-Readers*-Versionen bewirkt eine spürbare Reduktion semantischer Komplexität ohne störende Auswirkungen auf den Textstil. Es erstaunt, dass die Redaktion der Reihe dieses Potential für Vereinfachungen nicht ausschöpft. Zwar sind gerade *Gérondif-* und Partizipialkonstruktionen aufgrund ihrer einzelsprachlichen Schwierigkeit häufig Angriffspunkt für Adaptionen, doch werden sie in den meisten Fällen komplett getilgt oder ihrerseits durch juxtaponierte Propositionen ersetzt, was nichts an der kontextabhängigen Implizitheit ändert. Dennoch bleibt festzuhalten, dass die aufgezeigten Adaptionen in Bezug auf Wiederaufnahme und Satzverknüpfungen zweifellos in der Lage sind, Komplexität, die aus kontextabhängiger Implizitheit auf lokaler Ebene resultiert, auszuhebeln, was wiederum insbesondere den Komplexitätsgrad der Kategorie „Kohäsion und lokale Kohärenz" im Vergleich zur jeweiligen Originalfassung verringert.

6.2 Umgang mit kontextabhängiger Implizitheit und Ambiguität auf textsemantischer Ebene

Fundamentale Leerstellen im zentralen Skript einer Erzählung sowie Andeutungen, die aus stilistischen Verfahren, der Coseriu'schen Evokation oder Verstößen gegen die Modalitätsmaxime resultieren, sind Erscheinungsformen kontextabhängiger Implizitheit auf textsemantischer Ebene, die zu einer deutlich erhöhten Komplexität führen können. Insbesondere Andeutungen werden in den *Easy-Readers*-Fassungen regelmäßig durch radikale bzw. systematische Kürzungen und Umformulierungen beseitigt, was die Texte spürbar vereinfacht. Diese flächigen Adaptionen haben allerdings im Gegensatz zur dosierten Reduktion kontextabhängiger Implizitheit auf lokaler Ebene deutliche und mitunter auch inakzeptable Auswirkungen auf die Textbedeutung und löschen im Falle polyvalenter Texte bisweilen auch ganze Lesarten. Bevor drei Beispiele für die flächige Beseitigung kontextabhängiger Implizitheit auf textsemantischer Ebene vorgestellt werden, soll aber bemerkt werden, dass diese womöglich gar nicht oder nicht in erster Linie im Interesse einer textsemantischen Vereinfachung der Originaltexte erfolgt. Mitunter ist sie vielleicht nur Nebeneffekt der Vereinfachung komplexer Satzgefüge oder der Ersetzung von Lexemen, die nicht im Grund- und Aufbauwortschatz des Französischen enthalten sind. Unabhängig von der individuellen Intention der vorzustellenden Adaptionen ist das Ergebnis aber häufig ein Aushebeln der mit den originalen Strukturen verknüpften Andeutungen und somit eine deutliche Reduktion von semantischer Komplexität.

Maupassants naturalistische *nouvelle à chute*, *La Parure*, enthält eine Vielzahl von Andeutungen, die zum einen auf Verstößen gegen die 3. Untermaxime der Modalität („Sei kurz!"), zum anderen auf stilistischen Besonderheiten beruhen, die allesamt Angriffspunkte für Adaptionen in der *Easy-Readers*-Fassung darstellen. Diese Adaptionen führen zwar nicht zur Tilgung ganzer Lesarten, löschen aber implizite Hinweise auf Charaktereigenschaften der Protagonistin oder die Haltung des Erzählers ihr gegenüber, der sich in naturalistischer Manier mit expliziten Kommentaren und Bewertungen sehr zurückhält. Damit offenbart sich bereits eine deutliche Schwäche der *Easy-Readers*-Fassung von *La Parure*. Durch systematische Kürzungen und Umformulierungen der Originalsätze wird zwar vordergründig syntaktische und auch semantische Komplexität reduziert, da der Leserschaft die Analyse der formalen Besonderheiten der Erzählung erspart wird. Das Auffinden eines adäquaten Textsinns wird aber durch den resultierenden Mangel an Hinweisen – seien sie auch impliziter Natur – erschwert.

La Parure handelt von der Unzufriedenheit, der Sehnsucht nach Luxus und den folgenschweren Fehlern der schönen Mathilde Loisel, Ehefrau eines kleinen Beamten, die zu ihrem sozialen Abstieg führen. Dieser offenbart sich in der *chute* als völlig unnötig, weil die für einen Ball geliehene Kette, die Mathilde verloren hatte und für deren heimliche Ersetzung sie sich heillos verschulden musste, unecht und höchstens 500 Francs wert war. Viegnes (1996: 76–77) schlägt nun zwei äußerst plausible Deutungen dieses bitter-absurden Geschehens vor: Einerseits könnte man Mathilde als Opfer des Schicksals und der Gesellschaft betrachten, andererseits als Opfer ihrer selbst. Für die erste Lesart spricht bereits die Einschätzung des Erzählers, dass die elegante Mme Loisel „comme par une erreur du destin" (P: 1198) in eine falsche gesellschaftliche Klasse hineingeboren wurde. Weitere Stützung erhält die Mathilde ‚wohlgesonnene' Lesart durch einen rekurrenten Satzrhythmus, der auf ternären und quaternären Aufzählungen beruht und offensichtlich den Zweck verfolgt, die Intensität von Mathildes Emotionen, ihre überschäumende Freude sowie ihre bodenlose Verzweiflung zu verstärken oder ihr berauschtes Tanzen regelrecht nachzubilden (vgl. Viegnes 1996: 69). So deutet der Erzähler Mitgefühl für Mathilde an, das sich über diese stilistischen Mittel auch bei den Leserinnen und Lesern einstellen kann. Diese gezielte Gestaltung des Satzrhythmus mitsamt ihren Evokationen geht in der *Easy-Readers*-Fassung durch Kürzungen und alternative Satzkonstruktionen völlig verloren, was die folgende exemplarische Gegenüberstellung dreier Originalsätze und ihrer vereinfachten Pendants (vgl. Tab. 10) beweist:

Tab. 10: Tilgung des ternären und quaternären Satzrhythmus in der *Easy-Readers*-Version von *La Parure*.

La Parure (Original)	*La Parure* (*Easy Readers*)
Elle souffrait de la pauvreté de son logement, de la misère des murs, de l'usure des sièges, de la laideur des étoffes.	[...] elle souffrait sans cesse de la pauvreté de son appartement avec ses murs misérables, ses sièges usés aux étoffes laides.
Et elle pleurait pendant des jours entiers, *de chagrin, de regret, de désespoir et de détresse.*	[...] tant cela la faisait pleurer de chagrin et de désespoir en revenant.
Elle était plus jolie que toutes, *élégante, gracieuse, souriante et folle de joie.* (P: 1198–1201; Hervorhebung K.M.)	[...] car elle était la plus jolie de toutes avec son élégance et sa grâce. (P-ER: 25–30)

Auch die zweite Lesart, die Mathilde vielmehr zum Opfer ihrer selbst, ihrer Eitelkeit, ihres (falschen) Stolzes und ihres Narzissmus erklärt, fußt in nicht unerheblichem Maße auf Andeutungen. Diese resultieren vornehmlich aus Verstößen gegen die Maxime „Sei kurz!" und aus hyperbolischen Ausdrücken sowie der damit verknüpften ironischen Distanzierung des Erzählers von seiner Protagonistin. Diese wünscht sich unnötigen Luxus, die Bewunderung der Männer und den Neid der Frauen. Letztlich sind es auch ihre Gier, ihr Stolz und ihre Eitelkeit, die sie zunächst dazu bringen, sich Schmuck für den Ball zu leihen, und sie dann daran hindern, ihrer Freundin einfach den Verlust der Kette zu gestehen. Diese weniger sympathischen Eigenschaften Mathildes werden an keiner Stelle expliziert, können aber aus mannigfachen Verstößen gegen die Maxime „Sei kurz!" inferiert werden, die entstehen, wenn der Erzähler detailreich schildert, wie Mathilde von überflüssigem Nippes und exquisiten Gaumenfreuden träumt. Dieser übertriebene Detailreichtum geht in der *Easy-Readers*-Version zwar nicht gänzlich verloren, fällt aber aufgrund der Kürzungen deutlich weniger stark auf. Schließlich kommt die Leserschaft des Originals in der Passage der Anprobe des Diamantcolliers kaum umhin, Mathilde auch ausgeprägte narzisstische Züge zu attestieren, wenn sie maßloses Verlangen („un désir immodéré") nach der Kette verspürt und angesichts ihrer Attraktivität „en extase devant elle-même" (P: 1201) gerät. Die Umformulierungen dieser Passage in der *Easy-Readers*-Version, im Zuge derer aus Extase nur noch Bewunderung wird („elle resta en admiration devant elle-même", P-ER: 29), löschen diese Hyperbeln und damit auch die Evokation von Narzissmus.

Die vorgestellten Tilgungen stilistisch induzierter Evokationen durch Kürzungen und Reformulierungen erzielen einen durchgängig neutraleren und schlichteren Erzählstil und vermögen zweifellos kontextabhängige Implizitheit auf textsemantischer Ebene zu reduzieren. Einige Komplexitätskategorien wie z. B. „Anforderungen an das einzelsprachliche Wissen", „Komplexität auf wort- und satzsemantischer Ebene" sowie „Andeutungen/Evokationen" fallen dadurch deutlich einfacher aus als im Original. Eine zentrale Kategorie, nämlich der „Aufwand der Bedeutungserschließung der 2. semiotischen Ebene", erfährt durch die aufgezeigten Vereinfachungen aber einen Zuwachs an Komplexität. Durch den Verlust der mit den stilistischen Besonderheiten verbundenen impliziten Hinweise auf zentrale Charaktereigenschaften der Protagonistin wird die Inferenz der möglichen Lesarten der Erzählung nämlich deutlich schwieriger, weil sie größere Kreativität oder profunderes diskurstraditionelles und autorspezifisches Wissen erfordert. Und nicht zuletzt werden die Leserinnen und Leser durch die Adaptionen natürlich auch um den Genuss des unverkennbaren, ironisch-mitfühlenden Erzählstils Maupassants gebracht.

In Meier (2020: 291–377) werden einige Strategien zur Erzeugung von Ambiguität im Diskurs identifiziert und auf das Wirken der drei zentralen Komplexitätsfaktoren zurückgeführt. Folglich kann flächig auftretende Ambiguität als Indikator für eine erhöhte Komplexität des betreffenden Textes gewertet werden. In den beiden

Korpustexten *La Chèvre de M. Seguin* und *Christine* entsteht Ambiguität im Sinne einer Vielzahl möglicher Lesarten zu einem bedeutenden Teil aus Evokationen, und somit hebeln die in den entsprechenden *Easy-Readers*-Versionen betriebenen Kürzungen und Umformulierungen nicht nur kontextabhängige Implizitheit, sondern auch Ambiguität der Originale in erheblichem Maße aus. Im Folgenden soll gezeigt werden, dass diese Vereinfachungsstrategie im Fall von Daudets Fabel funktioniert, weil sie bestimmte Lesarten vollständig eliminiert, andere aber weitgehend unbeschadet erhält. Dieselbe Strategie scheitert aber im Fall von Julien Greens symbolischer Novelle, die in der *Easy-Readers*-Fassung auf ihre inkongruente Handlung reduziert wird und kaum noch Schlüssel zum Auffinden der zahlreichen Lesarten beinhaltet.

Bei dem wohl bekanntesten Werk aus Daudets *Lettres de mon moulin* handelt es sich um einen literarischen Brief mit integrierter Tierfabel. Der Erzähler wendet sich empört an seinen Adressaten, den Dichter Pierre Gringoire, der zugunsten seiner Freiheit und trotz seiner materiellen Nöte eine Stelle als Journalist bei einer Pariser Zeitung abgelehnt hat. Um ihn zur Räson zu bringen, berichtet der Erzähler ihm vom Schicksal von M. Seguins freiheitsliebender Ziege, die sich auf dessen Hof schrecklich langweilt und trotz aller Warnungen eines Tages ausbricht und ins Gebirge läuft. Dort verbringt sie einen Tag voller Sinnesfreuden, die sie aber nach einem erbitterten Kampf mit dem Wolf mit dem Leben bezahlt. Die Polyvalenz dieser *Lettre* beruht auf einer Vielzahl von Strategien, die auch durch Kürzungen und Reformulierungen nur teilweise zu löschen sind. Zunächst stellen sich die Ereignisse der ersten semiotischen Ebene als ambig dar, weil die Vorwürfe an den freiheitsliebenden Dichter und der Tod der leichtsinnigen Ziege die Lehre „la liberté se paie" (Bergez 1999: 21), also ‚Freiheit hat ihren Preis', nahelegen, wohingegen die Schilderungen des Vegetierens der Ziege in Gefangenschaft und ihres Glücks in Freiheit viel eher die Lesart „Kein Preis ist zu hoch für die Freiheit" zu stützen scheinen. Des Weiteren setzt Daudet konventionelle Symbole wie *Ziege*, *Wolf* und *schwarz* ein, die mehrdeutig sind in Hinblick auf das durch sie Symbolisierte. Schließlich erhöht auch die Verknüpfung der beiden Textsorten literarischer Brief und Tierfabel mit ihrer spontanen Symbolisierung „Gringoire = Ziege" die Zahl der Lesarten. Diese lassen sich zwar klar in dionysische und apollinische trennen, also in solche, die Freiheit, Rausch und Tabubruch propagieren, und solche, die all das stigmatisieren, aber Daudets Text gestattet in diesem Rahmen noch zahlreiche Differenzierungen seiner Lesarten. Dies wird erreicht durch eine Vielzahl von Evokationen im Sinne Coserius wie z. B. Relationen mit Zeichen in anderen Texten oder mit ganzen Zeichensystemen, die verknüpft mit weiteren Bedeutungselementen verschiedenste Lesarten (auch erotische) entstehen lassen. Eine sehr effektive Reduzierung von Polyvalenz, Evokationen und Wissensanforderungen wird nun in der *Easy-Readers*-Fassung durch den vollständigen Verzicht auf eine der genannten Ambiguierungsstrategien, nämlich die Verknüpfung zweier Textsorten, erzielt. Die Redaktion der Reihe streicht konsequent alle Briefelemente mitsamt ihren herausfordernden Evokationen, die immerhin 17% des Textes ausmachen, und präsentiert *La Chèvre de M. Seguin* so als reine Tierfabel. Daraus resultiert in Bezug auf sechs Komplexitätskategorien eine deutliche Entlastung. Zunächst geht natürlich die Rahmenhandlung rund um Pierre Gringoire mit ihrer spontanen Symbolisierung „Gringoire = Ziege" verloren. Damit entfällt auch die Notwendigkeit, weitere Lexeme als Symbole hinsichtlich der besonderen Situation des freischaffenden Künstlers zu interpretieren und in Daudets Werk eine Reflexion über das Dilemma des Künstlers zwischen Freiheit, Inspiration und materieller Sicherheit zu erkennen. Somit weist die vereinfachte Version das Komplexitätsmerkmal „Gattungsmischung" nicht mehr auf, und durch die Tilgung der künstlerzentrierten Lesarten fällt auch der „Aufwand der Bedeutungserschließung der 2. semiotischen Ebene" etwas geringer aus. Des Weiteren erfahren die Kategorien „Andeutungen/Evokationen", „Komplexität der suppletiven Kontextbildung", „Komplexität in Bezug auf die Wortsemantik" und „Anforderungen an das einzelsprachliche und lebensweltliche Wissen" durch die Tilgung der Briefelemente eine deutliche Komplexitätsreduktion. Das liegt an der hohen Dichte anspruchsvoller Evokationen in diesen Passagen, die u. a. intertextuelle Verweise auf Hugos Mittelalterepos *Notre-Dame de Paris* umfassen, sowie an zahlreichen komplexen Lexemen wie Historizismen und Eigennamen, die in ihrer zeitlichen Widersprüchlichkeit insbesondere den Aufbau der Figur des Adressaten prägen und so die Komplexität der Wortsemantik und der suppletiven Kontextbildung im Original erhöhen. In der Summe führen die konsequent betriebene Tilgung aller Briefelemente sowie weitere weniger systematische Umformulierungen und Kürzungen zu einer Reduzierung von durchschnittlich zwei Punkten in Bezug auf die thematisierten Komplexitätskategorien (FB, A, SK, W, IW, LW, 2.E), was das auf der folgenden Seite abgebildete Schema 3 illustriert.

Der Vergleich der Komplexitätsprofile beweist die Effektivität der Vereinfachungen und die Möglichkeit, durch systematische Tilgungen und Umformulierungen die drei zentralen Komplexitätsfaktoren nach Meier (2020) auszuhebeln. Das geht natürlich nicht ohne einen Verlust an Deutungsvielfalt vonstatten, doch muss man zugestehen, dass bis auf die dichterzentrierten Lesarten alle Lesarten des Originals erhalten bleiben. Somit stellt sich auch die adaptierte Fassung als mehrdeutiger Text dar, der auf raffinierte Weise zwei völlig konträre Deutungsmöglichkeiten (*la liberté se paie* vs. Freiheit ist das höchste Gut) verknüpft und mit Sicherheit bereits in frühen Lernjahren gewinnbringend zum Aufbau von Textkompetenz im Französischunterricht eingesetzt werden kann.

Komplexitätsprofil der Originalfassung von *La Chèvre de M. Seguin*	Komplexitätsprofil der *Easy-Readers*-Fassung von *La Chèvre de M. Seguin*

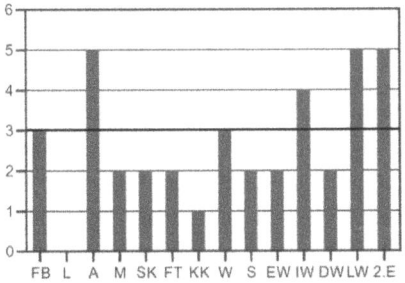 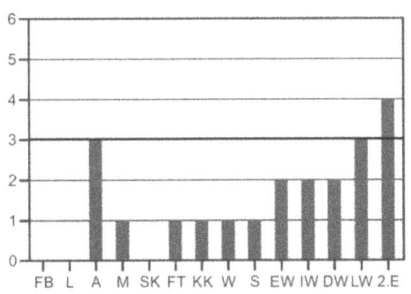

FB: *Frame-* bzw. Gattungsbrüche oder Gattungsmischungen; **L:** Leerstellen; **A:** Andeutungen; **M:** Umgang mit den Maximen; **SK:** suppletive Kontextbildung; **FT:** *Frames* & die Etablierung von Themen; **KK:** Kohäsion & lokale Kohärenz; **W:** Komplexität in Bezug auf die Wortsemantik; **S:** Komplexität in Bezug auf die Satzsemantik; **EW/IW/DW/LW:** Anforderungen an das elokutionelle, einzelsprachliche, diskurstraditionelle und lebensweltliche Wissen; **2.E:** Aufwand der Bedeutungserschließung der zweiten semiotischen Ebene.
Schema 3: Gegenüberstellung der Komplexitätsprofile des Originals und der *Easy-Readers*-Version von *La Chèvre de M. Seguin*.

Die Analyse der *Easy-Readers*-Version von *Christine*, die in Teilen deutlich einfacher ausfällt als das Original, aber dennoch völlig unbrauchbar ist, soll diesen Abschnitt zum Umgang mit kontextabhängiger Implizität und Ambiguität auf textsemantischer Ebene beschließen. Bei dem 1924 erschienenen Frühwerk von Julien Green handelt es sich im Gegensatz zu den zuvor analysierten Texten um eine nicht-mimetisch erzählende Novelle, die eine ungewöhnliche, in Teilen inkohärente Handlung aufweist und die Leserschaft durch ihren „offenkundigen Rätselcharakter" (Matz 2006: 170) irritiert. Diese Inkohärenz und v. a. die Vielzahl individuell verschlüsselter Lesarten machen *Christine* zu einem hochkomplexen Text, den man als Vertreter der von Blüher (1985: 230) beschriebenen symbolischen Novelle des 20. Jahrhunderts betrachten kann. Diese zeichnet sich durch eine „enge innere Verflechtung von Bedeutungselementen" aus, „die sich auf verschiedenen Strukturebenen des Textes [...] manifestieren", und ihr Symbolgehalt bleibt weitgehend „mehrdeutig und offen", weil die bloße „Suggestion und Allusion" dominiert. Julien Green, der häufig dem *renouveau catholique* zugeordnet wird (vgl. Teschke 1998: 51), trägt in seinem gesamten Werk – und so auch in *Christine* – in äußerst subtiler Form persönliche Konflikte zwischen Körper und Seele bzw. sexueller Leidenschaft und spiritueller Sehnsucht aus (Eberle Wildgen 1993: 3). In *Christine* basieren die verschlüsselten Lesarten auf fundamentalen

Leerstellen, die einer besonderen Erzählsituation geschuldet sind, dem assoziativen *Frame*-System ‚christliche Religion & Spiritualität', einer Vielzahl von Evokationen, Vergleichen und Analogien sowie der Verknüpfung all dieser Bedeutungselemente untereinander und mit Elementen der rätselhaften Handlung. Diese Handlung sowie die besondere Erzählsituation sollen im Folgenden kurz umrissen werden.

Der Ich-Erzähler Jean berichtet aus der Sicht des Erwachsenen, wie er als Dreizehnjähriger der überirdisch schönen, etwa gleichaltrigen Christine im Sommerhaus seiner Familie in Rhode Island begegnet. Das Mädchen ist stumm und Mutter und Tante von Jean lehnen es vehement ab, ihm Informationen über Christines Identität und Zustand zu geben. Aus diesem Mangel an Kommunikation resultieren nun die zahlreichen Leerstellen der Erzählung und ein großer Teil ihrer Rätselhaftigkeit, die aber auch Folge des verbissenen Fernhaltens der Kinder voneinander ist. Christine wird regelrecht eingesperrt und Jean verzehrt sich nach ihr. Als die beiden Frauen nach einem Anfall Christines nach Providence fahren, um einen Arzt zu holen, lässt Jeans Mutter ihren Sohn auf die Bibel schwören, dass er sich Christine nicht nähern werde. Jean kann der Versuchung jedoch nicht widerstehen. Er schiebt dem Mädchen eine Liebeserklärung unter der verschlossenen Tür hindurch und versucht auch, sie mit einem Geschenk – dem Saphirring seiner Tante – zum Öffnen zu bewegen. Christine steckt den Ring ungeachtet der Warnungen Jeans an ihren Daumen und wirft sich schreiend aufs Bett, als sie ihn nicht mehr abnehmen kann. Jean flüchtet daraufhin verstört in sein Zimmer, und am nächsten Morgen reisen Christine und seine Tante ab. An Weihnachten des folgenden Jahres besucht Tante Judith sie allein in Boston, trägt Christines Saphirring und fällt ihrer Schwester schluchzend in die Arme.

Es ist offensichtlich, dass die Handlung der Erzählung zahlreiche Fragen aufwirft und dass nur die konsequente Auswertung der mannigfachen Evokationen Zugang zu den eigentlichen Bedeutungsschichten bietet. In der *Easy-Readers*-Fassung fallen diese Evokationen nun fast gänzlich den radikalen Kürzungen im Umfang von 58% zum Opfer, wodurch die vereinfachte Fassung zwar insbesondere in Bezug auf die Kategorien „Andeutungen/Evokationen" und „Anforderungen an das lebensweltliche Wissen" signifikant leichter wird, letztlich aber auf ihre inkohärente Handlung reduziert und ihrer verschlüsselten Bedeutungsschichten beraubt wird. Erschwerend kommt hinzu, dass ungeschickte Kürzungen sogar die Inferenz der gerade noch erhaltenen Bedeutungsebenen schwieriger gestalten, weil zentrale Erzählerkommentare oder Analogien fehlen, was am Beispiel der „emanzipatorischen Lesart" (Eberle Wildgen 1993: 29–30) illustriert werden soll. Diese symbolische Lesart, die die vereinfachte Fassung noch in Ansätzen erlaubt, deutet das rätselhafte Verhalten der Protagonisten als Machtkampf zwischen den Generationen, den Mutter und Tante Jeans in einem physischen Sinne gewinnen, weil es ihnen gelingt, ihre Kinder voneinander fernzuhalten und ihre Liebe zu unterbinden. Jean schafft es aber auf emotionaler Ebene, sich von seiner strengen Mutter zu emanzipieren, da ihn deren Traurigkeit, Wut und Kritik nicht mehr berühren. Diese Lesart wird durch bestimmte Handlungselemente, den umfangreichen *Frame* ‚Erziehung' und einige explizite Aussagen des Erzählers, wie die beiden folgenden, gestützt:

> Ce manège innocent déplut à ma tante qui devinait en moi, je crois, plus d'intentions que je ne m'en connaissais moi-même. (CL: 7)

> Mais cette colère et cette tristesse ne m'émouvaient pas. Je ne me souciais que de Christine. (CL: 8)

Ausgerechnet diese zentralen Sätze werden komplett aus der vereinfachten Version von *Christine* gestrichen und auch der ‚Erziehung'-*Frame* wird gerade um die Disziplinierungsmaßnahmen von Jeans Mutter gekürzt, wodurch die Inferenz der ‚emanzipatorischen' Lesart auf der Grundlage der *Easy-Readers*-Fassung deutlich schwieriger wird, größere Kreativität und profunderes Wissen zu den rekurrenten Themen des Autors verlangt.

Die zahlreichen ‚religiösen' Lesarten, die Greens Frühwerk zweifelsohne enthält, basieren in entscheidendem Maße auf dem dominanten *Frame*-System ‚Religion & Spiritualität' sowie einer Vielzahl von Evokationen im Sinne Coserius (2007a: 92–137), wie z. B. Relationen mit Zeichen in anderen Texten (insbesondere der Bibel) und der indirekten Zeichenfunktion Zeichen – Bezeichnetes – Symbolisiertes in Bezug auf *la* bague/*l'anneau, le saphir* und den Eigennamen *Christine*.[9] Diese Evokationen werden nun in der *Easy-Readers*-Fassung von *Christine* fast sämtlich in Folge der radikalen Kürzungen und Reformulierungen getilgt, was Tab. 11 mit einigen exemplarischen Evokationen des Originals und ihren ‚Resten' in der Vereinfachung belegt.

Die an die Lexeme *Christine*, *bague* und *saphir* geknüpften symbolischen Bedeutungen bleiben in der *Easy-Readers*-Fassung zwar erhalten, aber weil ihr der religiös-mystische Charakter fast komplett verloren geht, fällt ihre Einlösung in der Vereinfachung deutlich schwerer als im Original. Allerdings bieten die spärlichen Überreste religiöser Evokationen ohnehin keine hinreichende Grundlage mehr für die Inferenz der zahlreichen religiösen Lesarten von *Christine*. So deutet etwa Eberle Wildgen (1993: 82) Christine und Jeans Mutter als zwei konträre Pole der Religion (Liebe und Leidenschaft vs. Gebote und Gehorsam), die Jean in Ge-

---

[9] Der Saphir ist Symbol der Gottesnähe, Tugend und Keuschheit (Rohner 2012: 363); der Vorname *Christine* leitet sich vom griechischen Wort *christós* (‚der Gesalbte') ab und bedeutet ‚Anhängerin Christi, Christin' (Kohlheim & Kohlheim 2016: 112).

Tab. 11: Beispiele für Anspielungen in *Christine* und ihre weitgehende Tilgung in der *Easy-Readers*-Fassung.

Art der Anspielung	Originalfassung von *Christine*	*ER*-Fassung
Assoziatives *Frame*-System christliche Religion & Spiritualität	les Pèlerins, établir le royaume de Dieu, la maison puritaine, les préceptes, les livres des Psaumes, la lumière (2x), le combat intérieur, surnaturelle, une auréole, une apparition, le sacrifice, prier, jurer sur la Bible (2x), la tentation, une inscription biblique, la conscience, le verset, Noël	la maison puritaine, prier, Noël
Bibelzitate bzw. Anspielung auf Bibelstellen	Espère en Dieu seul (CL: 3) ; Quand je marcherai dans la Vallée de l'Ombre de la Mort, je ne craindrai aucun mal (CL: 9)	–
Relationen mit Zeichen in anderen Texten: Die Beschreibung der Wirkung von Christines Schönheit auf den Erzähler bedient sich der Worte, mit denen Mystiker über Gott sprechen (vgl. Eberle Wildgen 1993: 67)	Comme je m'approchai de Christine, je dus me retenir pour ne pas pousser un cri d'admiration. La beauté [...] m'a toujours ému des sentiments les plus forts et les plus divers et il en résulte une sorte de combat intérieur qui fait que je passe, dans le même instant, de la joie au désir et du désir au désespoir. Ainsi je souhaite et je redoute à la fois de découvrir cette beauté qui doit me tourmenter et me ravir, et je la cherche, mais c'est avec une inquiétude douloureuse et l'envie secrète de ne pas la trouver. (CL: 5)	Christine était belle, si belle que ...
Relationen mit Zeichen in anderen Texten (Bibel): Lichtmetaphorik in der Beschreibung Christines erinnert an Engels- oder Heiligenerscheinungen	Une immense auréole de cheveux blonds semblait recueillir en ses profondeurs toute la lumière qui venait de la fenêtre et donnait au front et aux joues une teinte presque surnaturelle. Je contemplai en silence cette petite fille dont j'aurais été prêt à croire qu'elle était une apparition, si je n'avais pris dans ma main la main qu'elle m'avait tendue. (CL: 5)	... je l'ai contemplée en silence. (CL-ER: 8).

wissenskonflikte stürzen, und Ziegler (1989: 70) sieht in Greens Frühwerk ein Anprangern der menschlichen Sprache, deren Bedeutungslosigkeit nur durch die transzendente Sprache Gottes („Espère en Dieu seul", CL: 3) überwunden werden könne. Diese und weitere religiöse Lesarten und somit die eigentliche Textbedeutung sind offensichtlich auf der Grundlage der Vereinfachung nicht zu konstruieren. Somit kann man die *Easy-Readers*-Fassung von *Christine* nur als sinn- und nutzlose Vereinfachung einer hochkomplexen nicht-mimetisch erzählenden Novelle bewerten. Die Redakteurinnen und Redakteure der *Easy Readers* haben die Bedeutung dieses Werks nicht in Ansätzen analysiert, sondern vermeintlich verzichtbare Beschreibungen, Kommentare und Details getilgt, um die Komplexität auf den Ebenen von Wort- und Satzsemantik sowie hinsichtlich der Anforderungen an das einzelsprachliche und lebensweltliche Wissen zu reduzieren. Dieses sowie die Reduktion von Ambiguität ist ihnen zwar – mit Einschränkungen – gelungen, infolgedessen haben sie aber nur das inkohärente Handlungsgerüst und bestenfalls ein bis zwei symbolische Lesarten in rudimentärer Form erhalten, deren Inferenz sie jedoch erschwert haben. Der Nutzen dieser Vereinfachung ist somit nicht mehr erkennbar. Zum Aufbau von Text- und Medienkompetenz oder interkultureller Kompetenz im Französischunterricht taugt sie nicht mehr, und die funktionalen kommunikativen Kompetenzen könnten mit jedem anderen einfachen französischen Originaltext besser und vor allem motivierender gefördert werden als mit diesem undeutbaren Skelett einer symbolischen Novelle.

7 Umgang mit den Anforderungen an das einzelsprachliche und lebensweltliche Wissen der Rezipientinnen und Rezipienten

Der fundamentalen Bedeutung des Rezipientenwissens für das adäquate Verständnis eines Textes und für seine Komplexität trägt das Komplexitätsmodell nach Meier (2020) Rechnung, indem es den Komplexitätsfaktor Wissen als Metafaktor ausweist und innerhalb der Komplexitätskategorien vier verschiedene Wissensbereiche (Anforderungen an das elokutionelle, einzelsprachliche, diskurstraditionelle und lebensweltliche Wissen) aufführt. Hohe Komplexität in Bezug auf das elokutionelle Wissen ergibt sich aus Abweichungen von allgemeinen Prinzipien des Denkens und unserer normalen Kenntnis der Sachen (vgl. Coseriu 2007b: 127). Zur Beurteilung der Komplexität des einzelsprachlichen Wissens können die in Abschnitt 4 erwähnten statistischen Auswertungen zu Normaltexten und Coserius (2007b: 154, 158) Überlegungen zu den Schwierigkeiten, die die Varietäten einer Einzelsprache bereiten, herangezogen werden. Was die Diskurstraditionen betrifft, so begründet Schrott (2015: 105–106), dass sich in diesem Bereich definitorische Setzungen, ein hohes Maß an kultureller Spezifizierung und die Formung zahlreicher Dimensionen von Textualität komplexitätssteigernd auswirken. Problematisch ist die Einschätzung des Komplexitätsgrades des lebensweltlichen Wissens, das das Verständnis eines Textes erfordert. In diesem Bereich können wohl kaum universelle Urteile gefällt werden, denn es hängt ja in hohem Maße vom kulturellen, sozialen, geographischen und professionellen Hintergrund eines Lesers oder einer Leserin ab, über welches Weltwissen er bzw. sie verfügt und über welches nicht. Somit kann die Komplexität des lebensweltlichen Wissens grundsätzlich nur relativ zu einer homogenen Rezipientengruppe und auf der Grundlage empirischer Daten bewertet werden.

Was nun den Umgang der Redaktion der *Easy Readers* mit hohen Wissensanforderungen der Originaltexte betrifft, so ist dieser in Teilen schon in den vorangehenden Abschnitten analysiert worden, eben weil die Aushebelung der Komplexitätsfaktoren Abweichungen und kontextabhängige Implizitheit immer auch eine Reduktion des damit verknüpften einzelsprachlichen und lebensweltlichen Wissens bewirkt.[10] Einige der in diesen beiden Wissensdomänen gezielt und wiederholt betriebenen Vereinfachungen sollen im Folgenden noch kurz beleuchtet werden. Da lexikalische Vereinfachungen in Abschnitt 4 bereits zum Thema gemacht wurden, konzentrieren wir uns hier im Bereich des einzelsprachlichen Wissens auf fünf grammatikalische Phänomene, die regelmäßig – aber nicht immer einheitlich – bearbeitet werden: Formen des *Subjonctif imparfait* und *plus-que-parfait*, *Gérondif*- und Partizipialkonstruktionen, das expletive *ne* sowie die Verneinung durch *ne* ohne *pas* und das *Passé simple*. Bei der Analyse des Umgangs mit dem unendlich vielfältigen Weltwissen greifen wir einen Aspekt heraus, der immerhin in fünf der acht Korpustexte enthalten ist und grundsätzlich eine Adaption erfährt, nämlich intertextuelle Verweise auf Werke der französischen Literatur oder die Bibel.

7.1 Reduktion der Anforderungen an das einzelsprachliche Wissen

Die Formen des *Subjonctif imparfait* und *plus-que-parfait* müssen aufgrund ihrer Seltenheit, ihres kompletten Verschwindens aus der gesprochenen Sprache (Grevisse 1993: 1265) zweifelsohne als komplex gelten, was die folgende Einschätzung in *Le bon usage* unterstreicht:

> [...] c'est seulement la rareté de ces formes qui les rend surprenantes [...]. – C'est aussi leur rareté qui les rend difficiles.[11] (Grevisse 1993 : 1271)

---

10 Da hohe Anforderungen an das elokutionelle und diskurstraditionelle Wissen in der Regel das zentrale Handlungsschema der Erzählung bzw. ihre Gattung betreffen, sind sie mit den gängigen Adaptionen der *Easy Readers* nicht oder kaum zu verringern.
11 „[...] es ist nur die Seltenheit dieser Formen, die sie überraschend macht [...]. – Es ist auch ihre Seltenheit, die sie schwierig macht.", Übersetzung K.M.

Aufgrund der einzelsprachlichen Komplexität dieser Formen werden sie in den acht untersuchten *Easy-Readers*-Fassungen konsequent vermieden. Dies geschieht, indem Formen des *Subjonctif imparfait* durch solche des *Subjonctif présent* ersetzt werden, die in der gewöhnlichen Schriftsprache oder der gesprochenen Sprache in den jeweiligen Verwendungsfällen üblich sind (vgl. Tab. 12: Beispiel 1 aus *Naïs Micoulin*), oder indem durch Umformulierungen die zwingenden *Subjonctif*-Auslöser getilgt werden und so auf den *Subjonctif* insgesamt verzichtet werden kann (vgl. Tab. 12: Beispiel 2 aus *Christine*):

Tab. 12: Beispiele für die Vermeidung des *Subjonctif imparfait* in zwei *Easy-Readers*-Versionen.

Originalsatz mit einer Form des *Subjonctif imparfait*	Alternativer Satz in der *Easy-Readers*-Fassung ohne den *Subjonctif imparfait*
Mais cela n'empêchait pas que les deux enfants **fussent** très bons amis. (N : 742)	Mais cela n'empêchait pas que les deux enfants **soient** très bons amis. (N-ER : 6)
Ma tante redescendit sans elle, nous prîmes notre repas sans elle et l'après-midi s'écoula sans qu'elle **revînt** au salon. (CL : 5)	Ma tante est redescendue sans elle, nous avons pris notre repas sans elle et, l'après-midi, elle n'est pas revenue au salon. (CL-ER : 8)

In den *Easy-Readers*-Ausgaben findet sich tatsächlich keine einzige Form des *Subjonctif imparfait* oder *plus-que-parfait*, was eine effektive und den Textstil kaum tangierende Reduktion der Anforderungen an das einzelsprachliche Wissen der Leserschaft darstellt.

Gérondif- und Partizipialkonstruktionen, die ungleich häufiger vorkommen, erfahren in den *Easy Readers* zwar nicht ganz so konsequent, aber doch regelmäßig eine Bearbeitung. Infolge von großflächigen Kürzungen, gezielten Streichungen aus ihren Satzgefügen oder ihrer Ersetzung durch Adverbial- bzw. Relativsätze fällt die Frequenz der *Gérondif-* und Partizipialkonstruktionen in den *Easy Readers* im Vergleich zu den jeweiligen Originalen deutlich geringer aus. In Abschnitt 6.1 wurde schon auf die semantische Unterspezifiziertheit und Mehrdeutigkeit dieser Konstruktionen hingewiesen. Zumindest die Partizipialkonstruktion stellt außerdem noch erhöhte Anforderungen an das einzelsprachliche Wissen der Rezipientinnen und Rezipienten, weil sie vorwiegend der geschriebenen Sprache angehört und die absolute Partizipialkonstruktion sogar eine Erscheinung der gehobenen Schriftsprache ist (vgl. Klein & Kleineidam 1994: 251–252). All diese Aspekte unterstreichen die Komplexität dieser Strukturen und somit erweist sich ihre Adaption gerade aus Sicht von L2-Lernerinnen und L2-Lernern als deutliche Entlastung.

Was die drei weiteren untersuchten grammatikalischen Phänomene betrifft, das expletive *ne*, die Verneinung durch *ne* ohne *pas* und das *Passé simple*, so erstaunt deren willkürliche Adaption in den *Easy Readers*. Gerade die beiden zuerst genannten Erscheinungen vereinen gleich zwei Komplexitätsmerkmale auf sich: sie sind i.W. auf die geschriebene Sprache beschränkt und somit wenig frequent (vgl. Klein & Kleineidam: 203–204, 206), und die Partikel *ne* birgt aufgrund ihrer Ambiguität die Gefahr von Missverständnissen. So könnte ein expletives *ne* fälschlicherweise als Verneinung gedeutet werden oder eine nur durch *ne* ausgedrückte Verneinung als expletives *ne* missverstanden werden. Da beide Strukturen zudem fakultativ sind, könnten sie problemlos vereindeutigt werden, was in den *Easy-Readers*-Ausgaben völlig willkürlich und ohne Bezug auf das Niveau (A2, B1, B2) der Vereinfachung mitunter geschieht, mitunter nicht, was die zwei folgenden Beispiele in Tab. 13 belegen:

Tab. 13: Uneinheitlicher Umgang mit der Verneinung durch *ne* ohne *pas* in den *Easy-Readers*-Fassungen.

	Original	*Easy-Readers*-Fassung	GeR-Niveau der *ER*-Fassung
Verneinung durch *ne* ohne *pas* wird in die *ER*-Fassung übernommen	Mais je **n'**ai pu savoir comment il a fait, par exemple. (M: 1122)	Mais je **n'**ai pu savoir comment il avait fait. (M-ER: 73)	*La Main*, B1 (Série C)
Verneinung durch *ne* allein wird in der *ER*-Fassung durch Ergänzung von *pas* expliziert	Elle fut simple **ne** pouvant être parée, mais malheureuse comme une déclassée ; […]. (P: 1198)	Elle était vêtue d'une façon simple, **ne** pouvant **pas** s'offrir d'être élégante, ce qui la rendait malheureuse comme une déclassée. (P-ER: 25)	*La Parure*, B2 (Série D)

An dieser Stelle vergibt die Redaktion der *Easy Readers* Chancen zu einer Vereinfachung, die allenfalls minimale Auswirkungen auf den Textstil hätte.

Der Umgang mit dem *Passé simple* stellt sich ähnlich uneinheitlich dar. Sechs Originalfassungen der untersuchten acht *Easy Readers* verwenden dieses Tempus des *Récit*. In vier Fällen wird es in der entsprechenden *Easy-Readers*-Version durch das *Passé composé* ersetzt, in zwei Fällen wird es beibehalten, was wiederum ohne Rücksicht auf das ausgewiesene Niveau der Vereinfachung geschieht. Da jedoch die beiden *Easy Readers* mit dem frühesten Publikationsjahr (*La Parure*, 1970 und *La Chèvre de M. Seguin*, 1975) das *Passé simple* beibehalten, die späteren Vereinfachungen es durch das *Passé composé* ersetzen, könnte man hier eine Beeinflussung durch die kommunikativ-pragmatische Wende in der Linguistik (Anfang der 1970er Jahre) vermuten, im Zuge derer das *Passé simple* als schriftsprachliches Tempus in ein späteres Lernjahr gerückt ist. Somit kann man seine Ersetzung durch das *Passé composé* als Entlastung für die beginnenden L2-Lernerinnen und L2-Lerner nachvollziehen. Im Komplexitätsmodell nach Meier (2020) würde dieses obligate Tempus des *Récit*, also des nicht auf Sprecher, Sprechzeitpunkt und Sprechsituation bezogenen Ausdrucksregisters (vgl. Klein & Kleineidam 1994: 262–265), das für zahlreiche Textsorten charakteristisch ist, allerdings nicht als komplex betrachtet.

Am Ende dieser Analyse des Umgangs der Redaktion der *Easy Readers* mit grammatischen Strukturen des Französischen bleibt der Eindruck, dass die vorgenommenen Adaptionen nicht an einheitlichen Kriterien für Komplexität oder Schwerverständlichkeit orientiert sind, eventuell zeitabhängig sind und zudem einiges Potential für ‚risikolose' Vereinfachung vergeben.

7.2 Reduktion der Anforderungen an das lebensweltliche Wissen

Fünf der acht untersuchten *Easy-Readers*-Fassungen enthalten intertextuelle Anspielungen auf Autoren und Werke der französischen Literatur oder auf die Bibel, und in allen fünf Vereinfachungen besteht völlige Einigkeit darüber, dass diese Anspielungen zu hohe Anforderungen an das Rezipientenwissen stellen und deshalb einer Adaption bedürfen. In Anbetracht der Tatsache, dass die Zielgruppe der *Easy Readers* jugendliche L2-Lernerinnen und L2-Lerner des Französischen sind, die außerhalb Frankreichs sozialisiert wurden und auch im Französischunterricht vermutlich wenig bis keine Berührung mit französischen Klassikern hatten,[12] wirkt diese Einschätzung durchaus gerechtfertigt. In wenigen Fällen reagiert die Redaktion der *Easy Readers* auf literarische oder biblische Anspielungen mit Annotationen, etwa dann, wenn der Leviathan als Titel einer Green'schen Novelle fungiert. Die äußerst knappen und oberflächlichen Annotationen, die in diesen Fällen bereitgestellt werden – z. B. „*Léviathan*, animal terrible, surtout connu du Livre de Job de la Bible" (CL-ER: 22) –, vermögen aber kaum eine adäquate Deutung der entsprechenden Textpassagen zu unterstützen. Sehr viel häufiger jedoch greifen die Redakteurinnen und Redakteure der *Easy Readers* im Fall intertextueller Andeutungen auf die radikale Methode zurück, diese gleich großflächig und vollstän-

---

[12] Gemäß Voss (2014: 2) wurde in den vergangenen Jahrzehnten „schon öfter [...] das Ende des fremdsprachlichen Literaturunterrichts mit klassischen Werken eingeläutet".

dig aus dem jeweiligen Text zu eliminieren. Das wurde in Abschnitt 6.2 bereits am Beispiel von *La Chèvre de M. Seguin* und *Christine* aufgezeigt und wird in den Vereinfachungen von *La Mort du Dauphin* und *Léviathan* auf vergleichbare Weise betrieben. Im Fall von *La Mort du Dauphin* werden beispielsweise der generische Titel *Ballades en prose* und der Prolog mit seinen Anspielungen auf Heinrich Heine und die deutsche Romantik komplett gestrichen. Dennoch behält der pathetische Apolog auch in der adaptierten Fassung seinen inhaltlichen Reiz, und die vereinfachte Version von *La Chèvre de M. Seguin* verträgt ebenfalls die Tilgung aller Briefelemente mit ihren intertextuellen Verweisen auf *Notre-Dame de Paris*. Die beiden symbolischen Frühwerke Julien Greens, *Christine* und *Léviathan*, hingegen, verkraften die analog betriebene Tilgung aller intertextuellen Anspielungen auf religiöse und mythische Texte nicht, sondern verlieren so ihre eigentlichen Bedeutungsschichten. Solche Texte sind nicht durch Eingriffe in die Textstruktur, sondern allenfalls durch umfangreiche Annotationen und Erläuterungen zu vereinfachen. Folglich stellt die Aufnahme dieser Green'schen Texte in die Reihe der *Easy Readers* eine klare Fehlentscheidung dar.

8 Fazit

Am Schluss dieser Analyse ist festzuhalten, dass die Adaptionen der *Easy Readers* in vielen Fällen effektiv sind, weil sie es regelmäßig schaffen, das Wirken der Komplexitätsfaktoren (2) kontextabhängige Implizitheit und (3) Anforderungen an das Wissen der Rezipientinnen und Rezipienten auszuschalten oder abzuschwächen. Somit bewirken die Bearbeitungen hinsichtlich bestimmter Komplexitätskategorien, v. a. „Komplexität in Bezug auf Wort- und Satzsemantik sowie Kohäsion und lokale Kohärenz", „Andeutungen/Evokationen" sowie „Anforderungen an das einzelsprachliche und lebensweltliche Wissen" eine deutliche Entlastung für die Leserinnen und Leser. Insbesondere auf Wort- und Satzebene erfolgen die Eingriffe in die Textstruktur zudem behutsam und überlegt, was der Umgang mit *einzelnen* komplexen Lexemen und grammatischen Strukturen sowie die Bemühungen zur Steigerung von Kohärenz belegen. Durch diese vorsichtigen Bearbeitungen wird zwar in den meisten Fällen nur gering ausgeprägte Komplexität weiter reduziert, doch gestalten diese Adaptionen mit Sicherheit die Lektüre für L2-Lernerinnen und L2-Lerner reibungsloser und motivierender, ohne dass inakzeptable Folgen für Textsinn und -stil entstehen. Und bestimmte inhaltlich reizvolle Werke wie z. B. *Naïs Micoulin*, die vielfältige Lernmöglichkeiten bieten, können wohl nur in derart entschärfter Form im Fremdsprachenunterricht auf grundlegendem Niveau eingesetzt werden. Man möchte den Redakteurinnen und Redakteuren der

Easy Readers empfehlen, ihre Adaptionen auf lokaler Ebene auszuweiten und zu vereinheitlichen – denn gerade in Bezug auf bestimmte komplexe einzelsprachliche Strukturen (expletives *ne*, Verneinung durch *ne* ohne *pas*, *Passé simple*) fiel eine gewisse Willkür bei der Bearbeitung auf. Eine klare Orientierung an den Komplexitätsmerkmalen *Seltenheit der Strukturen* sowie *Mehrdeutigkeit* könnte hier größere Klarheit schaffen.

Ganz anders zu bewerten sind die häufig festzustellenden großflächigen Kürzungen von vermeintlich verzichtbaren Beschreibungen, Details, intertextuellen Anspielungen und Erzählerkommentaren sowie die konsequenten Modifikationen von Sätzen, deren Struktur und Rhythmus wichtige Evokationen auslösen. Derart massive Eingriffe in die Textstruktur können bei einigen mimetisch erzählenden Novellen (z. B. *Naïs Micoulin*, *Petites pratiques germanopratines* und *La Chèvre de M. Seguin*) funktionieren und zu einer spürbaren Komplexitätsreduktion beitragen. Aber schon bei einer ebenfalls mimetisch erzählenden naturalistischen Novelle wie *La Parure* treten Schwächen solcher massiven Eingriffe in die Textstruktur zutage. Auf diese Weise gehen nämlich die zahlreichen impliziten Charakterisierungen der Protagonistin, die v. a. über die stilistische Gestaltung des Textes vermittelt werden, verloren, und die zentrale Kategorie „Aufwand der Bedeutungserschließung der 2. semiotischen Ebene" erfährt so einen Zuwachs an Komplexität. Die Redakteurinnen und Redakteure scheinen sich bei ihren Adaptionen literarischer Texte am Diktum „Jede Geschichte lässt sich auf verschiedene Weise erzählen" (Martínez & Scheffel 2012: 29) zu orientieren. Nun ist es aber so, dass die Bedeutung literarischer Texte nicht im Geschilderten allein liegt, sondern gerade in moderner bzw. nicht-mimetisch erzählender Literatur die häufig inkohärente oder unmotivierte Handlung nur einer ihrer Mosaiksteine ist. Die Bedeutungskonstruktion kann dann nur gelingen, wenn die Rezipientinnen und Rezipienten auch die stilistische Gestaltung des Textes und alle aktualisierten Zeichenrelationen mitsamt ihren Evokationen berücksichtigen bzw. aufdecken. Für nicht-mimetisch erzählende Literatur gilt deshalb uneingeschränkt die folgende Aussage Robbe-Grillets (1961: 41):

Il n'y a pas pour un écrivain, deux manières possibles d'écrire un même livre.[13]

Folglich sind nicht-mimetisch erzählende Texte, deren Bedeutung eher durch das „Wie" als durch das „Was" vermittelt wird, einer Vereinfachung durch Eingriffe in die Textstruktur überhaupt nicht zugänglich, was die Analyse der *Easy-Readers*-Version von *Christine* eindeutig belegt. Aber auch für viele mimetisch erzäh-

---

13 „Es gibt für einen Schriftsteller nicht zwei mögliche Arten, ein und dasselbe Buch zu schreiben.", Übersetzung K.M.

lende Texte (z. B. *La Parure*) kann Komplexitätsreduktion durch Modifikation der sprachlichen Gestalt nur im Anschluss an eine umfassende Bedeutungsanalyse funktionieren. Symbolische Novellen wie *Christine* und *Léviathan* können *grundsätzlich* nur durch Annotationen vereinfacht werden, durch die Bereitstellung unverzichtbaren Wissens zu den rekurrenten Themen des Autors und durch Hinweise auf zentrale Evokationen, die auszuwerten sind. Ihr auf Niveau A2 vereinfachtes Handlungsgerippe jedenfalls ist niemandem von Nutzen. Umsichtig annotierte Originale dieser Green'schen Frühwerke könnten aber äußerst gewinnbringend zur Förderung von Textkompetenz in Französisch-Leistungskursen eingesetzt werden, denn an ihnen kann man hervorragend studieren, wie Bedeutung in komplexer Weise aus der Verknüpfung unterschiedlichster Textelemente und Umfelder und unter Nutzung der vollen Funktionalität der dichterischen Sprache (vgl. Coseriu 2007a: 146–149) zustande kommen kann.

Abkürzungsverzeichnis

Im laufenden Text wird auf die literarischen Werke, die Gegenstand der Textanalysen sind, unter Verwendung von Abkürzungen verwiesen:

C	Daudet 1986
C-ER	Daudet 1975 (Easy Readers)
CL	Green 1972
CL-ER	Green 1983 (Easy Readers)
M	Maupassant 1974, 1116–1122
M-ER	Maupassant 1986 (Easy Readers)
N	Zola 1976
N-ER	Zola 1989 (Easy Readers)
P	Maupassant 1974, 1198–1206
P-ER	Maupassant 1970 (Easy Readers)
PP	Gavalda 1999
PP-ER	Gavalda 2014 (Easy Readers)

Bibliographie

Adamzik, Kirsten (2010): *Sprache: Wege zum Verstehen*. 3. überarb. Aufl. Tübingen, Basel: Francke.

Aschenberg, Heidi (1999): *Kontexte in Texten. Umfeldtheorie und literarischer Situationsaufbau*. Tübingen: Niemeyer.

Bergez, Daniel (1999): Préface, chronologie, notices, bibliographie et notes. In Alphonse Daudet, *Lettres de mon moulin*. Édition présentée, établie et annotée par Daniel Bergez. Paris: Gallimard.

Blüher, Karl A. (1985): *Die französische Novelle*. Tübingen: Francke.

Brinker, Klaus (2010): *Linguistische Textanalyse. Eine Einführung in Grundbegriffe und Methoden*, bearbeitet von Sandra Ausborn-Brinker. 7. durchges. Aufl. Berlin: Erich Schmidt.

Busse, Dietrich (2012): *Frame-Semantik. Ein Kompendium*. Berlin, Boston: De Gruyter.

Bußmann, Hadumod (Hrsg.) (2008): *Lexikon der Sprachwissenschaft*. 4. durchges. und bibliogr. erg. Aufl. Stuttgart: Kröner.

Christmann, Ursula (2008): Rhetorisch-stilistische Aspekte moderner Verstehens- und Verständlichkeitsforschung. In Ulla Fix, Andreas Gardt & Joachim Knape (Hrsg.), *Rhetorik und Stilistik. Ein internationales Handbuch historischer und systematischer Forschung*, Hbd. 1, 1092–1106. Berlin, New York: De Gruyter.

Christmann, Ursula & Norbert Groeben (1996): Die Rezeption schriftlicher Texte. In Hartmut Günther & Otto Ludwig (Hrsg.), *Schrift und Schriftlichkeit. Ein interdisziplinäres Handbuch internationaler Forschung*, Bd. 2, 1536–1545. Berlin, New York: De Gruyter.

Confais, Jean-Paul (1980): *Grammaire explicative. Schwerpunkte der französischen Grammatik für Leistungskurs und Studium*. 2. Aufl. Ismaning: Hueber.

Coseriu, Eugenio (2007a): *Textlinguistik. Eine Einführung*, herausgegeben und bearbeitet von J. Albrecht. 4. unveränd. Aufl. Tübingen: Narr.

Coseriu, Eugenio (2007b): *Sprachkompetenz. Grundzüge der Theorie des Sprechens*, bearbeitet und herausgegeben von H. Weber. 2. durchges. Aufl. Tübingen: Narr.

Daudet, Alphonse (1975): *Lettres de mon moulin* (Easy Readers). Stuttgart: Klett.

Daudet, Alphonse (1986): *Œuvres I*. Texte établi, présenté et annoté par Roger Ripoll. Paris: Gallimard.

Eberle Wildgen, Kathryn (1993): *Julien Green. The great themes*. Birmingham: Summa Publications.

Europarat. Rat für kulturelle Zusammenarbeit (2013): *Gemeinsamer europäischer Referenzrahmen für Sprachen: lernen, lehren, beurteilen*. München: Klett-Langenscheidt.

Fäcke, Christiane (2010): *Fachdidaktik Französisch*. Tübingen: Narr.

Fischer, Wolfgang & Anne-Marie Le Plouhinec (2012): *Thematischer Grund- und Aufbauwortschatz Französisch*. 3. Aufl. Stuttgart: Klett.

Gansel, Christina & Frank Jürgens (2009): *Textlinguistik und Textgrammatik*. Göttingen: Vandenhoeck & Ruprecht.

Gardt, Andreas (2013): Textanalyse als Basis der Diskursanalyse. Theorie und Methoden. In Ekkehard Felder (Hrsg.), *Faktizitätsherstellung in Diskursen. Die Macht des Deklarativen*, 29–56. Berlin, New York: De Gruyter.

Gavalda, Anna (1999): *Je voudrais que quelqu'un m'attende quelque part*. Paris: Le Dilettante.

Gavalda, Anna (2014): *Je voudrais que quelqu'un m'attende quelque part* (Easy Readers). Stuttgart: Klett.

Glaap, Albert-Reiner & Heribert Rück (2003): Literarisches Curriculum. In Karl-Richard Bausch, Herbert Christ & Hans-Jürgen Krumm (Hrsg.), *Handbuch Fremdsprachenunterricht*, 133–138. 4. vollst. neu bearb. Aufl. Tübingen, Basel: Francke.

Green, Julien (1972): *Œuvres complètes I*. Préface de José Cabanis, introduction par Jacques Petit, textes établis, présentés et annotés par Jacques Petit. Paris: Gallimard.

Green, Julien (1983): *Christine/Léviathan* (Easy Readers). Stuttgart: Klett.

Grevisse, Maurice (1993): *Le bon usage*. Grammaire française refondue par André Goose. 13. durchges. Aufl. Paris: Duculot.
Grice, Herbert P. (1979): Logik und Konversation. In Georg Meggle (Hrsg.), *Handlung, Kommunikation, Bedeutung*, 243–265. Frankfurt am Main: Suhrkamp.
Grice, Herbert P. (1989): Logic and conversation. In: Herbert P. Grice, *Studies in the way of words*, 22–40. Cambridge, London: Harvard University Press.
Klein, Hans-Wilhelm & Hartmut Kleineidam (1994): *Grammatik des heutigen Französisch für Schule und Studium*. Neubearbeitung auf Basis der 1. Aufl. Stuttgart: Klett.
KMK 2012 (Sekretariat der Ständigen Kultusministerkonferenz der Länder in der Bundesrepublik Deutschland) (Hrsg.): *Bildungsstandards für die fortgeführte Fremdsprache (Englisch/Französisch) für die Allgemeine Hochschulreife. Beschluss der Kultusministerkonferenz vom 18.10.2012.* https://www.kmk.org/fileadmin/veroeffentlichungen_beschluesse/2012/2012_10_18-Bildungsstandards-Fortgef-FS-Abi.pdf (letzter Zugriff: 28.11.2021).
Kohlheim, Rosa & Volker Kohlheim (2016): *Das große Vornamen-Lexikon*. 5. vollst. überarb. Aufl. Berlin: Dudenverlag.
Linke, Angelika & Markus Nussbaumer (2000): Konzepte des Impliziten: Präsuppositionen und Implikaturen. In Klaus Brinker, Gerd Antos, Wolfgang Heinemann, Sven F. Sager (Hrsg.), *Text- und Gesprächslinguistik. Ein internationales Handbuch zeitgenössischer Forschung*, Bd. 1, 435–448. Berlin, New York: De Gruyter.
Martínez, Matías & Michael Scheffel (2012): *Einführung in die Erzähltheorie*. 9. erw. und aktual. Aufl. München: Beck.
Matz, Wolfgang (2006): Nachwort. In Julien Green, *Fremdling auf Erden*. Erzählungen, aus dem Französischen von Elisabeth Edl, mit einem Nachwort von Wolfgang Matz, 167–178. München, Wien: Carl Hanser.
Maupassant, Guy de (1970): *Mon oncle Jules et autres nouvelles* (Easy Readers). Stuttgart: Klett.
Maupassant, Guy de (1974): *Contes et nouvelles I*. Préface d'Armand Lanoux, introduction de Louis Forestier, texte établi et annoté par Louis Forestier. Paris: Gallimard.
Maupassant, Guy de (1986): *Contes du jour et de la nuit* (Easy Readers). Stuttgart: Klett.
Meier, Kerstin (2020): *Semantische und diskurstraditionelle Komplexität. Linguistische Interpretationen zur französischen Kurzprosa*. Berlin, Boston: De Gruyter.
Ripoll, Roger (1986): Notices, notes et variantes. In Alphonse Daudet, *Œuvres I*, 1198–1718. Paris: Gallimard.
Robbe-Grillet, Alain (1961): Sur quelques notions périmées. In Alain Robbe-Grillet, *Pour un Nouveau Roman*, 25–44. Paris: Minuit.
Rohner, Isabel (2012): Saphir. In Günter Butzer & Joachim Jacob (Hrsg.), *Metzler Lexikon literarischer Symbole*, 363–364. 2. Aufl. Stuttgart, Weimar: Metzler.
Schrott, Angela (2015): Kategorien diskurstraditionellen Wissens als Grundlage einer kulturbezogenen Sprachwissenschaft. In Franz Lebsanft & Angela Schrott (Hrsg.), *Diskurse, Texte, Traditionen. Modelle und Fachkulturen in der Diskussion*, 115–148. Göttingen: V&R unipress.
Teschke, Henning (1998): *Französische Literatur des 20. Jahrhunderts*. Stuttgart u. a.: Klett.
Voss, Hermann (2014): Wie Molière, Maupassant und Zola immer noch Schule machen. *Der fremdsprachliche Unterricht Französisch* 132, 2–9.
Viegnes, Michel (1996): *Maupassant: «Boule de suif», «La Parure»* (Profil d'une œuvre). Paris: Hatier.

Ziegler, Robert (1989): Language and presence in Julien Green's «Christine». *Modern Language Studies* 19 (1), 66–71.
Zola, Émile (1976): *Contes et nouvelles*. Texte établi, présenté et annoté par Roger Ripoll avec la collaboration de Sylvie Luneau pour les textes de Zola traduits du russe. Paris: Gallimard.
Zola, Émile (1989): *Trois nouvelles* (Easy Readers). Stuttgart: Klett.

Lidia Becker & Marta Estévez Grossi

Laienlinguistische Repräsentationen und Praktiken der Textvereinfachung in Lateinamerika und Spanien

Abstract: The article examines the phenomenon of linguistic simplification in Latin America and Spain using the example of the diaphasic and diastratic varieties of *Plain Language* (*lenguaje claro/ciudadano*) and *Easy-to-Read Language* (*lectura fácil*) from the perspective of language theory, sociology of language, translation studies and discourse analysis. In addition, the historical continuity of the linguistic ideal of simplicity and clarity, the efforts to bridge language barriers in a colonial discourse, as well as the social risks of current simplification tendencies are highlighted. The empirical part offers an exemplary inventory of folk linguistic representations of linguistic simplification on the basis of selected guidebooks as well as their comparison with the actually applied strategies in adapted texts on the Chilean platform *Ley fácil*.

1 Einleitung

Die Einfachheit bzw. Vereinfachung von Textkommunikation und Diskursivität scheint aktuell eine Dominante der gesellschaftlichen Wahrnehmung von Sprache zu sein. In diesem Zusammenhang wird eine Vielzahl von Themen kontrovers diskutiert, davon seien nur einige exemplarisch genannt: (Un-)Verständlichkeit von behördlichen oder juristischen Texten für durchschnittliche Leser:innen, insbesondere für Personen mit kognitiven Beeinträchtigungen,[1] vermeintlicher Sprachverfall bzw. ein Rückgang von Lesekompetenzen aufgrund des Medienwandels,[2] (Un-)Verständlichkeit von gendergerechter bzw. politisch korrekter Sprache (vgl. Priboschek 2014; Richter 2019). In diesen Diskussionen werden textimmanente strukturelle Merkmale wie Komplexität vs. Einfachheit, rezipient:innenorientierte Merkmale wie Unverständlichkeit vs. Verständlichkeit,

---

1 Vgl. das Bundesprojekt *Bürgernahe Sprache* im Bereich der Finanzverwaltung seit 2018, IdS o. J.
2 Vgl. hierzu die Annahme, dass das Exponiertsein gegenüber einer großen Zahl von kurzen und einfach strukturierten Texten im Internet das Leseverstehen abtrainiere. Für diese Diskussion ist das Bestsellerbuch von Carr 2010 stellvertretend zu nennen.

∂ Open Access. © 2023 bei den Autorinnen und Autoren, publiziert von De Gruyter. [CC BY-NC-ND] Dieses Werk ist lizenziert unter der Creative Commons Namensnennung - Nicht-kommerziell - Keine Bearbeitungen 4.0 International Lizenz.
https://doi.org/10.1515/9783111041551-012

Strategien der Textadaption wie Komplexitätsreduktion vs. -aufbau sowie die Kompetenz des Leseverstehens miteinander vermengt.

Die vorliegende Studie befasst sich mit einer Ausprägung der vielfältigen sprachlichen Vereinfachungstendenzen, nämlich mit der sogenannten *Einfachen/Bürgernahen* und *Leichten Sprache*. Der regional-sprachliche Fokus wird dabei auf das Spanische in Mexiko, Chile, Kolumbien und Spanien gelegt, mit gelegentlichen Ausblicken auf die vergleichbaren Entwicklungen in anderen Ländern. Im zweiten Kapitel werden zunächst theoretische Überlegungen zum Phänomen der sprachlichen Vereinfachung aus sprachsoziologischer, translatologischer und diskurslinguistischer Sicht vorgestellt. Daran schließen sich im dritten Kapitel einige historische Beispiele sprachlicher Vereinfachungstendenzen im Spanischen an, mit dem Ziel, die Problematik aus der geschichtlichen Perspektive zu beleuchten. Beide stilistischen Varietäten, die im vierten Kapitel näher vorgestellt und in ihren sozial-politischen Kontexten kritisch verortet werden, finden vor allem in administrativen und juristischen Kontexten Anwendung. Das fünfte Kapitel widmet sich den Repräsentationen von Vereinfachungsstrategien in administrativen Sprachstilen im Spanischen am Beispiel von einschlägigen Leitfäden sowie der Frage, wie das vorwiegend laienlinguistisch konzipierte Regelwerk am Beispiel juristischer Texte in der konkreten Adaptionspraxis umgesetzt wird. Aus methodologischer Sicht werden sprachsoziologische, translatologische und diskurslinguistische Perspektiven eingenommen. Im Fokus stehen dabei die gesellschaftliche Konstruktion von Sprache und Diskursivität; die sozialen, nicht wissenschaftlichen Wahrnehmungen davon, was die Texteinfachheit gegenüber der Textkomplexität bzw. verständliche gegenüber schwer verständlichen Texten ausmacht sowie die praktische Anwendung der neu erarbeiteten Normen der *Einfachen Sprache* in der intralingualen Textadaption bzw. -übersetzung.

2 Theoretisch-methodologische Überlegungen zum Phänomen der sprachlichen Vereinfachung

2.1 Sprachliche Vereinfachung aus sprachtheoretisch-soziologischer Sicht

Der sprachsoziologische Zugang in seiner sozialhistorisch-materialistischen Ausprägung setzt das Verständnis von Sprache als gesellschaftliche Praxis voraus. Walentin Woloschinow (1993: 105) stellt fest:

Sprache lebt und erhält ihre historische Gestalt in der konkreten Sprachkommunikation, nicht im abstrakten sprachlichen System der Sprachformen und nicht in der individuellen Psyche der Sprechenden. (Übersetzung von L. B.)[3]

Derselbe Autor erläutert die Defizite des „abstrakten Objektivismus" sowie des „individualistischen Subjektivismus":

[...] wenn wir von dem subjektiven individuellen Bewusstsein absehen, das sich der Sprache als einem System von aus seiner Sicht unbestreitbaren Normen entgegenstellt, wenn wir die Sprache sozusagen wirklich objektiv von außen betrachten, genauer gesagt, über der Sprache stehen, dann finden wir kein festes System von gleichbleibenden Normen. Im Gegenteil, wir werden uns mit der kontinuierlichen Entwicklung der sprachlichen Normen konfrontiert sehen.[4] (Woloschinow 1993: 71, Übersetzung von L. B.)

John E. Joseph argumentiert in seiner Kritik an den bisherigen Methoden der Sprachkomplexitätsforschung beinahe hundert Jahre nach Woloschinow mit dem pointierten Verweis auf die allzu simplistischen Vorstellungen von der Sprache und dem Sprachsystem, die bei vielen Linguist:innen nach wie vor vorherrschend sind:

The measurement of linguistic complexity follows linguistics generally in conceiving of grammar in that narrower way which is based on production, plus recognition of deviance, rather than the full range of what speakers can comprehend. [...] The narrow conception of grammar has survived decades of onslaught from various directions; part of its appeal, and hence of its strength, is its seemingly direct applicability to areas of language research that desperately *want* grammar to be systematic in a relatively simple form. (Joseph 2021: 9, Kursivmarkierung im Original)

Vielen Untersuchungen über die Sprachkomplexität und andere sprachliche Phänomene ist demnach gemeinsam, dass sie die normative Dimension ihrer eigenen Analyse sowie die unvermeidliche Normativität der sprachlichen Regelmäßigkeiten, die als solche von den Forscher:innen wahrgenommen und angeblich objektiv beschrieben werden, ausblenden. In diesem Sinne muss das Sprachsystem bzw. die *langue* Saussures mit der Sprachnorm gleichgesetzt werden (Joseph 2021: 7–8). Nach dieser Auslegung gilt eine sprecher:innenunabhängige, immanente Betrachtung sprachlicher Phänomene grundsätzlich als unwissenschaftlich. Demzufolge

---

3 Woloschinow (1993: 105): „Язык живет и исторически становится именно здесь, в конкретном речевом общении, а не в абстрактной лингвистической системе форм языка и не в индивидуальной психике говорящих."
4 Woloschinow (1993: 71): „[...] если мы отвлечемся от субъективного индивидуального сознания, противостоящего языку как системе непререкаемых для него норм, если мы взглянем на язык действительно объективно, так сказать, со стороны, или, точнее, стоя над языком, – то никакой неподвижной системы себетождественных норм мы не найдем. Наоборот, мы окажемся перед непрерывным становлением норм языка."

kann die Spracheinfachheit vs. -komplexität als Voraussetzung für die Einfachheit vs. Komplexität von Texten ohne Berücksichtigung der kommunikativen Ziele, Kompetenzen und Einstellungen der Produzent:innen und Rezipient:innen weder analytisch zufriedenstellend beschrieben noch gemessen werden. Aus diesem Grund sind die Konzepte der Sprachvereinfachung bzw. des Sprachabbaus (analog zu „Ausbau" im Sinne einer Differenzierung und Modernisierung von Ausdrucksmitteln nach Kloss 1978: 37–38) und der Komplexitätsreduktion, die bewusst ausgestaltete sprachpolitische und normgebende Strategien umfasst, dem Begriff der ‚Spracheinfachheit' vorzuziehen. Gegenstand der Analyse in diesem Zusammenhang sind im vorliegenden Artikel laienlinguistische[5] Repräsentationen über ‚einfache' bzw. ‚verständliche' Texte, welche die Autor:innen der untersuchten Leitfäden aufweisen, sowie die konkrete Umsetzung der explizit formulierten oder impliziten, intuitiv angewandten Vereinfachungsregeln im Textkorpus in unterschiedlichen Kontexten.

2.2 Sprachliche Vereinfachung aus translatologischer Sicht

Die Strategien der Komplexitätsreduktion von Fachtexten können auch aus einer translatologischen Perspektive betrachtet werden, um das Verständnis der sprachlichen Vereinfachung als sozialer Praxis zu ergänzen. Obwohl sowohl Laien als auch Expert:innen der interlingualen Translation, d. h. der Übersetzung zwischen verschiedenen historischen Sprachen, eine vorherrschende Rolle zugewiesen haben, ist die Translatologie in Wirklichkeit ein viel breiteres Feld. Bereits 1959 unterscheidet der russische Linguist Roman Jakobson in seinem einflussreichen Aufsatz zwischen drei Arten von Übersetzung:

1. Intralingual translation or *rewording* is an interpretation of verbal signs by means of other signs of the same language.
2. Interlingual translation or *translation proper* is an interpretation of verbal signs by means of some other language.
3. Intersemiotic translation or *transmutation* is an interpretation of verbal signs by means of signs of nonverbal sign systems. (Jakobson 1959: 233; Kursivmarkierung im Original)

---

[5] Unter laienlinguistischen Repräsentationen werden metasprachliche Wissensformen (Meinungen, Bewertungen, Einstellungen, Vorstellungen usw.) überwiegend von Nicht-Linguist:innen, die nicht im Kontext wissenschaftlicher Diskurse zu verorten sind, verstanden (vgl. Jodelet 1989: 52–53; Kailuweit & Jaeckel 2006: 1547; Herling & Patzelt 2015: 7–8).

Jakobson baut auf Peirces Konzeption des Zeichens auf, indem er feststellt, dass alle sprachlichen Verfahren einen Übersetzungsprozess implizieren, denn „the meaning of any linguistic sign is its translation into some further, alternative sign" (Jakobson 1959: 33). Auf diese Weise und trotz der Tatsache, dass der Autor die interlinguale Translation als die eigentliche Übersetzung betrachtet, weist er auch darauf hin, dass es andere Arten von Übersetzungen gibt, wie die intralinguale Übersetzung bzw. „Umformulierung" oder die intersemiotische Übersetzung bzw. „Transmutation". Viele Übersetzungwissenschaftler:innen bekannten sich häufig zur Aufgliederung der Übersetzungsarten nach Jakobson in ihren Arbeiten, um sich im Anschluss daran der interlingualen Translation zu widmen. Die intralingualen und innersemiotischen Formen der Translation wurden traditionell als peripher und dementsprechend als nicht erforschenswert betrachtet.

Seit den späten 1950er und frühen 1960er Jahren, auf welche die Entstehung der modernen Translatologie gewöhnlich datiert wird, spielt das Konzept der Äquivalenz eine zentrale Rolle. Obwohl verschiedene Autor:innen unterschiedliche Definitionen des Äquivalenzbegriffs anbieten (vgl. Hurtado Albir 2001: 252–254), gingen die frühen äquivalenztheoretischen Ansätze davon aus, dass das primäre Ziel und Prinzip, das jeden Übersetzungsprozess bestimmen sollte, darin besteht, den Zieltext so äquivalent wie möglich zum Ausgangstext zu gestalten. In den 1980er Jahren kam es zu einem Paradigmenwechsel in der Übersetzungswissenschaft mit dem Aufkommen funktionalistischer Ansätze von Autor:innen wie Reiß & Vermeer (1984) oder Holz-Mänttäri (1984). Aus dieser neuen Perspektive ist die Äquivalenz zwischen Ausgangstext und Zieltext nicht mehr das Kernstück des Übersetzungsprozesses, so dass Vermeer (1986: 42) von einer „Entthronung" des Ausgangstextes spricht. Bei funktionalistischen Ansätzen wird angestrebt, dass der Zieltext den Skopos (vom griechischen σκοπός, das mit ‚Funktion', ‚Zweck', ‚Ziel' oder ‚Absicht' übersetzt werden kann) erfüllt, d. h. die Funktion, die der Text in der Zielkultur erfüllen soll. Das bedeutet, dass Übersetzer:innen sich für die eine oder andere Übersetzungsstrategie entscheiden müssen, um sicherzustellen, dass der Zieltext der Kommunikationssituation und dem Zielpublikum, für das er bestimmt ist, gerecht wird.

Seit den 1990er und 2000er Jahren ist ein verstärktes Interesse an verschiedenen Formen der intersemiotischen Übersetzung zu beobachten, insbesondere im Bereich der audiovisuellen Übersetzung (Untertitelung, Audiodeskription usw.) (vgl. Maaß & Hansen-Schirra 2022). Schließlich ist seit den 2010er Jahren eine neue Wende in der Übersetzungswissenschaft festzustellen, die ein Interesse für die Zugänglichkeit von Informationen für bestimmte Gruppen mit sich bringt (Menschen mit kognitiven oder sensorischen Beeinträchtigungen, funktionale Analphabet:innen usw.). Mit dieser Tendenz geht die Beschäftigung mit intralingualen Übersetzungsarten einher, wie z. B. im Fall *Leichter* oder *Einfacher Sprache*. In diesem Sinne sprechen Maaß & Hansen-Schirra (2022) von einem neuen Paradigmenwechsel, bei dem die Übersetzung als Methode zur Überwindung von Barrieren und zur Ermöglichung des Zugangs zur Kommunikation konzipiert wird.

In diesem Zusammenhang greifen einige Autor:innen aus theoretischer Sicht genau die von Jakobson (1959) vorgeschlagene Kategorisierung auf, um weitere Unterarten der Übersetzung zu unterscheiden. Für die Beschreibung intralingualer Übersetzungsarten ist die Anwendung des Modells von Sprache als Diasystem, das unter Berücksichtigung verschiedener Variablen u. a. von Autor:innen wie Petrilli (2003), Gottlieb (2008; 2018), Bredel & Maaß (2016) oder Hill-Madsen (2019) angewendet und angepasst wurde, besonders fruchtbar. Bredel & Maaß (2016: 175) greifen explizit auf Coserius klassisches Modell der Sprache als Diasystem und dessen Erweiterung durch Koch & Oesterreicher (1985) zurück, um zwischen folgenden Formen der intralingualen Übersetzung zu unterscheiden: diachron, diatopisch, diastratisch, diaphasisch und diamesisch.[6] Für diese beiden Autorinnen stellt die Übersetzung von Texten in der Standardsprache oder von Fachtexten in eine sprachlich vereinfachte Varietät derselben Sprache, wie z. B. *Leichte* oder *Einfache Sprache*, einen Fall von diastratischer intralingualer Übersetzung dar. Andere Autor:innen wie Petrilli (2003), Gottlieb (2018) oder Hill-Madsen (2019) bezeichnen diese Art der Übersetzung jedoch als diaphasisch, da sie der Ansicht sind, dass die Vermittlung hier zwischen diaphasischen Varietäten oder Registern, verstanden als funktionale Varietäten der Sprache (vgl. Hill-Madsen 2019: 543), und nicht zwischen Soziolekten erfolgt.[7] Wie dem auch sei – der prototypische Fall dieser Art von intralingualer Übersetzung wäre für Gottlieb (2018: 60) genau in den Situationen gegeben,

> [...] where public authorities wish to communicate more effectively with clients or voters by making syntactically complex and expert-sounding texts easier to read for the non-expert. The focal point here is adapting the message to a different – yet still domestic – audience.

Hill-Madsen (2019: 542) weist darauf hin, dass es neben dieser Unterart der intralingualen Übersetzung, welche die Übertragung von fachsprachlichen in verein-

---

[6] Gottlieb (2008: 57; 2018: 60) erwähnt seinerseits eine weitere Art der intralingualen Übersetzung: die Transliteration.
[7] Für eine ausführliche Diskussion über die Zweckmäßigkeit und Schwierigkeit der Einordnung von Fachsprachen in das Kontinuum der Varietäten einer Sprache vgl. Adamzik (2018: 37–104).

fachte Texte (Experten-Laien-Kommunikation) zum Ziel hat, auch die entgegengesetzte Unterart gibt, d. h. jene Fälle, in denen der Text aus der Nicht-Fachsprache in die Fachsprache übersetzt wird (Laien-Experten-Kommunikation). Aus Sicht der Übersetzungspraxis und -forschung ist jedoch klar, dass in den letzten Jahren die intralinguale Übersetzung des Typs Experten-Laien-Kommunikation sowohl qualitativ als auch quantitativ zweifellos auf dem Vormarsch ist (vgl. Maaß & Hansen-Schirra 2022).

2.3 Sprachliche Vereinfachung als Wissensvermittlung aus diskurslinguistischer Sicht

Seit den 1980er Jahren hat sich in der französischen Linguistik, insbesondere in der Diskursanalyse, eine neue Forschungstradition herausgebildet, die sich auf die Beschreibung der diskursiven Merkmale von Texten zum Zweck der Wissensvermittlung (vor allem wissenschaftlicher Art) konzentriert, welche ein weiteres Beispiel für sprachliche Vereinfachung darstellen. Die ‚Wissenspopularisierung'[8] wird somit als eine diskursive Praxis verstanden, die darauf abzielt, Fachwissen an ein Publikum zu vermitteln, das nicht zu einer Expert:innen- oder Fachgemeinschaft gehört (vgl. Authier 1982: 34). Auf diese Weise wird die Popularisierung von Fachinhalten als ein diskursives Genre verstanden, das an sich ein heterogenes Kontinuum darstellt und anhand verschiedener Dimensionen wie den Bedingungen der Produktion, der Verbreitung und der Rezeption des Zieltextes beschrieben werden kann (vgl. Delavigne 2003).[9]

In diesem Sinne lassen sich starke Parallelen zwischen der Übersetzungswissenschaft und dieser Tradition der Diskursanalyse feststellen. Viele Autor:innen, die in dieser Tradition stehen – wie Authier (1982), Mortureux (1982; 1988), Jacobi (1986), Jeanneret (1994), Delavigne (2003) usw. – konzeptualisieren die diskursive Praxis der Popularisierung von Fachinhalten als eine translatologische Praxis und ein Großteil der entsprechenden Terminologie weist wichtige Parallelen zu den Begriffen auf, die zur Beschreibung von Überset-

---

8 Für eine Diskussion über die Konnotationen des Begriffs im Französischen (*vulgarisation scientifique*) und in anderen Sprachen vgl. Jeanneret (1994).
9 Diese Idee knüpft an Typologien der Fachkommunikation an, die in der Regel die Art der primären Gesprächspartner:innen berücksichtigen, um zwischen fachinterner und fachexterner Kommunikation zu unterscheiden. Texte zum Zweck der Wissenspopularisierung sind im Bereich oder Kontinuum der fachexternen Kommunikation angesiedelt. Für einen detaillierten Überblick über die Arten der Fachkommunikation, insbesondere im juristischen Bereich s. Roelcke 2018.

zungstätigkeiten verwendet werden. Gemeint sind Begriffe wie „erster Diskurs" und „zweiter Diskurs" nach Preite (2018). Dabei bezieht sich der erste Diskurs (*discours premier*, auch *discours source* oder D1 genannt) auf das ursprüngliche Textmaterial der begrenzten und spezialisierten Gemeinschaft und entspricht in der Übersetzungswissenschaft dem Ausgangstext. Der „zweite Diskurs" (*discours second* oder D2) bezeichnet das durch die Umformulierung von D1 gewonnene Textmaterial und entspricht in der Übersetzungswissenschaft dem Zieltext. Schließlich entspricht der Vermittler („médiateur") bzw. Popularisierer („vulgarisateur") dem sekundären Gesprächspartner, der die Übertragung von D1 auf D2 vornimmt, also dem Akt der Übersetzung in der Übersetzungswissenschaft. Die Popularisierung wird somit als ein Prozess mit drei Hauptakteuren (Absender, Vermittler und Empfänger) konzipiert, in dem die Vermittlung eine tragende Rolle spielt. Durch die Verwendung von Paraphrasen, expliziten Verweisen auf D1 oder Textzitaten, die Vorwegnahme von Fragen usw. verleiht die Person, die die Vermittlung leistet, D2 notwendigerweise eine Polyphonie oder Heterogenität der Äußerung, die für das Genre der Wissensvermittlung typisch ist (Preite 2018).

Die Prozesse der Übersetzung und der Popularisierung von Fachtexten haben also mindestens zwei Merkmale gemeinsam: Beide gehen von einem Ausgangstext aus, um einen Zieltext zu erstellen, und in beiden Fällen ist das Verhältnis der Äquivalenz zwischen dem Ausgangstext und dem Zieltext in der Regel unvollkommen (Rizzo 2015: 242). In diesem Sinne ist es wichtig, die Tatsache nicht aus den Augen zu verlieren, dass in der Übersetzung, Vermittlung oder Popularisierung von Fachtexten der Ausgangstext stets aus den Erfahrungen, dem diskursiven Habitus und den Ideologien der Vermittlungsinstanz heraus interpretiert wird, (Gambier 1998: 53) und dass folglich alle diese Faktoren zwangsläufig einen Einfluss auf den Zieltext oder D2 haben (Bhatia 1983: 45).

2.4 Sprachliche Vereinfachung als Wissensvermittlung im juristisch-administrativen Kontext

Wie bereits oben erwähnt gibt es in der französischen Linguistik zwar eine Forschungstradition der Diskursanalyse von Vermittlungstexten, diese hat sich jedoch fast ausschließlich auf den wissenschaftlich-technischen Bereich beschränkt. Sprachwissenschaftliche Studien zur Vermittlung juristisch-administrativer Texte sind bisher relativ selten (Pennisi 2015: 213), obwohl ein wachsendes Interesse an diesem Forschungsfeld zur Etablierung einer interdisziplinären Rechtslinguistik geführt hat (vgl. Engberg et al. 2018). Die sprachliche Vereinfachung und Vermittlung von Texten in anderen Bereichen der Kommunikation zwischen öffentlichen Einrichtungen und Bürger:innen (z. B. im medizinischen Bereich) scheint in verschiedenen sprachlichen und geografischen Gebieten ebenfalls an Dynamik zu gewinnen.

Im Gegensatz zu den wissenschaftlichen Texten, die in der Regel für eine begrenzte und spezialisierte wissenschaftliche Gemeinschaft geschrieben werden, müssen Texte im juristisch-administrativen und insbesondere im juristischen Bereich zwei Zielgruppen mit entgegengesetzten Bedürfnissen und Fachkenntnissen bedienen. Einerseits werden juristisch-administrative Texte von und für Jurist:innen und Verwaltungsangestellte zur fachlichen Kommunikation zwischen Expert:innen verfasst. Andererseits müssen diese der Kommunikation zwischen staatlichen Institutionen und den Bürger:innen insgesamt dienen, d. h. der Kommunikation zwischen Expert:innen und einem Laienpublikum.[10]

Seit den 1960er Jahren wurden Maßnahmen zur Vereinfachung von Diskursen im juristisch-administrativen Bereich eingeleitet, die von Staaten und ihren Institutionen, aber auch von privaten Unternehmen zur Kommunikation mit der breiten Öffentlichkeit, gepflegt werden. In dem Maße, wie die internationale und nationale Gesetzgebung das Recht auf Zugang zu Informationen und die Rechte von Menschen mit Behinderungen förderte, erhielten vereinfachte Sprachvarietäten zunehmend institutionelle Unterstützung. In diesem Zusammenhang sind das 2006 von der UN-Generalversammlung verabschiedete Internationale Übereinkommen über die Rechte von Menschen mit Behinderungen zu nennen, das deren volle Gleichstellung gewährleisten soll (vgl. UN 2007), sowie die 2008 verabschiedete Maputo-Erklärung der UNESCO über Meinungsfreiheit, Zugang zu Informationen und die Selbstbestimmung der Menschen (vgl. UNESCO 2008). Die beiden wichtigsten vereinfachten Sprachstile, die infolge des Umdenkens in Bezug auf Verständlichkeit und Barrierefreiheit als Menschenrechte in vielen Staaten eingeführt wurden, sind *Einfache* und *Leichte Sprache*. Während die *Einfache/Bürgernahe Sprache*, mit dem Ausstrahlungszentrum in den USA (*Plain English* und *Plain Language*), alle Bürger:innen anspricht, wurde die *Leichte Sprache*, mit dem Ausstrahlungszentrum in der EU (*Easy-to-Read*, vgl. *Lättläst* in Schweden und *Selkokeskus* in Finnland seit den 1960er Jahren), in erster Linie für die Bedürfnisse von Menschen mit geistiger Behinderung konzipiert. Beide Varietäten scheinen ihren Ursprung in den englischsprachigen Ländern zu haben, d. h. in den USA, dem Vereinigten Königreich, Kanada und Australien (vgl. Bredel & Maaß 2016: 66–67).

---

10 Für eine Diskussion über die Kontroverse in der Rechtswissenschaft darüber, wer die eigentlichen Adressat:innen des Gesetzes sind, vgl. Röhl & Röhl 2008: 224–226.

Was das Genre der Popularisierungsdiskurse betrifft, so findet sich ein wesentlicher Unterschied zwischen dem juristisch-administrativen und dem wissenschaftlich-technischen Kontext im Bereich der Rezeption. Wie Preite (2013: 258) hervorhebt, wird die Popularisierung des Rechts nicht aus Gründen der Bildung oder aus Interesse an der Sache unternommen, sondern aus der Notwendigkeit heraus, dass Bürger:innen sich im Alltag mit Recht und Justiz auseinandersetzen müssen. In der Tat werden wissenschaftlich-technische Vermittlungstexte – möglicherweise mit Ausnahme des medizinischen Bereichs – in der Regel zum Vergnügen oder aus persönlichem Interesse gelesen, während juristisch-administrative Texte in der Regel aus der Not heraus rezipiert werden. Trotz dieses Unterschieds sind die von der Diskursanalyse entwickelten Mittel für die Untersuchung der Popularisierung im wissenschaftlich-technischen Kontext äußerst nützlich und auf andere Fachgebiete anwendbar.

So unterscheidet Turnbull (2018: 203–206), eine Autorin, die Vermittlungsstrategien aus verschiedenen Studien zur Wissenspopularisierung – insbesondere im wissenschaftlichen Bereich – systematisiert, zwei Hauptdimensionen in der Linie von Hyland (1998): die kognitive und die kommunikative. Die kognitive Dimension, die Hyland als „textual metadiscourse" bezeichnet, umfasst Strategien, die darauf abzielen, die Vermittlung von Fachwissen an ein Laienpublikum zu erleichtern, und die Veranschaulichung oder Erklärung (wie Verwendung von Beschreibungen, Definitionen, Beispielen, hypothetischen Situationen, metaphorischer Sprache oder Konkretisierungen) sowie Umformulierung (unter Verwendung von Paraphrasen oder Wiederholungen) umfassen. Demgegenüber schließt die kommunikative Dimension, in Hylands Terminologie „interpersonal metadiscourse", eher diejenigen rhetorischen Mittel ein, die darauf abzielen, eine positive und vertrauensvolle Beziehung zur Leserschaft aufzubauen. Zu den entsprechenden Strategien zählt Turnbull die Verwendung von Personalpronomina, Höflichkeitsmarkern, Fragen, Humor, Metaphern und markierter Lexik. Wie in einem früheren Artikel (Estévez Grossi 2020) herausgearbeitet, würden weitere Strategien, die in anderen Studien über die Popularisierung von Rechtstexten genannt werden, in diese Dimension passen, wie z. B. Appelle an die Leserschaft, die Nutzung von ikonischen und paratextuellen Mitteln, die Verwendung von Abschwächungs- und Intensivierungsstrategien, die Einbeziehung von Merkmalen der gesprochenen Sprache (wie Tropen, idiomatische Ausdrücke usw.) oder die Äußerung persönlicher Meinungen.

Da die Vermittlung juristisch-administrativer Texte explizit darauf abzielt, staatliche Institutionen zu legitimieren, das Vertrauen der Bürger:innen für diese zu gewinnen (bzw. wiederzugewinnen) und den Eindruck der Entfremdung, den juristisch-administrative Diskurse in der Regel hervorrufen, abzuschwächen (Preite 2013: 258), erscheint die Analyse der kommunikativen Dimension aus Sicht der Sprachsoziologie bzw. der kritischen Diskursanalyse besonders relevant (s. Kap. 4.2).

In Anbetracht der Tatsache, dass die meisten Regierungen, die die sprachliche Vereinfachung unterstützen, damit argumentieren, dass die Verwendung vereinfachter Varietäten für die Kommunikation mit den Bürger:innen eine stärkere Demokratisierung der Staaten und ihrer Institutionen bedeutet, sind Faktoren wie der diskursive Habitus und Ideologien der Vermittler:innen, die bei der Analyse der Popularisierung wissenschaftlich-technischer Texte ermittelt wurden, auch im Fall vereinfachter Texte im juristisch-administrativen Bereich von besonderem Interesse. Bei der Bereitstellung juristisch-administrativer Texte in vereinfachter Sprache müssen sich die Vermittler:innen für eine der vielen möglichen Auslegungen entscheiden, die das betreffende Gesetz oder die betreffende Verordnung bietet; es liegt auf der Hand, dass bei der vom Staat und seinen Institutionen initiierten Entwicklung vereinfachter Texte die letztendlich gewählte Auslegung wahrscheinlich der hegemonialen oder der von der politischen und staatlichen Macht gewünschten entspricht.

Ideologische Prägungen haben auch einen Einfluss darauf, wie die Rezipient:innen für vereinfachte Texte konzipiert werden, was sich auf den zweiten oder D2-Diskurs auswirkt, wie Bhatia (1983: 44) ausführt:

> [...] while simplifying a text, it is assumed that certain aspects of the text (lexical, syntactic, conceptual, or rhetorical) will be difficult for a hypothetical group [...], and keeping that in mind an attempt is made to simplify those aspects of the text. This, in itself, is a highly subjective and imprecise criterion, which can most often be grossly misleading.

Die Erwartungen und Vorstellungen, die auf die potenziellen Nutzer:innen *Leichter* oder *Einfacher Sprache* projiziert werden, haben daher Auswirkungen auf den Vermittlungsdiskurs und auf die als notwendig erachteten Vereinfachungsstrategien. Dies ist ein Problem, das auf die mangelnde sprachwissenschaftliche Grundlage zurückzuführen ist, die vorhandene Stilhandbücher der vereinfachten Varietäten in der Regel aufweisen (s. Kap. 5).[11] Darüber hinaus werden Prozesse der sprachlichen Vereinfachung in vielen geografischen und kulturellen Kontexten intuitiv von Vermittler:innen durchgeführt, die zudem in der Regel keine spezielle Ausbildung in diesem Bereich haben. Schließlich ist darauf hinzuweisen, dass es im juristisch-administrativen Bereich immer noch relativ häufig vorkommt, dass in Texten nicht nur in *Leichter Sprache* (die in

---

11 Hinzu kommt die Heterogenität der Gruppen (und ihrer sprachlichen und kognitiven Fähigkeiten usw.), die mit einer einzigen Version von sprachlich vereinfachten Texten erreicht werden sollen.

erster Linie für Menschen mit kognitiven Behinderungen bestimmt ist), sondern auch in *Einfacher Sprache*, diskursive, ikonische und paratextuelle Elemente zu finden sind, die die Leserschaft auf kindliche und paternalistische Weise behandeln und die für Erwachsene nicht geeignet sind. Dies ist ein wichtiger Faktor, der zur Stigmatisierung der Nutzer:innen von vereinfachten Texten beitragen kann und manchmal zur Ablehnung dieser Varietäten führt (vgl. Maaß 2020: 205–225).

3 Zur Historisierung sprachlicher Vereinfachungstendenzen im Spanischen

Gesellschaftliche Auseinandersetzungen um die sprachliche Einfachheit vs. Komplexität sind zyklischer Natur, sie spiegeln in der Regel die sprachpolitischen Gegebenheiten sowie die metasprachliche Reflexion in den jeweiligen Epochen und geographischen Gebieten wider. In den metasprachlichen Diskursen über das Spanische ist das Ideal von *llaneza* (auch *facilidad*, *sencillez* ‚Schlichtheit, Einfachheit') oder *claridad* (‚Klarheit') spätestens seit dem *Diálogo de la lengua* von Juan de Valdés (verfasst um 1533, aber zum ersten Mal veröffentlicht im Jahr 1737) zu einem Topos geworden. Bekannt ist ein Zitat, in welchem Valdés der sprachlichen Natürlichkeit und Schlichtheit eine zu verurteilende Affektiertheit gegenüberstellt und für einen Stil plädiert, der natürlich, klar und einfach ist und bei dem Worte gewählt werden, die das Gemeinte gut ausdrücken (Valdés 1860: 160–161). Seit dem spanischen *Siglo de Oro* (16.–17. Jh.) steigt das Ideal der *claridad* zu einem Primat des intellektuellen Schaffens auf. Im Traktat *Arte grande de la lengua castellana* rückt Gonzalo Correas (1903) *claridad* in die Nähe von *facilidad* (‚Einfachheit'), wobei er sich um Belege für die Klarheit des Spanischen gegenüber dem Lateinischen bemüht, durchaus im Sinne der grammatischen „transparency" („one form maps to one and only one meaning", Joseph 2021: 1–2). So sei das Spanische in seinen Strukturen klarer und anschaulicher, etwa weil Kasusformen durch Präpositionen ausgedrückt und semantisch präziser bestimmt seien als das im lateinischen Kasussystem der Fall sei (Correas 1903: 301–302). Die Kontinuität der Topoi von *claridad*, *llaneza* und *facilidad/sencillez* kann anhand eines Zitats aus der Antrittsrede des mallorquinischen Jesuitenpaters Miguel Mir (1841–1912) vor der *Real Academia Española* (1841–1912) vom 9. Mai 1886 verdeutlicht werden. Der Redner bedient sich dieser Topoi, um die spanische Sprache und Nation zu überhöhen:

Wir Spanier sind immer stolz darauf, dass wir klar, einfach und schlicht sprechen. Sich klar und einfach auszudrücken, soll heißen, Kastilisch zu sprechen.[12] (Mir 1902, zitiert nach Brumme 1997: 105–106, Übersetzung von L. B.)

Eine andere, später einsetzende historische Tradition bilden Bemühungen um den Zugang breiter Bevölkerungsmassen zu den undurchsichtig gewordenen fachsprachlichen Codes, insbesondere im Bereich der Rechtskommunikation, die nach Bochmann (1993: 48) in „die Phase der aufklärerischen Reformen des 18. Jhs." zurückreichen. Aus dem 18. Jahrhundert stammt ein Zitat des Jesuiten Francisco José Sánchez Labrador aus seinem enzyklopädischen Werk *El Paraguay Cultivado* (ca. 1790), das im Kontext der kolonialen Missionierung in den Jesuitenreduktionen der Guaraní entstanden ist und dessen Manuskript vor einigen Jahren von Leonardo Cerno und Joachim Steffen wiederentdeckt wurde (unveröffentlichtes Manuskript, Universität Augsburg, o. J.). Das Zitat ist für den Zweck der vorliegenden Studie von besonderem Interesse, da anhand dessen einige Probleme der aktuellen Vereinfachungsstrategien, insbesondere in Lateinamerika, verdeutlicht werden können (s. Kap. 4.2). Es handelt sich um folgenden Abschnitt aus dem Vorwort:

Aber wer sieht nicht, dass dieser erste Weg nicht so geeignet ist für die sehr verbreitete knappe Vernunft der Landbevölkerung, und noch viel weniger für die knapp leuchtende Vernunft der unglücklichen amerikanischen Indianer, nicht ausgenommen in dieser Hinsicht jede Nation, die kürzlich zum heiligen Glauben bekehrt wurde. Um ihretwillen habe ich mir die Mühe gemacht, die Vorschriften und Regeln des Ackerbaus, die in den Büchern und Kapiteln ausführlich und mit einiger Gelehrsamkeit dargelegt sind, auf einfachere und verständlichere Begriffe zu reduzieren.

Für den Zweck, den ich mir gesetzt habe, um die Neophyten in der Kunst der Bodenbearbeitung zu unterrichten, scheint mir die Methode, die von Sokrates, Herrn Bertrand und anderen herausragenden Köpfen für den Unterricht verwendet wurde, als die klarste und angemessenste, um diese zu unterweisen. Die genannten Gelehrten haben diese Methode immer als die am besten geeignete angesehen, um das Volk und die Jugend in allen Künsten und Wissenschaften zu unterrichten. Ohne Zweifel vermeidet man dank dieser [Methode] die Belästigung eines langen Diskurses und einer Vielzahl von verketteten Argumenten, die nicht selten Verärgerung verursachen.

Infolge dieser Vorteile habe ich die Methode der vertraulichen Belehrung vorgezogen, die in Form von Dialogen oder Gesprächen mit Fragen und Antworten gestaltet sind.[13] (Sánchez La-

---

12 Mir (1902), zitiert nach Brumme (1997:105–106): „Los españoles nos gloriamos siempre de hablar con claridad, sencillez y llaneza. Decir las cosas clara y llanamente significará hablar castellano."
13 Sánchez Labrador, zitiert nach Cerno & Steffen, unveröffentlichtes Manuskript, Universität Augsburg, o. J.: „Però quien no vè, que este primer modo no es tan acomodado à la cortedad, bastantemente comun, de la Gente de Campo, y mucho mas à las cortes luces de los Miserables Indios Americanos, sin exceptuar en este particular Nacion alguna recientemente convertida à

brador, zit. in Cerno & Steffen, unveröffentlichtes Manuskript, Universität Augsburg, o. J. Übersetzung von L. B.)

Zunächst verwendet Sánchez Labrador die Metaphern „cortedad" (,Kürze') und „cortes luces" (,kurze Lichter'), die für das Zeitalter der Aufklärung (*Siglo de las Luces*) charakteristisch sind, um die als natürlich konstruierte kognitive Unfähigkeit der heidnischen indigenen Bevölkerung und in geringerem Maße auch der Landbevölkerung im Allgemeinen zu bezeichnen. Obwohl der Zweck seiner Tätigkeit u. a. ein humanistischer war, schließlich wurden die Einwohner:innen der Jesuitenreduktionen unterrichtet und von Übergriffen der Sklavenjäger geschützt, verfestigt er damit die im spanischen Kolonialismus entstandenen Stereotype gegenüber den ethnisierten Indigenen. Anschließend erläutert er seine Methode, um den ‚Neubekehrten', die übrigens schon seit Tausenden von Jahren vor der Ankunft der Europäer eine eigene Landwirtschaft betrieben, die Regeln des Ackerbaus in einfachen Worten beizubringen. Diese wurde, so der Autor, bereits von keinem Geringeren als Sokrates sowie „Señor Bertrand" (Jean Bertrand, Agronom und Pfarrer in Orbe, Schweiz, 1708–1777) verwendet, um das Volk und die Jugendlichen zu unterrichten. Es handelt sich um die Diskurstradition des pädagogischen Dialogs oder Gesprächs, in welchem auf einfach formulierte Fragen verständliche Antworten folgen (vgl. etwa das oben erwähnte, in diesem Format verfasste Werk *Diálogo de la lengua* von Juan de Valdés) und die auch in das heutige Regelinventar für *Einfache* bzw. *Leichte Sprache* Eingang gefunden hat, wie es im Kap. 5.2 zu sehen sein wird.

---

la Santa Fè. En gracia, pues, de estos tomo el trabaxo de reducir à terminos mas llanos, y perceptibles los preceptos, y Reglas de la Agricultura, que en los Libros, y Capitulos se expresan con extension, y alguna erudicion.

Para el fin, que me hè propuesto de la Instruccion de los Neophytos en el Arte de Labrar la Tierra, me hà parecido mas claro, y proprio para enseñarles el methodo, que usaba Socrates, el Señor Bertrand, y otros sobresalientes ingenios para instruir. Estos le han juzgado siempre como el mas à proposito para enseñar al Pueblo, y a la Juventud toda suerte de Artes, y ciencias. Es cosa sin duda, que con el se evita el fastidio de vn largo Discurso seguido, y de vna multitud de Disputas encadenadas, que no pocas veces ocasionan enfado.

En consequencia de tales ventajas hè preferido el methodo de Instrucciones Familiares, ordenadas en/ forma de Dialogos, ò de conversaciones por Preguntas, y Respuestas."

4 Aktuelle sprachliche Vereinfachungstendenzen: *Einfache/Bürgernahe* und *Leichte Sprache* in Lateinamerika und Spanien

4.1 Historisch-politische Kontexte

Die aktuellen Initiativen zur Regulierung der Diskursivität *Einfache/Bürgernahe* und *Leichte Sprache* (*lenguaje claro/ciudadano* und *lectura fácil*) sind sowohl in Lateinamerika als auch in Spanien seit dem ersten Jahrzehnt des 21. Jahrhunderts zu verzeichnen. Vor einigen Jahren waren einige Konsolidierungstendenzen zu beobachten: In Spanien wurde *lectura fácil* gefördert, in Lateinamerika *lenguaje claro/ciudadano* (vgl. Becker 2020: 226). Heutzutage sind die Entwicklungen nicht mehr so eindeutig, die beiden Varietäten überschneiden sich und existieren nebeneinander. In den lateinamerikanischen Ländern herrschen jedenfalls die Begriffe *lenguaje claro, llano, sencillo* oder *ciudadano* vor.

Beispielhaft soll die Situation in Mexiko skizziert werden, wo sich die Tendenzen zur diskursiven Vereinfachung schon früh manifestiert haben. Im Jahr 2002 wurde das Bundesgesetz über die Transparenz und den Zugang zu öffentlichen Informationen (*Ley Federal de Transparencia y Acceso a la Información Pública Gubernamental*) veröffentlicht, das das Recht auf Zugang zu Informationen von staatlichen Einrichtungen und Behörden regelt. Im Jahr 2004 startete der Präsident der mexikanischen Bundesstaaten, Vicente Fox, im Rahmen der sogenannten Politik der Transparenz die Initiative *lenguaje ciudadano* (,Bürgersprache'), um den von ihm beschworenen politischen Wandel hervorzuheben und Glaubwürdigkeit zu signalisieren (Peña Martínez 2008: 73). Im Jahr 2007 wurde die Verwendung von *lenguaje ciudadano* in das Manifest von Nuevo León über die Benutzer:innenfreundlichkeit und Zugänglichkeit mexikanischer Regierungsportale aufgenommen, mit der Idee, dass auch Regierungsseiten entsprechende Regeln für ihre Webinhalte verwenden sollen (vgl. Becker 2020: 228–229).

Entsprechend der verbreiteten Vorstellung von der Undurchsichtigkeit der Verwaltungs- und insbesondere der Rechtssprache (s. Kap. 3) könnte ein weiterer Faktor, der die Akzeptanz *Einfacher* und *Leichter Sprache* in Spanien begünstigt, die Tatsache sein, dass die schwer verständliche Verwaltungssprache in diesem Land mit den Regierungsdiskursen während der Franco-Diktatur verbunden ist (vgl. Cassany 2005: 41). In diesem Sinne wird *lenguaje claro* als demokratischer Fortschritt propagiert. So definiert der Linguist und Aktivist der Bewegung für diskursive Vereinfachung Daniel Cassany, Professor am Fachbereich für Übersetzungs- und Sprachwissenschaften der Universität Pompeu Fabra, *Einfache Spra-*

che als „ein Instrument des demokratischen Schaffens [...] unabhängig von der aktuellen Ideologie und Regierung" (Cassany 2009: 5, Übersetzung von L. B.).[14] In Lateinamerika wird *lenguaje claro/ciudadano* von den Befürworter:innen ebenfalls als Instrument zur Stärkung der Demokratie (MLClaro-MX-2007: 9), zur sozialen Inklusion (GLC-CO-2015: 11) und zur Verringerung der Korruption (MLCiud-MX-2007: 3–4) verstanden (vgl. Becker 2020: 230).

4.2 Kontroversen um die sprachliche Demokratisierung vs. Zunahme der sozialen Ungleichheit

Um die Dynamik rund um *Einfache Sprache* zu verstehen, muss man bedenken, dass im Prozess der sprachlichen Vereinfachung verschiedene politische und wirtschaftliche, nationale und überstaatliche Interessen zusammenkommen. Im politischen und wirtschaftlichen Kontext geht es nicht nur um Vereinfachung, sondern auch um Homogenisierung der Sprache wie Arnoux 2020 hervorhebt.[15] Die Verwendung eines einzigen Stils mit einigen einfachen Regeln für viele Zwecke ist sicherlich weniger kostspielig als z. B. die Finanzierung interdisziplinärer Forschungszentren, die sich mit Verständlichkeitsproblemen befassen, direkt mit den betreffenden Gruppen arbeiten und eine Reihe von Varietäten ausarbeiten könnten, die für die jeweilige Adressatengruppe geeignet wären, um ihr Entwicklungspotenzial auszuschöpfen, z. B. für leseschwache Menschen, Menschen mit Legasthenie, Demenz usw.

Politische Interessen wurden bereits im Abschnitt über Mexiko in Kap. 4.1. am Beispiel des Topos Transparenz erwähnt, vgl. ein Beispiel aus Kolumbien, das die für Unternehmensdiskurse typische Repräsentation von Bürger:innen als Kund:innen aufgreift (vgl. Lauria 2021: 147) und sich an den Werten Transparenz, Effizienz und Integrität orientieren soll (GLC-CO-2015: 7). Andere Schlüsseltopoi, nämlich Vertrauen und Glaubwürdigkeit der Behörden, entsprechend den kommunikativen Vermittlungsstrategien, wiederholen sich in allen im vorliegenden Beitrag analysierten Materialien:

---

[14] Die Formulierung des spanischen Originals lautet: „[...] un instrumento de construcción democrática [...] independiente de la ideología y del gobierno de cada momento."
[15] Vgl. Bourdieu (1982: 26–27). Nach Bourdieu (ebd.) garantiert die Amtssprache ein Mindestmaß an Kommunikation, das dann wiederum die Grundlage für wirtschaftliche Produktion und darüber hinaus für die symbolische Herrschaft ist.

Eine klare, freundliche, bürgernahe und verständliche Kommunikation mit den Bürgern in einem Umfeld der Authentizität, Ehrlichkeit und Transparenz schafft Vertrauen und Glaubwürdigkeit in die Verwaltung und ermöglicht es den Bürgern, ihre Rechte wahrzunehmen und ihre Pflichten zu erfüllen.[16] (GLCI-CO-2019: 5, Übersetzung von L. B.)

Wirtschaftliche Interessen kommen darin zum Ausdruck, dass z. B. die künstliche Intelligenz in ihrem derzeitigen Entwicklungsstand eine vereinfachte Diskursivität erfordert. Auch die Interessen des internationalen Kapitalismus sind nicht unerheblich: In Argentinien beispielsweise war die Einführung von *lenguaje claro* eine Bedingung für den Beitritt zur Organisation für wirtschaftliche Zusammenarbeit und Entwicklung (vgl. Lauria 2021: 147). Zu den entsprechenden Topoi, die sich von Leitfaden zu Leitfaden und in anderen Metatexten wiederholen, gehören Effizienz und Reduzierung der Transaktionskosten. Die wirtschaftliche Dimension der sprachlichen Vereinfachung ist bereits von einigen Unternehmen erkannt worden. So behauptet der Leitfaden für *Leichte Sprache* auf der Website der BBVA-Bank (García 2020), dass *lenguaje claro* das Vertrauen in Unternehmen erhöhe. Neokoloniale Interessen, die versuchen, das neue ‚gemeinsame Spanisch' (*español común*) als ein weiteres Mittel einer zum Teil neokolonialen Sprachpolitik zu instrumentalisieren, spielen ebenfalls eine Rolle. So ist das *Diccionario panhispánico del español jurídico* mit der Absicht verfasst, eine gemeinsame Rechtskultur im gesamten spanischsprachigen Raum zu bewahren (RAE 2020).

Ein grundsätzliches Problem der vereinfachten Varietäten ist, dass die Planung von *lenguaje claro* nicht in den Händen der vermeintlichen Zielgruppen liegt. In dieser Hinsicht ähneln die fraglichen Stile Formen asymmetrischer Kommunikation wie Xenolekte oder *Foreigner Talk*, die eindeutig zum Substandard gehören (vgl. Bredel & Maaß 2016: 25–26). In Dokumenten, die in *Einfacher/Bürgernaher Sprache* verfasst sind, werden die Bürger:innen scheinbar ohne nähere Differenzierung oder Charakterisierung adressiert (MLClaro-MX-2007: 6). Gleichzeitig evozieren die Fotografien, die z. B. im Leitfaden von *lenguaje claro* für öffentliche Bedienstete in Kolumbien (GLC-CO-2015) enthalten sind, auf eindeutige Weise Darstellungen von prototypischen Adressat:innen: ein Bauer indigener Herkunft (GLC-CO-2015: 6), Kinder (GLC-CO-2015: 8), Frauen indigener Herkunft vor einer weißen Beamtin (GLC-CO-2015: 12), eine ältere Frau (GLC-CO-2015: 20) und Männer afrokolumbianischer Herkunft (GLC-CO-2015: 32) (s. Abb. 1). García

---

16 „La comunicación clara, amable, cercana y entendible con los ciudadanos, en un entorno de autenticidad, honestidad y transparencia, genera confianza y credibilidad en la Administración y les permite ejercer sus derechos y cumplir con sus obligaciones."

Muñoz fügt in seinem Handbuch für *Leichte Sprache* „funktionale Analphabeten", „ältere Menschen", „Kinder/Grundschüler" und „Neuzuwanderer" zu den verschiedenen Gruppen von Menschen mit Behinderung hinzu (LF-ES-2012: 46). Generell sind Leitfäden für *lenguaje claro* ein Korpus von Repräsentationen, die Eliten von subalternen Gruppen und ihren vermeintlich eingeschränkten kognitiven und sprachlichen Fähigkeiten haben. Diese perpetuieren alte hegemoniale und zum Teil koloniale Stereotypen (s. Kap. 3) und tragen zur Stigmatisierung der ausgewiesenen Adressat:innen bei, wie bereits in Kap. 2.3 erwähnt.

Abb. 1: Adressat:innen *Einfacher Sprache* in Kolumbien im Leitfaden GLC-CO-2015.

In diesem Sinne handelt es sich im Fall von *Einfacher* und *Leichter Sprache* nicht um eine glottosoziale Bewegung,[17] d. h. um einen Transformationsprozess, der von unterprivilegierten Gruppen auf der Suche nach sozialer Gerechtigkeit mit Schwerpunkt auf sprachlichen Aspekten initiiert und getragen wird, ungeachtet dessen, was Denominationen aus anderen regionalen Räumen wie *Plain Language Movement* suggerieren. Reaktionen zugunsten einer sprachlichen Vereinfachung durch Bürger:innen sind in spanischsprachigen Ländern sehr selten. Ein Beispiel ist der Fall von Ricardo Adair, einem jungen Mexikaner mit Asperger-Syndrom, der 2013 über seinen Anwalt darauf bestand, dass ein Urteil in seiner

---

[17] Der analog zu *glottopolitisch* gebildete Neologismus *glottosozial* ist synonym zu *sprachlich-sozial* zu verstehen.

Rechtssache in *lenguaje claro* verfasst werden sollte (vgl. Saúl Rodríguez 2013). Ein weiteres Beispiel ist die Organisation *Cooperativa Altavoz*, „das erste von Menschen mit geistiger Behinderung geführte Selbstbeschäftigungsprojekt in Spanien" (*Altavoz*, zitiert nach Becker 2020: 227).

Das öffentliche Bewusstsein verbindet die sprachliche Vereinfachung mit der Demokratisierung in grundlegender Weise. Zu dieser Verknüpfung tragen die Argumente der erfolgreichen Kommunikation zwischen Expert:innen und Laienpublikum bei. Dazu zählt bspw. die Umsetzung des Rechts auf Zugang aller Bürger:innen zu öffentlichen Informationen, des Rechts auf politische Partizipation, der Rechte von Personen mit geistigen Beeinträchtigungen und der Kinderrechte. Demokratisierung bedeutet jedoch, dass die Eliten die Kontrolle über das, was geregelt wird, mit der Mehrheit der Bevölkerung teilen:

> Am Grade der allgemeinen Zugänglichkeit und Mitgestaltung dieser Diskursformen [wissenschaftlich-technische Fachsprachen und Berufssprachen, Rechts- und Verwaltungssprache] durch die Mehrheit lässt sich unzweifelhaft auf den Grad der Demokratie in einer Gesellschaft schließen. (Bochmann 1993: 49)

> Wir verstehen den demokratisierenden Eingriff als eine Praxis, die die Möglichkeiten der Bürgerbeteiligung erweitert, nicht nur bei der Produktion von Programmen, sondern auch bei der Entscheidungsfindung über globalere (in unserem Fall medienpolitische) Maßnahmen.[18] (Mastrini & Mestman 1996: 82, Übersetzung von L. B.)

Im Fall *Einfacher Sprache* handelt es sich folglich um eine scheinbare und trügerische Demokratisierung. Pablo Alabarces spricht in seinem Buch *Pospopulares: Las culturas populares después de la hibridación* von „hegemonialer Populärkultur" und einem „unmöglichen Oxymoron" im Kontext einer politischen „Plebejisierung" und eines „Populismus", der nicht in eine radikale Demokratisierung von Macht und Kultur umgesetzt wird (Alabarces 2020: 132–133). *Einfache* und *Leichte Sprache* scheinen ein unmittelbarer Ausdruck einer solchen „Plebejisierung" zu sein.

Wenn sich die sprachliche Vereinfachung auf die vertikale Kommunikation zwischen z. B. Anwält:innen und Bürger:innen mit einem überschaubaren Korpus angepasster Texte beschränken würde, könnte man diese Maßnahmen als einen Versuch der Rechtsvermittlung (s. Kap. 2.4) ohne nennenswerte Auswirkungen auf die Gesellschaft betrachten. In Wirklichkeit ist der Prozess der Ver-

---

18 Mastrini & Mestman (1996: 82): „Y entendemos como intervención democratizadora, aquella práctica que amplia las posibilidades de participación popular, no sólo en la producción de programas, sino también en la toma de decisiones sobre las políticas (en nuestro caso de medios) más globales."

einfachung und Homogenisierung jedoch viel breiter angelegt, eine Expansion der Topoi von Klarheit, Einfachheit und Einheitlichkeit, der kurze Sätze fordert und Nebensätze sowie figurative Sprache und andere Formen elaborierten Sprechens vermeidet, kann in vielen verschiedenen Bereichen beobachtet werden: in journalistischen (vgl. Arnoux 2015) und politischen Diskursen (vgl. Di Stefano 2020), sogar in gewissem Maße in literarischen und akademischen Kontexten. Der Kontakt mit einer großen Menge ‚einfacher' Texte wirkt sich unweigerlich auf die schriftliche Produktion aus, zumal *Einfache Sprache* bereits Einzug in den Bildungsbereich gehalten hat. Folgt man mehreren Lehrbüchern, dann gehören auch Kinder zu den prototypischen Nutzer:innen. Angepasste und vereinfachte Stile in der Schule sind keine Neuheit, anders sieht es jedoch aus, wenn diese Stile auch für Erwachsene gelten und somit für eine neue Standardvarietät gehalten werden können. Das Vorhandensein *Einfacher Sprache* in der Schule, die für alle Bürger:innen bestimmt ist, könnte den Eindruck erwecken, dass das Erlernen anderer Formen der Diskursivität nicht mehr notwendig ist, und die Bemühungen konterkarieren, entsprechende Sprachkompetenzen zu erweitern, deren Vermittlung bereits eine größere Herausforderung darstellt. Gleichzeitig wird nicht eine neue, für alle gültige Norm konstruiert, sondern ein eingeschränkter Code für zunächst subalterne Gruppen und eventuell für die Mehrheit der Bevölkerung. Die schrumpfenden Eliten wiederum geben ihre supranormativen Varietäten, hermetische Codes, die für den Rest der Bevölkerung schwer verständlich sind, wie Rechts- und Wissenschaftssprache, nicht in Gänze auf. Der von Bourdieu (1979) analysierte Mechanismus der sozialen Distinktion verhindert das Verschwinden der elaborierten Diskursivität. Infolgedessen nimmt die sprachliche und symbolische Ungleichheit zu. Auf der anderen Seite gibt es Beispiele für eine Aneignung von *lenguaje claro* durch ‚volksnahe' Akteur:innen (vgl. Sindical.cl, 14.06.2013), mit dem Zweck, der Zunahme der sozialen Ungleichheit entgegenzuwirken, die jedoch bisher randständig geblieben sind.

5 Laienlinguistische Repräsentationen und Praktiken der Textvereinfachung in juristisch-administrativen Kontexten

Der empirische Teil des vorliegenden Beitrags setzt sich mit den laienlinguistischen Repräsentationen über sprachliche Vereinfachung und Wissensvermittlung auseinander. Am Beispiel von einschlägigen spanischsprachigen Leitfäden werden zunächst Texte präsentiert, die ausschlaggebend für die Modernisierung der administrativen Sprache sein sollen. Anschließend wird exemplarisch auf ein Korpus juristischer Texte aus einer chilenischen Online-Plattform eingegangen, die der Vermittlung legislativer Inhalte über das Internet dienen soll.

5.1 Laienlinguistische Repräsentationen der Textvereinfachung in administrativen Kontexten

5.1.1 Maximen der sprachlichen Vereinfachung in Redaktionsleitfäden

In diesem Kapitel werden die folgenden fünf Leitfäden für *lenguaje claro* oder *lectura fácil* analysiert, die in Mexiko, Kolumbien und Spanien verfasst wurden (in chronologischer Reihenfolge der Veröffentlichung):[19]
1. *Lenguaje claro: Manual* („Einfache Sprache: Ein Handbuch'), 80 S. (MLClaro-MX-2007).
2. *Manual de lenguaje ciudadano* („Handbuch für Bürgernahe Sprache'), 41 S. (MLCiud-MX-2007).
3. *Lectura Fácil: Métodos de redacción y evaluación* („Leichte Sprache: Methoden der Redaktion und Evaluation'), 140 S. (LF-ES-2012).
4. *Guía de Lenguaje Claro para servidores públicos de Colombia* („Leitfaden für Einfache Sprache für den Öffentlichen Dienst in Kolumbien'), 50 S. (GLC-CO-2015).
5. *Guía de lenguaje claro e incluyente del distrito capital* („Leitfaden für Einfache und Inklusive Sprache im Hauptstadtbezirk'), 66 S. (GLCI-CO-2019).

Die Auswahl dieser Materialien ist durch folgende Kriterien geleitet: Ursprung in verschiedenen spanischsprachigen Ländern; Beteiligung von Regierungsinstitutionen am Redaktionsprozess; Mindestlänge von 40–50 Seiten und relative Vergleichbarkeit der Inhalte.

Die fünf Leitfäden sind nach demselben Muster aufgebaut: Am Anfang wird eine Definition der betreffenden Begriffe angeboten, gefolgt von einem Überblick über den historischen Hintergrund und/oder die rechtlichen Grundlagen, einem Kapitel über die Adressat:innen sowie Abschnitten über die Strategien und Methoden der Redaktion („Organisieren und Schreiben") sowie die Überprüfungstechniken („Überprüfen und Validieren"). Der neuere GLCI-CO-2019-Leitfaden widmet außerdem ein Kapitel der geschlechtergerechten Spra-

---

[19] Ein wesentlicher Teil der folgenden Analyse basiert auf Becker (2020: 230–242).

che. Die vier in Mexiko und Kolumbien veröffentlichten Dokumente sind inhaltlich eher vergleichbar, was unter anderem darauf zurückzuführen ist, dass sie die gleichen Ausgangsmodelle haben.[20] Die grammatischen und lexikalischen Redaktionsregeln in den untersuchten Leitfäden stellen Beispiele für laienlinguistische Repräsentationen über Merkmale der sprachlichen Vereinfachung dar. Die meisten dieser Regeln folgen einigen Maximen des laienlinguistischen Denkens, die sich wie folgt zusammenfassen lassen:

1. Kürzere sprachliche Strukturen oder Elemente sind leichter zu verstehen.
2. Frequente sprachliche Strukturen oder Elemente sind leichter zu verstehen.
3. Direkte sprachliche Strukturen oder Elemente, die Leser:innen einbeziehen (bspw. in direkter Anrede), sind leichter zu verstehen.[21]
4. Sprachliche Strukturen oder Elemente, die als ‚natürlich' oder ‚logisch' gelten, sind leichter zu verstehen.

Wie im Folgenden zu sehen sein wird, lassen sich fast alle ‚Verständnisprobleme' und stilistischen Empfehlungen in den untersuchten Leitfäden auf die vier oben genannten Maximen zurückführen.

5.1.2 Morphologische und syntaktische Redaktionsregeln

Die Empfehlung, kurze Sätze zu verwenden, gemäß Maxime 1, wird in allen analysierten Leitfäden wiederholt und erscheint in den meisten Fällen an erster Stelle mit den folgenden Begründungen: „Lange Sätze sind schwieriger zu lesen, weil sie das Kurzzeitgedächtnis sättigen und die Gedanken verwirren können" (GLC-CO-2015: 40), „Kurze und einfache Sätze verstärken die Wirksamkeit kurzer und allgemeingebräuchlicher Wörter" (MLCiud-MX-2007: 23) oder „Verfassen Sie kurze Sätze und Absätze" (GLCI-CO-2019: 16). Anderseits wird aber in seltenen Fällen auch vor zu kurzen Sätzen gewarnt: „Vermeiden Sie zu kurze Sätze. Versuchen Sie, vollständige Gedanken zu vermitteln" (MLClaro-MX-2007: 42). Das Handbuch für *Leichte Sprache* bietet detaillierte und differenzierte Kommentare zu syntaktischen Strukturen:[22]

> Vermeiden Sie komplexe Sätze, sowohl mit koordinierten Hauptsätzen als auch mit subordinierten Nebensätzen. [...] Wir dürfen nicht vergessen, dass Koordination und Subordina-

---

20 Vgl. die bibliografischen Angaben in den genannten Werken.
21 Diese Maxime deckt sich mit der kommunikativen Dimension nach Turnbull (2018, s. Kap. 2.4).
22 Übersetzung der folgenden Beispiele von L. B.

tion trotz ihrer Komplexität notwendig sind, um das Verständnis einer kontinuierlichen Reihe von Ereignissen oder Fakten zu erleichtern. Diese Verwendung ist in literarischen Texten viel natürlicher. [...]. (LF-ES-2012: 69–70)

Zweitens wird die Satzfolge Subjekt + Verb + Komplement als ‚natürlich' empfohlen, gemäß der Maxime 4:

> Die natürliche Reihenfolge des Spanischen in einem Satz ist: Subjekt + Verb + Komplement. Ihre Sätze werden klar sein, wenn Sie diese Reihenfolge einhalten. (MLCiud-MX-2007: 23)

Elemente der Negation werden als schwer verständlich angesehen:

> Verwenden Sie affirmative Formen. Vermeiden Sie negative Formen, negative Wendungen und doppelte Verneinungen. (LF-ES-2012: 70)

Es wird außerdem empfohlen, das Passiv zu vermeiden und das Aktiv zu verwenden. Die Argumente zielen auf die Einbeziehung der Leserschaft in die Handlung und kürzere syntaktische Konstruktionen ab (GLC-CO-2015: 42).

Im Einklang mit der Voraussetzung der Maxime 3, die Leser:innen zu involvieren, wird vorgeschlagen, einen persönlichen Stil mit Verben der 2. Person und den Personalpronomen *du* oder *Sie* zu verwenden:

> Egal wie anspruchsvoll dein Publikum ist, wenn du Personalpronomina verwendest, wird die Klarheit deiner Texte sicherlich zunehmen. (MLCiud-MX-2007: 13–14)

Das folgende Zitat enthält eine Warnung vor dem Missbrauch des persönlichen Stils und aktiviert die Maxime 4 des ‚natürlichen' Stils:

> Ein zu persönlicher Ton kann vom Leser als Zeichen einer paternalistischen oder selbstgefälligen Haltung wahrgenommen werden. Vermeiden Sie diese Extreme, denken Sie an den Leser und schreiben Sie immer natürlich. (MLClaro-MX-2007: 50)

Zu den weiteren morphosyntaktischen Redaktionsregeln gehört die Warnung vor Gerundien, wobei in einem Beispiel die Berufung auf linguistische Expertise zur Unterstützung der eigenen Argumentation auffällt (MLCiud-MX-2007: 33). Darüber hinaus wird unter Bezugnahme auf die häufig verwendete Maxime 2 vorgeschlagen, dass Formen wie Futur, Konjunktiv, Konditional und zusammengesetzte Formen zu vermeiden sind (LF-ES-2012: 68).

5.1.3 Lexikalische und semantische Redaktionsregeln

Die Repräsentationen über leicht verständliche Sprache auf der lexikalischen Ebene folgen denselben Maximen der sprachlichen Vereinfachung, wie sie oben erörtert wurden, insbesondere denen der Kürze und des allgemeinen Sprachgebrauchs: „Ersetzen Sie Fach-, Rechts- und Finanzjargon durch kurze, allgemein gebräuchliche Wörter" (MLCiud-MX-2007: 17). Neben dem „Jargon" wird empfohlen, „komplizierte" oder „gekünstelte Wörter" zu vermeiden (MLCiud-MX-2007: 15) Die meisten Empfehlungen lassen sich durch die folgende ausführlichere Regel erklären:

> Verwenden Sie schlichte, einfach ausgedrückte Wörter. Verwenden Sie kurze Wörter mit möglichst wenigen und weniger komplexen Silben (d. h. verwenden Sie die im Spanischen am häufigsten verwendeten Silben). Verwenden Sie Wörter mit einer hohen lexikalischen Häufigkeit (des alltäglichen Gebrauchs) und nahe an der gesprochenen Sprache, die von der Zielgruppe des Textes verwendet wird. (LF-ES-2012: 70)

So sollen z. B. *complejidad* durch *dificultad* (‚Komplexität' vs. ‚Schwierigkeit'), *ejecutar* durch *hacer* (‚ausführen' vs. ‚machen'), *numerosos* durch *muchos* (‚zahlreiche' vs. ‚viele') ersetzt werden (GLC-CO-2015: 42–43). Der Wunsch, die kommunikative Distanz zwischen Sender:in und Empfänger:in der Nachricht zu verkürzen, zeigt sich in folgendem Hinweis:

> Die Verwendung einfacher Worte in einer Mitteilung mindert nicht die Qualität des Geschriebenen; im Gegenteil, sie erhöht die Glaubwürdigkeit und das Vertrauen des Lesers. (GLC-CO-2015: 42–43)

Es wird außerdem vorgeschlagen, „abstrakte Begriffe" (MLCiud-MX-2007: 14) zu ‚erden' oder „allgemeine, vage und abstrakte Begriffe" (GLCI-CO-2019) zu vermeiden und stattdessen „präzise" oder „konkrete" Wörter zu verwenden, „die sich auf greifbare Gegenstände oder Themen beziehen", z. B. *huelga* ‚Streik' statt *problema* ‚Problem' (MLClaro -MX-2007: 35). Dabei handelt es sich um eine Präferenz für kontextualisierte Hyponyme anstelle der entsprechenden Hyperonyme („generische inhaltsleere Wörter" nach LF-ES-2012: 70).

Eine Reihe von Präpositionen und syntaktisch komplexen Konjunktionen werden ebenfalls als „unnötige Wörter" bezeichnet, die ersetzt werden müssen (GLC-CO-2015: 43–44; MLClaro-MX-2007: 37). Außerdem sollte die Verwendung von Synonymen, polysemen Lexemen, figurativer Sprache, Metaphern und Sprichwörtern vermieden werden (LF-ES-2012: 71).

Auf der stilistischen Ebene wird schließlich mehrfach empfohlen, sich dem informellen und umgangssprachlichen Stil anzunähern:

Verwenden Sie, ohne vulgäre oder inkorrekte Ausdrücke zu benutzen, dieselben Wörter, die Sie auch im Gespräch mit dem Leser gebrauchen würden. (MLClaro-MX-2007: 31)

Schreiben Sie konkret, einfach und direkt, nahe am Gesprächsstil. (LF-ES-2012: 72)

5.2 Laienlinguistische Praktiken der Textvereinfachung in juristischen Kontexten

In diesem Abschnitt stehen die pragmatischen Aspekte und kommunikativen Strategien im Fokus, die in Vermittlungstexten verwendet werden (wie in Kap. 2.4 dargelegt), um die Merkmale einer Reihe in *Einfacher Sprache* aufbereiteter juristischer Texte zu analysieren.[23] Zu diesem Zweck wird die chilenische Plattform *Ley fácil* untersucht, die 2004 als Teil des Online-Auftritts der Nationalbibliothek des chilenischen Kongresses mit dem Ziel geschaffen wurde, den Bürger:innen den Inhalt von Gesetzen näher zu bringen. Die Wahl dieser Plattform ist darauf zurückzuführen, dass sie in der spanischsprachigen Welt eine Pionierinitiative für die Verfügbarkeit nicht justiziabler[24] Rechtstexte in *Einfacher Sprache* im Internet darstellt, und dass sich Chile in den letzten Jahren als Referenz im Bereich der Vereinfachung von Rechtstexten in der spanischsprachigen Welt etabliert hat (vgl. Estévez Grossi 2020: 187). Im Folgenden wird eine vorläufige Analyse der Popularisierungs- bzw. Vereinfachungsstrategien vorgestellt, die in einem Korpus von 20 Einträgen aus *Ley fácil*, den sogenannten Rechtsratgebern (*guías legales*), zum Thema Familienrecht angewandt werden.[25]

Bei der Analyse der Bedingungen für die Erstellung dieser Rechtstexte zu Popularisierungszwecken ist die starke institutionelle und staatliche Einbindung der entsprechenden Initiative der Nationalbibliothek des chilenischen Kongresses hervorzuheben. Die Schaffung der Plattform *Ley fácil* kann somit in eine umfassendere Sprachpolitik eingeordnet werden, die darauf abzielt, das Vertrauen der Bürger:innen in die Regierung und ihre Institutionen zu gewinnen, wie im Kap. 4.2 dargelegt wurde. Die Tatsache, dass die Plattform Teil dieser Bemühungen ist, wird jedoch verschleiert dargestellt, da auf der Website von *Ley fácil* das eigentliche Ziel der Initiative nicht erwähnt wird. In einem Artikel von Soledad Ferreiro, der damaligen Direktorin der Bibliothek des chilenischen Nationalkongresses aus dem Jahr 2012 heißt es jedoch, dass „die Bürgerinnen und Bürger

---

[23] Ein wesentlicher Teil der folgenden Analyse basiert auf Estévez Grossi (2020).
[24] D. h. informativ und ohne Rechtsgültigkeit.
[25] Ausführliche Informationen über die Zusammensetzung des Korpus finden sich in Estévez Grossi (2020: 196–198.).

kein gutes Bild vom Kongress haben" und deshalb beschlossen wurde, diese Plattform einzurichten, um „die Distanz zwischen den Bürgern und dem Kongress zu verringern" (Ferreiro 2012: 2, Übersetzung von M. E. G.). In diesem Sinne erkannte die chilenische Regierung in ihrem *Tercer Plan Nacional de Gobierno Abierto* (2016–2018) die Notwendigkeit an, in der Kommunikation des Staates mit den Bürger:innen eine „verständliche und klare" Sprache zu verwenden, die zur „Stärkung der Demokratie", zur Erreichung einer größeren „Transparenz" und zur Verringerung des „Misstrauens der Bürger gegenüber den öffentlichen Institutionen" beitragen soll (vgl. *Ministerio Secretaría General de la Presidencia* 2016: 46–48, Übersetzung von M. E. G.) (s. Kap. 4.1 und 4.2).

Bei der Betrachtung des Korpus fällt zunächst auf, dass die meisten Abschnitte der analysierten Rechtsratgeber keine Vermittlungsstrategien der kognitiven Dimension aufweisen (d. h. der Veranschaulichung, Erklärung und Umformulierung). Stattdessen greifen sie auf eine Auswahl von Passagen aus dem Gesetz zurück, die sie zugänglich machen wollen, und zwar in Form von nicht gekennzeichneten Textzitaten. Auf diese Weise bieten sie einen zusammengefassten Text an, der zwar kürzer ist, aber ohne dass bekannte Vermittlungs-, Vereinfachungs- oder Rekontextualisierungsstrategien auf den Großteil des Textes angewandt worden wären.[26] Auf dieser Ebene lassen sich also Anpassungen beobachten, die keine tiefgreifenden Veränderungen des Ausgangstextes aufweisen.

In einem zweiten Schritt wird eine Analyse der Strategien der kommunikativen Dimension durchgeführt. Aus Platzgründen kann hier nur auf vier der in Kap. 2.4 genannten Strategien eingegangen werden, die der in Kap. 5.1.1 vorgestellten Maxime 3 entsprechen. Insbesondere werden die Verwendung von Fragen, Personalpronomen, Appellen an die Leserschaft und die ikonische oder paratextuelle Dimension betrachtet.[27]

Die Verwendung von Fragen ist ein traditionelles Mittel in pädagogischen und popularisierenden Genres (Pennisi 2015: 218, s. Kap. 3), da sie der Mechanismus schlechthin sind, um die Leser:innen auf dialogische Weise einzubeziehen, ihre Aufmerksamkeit zu wecken und sie zu ermutigen, eine Beziehung zum Autor oder zur Autorin des Textes aufzubauen (Hyland 2005: 185). Dies lässt sich im analysierten Korpus beobachten, denn 19 der 20 Einträge strukturieren den

---

26 Jeder der *guías legales* bezieht sich auf ein einziges Gesetz, so dass die Beziehung zwischen D1 und D2 eindeutig ist (vgl. Paz S. M. 2011). Der Vergleich zwischen den Passagen des Quellentextes des Gesetzes und dem scheinbar vereinfachten Abschnitt ist im Allgemeinen einfach, da sich in vielen Fällen Textzitate aus dem Quellentext im Zieltext finden.
27 Für eine ausführlichere Analyse der ersten drei Strategien vgl. Estévez Grossi (2020: 199–206).

Inhalt systematisch durch das Frage-Antwort-Format, das an das in Kap. 3 erwähnte pädagogische Genre des Dialogs oder Gesprächs erinnert und den Texten eine gewisse Monotonie verleiht.

Die Verwendung von Pronomen der 2. Person (und/oder der entsprechenden Verbformen) ist eine der offenkundigsten Möglichkeiten, die Anwesenheit der Leser:innen anzuerkennen und sie in den Diskurs einzubeziehen (Hyland 2005: 182). In ähnlicher Weise ist die Verwendung von inkludierenden Pluralpronomen in der 1. Person (*wir, uns, unser*) ebenfalls ein gängiges Mittel, das die Vorstellung vermittelt, die Leser:innen und die vermittelnde Instanz gehörten derselben Gruppe oder Gemeinschaft an. Dies kann implizieren, dass beide eine Reihe von Werten, Ideen oder Ansichten teilen, was es dem Autor bzw. der Autorin des Textes erlaubt, letztlich für die Leserschaft zu sprechen (Hyland 2010: 16). Die Verwendung exkludierender Pronomen in der 1. Person Plural hingegen signalisiert ausdrücklich die Anwesenheit des Autors oder der Autorin als Teil einer Expertengemeinschaft, die legitimiert ist, das entsprechende Wissen mit einem Laienpublikum zu teilen (Cavalieri 2018: 264).

Die Analyse des Korpus zeigt, dass die chilenische Plattform von diesen Mitteln nur zurückhaltend Gebrauch macht. Der allgemeine Tenor ist also die Verwendung der unpersönlichen Verbal- und Pronominalform; die Verwendung der 3. Person verweist deutlicher auf den vom Gesetzgeber verfassten Originaltext (d. h. das entsprechende Gesetz), was die vermittelnde Instanz innerhalb des Fachdiskurses verortet und legitimiert. Gelegentlich wird jedoch auch die 1. Person verwendet, um der Leserschaft eine Frage in den Mund zu legen, die in der Regel in der 2. Person beantwortet wird. Außerdem werden die in der 1. Person gestellten Fragen in einer unpersönlichen Form beantwortet:

In welchen anderen Fällen kann ich den Mutterschutz und die Elternzeit in Anspruch nehmen?
- Eine erwerbstätige Mutter hat Anspruch auf Freistellung und Beihilfe im Falle der Erkrankung eines Kindes unter einem Jahr. Wenn beide Elternteile erwerbstätig sind, hat jeder Elternteil nach Wahl der Mutter Anspruch auf Freistellung und Leistungen.

Abschnitt 1 aus dem *guía legal* zum Thema Mutterschutz (*Ley fácil*) (Übersetzung von M. E. G.).

Ferner findet sich im Korpus ein Fall der Verwendung des inkludierenden Plurals, in welchem von „unserem Land" die Rede ist, um auf die in Chile geltenden Rechtsvorschriften zu verweisen. Die Strategie der exkludierenden Verwendung der 1. Person kommt im Korpus nicht vor. Im Fall der chilenischen Plattform scheint die Legitimation eher durch die Verwendung unpersönlicher Verbformen zu erfolgen, die implizit auf mehr oder weniger wörtliche Zitate der geltenden Rechtsvorschriften verweisen.

Die Verwendung direkter Appelle erlaubt der vermittelnden Instanz dagegen, direkte Sprechakte auszuführen, was den Eindruck der Dialogizität und die Einbeziehung des Lesers oder der Leserin in den Diskurs unterstützt. Durch die Verwendung der Imperativform, von Modalverben, die ein Bedürfnis oder eine Verpflichtung ausdrücken, oder von Verben und Adjektiven, die Dringlichkeit oder Notwendigkeit zum Ausdruck bringen, kann die vermittelnde Instanz das adressierte Publikum auffordern, eine Handlung auszuführen oder den eigenen Standpunkt zu teilen (Hyland 2005: 185). Auch diesbezüglich ist im Korpus kein direkter Appell an die Leser:innen zu finden, obwohl in zwei der Rechtsratgeber Ratschläge oder Empfehlungen enthalten sind, die als Erweiterung der Strategie der direkten Publikumsansprache betrachtet werden könnten.

Schließlich wenden wir uns der Analyse ikonischer und paratextueller Elemente zu. Diese können nicht nur die Aussage unterstützen, sondern auch das Lesen, das Verstehen und das Einprägen des Inhalts erleichtern und gleichzeitig das Gefühl der Fremdheit abschwächen, das juristische Diskurse oft erzeugen (Preite 2013: 248). Bei der Analyse der ikonischen Elemente wurde die Verwendung von Fotos und/oder Illustrationen ebenso berücksichtigt wie die Verwendung von anschaulichen Diagrammen, Schaubildern, Infografiken oder Tabellen. Bei den paratextuellen Elementen wurde besonderes Augenmerk auf die Verwendung von Schrifttypen und Schaukästen, das Layout und die Strukturierung von Informationen und Hyperlinks gelegt.

Im Korpus werden keine Tabellen, Infografiken oder andere Elemente verwendet, um die Informationen schematisiert oder verdichtet darzustellen, sondern bei der überwiegenden Mehrheit der Einträge fällt die Verwendung von Abbildungen auf, die den zu popularisierenden Rechtstext lediglich begleiten und unterstützen (vgl. Abb. 2–5). In diesem Sinne könnte die Bebilderung in der Tat dazu beitragen, die von den Rechtstexten erzeugte Fremdheit zu mildern, allerdings erinnert ihr Stil an Kinderbuchillustrationen und erzeugt einen Eindruck von Komik oder Belustigung trotz der ernstzunehmenden Themen (s. insbesondere Abb. 3 oder 5), was zur Infantilisierung der Leser:innen beiträgt und kritisch betrachtet werden sollte.

Die Verwendung von paratextuellen Elementen beschränkt sich auf Fettdruck zur Abgrenzung der Fragen von den Antworten und zur Kennzeichnung von Schlüsselwörtern; außerdem werden Hyperlinks verwendet, um auf andere juristische Ratgeber, Fußnoten oder auf den eigentlichen Gesetzestext zu verweisen, der zugänglich gemacht werden soll.

Diese kurze Analyse erlaubt einige vorläufige Schlussfolgerungen über den Einsatz von Popularisierungs- und Vereinfachungsstrategien in einer Online-Plattform für die Verbreitung juristischer Inhalte wie *Ley fácil*, eine bahnbrechende Initiative, die in der spanischsprachigen Welt als Maßstab gilt. Generell

Abb. 2: *Ley fácil* – Scheidung.   **Abb. 3:** *Ley fácil* – Familienmediation.   **Abb. 4:** *Ley fácil* – Vereinbarung über eine Lebenspartnerschaft.   **Abb. 5:** *Ley fácil* – Häusliche Gewalt.

ist festzustellen, dass die Plattform die Strategien der kognitiven Dimension (Veranschaulichung, Erläuterung und Umformulierung) nur in begrenztem Maße nutzt, um die Vermittlung von Fachwissen zu erleichtern, während sie quantitativ und qualitativ wenige Strategien einsetzt, um eine positive und vertrauensvolle Beziehung zur Leserschaft aufzubauen. Die Analyse der ikonischen und paratextuellen Dimension offenbart zwar die Bemühung, das Fremdheitsgefühl abzumildern, die allerdings gleichzeitig in einer paternalistischen Haltung und einer infantilisierenden Konzeptualisierung des Publikums resultieren kann, was wiederum zu einem Gefühl der größeren Asymmetrie in der Kommunikation führt. Dies ist paradox angesichts der Bedeutung, die der chilenische Staat der Verwendung *Einfacher Sprache* als Mittel zur Legitimierung seiner Institutionen beizumessen scheint, und angesichts der starken staatlichen Zugehörigkeit der chilenischen Plattform, die in der Nationalbibliothek des Kongresses ins Leben gerufen wurde, um das Vertrauen der Bürger:innen in den Kongress selbst zu stärken, eine größere „Stärkung der Demokratie" zu erreichen und die „Transparenz" der öffentlichen Einrichtungen zu verbessern (s. oben).

Im Korpus lassen sich also häufig Anpassungen beobachten, die keine tiefgreifenden Veränderungen des Ausgangstexts aufweisen. Somit entstehen vermeintlich vereinfachte Texte, die nur auf der Oberfläche den Eindruck erwecken, in *Einfache Sprache* übersetzt bzw. adaptiert worden zu sein (Textlänge, Layout, Bebilderung, Frage-Antwort-Format usw.), ohne dass ein Abbau der syntaktischen und semantischen Textkomplexität oder eine aufwendige Aufbereitung der Inhalte vorgenommen worden wäre. Die Entstehung mancher Initiativen scheint somit eher der Anwendung von Strategien moderner Gouvernementalität zu entsprechen, die in eher kosmetischen Maßnahmen resultieren. Der Mehrwert und tatsächliche Nutzung für die Bürger:innen im Sinne eines besseren Zugangs zu juristisch-administrativen Inhalten und einer größeren sozialen Teilhabe bleibt somit fraglich.

6 Fazit

Im vorliegenden Beitrag wurde zunächst das Phänomen der sprachlichen Vereinfachung aus sprachtheoretischer und sprachsoziologischer Perspektive als soziale Praxis beschrieben, dementsprechend wurde die Sinnhaftigkeit der sprecher:innenunabhängigen, sprachimmanenten Sprachkomplexitätsforschung in Frage gestellt. Aus der Sicht der Translatologie, einer Disziplin, die mit der angewandten Sprachwissenschaft eng verwandt ist, kann die sprachliche Vereinfachung als intralinguale Adaptation („rewording" nach Jakobson) aufgefasst werden, wobei die Vermittlung zwischen diaphasischen, funktionalen Varietäten (aus der Fachsprache in *Einfache Sprache*) – nach anderen Auffassungen zwischen diastratischen Varietäten – stattfindet. Dabei stehen die Anpassungsstrategien der Übersetzer:innen entsprechend dem Skopos, also der funktionalen Gerichtetheit des Adaptationsprozesses, im Mittelpunkt der Betrachtung. Eine weitere, methodologisch affine Forschungslinie, die sich seit den 1980er Jahren mit dem Phänomen der sprachlichen Vereinfachung beschäftigt hat, verortet sich in der Tradition der französischen Diskursanalyse und befasst sich mit Strategien der Popularisierung als Wissenstransfer zwischen Fachleuten und Nicht-Expert:innen. Aus dieser Perspektive beteiligen sich die drei bereits genannten Akteursgruppen am Vermittlungsprozess und die adaptierten Zieltexte zeichnen sich durch Polyphonie aus. Zu berücksichtigen sind die Einstellungen und Ideologien der Mittler:innen, welche den Adaptationsprozess beeinflussen. Bereits in den 1980er Jahren wird in diesem Kontext Kritik an der Prämisse der sprachlichen Vereinfachung durch Institutionen geäußert, bestimmte Sprachmerkmale der Ausgangstexte seien für das imaginierte Zielpublikum ‚schwierig'. Die Forschung zu Strategien der Wissenspopularisierung konzentrierte sich überwiegend auf naturwissenschaftlich-technische Textsorten. Im Unterschied zu diesen werden vereinfachte Texte im juristisch-administrativen Kontext nicht zum Vergnügen oder zum Zweck der persönlichen Weiterbildung gelesen, sondern aus Notwendigkeit. Turnbull (2018) nimmt eine Zweiteilung der sprachlichen Popularisierungsstrategien vor: Unter kognitiven Strategien werden Veranschaulichung, Erläuterung und Umformulierung subsumiert, unter kommunikativen Strategien sind es solche, die den Aufbau vertrauensvoller Beziehungen zum Ziel haben.

Im zweiten Teil des vorliegenden Beitrags wurde die historische Kontinuität des Sprachideals von Einfachheit und Klarheit sowie der Bemühungen um eine

Überbrückung von Sprachbarrieren im Spanischen am Beispiel eines kolonialen Diskurses aufgezeigt. In Bezug auf die aktuellen Vereinfachungstendenzen in Spanien und Lateinamerika wurden die Entwicklungen im größten spanischsprachigen Land, Mexiko, skizzenhaft vorgestellt, mit Ausblicken auf einige Topoi, welche die Konstruktion *Einfacher* und *Leichter Sprache* in Lateinamerika und Spanien begleiten. Anschließend wurden diese Topoi bzw. Ideologeme im Spannungsverhältnis zwischen dem Anspruch einer sprachlichen Demokratisierung auf der einen Seite und der Zunahme der sozialen Ungleichheit auf der anderen Seite kritisch hinterfragt. Zum jetzigen Zeitpunkt kann im Fall *Einfacher* und *Leichter Sprache* in den untersuchten spanischsprachigen Ländern nicht von einer glottosozialen Bewegung die Rede sein, Beispiele für eine Aneignung des *lenguaje claro* durch volksnahe Organisationen sind randständig. Vielmehr handelt es sich um einen top-down-Prozess, der nur scheinbar zu einer Demokratisierung beiträgt und eine Reihe von Risiken birgt, darunter Homogenisierung und Stigmatisierung ohnehin benachteiligter Bevölkerungsgruppen, insbesondere in Lateinamerika, sowie das Expansionspotenzial sprachlicher Vereinfachung in Richtung von Standardvarietäten, wobei diese Entwicklung im schulischen Kontext besonders problematisch sein dürfte.

Im empirischen Teil der Studie wurden zunächst fünf Leitfäden von *lenguaje claro/ciudadano* und *lectura fácil* analysiert, um eine exemplarische Bestandsaufnahme laienlinguistischer Repräsentationen in Bezug auf das Phänomen der sprachlichen Vereinfachung zu machen. In den untersuchten Leitfäden wurden vier Maximen der sprachlichen Vereinfachung identifiziert. Die Vorschläge zur Redaktion in *Einfacher* und *Leichter Sprache* stimmen darüber hinaus weitgehend mit den Regeln überein, die in journalistischen Stilhandbüchern für Online-Versionen von Zeitungen vorgeschlagen werden (vgl. Arnoux 2015), was ihre potenzielle Austauschbarkeit impliziert. Eine Analyse adaptierter Texte am Beispiel des Pionierprojekts *Ley fácil* zeigt jedoch, dass das in den Leitfäden festgehaltene Regelwerk nicht unbedingt in die Praxis umgesetzt wird, sodass es sich in manchen Fällen lediglich um oberflächliche Anpassungsmaßnahmen handeln kann. Der Gebrauch paratextueller Elemente deutet darauf hin, dass die Verfasser:innen von *Ley fácil* zuweilen infantilisierende Vorstellungen von den Leser:innen haben und somit dem erklärten Ziel einer größeren sozialen Teilnahme entgegenwirken. Somit lassen sich bei den untersuchten adaptierten Texten zum Teil signifikante Unterschiede zwischen den teilweise intuitiv angewandten Vereinfachungs- bzw. Vermittlungsstrategien und den in entsprechenden Leitfäden erarbeiteten Regeln feststellen.

Bibliographie

Adamzik, Kirsten (2018): *Fachsprachen: die Konstruktion von Welten*. Tübingen: Francke.
Alabarces, Pablo (2020): *Pospopulares: Las culturas populares después de la hibridación*. Bielefeld, Guadalajara: Bielefeld Univ. Press, CALAS.
Arnoux, Elvira Narvaja de (2015): Los manuales de estilo periodísticos para las versiones *on line*: las representaciones del lector y su incidencia en la regulación de discursos y prácticas. *Circula* 2, 138–160. http://circula.recherche.usherbrooke.ca/wp-content/uploads/2015/10/2015_02_Arnoux1.pdf (letzter Zugriff 10.02.2022).
Arnoux, Elvira Narvaja de (2020): Modos de regulación de la discursividad: en torno a la simplificación y la uniformización. *La Rivada* 14, 15–36.
Authier, Jacqueline (1982): La mise en scène de la communication dans des discours de vulgarisation scientifique. *Langue française* 53, 34–47. https://www.persee.fr/doc/lfr_0023-8368_1982_num_53_1_5114 (letzter Zugriff 10.02.2022).
Becker, Lidia (2020): Lenguaje claro / llano / ciudadano y lectura fácil: ¿nuevas variedades de comunicación digital de masas más allá del español general / común / total o internacional / neutro?. In Sebastian Greußlich & Franz Lebsanft (Hrsg.), *El español, lengua pluricéntrica. Discurso, gramática, léxico y medios de comunicación masiva*, 223–249. Göttingen: V&R unipress, Bonn Univ. Press.
Bhatia, Vijay Kumar (1983): Simplification v. Easification – The Case of Legal Texts. *Applied Linguistics* 4 (1), 42–54. https://academic.oup.com/applij/article-abstract/4/1/42/172145?redirectedFrom=fulltext (letzter Zugriff 10.02.2022).
Biblioteca del Congreso Nacional de Chile (Hrsg.): *Ley fácil*. https://www.bcn.cl/leyfacil (letzter Zugriff 10.02.2022).
Bochmann, Klaus (1993): Theorie und Methoden der Sprachpolitik und ihrer Analyse. In Klaus Bochmann (Hrsg.), *Sprachpolitik in der Romania. Zur Geschichte sprachpolitischen Denkens und Handelns von der Französischen Revolution bis zur Gegenwart*, 3–62. Berlin, New York: De Gruyter.
Bourdieu, Pierre (1979): *La distinction. Critique sociale du jugement*. Paris: Minuit.
Bourdieu, Pierre (1982): *Ce que parler veut dire: L'économie des échanges linguistiques*. Paris: Fayard.
Bredel, Ursula & Christiane Maaß (2016): *Leichte Sprache. Theoretische Grundlagen. Orientierung für die Praxis*. Berlin: Duden.
Brumme, Jenny (1997): *Spanische Sprache im 19. Jahrhundert. Sprachliches Wissen, Norm und Sprachveränderungen*, Habilitationsschrift. Barcelona.
Cassany, Daniel (2005): Plain Language in Spain. *Clarity. Journal of the International Association Promoting Plain Legal Language* 53, 41–44.
Cassany, Daniel (2009): *Escritura y democracia: políticas hispanas de acceso a la información*. Instituto de Democracia y Derechos Humanos: Lima. https://studylib.es/doc/5825180/escritura-y-democracia–pol%C3%ADticas-hispanas-de-acceso-a-la (letzter Zugriff 10.02.2022).
Cavalieri, Silvia (2018): Broadcasting Legal Discourse. The Popularization of Family Law through YouTube. In Jan Engberg, Karin Luttermann, Silvia Cacchiani & Chiara Preite (Hrsg.), *Popularization and Knowledge Mediation in the Law. Popularisierung und Wissensvermittlung im Recht*, 251–270. Münster: LIT.

Cerno, Leonardo & Joachim Steffen (o. J.): *Francisco José Sánchez Labrador: El Paraguay cultivado*. Unveröffentlichtes Manuskript, Universität Augsburg. https://www.uni-augsburg.de/de/fakultaet/philhist/professuren/romanistik/angewandte-sprachwissenschaft-romanistik/forschung/paraguay-cultivado/ (letzter Zugriff 11.02.2022).

Correas, Gonzalo (1903): *Arte grande de la lengua castellana*. Madrid: Real Academia Española.

Delavigne, Valérie (2003): Quand le terme entre en vulgarisation. *Terminologie et Intelligence artificielle*, 80–91. Strasbourg: o.V.

Di Stefano, Mariana (2020): El debate presidencial obligatorio como intervención glotopolítica. *Anuario de Glotopolítica* 3, 161–173.

Duchêne, Alexandre & Monica Heller (2012): *Language in Late Capitalism: Pride and Profit*. London, New York: Routledge.

Engberg, Jan, Karin Luttermann, Silvia Cacchiani & Chiara Preite (2018): Studying Popularization in Legal Communication: Introduction and Overview. In Jan Engberg, Luttermann Karin, Silvia Cacchiani & Chiara Preite (Hrsg.), *Popularization and Knowledge Mediation in the Law. Popularisierung und Wissensvermittlung im Recht*, 5–25. Münster: LIT.

Estévez Grossi, Marta (2020): Leyes en ‚lenguaje claro' a través de internet: políticas lingüísticas de simplificación de textos legales en Chile y Quebec. In Mireya Cisneros Estupiñán (Hrsg.): *Glotopolítica latinoamericana: Tendencias y perspectivas*, 181–216. Pereira: Universidad Tecnológica de Pereira. http://repositorio.utp.edu.co/dspace/handle/11059/11812 (letzter Zugriff 10.02.2022).

Ferreiro, Soledad (2012): Ley Fácil: Democratizando la Legislación. *World Library and Information Congress: 78th IFLa General Conference and Assembly*, 1–6. https://www.ifla.org/past-wlic/2012/214-ferreiro-es.pdf (letzter Zugriff 10.02.2022).

Firmani, Clara & Claudia Poblete (2009): SIMPLE LAW: laws in citizen-friendly language: a program implemented by Chile's National Library of Congress. *Clarity* 61, 4–7.

Gambier, Yves (1998): Le français dans les communications spécialisées: bilan mitigé. In Yves Gambier (Hrsg.), *Discours professionnels en français*, 35–62. Frankfurt a.M.: Peter Lang.

García Muñoz, Óscar (2012): Lectura fácil: métodos de redacción y evaluación. http://www.plenainclusion.org/sites/default/files/lectura-facil-metodos.pdf (letzter Zugriff 10.02.2022).

García Muñoz, Óscar (2020): *El lenguaje claro aumenta la confianza en las empresas*, 16.10.2020. https://www.bbva.com/es/el-lenguaje-claro-aumenta-la-confianza-en-las-empresas/ (letzter Zugriff 10.02.2022).

GLCI-CO-2019 = Quintero Amaya, Rosa & Viviana Ramírez (Hrsg.) (2019): *Guía de lenguaje claro e incluyente del distrito capital*. Bogotá: Secretaría General de la Alcaldía Mayor de Bogotá.

GLC-CO-2015 = Wiston, Manuel González del Río (Hrsg.) (2015): *Guía de Lenguaje Claro para servidores públicos de Colombia*. Bogotá: Departamento Nacional de Planeación. http://www.portaltributariodecolombia.com/wp-content/uploads/2015/07/portaltributariodecolombia_guia-de-lenguaje-claro-para-servidores-publicos.pdf (letzter Zugriff 10.02.2022).

Gottlieb, Henrik (2008): Multidimensional Translation. In Anne Schjoldager (Hrsg.), *Understanding Translation*, 39–65. Aarhus: Academica.

Gottlieb, Henrik (2018): Semiotics and Translation. In Kirsten Malmkjær (Hrsg.), *The Routledge Handbook of Translation and Linguistics*, 45–63. Abingdon: Routledge.
Hardy, Stéphane, Sandra Herling & Carolin Patzelt (2015): Vorwort. In Stéphane Hardy, Sandra Herling & Carolin Patzelt (Hrsg.): *Laienlinguistik im frankophonen Internet*, 7–10. Berlin: Frank & Timme.
Hill-Madsen, Aage (2019): The heterogeneity of intralingual translation. *Meta* 64 (2), 537–560. https://id.erudit.org/iderudit/1068206ar (letzter Zugriff 11.02.2022).
Holz-Mänttäri, Justa (1984): *Translatorisches Handeln. Theorie und Methode*. Helsinki: Suomalainen Tiedeakatemia.
Hurtado Albir, Amparo (2001): *Traducción y traductología: Introducción a la traductología*. Madrid: Cátedra.
Hyland, Ken (1998): Persuasion and context: The pragmatics of academic metadiscourse. *Journal of Pragmatics* 30 (4), 437–455. https://www.sciencedirect.com/science/article/abs/pii/S0378216698000095?via%3Dihub (letzter Zugriff 11.02.2022).
Hyland, Ken (2005): Stance and Engagement: a model of interaction in academic discourse. *Discourse Studies* 7 (2), 173–92.
Hyland, Ken (2010): Constructing proximity: Relating to readers in popular and professional science. *Journal of English for Academic Purposes* 9 (2), 116–127.
IdS = Leibniz-Institut für Deutsche Sprache (o. J.): *Verständlichkeit von Verwaltungssprache*. https://www.ids-mannheim.de/zfo/verstaendlichkeit-von-verwaltungssprache/ (letzter Zugriff 11.02.2022).
Jacobi, Daniel (1986): *Diffusion et vulgarisation: itinéraires du texte scientifique*. Paris: Belles Lettres.
Jakobson, Roman (1959): On Linguistic Aspects of Translation. In Reuben A. Brower (Hrsg.), *On Translation*, 232–239. Cambridge, Massachusetts: Harvard Univ. Press. https://www.degruyter.com/document/doi/10.1515/9783110873269.260/html (letzter Zugriff 11.02.2022).
Jeanneret, Yves (1994): *Ecrire la science : formes et enjeux de la vulgarisation*. Paris: Presses Univ. de France.
Jodelet, Denise (1989): Représentations sociales: un domaine en expansion. In Denise Jodelet (Hrsg.), *Les représentations sociales*, 47–78. Paris: Presses Univ. de France.
Joseph, John E. (2021): Why does language complexity resist measurement? *Frontiers in Communication* 6, 1–10. https://www.research.ed.ac.uk/en/publications/why-does-language-complexity-resist-measurement (letzter Zugriff 11.02.2022).
Kailuweit, Rolf & Volker Jaeckel (2006): Laienlinguistik und Sprachchroniken: Iberische Halbinsel und Lateinamerika. In Gerhard Ernst, Martin-Dietrich Glessgen, Christian Schmitt & Wolfgang Schweickard (Hrsg.), *Romanische Sprachgeschichte. Ein internationales Handbuch zur Geschichte der romanischen Sprachen*, Bd. 2, 1546–1557. Berlin, New York: De Gruyter.
Kloss, Heinz (1978): *Die Entwicklung neuer germanischer Kultursprachen seit 1800*. 2. erw. Aufl. Düsseldorf: Schwann.
Koch, Peter & Wulf Oesterreicher (1985): Sprache der Nähe – Sprache der Distanz. Mündlichkeit und Schriftlichkeit im Spannungsfeld von Sprachtheorie und Sprachgeschichte. *Romanistisches Jahrbuch* 36, 15–43.
Lauria, Daniela (2021): Discursive practices control in Spanish language / El control de las prácticas discursivas en lengua española. *International Journal of the Sociology of*

Language, 143–152. https://www.degruyter.com/document/doi/10.1515/ijsl-2020-0059/html (letzter Zugriff 11.02.2022).

LF-ES-[2012 = García Muñoz, Óscar (2012): *Lectura Fácil: Métodos de redacción y evaluación*. Madrid: Real Patronato sobre Discapacidad.

Maaß, Christiane (2020): *Easy Language – Plain Language – Easy Language Plus. Balancing Comprehensibility and Acceptability*. Berlin: Frank & Timme.

Maaß, Christiane & Silvia Hansen-Schirra (2022): Removing barriers: Accessibility as Primary Purpose and Main Goal of Translation. In Pilar Castillo Bernal & Marta Estévez Grossi (Hrsg.), *Translation, Mediation and Accessibility for Linguistic Minorities*. Berlin: Frank & Timme.

Mastrini, Guillermo & Mariano E. Mestman (1996): ¿Desregulación o re-regulación?: De la derrota de las políticas a las políticas de la derrota. *Cuadernos de información y comunicación* 2, 81–88.

Ministerio Secretaría General de la Presidencia (2016): *Plan de Acción de Chile, Gobierno Abierto 2016–2018*. Ministerio Secretaría General de la Presidencia. https://www.opengovpartnership.org/wp-content/uploads/2017/04/Chile_Plan-de-Accion_2016-2018.pdf (letzter Zugriff 11.02.2022).

MLCiud-MX-2007 = Gobierno del Estado de México (Hrsg.) (2007): *Manual de lenguaje ciudadano*. Toluca. http://mejoraregulatoria.edugem.gob.mx/assets/manual-de-lenguaje-ciudadano.pdf (letzter Zugriff 10.02.2022).

MLClaro-MX-2007 = Secretaría de la Función Pública / Dirección General de Simplificación Regulatoria (2007): *Lenguaje claro. Manual*. 3. Ausg. México D.F.

Moirand, Sophie (1999): Éléments de théorisation d'une linguistique du discours : L'exemple du discours sur les sciences dans les médias. *Modèles linguistiques* 40. https://journals.openedition.org/ml/1400 (letzter Zugriff 11.02.2022).

Mortureux, Marie-Françoise (1982): Paraphrase et métalangage dans le dialogue de vulgarisation. *Langue française* 53, 48–61. https://www.persee.fr/doc/lfr_0023-8368_1982_num_53_1_5115 (letzter Zugriff 11.02.2022).

Mortureux, Marie-Françoise (1988): La vulgarisation scientifique : parole médiane ou dédoublée? In von Daniel Jacobi & Bernard Schiele (Hrsg.), *Vulgariser la science. Le procès de l'ignorance*, 118–148. Seyssel: Champ Vallon.

Oesterreicher, Wulf (2012): Gesprochenes und geschriebenes Spanisch. In Joachim Born, Robert Folger, Christopher F. Laferl & Bernhard Pöll (Hrsg.), *Handbuch Spanisch: Sprache, Literatur, Kultur, Geschichte in Spanien und Hispanoamerika. Für Studium, Lehre, Praxis*, 137–146. Berlin: Schmidt.

Pano, Ana (2008): Formas desiguales para decir la igualdad en el ‚lenguaje ciudadano' de las constituciones mexicana y española. *Revista General de Derecho Público Comparado* 3, 1–21. https://www.academia.edu/2492253/_Formas_desiguales_para_decir_la_igualdad_en_las_Constituciones_española_y_mexicana_ (letzter Zugriff 11.02.2022).

Paz S. M., Rodrigo de la (2011): Programa Ley Fácil Biblioteca del Congreso Nacional. *Taller Internacional: Aprovechar las TIC para mejorar los servicios y promover la creación de redes y el intercambio de conocimientos entre bibliotecas parlamentarias de América Latina*. http://www.ripalc.org/estudos-es/eventos/taller-internacional-chile-2011/programa-ley-facil/view?set_language=es (letzter Zugriff 18.10.2021).

Pennisi, Giulia Adriana (2015): White paper on governance: EU attempt to popularize legal discourse? In Vijay Kumar Bhatia, Eleonora Chiavetta & Silvana Sciarrino (Hrsg.),

Variations in Specialized Genres: Standardization and Popularization, 213–227. Tübingen: Narr.
Peña Martínez, Luis de la (2008): El lenguaje de la transparencia y la transparencia del lenguaje: uso y control económico-administrativo del lenguaje. *Sociedad y discurso* 14, 69–80. https://journals.aau.dk/index.php/sd/article/viewFile/845/670 (letzter Zugriff 11.02.2022).
Petrilli, Susan (2003): Translation and Semiosis. Introduction. In Susan Petrilli (Hrsg.), *Translation Translation*, 17–37. Amsterdam, New York: Rodopi.
Preite, Chiara (2013): Comunicare il diritto: strategie di divulgazione del discorso giuridico. In Cristina Bosisio & Stefania Cavagnoli (Hrsg.), *Comunicare le discipline attraverso le lingue: prospettive traduttiva, didattica, socioculturale*, 245–262. Perugia: Guerra Edizioni.
Preite, Chiara (2018): Stratégies dialogiques et transmission du savoir juridique dans le site du Ministère de la Justice français. In Jan Engberg, Karin Luttermann, Silvia Cacchiani & Chiara Preite (Hrsg.), *Popularization and Knowledge Mediation in the Law. Popularisierung und Wissensvermittlung im Recht*, 149–167. Münster: LIT.
Priboschek, Andrej (2014): Gendern, umbenennen, verklausulieren: Wie sehr wir unter der „political correctness" leiden. https://www.news4teachers.de/2014/08/gendern-umbenennen-verklausulieren-wie-sehr-wir-unter-der-political-correctness-leiden/ (letzter Zugriff 11.02.2022).
RAE (2020): La RAE presenta la edición en línea del „Diccionario panhispánico del español jurídico". https://www.rae.es/noticia/la-rae-presenta-la-edicion-en-linea-del-diccionario-panhispanico-del-espanol-juridico (letzter Zugriff 11.02.2022).
Reiß, Katharina & Hans J. Vermeer (1984): *Grundlegung einer allgemeinen Translationstheorie*. Tübingen: Niemeyer.
Richter, Mathias (2019): Freiheit, Gleichheit, Genderstern. https://www.maz-online.de/Nachrichten/Kultur/Geschlechtergerechtigkeit-Warum-Sprachregelungen-nicht-gegen-Diskriminierung-helfen (letzter Zugriff 11.02.2022).
Rizzo, Monica (2015): Intralingual Translation as a Tool of Popularization: From Law to Information, from a Binding Regulation to an Informative Brochure. In Vijay Kumar Bhatia, Eleonora Chiavetta & Silvana Sciarrino (Hrsg.), *Variations in Specialized Genres. Standardization and Popularization*, 229–249. Tübingen: Narr.
Roelcke, Thorsten (2018): Rechtssprachliche Kommunikation. Eine Typologie. In Jan Engberg, Luttermann Karin, Silvia Cacchiani & Chiara Preite (Hrsg.), *Popularization and Knowledge Mediation in the Law. Popularisierung und Wissensvermittlung im Recht*, 3–27. Münster: LIT.
Röhl, Klaus & Hans C. Röhl (2008): *Allgemeine Rechtslehre*. Köln, München: Carl Heymanns.
Saúl Rodríguez, Lilia (2013): Ricardo, un caso clave para diagnosticados con ‚discapacidad intelectual'. https://www.animalpolitico.com/2013/03/ricardo-un-caso-clave-para-diagnosticados-con-discapacidad-intelectual/ (letzter Zugriff 11.02.2022).
Secretaría de la Función Pública (2007): Lenguaje Claro. Manual. https://www.economia.gob.mx/files/empleo/ManualLenguaje.pdf (letzter Zugriff 10.02.2022).
Sindical.cl, (14.06.2013): Iglesia define establecer „lenguaje claro" con el mundo del trabajo y temas sociales. https://sindical.cl/iglesia-define-establecer-lenguaje-claro-con-el-mundo-del-trabajo-y-temas-sociales/ (letzter Zugriff 11.02.2022).
Turnbull, Judith (2018): Communicating and Recontextualizing Legal Advice Online. In Jan Engberg, Karin Luttermann, Silvia Cacchiani & Chiara Preite (Hrsg.), *Popularization and*

Knowledge Mediation in the Law. Popularisierung und Wissensvermittlung im Recht, 201–222. Münster: LIT.

UN = United Nations (2007): Convention on the Rights of Persons with Disabilities. https://treaties.un.org/doc/Publication/CTC/Ch_IV_15.pdf (letzter Zugriff 11.02.2022).

UNESCO (2008): Declaración de Maputo: promover la libertad de expresión, el acceso a la información y la emancipación de las personas. http://www.unesco.org/new/fileadmin/MULTIMEDIA/HQ/CI/WPFD2009/pdf/wpfd2008_Maputo+Declaration+-+Sp.pdf (letzter Zugriff 11.02.2022).

Valdés, Juan de (1860): *Diálogo de la lengua, publicado por primera vez el año de 1737*. Madrid: J. Martin Alegría.

Vermeer, Hans J. (1986): Übersetzen als kultureller Transfer. In Mary Snell-Hornby (Hrsg.), *Übersetzungswissenschaft – eine Neuorientierung*, 30–53. Tübingen: Francke.

Woloschinow, Walentin (M. M. Bachtin) (1993): *Marksism i filosofiâ âzyka. Osnovnye problemy sociologičeskogo metoda v nauke o âzyke* [Марксизм и философия языка. Основные проблемы социологического метода в науке о языке; ‚Marxismus und Sprachphilosophie. Grundlegende Probleme der soziologischen Methode in der Sprachwissenschaft']. Moskau: Labirint.

Sachverzeichnis

Abstand 139, 175–176, 180, 183, 299
Abweichung 23, 79–81, 88, 177, 288
Akten 106–107
Alteritätserfahrung 103
Ambiguität 57–58, 60, 117, 233, 250, 255, 291, 297–298, 300, 302, 304, 307, 311, 314
Angemessenheit 42, 52–53, 61
Antezedens 173–178, 180, 182–185, 187, 189–192
Aufgaben 9, 11, 42, 56, 89, 104, 111, 150–151, 154–158, 160–161, 164, 207, 262, 278, 282

Bedeutungswandel 107
Bildzeichen, bildliches Zeichen 124, 210, 218
brevitas 21–22, 54, 57–58, 204, 206, 209, 221, 232, 255

Cloze-Procedure 72
Common Core State Standards 69, 81, 88–89, 91

Datenbank 15, 147, 149–152, 154–156, 164–165
Dekontextualisierung 223
Demokratisierung (von Sprache) 23, 333, 338, 341, 353
Didaktik 12, 19, 41, 156, 165, 262
digitale Kommunikation 203
Digitale Texte 147–150, 152, 155–156, 163–165
Digitalisierung 3, 146–149, 158, 165, 267
Diskurs 34–35, 41–42, 44, 46, 52, 54, 105, 108–109, 124–127, 129, 133, 136, 182, 186–187, 195, 199, 217, 239–241, 245, 248, 254, 304, 326, 330, 332–333, 349–350
Diskurstradition 36, 44–45, 47–48, 50–52, 54, 60, 63, 104, 150, 207, 336
diskurstraditionelle Komplexität 44, 48–49, 55, 61, 289
Dynamik 33, 35, 76–78, 91, 148, 150, 152–153, 165, 331, 338
dynamis 33–34, 43–46

Einfache/Bürgernahe Sprache 323, 328, 331, 338, 342–343, 352
Einfachheit 13, 20–21, 23, 43, 115–116, 118–119, 121, 127, 130, 139, 169, 184, 187, 195–196, 202, 222, 232–233, 255, 284, 286–287, 323, 326, 334, 342, 352
Elliptizität 196
Emergenz, emergent 10, 31–32, 75–78, 91, 152, 235, 237
energeia 33–34, 41, 43
Entstehungskontext 103
Erfahrungshorizont 16, 103
ergon 33–34, 39, 43–46
Erzählblock 128, 130–132, 137
Erzählstimme 127–128
Evokation 284–285, 289, 297, 302–305, 308–309, 316–318
Experten-Laien-Kommunikation 329

Frame 15, 21, 38, 48, 80, 205, 208–209, 216–217, 224, 239–240, 284–285, 288–289, 293, 297–299, 307–310
Frankreich 101, 108–109, 246, 248, 250
Fremdsprache 62, 75, 88, 120, 150, 155, 261–277, 281, 292
Fremdsprachenunterricht 20, 22, 120–121, 125, 150, 165, 261, 263–266, 268–269, 276–277, 281, 316

Genre(konvention) 80, 118, 329–330, 332, 348
Grice'sche Maximen 37–38
Grice'sches Kooperationsprinzip 14

Hashtag 249–250
Herkunftssprache 264–266, 268, 271, 273
Herrschaftskritik 110–111
Heterogenität 263–264, 330, 333
Homogenisierung von Sprache 338
Hypotext 126–127, 130
Hypothesenbildung 158

Identifikation 180, 189, 286–287, 289
Image-Macro 199–200, 202–204, 206–207, 213, 215–216, 222–226
Implizitheit/Implizites 21, 23, 287–288, 291, 296–302, 304–305, 307, 312, 316
Indefinitheit 175
Inferenz 8, 57, 121, 123, 133–135, 138–139, 216, 221–222, 225, 285, 288, 298–299, 304, 308–309
Inferenzprozess 117–118, 136
Information, bekannte 184, 188
Information, neue 179, 182, 184, 188–189
Intermedialität 118, 126–127, 136
Internet-Meme 21, 195–200, 201–204, 206–207, 211–212, 215, 218, 222–226

Juxtaposition 189, 301

Kategorien 6, 20, 46, 102–104, 107–108, 110, 154, 159–161, 173, 233–234, 268, 270–271, 273–274, 276, 284–285, 287, 289, 292, 296, 301, 304, 306, 308, 317
kleiner Text 21, 195–199, 201, 203–204, 206, 233
kognitiv 8, 11–13, 14, 15, 19–20, 23, 35, 38, 42, 52, 57, 62, 79, 84–86, 91, 116–118, 139, 171, 174–175, 181, 183–184, 208, 220, 234, 236–237, 239–242, 246, 264, 269, 288–289, 323, 327, 332–334, 336, 340, 348, 351–352
komplexe Systeme 9, 14, 75–78, 91
Komplexität 3–4, 5, 6, 7, 9–10, 13–15, 17, 19–22, 32–33, 38–39, 41, 43–52, 54–61, 69, 73, 75–84, 88–89, 91, 99, 102–106, 110–111, 115–116, 118–120, 126–127, 133, 135, 138–140, 150, 153–156, 165, 171–172, 184, 189, 196, 204, 223–224, 226, 231–234, 236–239, 241–242, 244, 246–250, 252, 254–255, 262, 268, 270, 272, 277, 281–285, 287–290, 292, 296–302, 304, 306, 311, 313, 315–317, 323, 326, 334, 345–346
Komplexität, diskurstraditionelle 44, 48–50, 55, 61, 283–284, 286, 289
Komplexitätsfaktor 286–289, 290–291, 296–298, 304, 306, 311–312, 316
Komplexitätsforschung 78, 223
Komplexitätskategorie 284–287, 290, 304, 306, 311, 316
Komplexitätsmerkmal 77, 285, 287, 293, 306, 314, 317
Komplexitätsmodell 283, 289, 292, 311, 315
Komplexitätssteigerung 241, 244, 247, 250, 253–255
Kontext 9, 16, 18, 20, 22–23, 32, 39, 56, 84, 86, 102, 104–105, 107–110, 117, 119–124, 126–127, 132, 134–135, 138, 140, 152, 156, 173, 176, 179–180, 205, 208, 211–212, 216–220, 225, 232–233, 241, 243, 246, 248, 265, 267, 289, 292–293, 295, 326, 330, 332, 335, 338, 341, 352–353
Kontextualisierung 6–7, 11, 14–16, 18, 20, 102, 104, 110–111, 120, 132, 217, 225–226, 242–244, 247, 255
Kontrast 138, 178–180, 182, 208, 218
Konzepte 10, 14, 19–20, 23, 31–35, 37–41, 43, 52, 57–58, 62–63, 70, 80, 82, 84, 88, 91, 102, 105, 107, 111, 148–149, 152, 154–155, 160, 165, 191, 196, 199, 207, 232, 235–236, 239–240, 246, 326–327
Korpus 39, 172, 176, 181, 190, 282–284, 287, 289, 297, 340–341, 343, 347–351

laienlinguistische Repräsentationen 23, 323, 342, 344
lectura fácil 323, 337, 343, 353
Lehnwörter 107, 111
lenguaje claro/ciudadano 323, 337–338, 353
Lernervariablen 264
Lesart 57, 121, 123, 148, 174, 246, 293, 303, 305, 308–309
Lesbarkeit 17, 70, 72–73, 75, 91
Lesbarkeitsformeln 19, 69–74, 89, 91
Lesekompetenz 261–262, 265–267, 277
linguistic turn 104–105
Linguistik 7, 10, 12, 19, 33, 40–41, 75, 104, 153, 156, 165, 203, 236, 262, 315, 329–330

Markiertheit 75, 77–78, 80–81, 91
Maximen der sprachlichen Vereinfachung 343, 346, 353

Medien 116, 119, 126–127, 136, 146, 200, 203, 232, 234
Mehrsprachigkeitsdidaktik 266–267
Meme 21, 196, 199–204, 206–207, 209–217, 219–226
Multimodalität, multimodal 13, 20–21, 22, 116–118, 120, 126, 128, 131, 145, 152, 159, 163, 195, 198, 202, 208, 210–211, 214, 222, 225, 231, 235, 237–239, 241, 246, 250

Narratologie 118–119, 123, 128
Natürlichkeit 75, 77, 334
Negation 178–180, 188, 241, 345

Öffentlichkeit 108, 200, 210, 331

Panel 117, 121–122, 124, 128–132, 135–138
perspicuitas 37, 54, 57, 59–60
Position 177, 187–189, 191
Prätext 127, 130–133, 139
Pronomen 172, 174–177, 182–184, 187, 189, 196, 299, 349
prototypisch 79–80, 171–172, 184, 187–189, 197, 201, 235, 240, 287–288, 297, 328, 339, 342
Prototypizität 172, 187, 190

Quelle/Quellen 18, 20, 56, 101–104, 106, 109–111, 120, 135, 149, 244, 292, 297

Readability 69–70, 73, 85, 91
Regressionsanalyse 70, 72
Rekontextualisierung 15–16, 17, 18, 20–21, 99, 115, 119–121, 123, 126, 128, 131, 133, 139, 153, 158, 215–216, 218, 220, 223
Relativpronomen 22, 175, 178
Relativsatz 171–176, 178–180, 182–191, 313
Resumptivpronomen 22, 171, 174–176, 183–184, 188, 191

Satz, unabhängiger 184
Satzlänge 13, 70–73, 75, 85, 91
Simplizität 196, 204, 223, 226
Simplizitätsforschung 195, 226
soziale Ungleichheit 338, 342, 353

soziokulturelle Erwartungen 121
Spanisch 19, 22, 45, 47, 56, 63, 70, 72, 120, 125, 156, 161, 165, 171–172, 176, 187, 217, 221, 270, 273, 324, 334, 339, 345–346, 353
Sprachbiographie 263
Spracherwerb 156
Sprachgebrauch 3, 5, 22, 44, 102, 125, 292, 346
Sprachkompetenz 14, 19, 31–34, 38–39, 41, 43, 62, 284, 342
Sprachlernerfahrung 267, 269, 271–274, 276–277
Sprachpotenzial 264–269, 271, 273, 276–278
Sprachvereinfachung 326
Sprachwissen 262, 268
Stigmatisierung 334, 340, 353
Subjektposition 187
Subordination 184

Text- und Medienkompetenz 88, 155, 265, 281, 311
Textarbeit 145–147, 150–151, 155, 157, 160–163, 165, 261, 263–264, 268–269, 276–277
Textbegriff 11–12, 88, 147, 156, 197–198, 234–236
Texte 6, 8–9, 10, 11, 12, 13, 14, 15, 16, 17, 18, 20–23, 31–39, 41–42, 44–49, 51–62, 69, 71, 73–75, 77–91, 102–105, 108, 110, 115–116, 119–121, 123, 126–128, 130, 133, 137–140, 145–158, 160–161, 163–165, 181–182, 189, 195–204, 206–209, 211–212, 214–218, 220–226, 232–242, 245–246, 252, 254, 261–274, 276, 281, 283–285, 287, 289, 292, 297, 299, 302, 305–307, 309–311, 316–318, 323–324, 326–333, 341–342, 345, 347–349, 351–353
Textkompetenz 11–12, 14, 16, 19, 23, 38–39, 41–42, 63, 79, 145–151, 154, 267–268, 306, 318
Textkomplexität 3, 7–8, 10–14, 19–20, 23, 31–32, 34, 38–39, 41, 44, 46, 49, 55–57, 59–61, 69–70, 73–75, 77, 80–81, 83, 88, 90–91, 101–102, 123, 146–147, 172, 175, 197, 208, 210, 216, 224, 263, 267,

269, 271, 277, 283–284, 287, 289, 324, 351
Textlinguistik 12–13, 32–33, 35, 40, 70, 74, 83, 233
Textsemantik 10, 41, 51–52, 153, 283–284
Textsinn 23, 31–33, 39, 41, 52, 58, 236, 288, 290–291, 302, 316
Textualität 17, 50–52, 61, 197–198, 286, 311
Textvereinfachung 22, 323, 342–343, 347
Textverstehen 3, 8, 10–14, 15, 16, 18–20, 24, 31, 34, 38, 41, 48, 61–62, 74, 79, 85, 91, 105, 145, 147, 150, 205–206, 209, 216, 218, 224–225, 234, 236, 240, 262–263, 266–269, 271
Textverstehensprozess 12, 105, 237, 240, 263, 273, 277
Text-Welt-Modell 237
Theater 16, 101–102, 106–109, 111
Theater-Polizei 101–102, 108
Tradition, einzelsprachliche 34–36, 38, 42–49, 55, 60, 62–63

Unterrichtsmaterial 20, 151, 154, 156, 161, 165

Vereinfachung 20, 22–23, 78, 102, 110, 120, 126, 131, 135, 171, 237, 259, 281–282, 289–292, 297–298, 302, 309–311, 314–315, 317, 323–324, 326, 329–331, 333, 337–342, 343–344, 347, 352–353
Vermittlungsstrategien 332, 338, 348, 353

Weltwissen (enzyklopädisches Wissen) 118–119, 123–125, 135–141, 217, 249, 262, 266, 276, 312
Wissen 7, 11, 14, 16, 33–38, 40, 42, 44–46, 48–50, 55, 62, 79, 108, 118–119, 136, 139, 145, 151, 163, 196, 201, 205, 207, 209–210, 213, 215–217, 220–221, 224–225, 232, 237, 240–241, 262, 265–268, 284–287, 289, 292, 296–298, 304, 306, 308–309, 311–313, 315–316, 349
Wissensebenen 9, 11, 15, 234, 239
Wissensgesellschaft 61, 63, 145–146
Wissenspopularisierung 329, 332, 352
Wissensrahmen 118, 205, 208, 215–216, 232, 234, 239–244, 246, 249–250, 254–255, 287–288
Worthäufigkeit 75
Wortlänge 71, 85

Zeichen 11, 39–40, 49, 83–84, 116–120, 122, 126–127, 130, 132–133, 136, 138, 148, 198–199, 205, 218, 221, 224, 232, 234–235, 237–238, 240–243, 246, 255, 305, 309–310, 345
Zeichenmodalitäten 198–199, 202, 221
Ziel, kommunikatives 35, 123, 152–153, 157, 178, 181, 192, 204, 221, 327
Zugänglichkeit von Informationen 327

www.ingramcontent.com/pod-product-compliance
Lightning Source LLC
Chambersburg PA
CBHW050512170426
43201CB00013B/1934